中国传媒大学青年学者译丛

媒介与艺术系列　段　鹏　主　编

关　玲　副主编

社会营销手册

[英]杰勒德·黑斯廷斯（Gerard Hastings）
[英]凯瑟琳·安格斯（Kathryn Angus）　著
[美]卡罗尔·布莱恩特（Carol Bryant）

冯丙奇　左向明　李雪菲　张思嘉　刘双秋　江旭爽　译

The SAGE Handbook of Social Marketing

中国传媒大学出版社

·北　京·

图书在版编目(CIP)数据

社会营销手册/(英)杰勒德·黑斯廷斯(Gerard Hastings),(英) 凯瑟琳·安格斯(Kathryn Angus),(美)卡罗尔·布莱恩特(Carol Bryant)著;冯丙奇等译. -- 北京:中国传媒大学出版社,2024.1
(中国传媒大学青年学者译丛. 媒介与艺术系列)
ISBN 978-7-5657-3127-3

①社… Ⅱ.①杰… ②凯… ③卡… ④冯… Ⅲ.①市场营销学—手册 Ⅳ.①F713.50-62

中国版本图书馆 CIP 数据核字(2021)第 277924 号

社会营销手册
SHEHUI YINGXIAO SHOUCE

主　编	段　鹏		
著　者	[英]杰勒德·黑斯廷斯(Gerard Hastings) [英]凯瑟琳·安格斯(Kathryn Angus) [美]卡罗尔·布莱恩特(Carol Bryant)		
译　者	冯丙奇　左向明　李雪菲　张思嘉　刘双秋　江旭爽		
责任编辑	于水莲		
封面设计	运平设计		
责任印制	阳金洲		
出版发行	中国传媒大学出版社		
社　址	北京市朝阳区定福庄东街 1 号	邮　编	100024
电　话	86-10-65450528　65450532	传　真	65779405
网　址	http://cucp.cuc.edu.cn		
经　销	全国新华书店		
印　刷	三河市东方印刷有限公司		
开　本	787mm×1092mm　1/16		
印　张	29.5		
字　数	530 千字		
版　次	2024 年 1 月第 1 版		
印　次	2024 年 1 月第 1 次印刷		
书　号	ISBN 978-7-5657-3127-3/F·3127	定　价	128.00 元

本社法律顾问:北京嘉润律师事务所　郭建平

中国传媒大学青年学者译丛

总　序

从广播电视到互联网、移动互联网，传媒让这个世界变得绚丽多姿、神奇诡秘。传媒正在急速地改变这个世界，通过新闻传播，人类分享现实中的信息资讯，通过艺术，人类分享脑海中的想象力。基于传播科技百年激荡的新闻传播和艺术学，推动着历史发展，也影响着历史发展。

中国传媒大学是中国传媒人才的摇篮，建校六十多年，为信息传播领域输送了大批高层次人才。从培养高层次、复合型创新人才的社会责任出发，中国的传媒事业亟须高校培养出一批谙熟新闻传播规律和艺术传播规律并具有创新意识和创作才能的新闻人才和艺术人才。

在全国众多高校中，中国传媒大学以在信息传播领域"小综合"的学科特色而闻名，2017年入选首批"世界一流学科建设高校"，新闻传播学、戏剧与影视学入选教育部"双一流"建设学科名单。同年12月，在教育部学位与研究生教育发展中心公布的全国第四轮学科评估结果中，新闻传播学、戏剧与影视学这两个一级学科均拿到了A+名次。从"双一流"学科建设的教育使命出发，中国的传媒事业亟须高校在媒体融合发展的顶层设计下，推进理论体系、教学理念、教学内容、方法手段、体制机制等全方位的创新研究，成为国家传媒事业发展强有力的理论支持和智力支持力量。

因此，在整个世界传统媒体与新兴媒体融合发展的时代大背景下，我校组织翻译出版一套“中国传媒大学传播与艺术译丛”，借此整理西学前沿著作，以期对当代中国新闻传播和艺术学在理论建设和成果创新方面有借鉴意义，帮助广大传媒学者和媒体一线从业者寻找解决问题的途径。

此套丛书由中国传媒大学与新闻传播领域的国际权威出版机构SAGE国际出版集团合作，遴选了一批由SAGE出版并经过教学与实践严格检验的优秀书目，力求全面、系统地反映出当下新闻传播和艺术学在理论研究、方法研究以及实务研究等方面所进行的最新探索。译丛是我校与SAGE国际出版集团继合作出版《全球媒体与中国》（*Global Media and China*）英文期刊之后，又一个重要的合作项目，前后筹备三载有余，最终完稿、付梓，倾注了新闻传播学和艺术学领域的知名教授、学者和留学博士的大量心血，力争为每一本书做出“信、达、雅”的翻译。

自民国开始，译丛便是中国知识分子和青年学生获取西方最先进理论知识的重要桥梁之一。中国传媒大学在20世纪80年代就已开始译介、学习和研究国外新闻传播学、艺术学的方法和成果，建立与世界新闻传播学、艺术学界对话的共同经验范围。毋庸置疑，我们的工作是卓有成效的。

正如习近平总书记在哲学社会科学工作座谈会上所强调的，“不忘本来，吸收外来，面向未来”。借船出海、借梯登高，主动接轨，优势互补，共同发展，为尽快赶上国际先进水平，尽早实现“双一流”学科建设争创世界一流的伟大目标，我们应该虚心学习和推介国外前沿的新闻传播理论与优秀的实务指导教材，以培养出更多国际化的新闻传播人才和艺术人才。译丛带来的新鲜理论和鲜活实务，也有助于我校在“双一流”学科建设中，进一步优化学科结构，凝练学科发展方向，突出学科建设重点，增强学校在国际上的竞争力。

但值得注意的是，我们应当以批判的态度保持与西方新闻传播和艺术学对话的姿态，在借鉴西方优秀教材和经典专著时不妨思考，有哪些是缘木求鱼，有哪些是举一反三，想想本土社会中产生的经验与问题在哪里。我们应该明确，我们的目标是制定具有中国特色的新闻传播和艺术学学科标准，积极建设和探索新闻传播学、艺术学本土化发展的道路。

所以，在译丛工作之后，我们还要推进“西方理论—中国问题”向“中国实践—中国理论”的转型，立足本土，跨越东西，高效地将科研成果结合当代中国传媒行业发展诉求，转化为服务社会发展的实在生产力，最终实现“中国特色，世界一流”。

最后，希望本译丛还可以成为一个促进思想交流、激发智慧灵感的载体，增进东西方在新闻传播和艺术学领域的深度学术交流，接收来自全世界新闻传播和艺术学领域多元化的声音，促进新闻传播和艺术学研究在媒体融合时代更大的繁荣，让新闻传播和艺术学成为改变世界的最大正能量。

丛书主编

译者序

本书翻译的具体分工情况如下：

左向明负责翻译第十三章、第十七章、第十八章、第十九章、第二十章、第二十一章、第二十二章、第二十三章、第二十四章。

李雪菲负责翻译第三章、第八章、第九章、第十一章、第十六章、第二十六章。

张思嘉负责翻译第五章、第七章、第十章和第二十五章。

刘双秋负责翻译第一章、第二章、第四章。

江旭爽负责翻译第十二章。

冯丙奇负责翻译第六章、第十四章、第十五章、第二十七章，以及编委与评审、作者简介、前言、导言、后记以及每一部分各章前的总结，并对全书译稿进行审校整理。

所有翻译者在这本书的翻译过程中，都在社会营销的解读与视野方面有了明显提升。不过，因本书篇幅巨大，每一章内容的作者都是社会营销领域中的前沿学者，每一章内容都很深入地讨论了社会营销领域中的某一个话题，因此翻译过程困难重重。加上不同翻译者之间在一些方面存在不同的解读与处理，因此本书的翻译一定存在各种不足与问题。在此向各位读者致歉，并欢迎批评指正！

这本"手册"全面地展示了社会营销的面貌，十分严谨地讨论了每一话题下的相关内容，一定会拓展我们对社会营销的理解与视野，进而推进我们的社会营销实践。

冯丙奇

2020年3月7日

编委与评审

萨米尔·德什潘德(Sameer Deshpande),莱斯布里奇大学

蒂莫西·杜赫斯特(Timothy Dewhirst),圭尔夫大学

克里斯蒂娜·多梅甘(Christine Domegan),爱尔兰国立大学,戈尔韦

杰夫·弗伦奇(Jeff French),国家社会营销中心

卡琳·格罗佩尔(Karine Gallopel),雷恩大学

珍妮特·赫克(Janet Hoek),奥塔哥大学

克莱门斯·卡佩尔(Klemens Kappel),哥本哈根大学

南希·R. 李(Nancy R. Lee),社会营销服务公司

R. 克莱格·勒菲弗(R. Craig Lefebvre),南佛罗里达大学

詹姆斯·林登伯格(James Lindenberger),南佛罗里达大学

雷·劳里(Ray Lowry),纽卡斯尔大学

安娜·玛丽·麦金托什(Anne Marie Mackintosh),斯特灵大学

苏珊娜·马奎斯(Susana Marques),行政管理高级研究所,葡萄牙波尔图

凯利·麦科马克·布朗(Kelli McCormack Brown),佛罗里达大学

罗伯特·J. 麦克德莫特(Robert J. McDermott),佛罗里达预防研究中心

克劳福德·穆迪(Crawford Moodie),斯特灵大学

加里·诺布尔(Gary Noble),澳大利亚伍伦贡大学

圭多·帕拉佐(Guido Palazzo),瑞士洛桑大学

休·皮蒂(Sue Peattie),卡迪夫商学院

肯·皮蒂(Ken Peattie),卡迪夫商学院

佩蒂亚·K. 彼得罗娃(Petia K. Petrova),达特茅斯大学

西蒙娜·佩蒂格鲁(Simone Pettigrew),西澳大利亚大学商学院

麦克·罗斯柴尔德(Mike Rothschild),威斯康星大学

卡罗尔·谢克特(Carol Schechter),阿伯特联合会

安妮·M. 史密斯(Anne M. Smith),开放大学商学院

威廉·史密斯(William Smith),教育发展学院

佛洛伦斯·希欧多尔(Florence Theodore),国际战略慈善网络

前　言

菲利普·科特勒　南希·R.李

❖ 社会营销: 重要事件与出版物

20世纪70年代

◇ 1971年

菲利普·科特勒(Philip Kotler)与杰拉德·萨尔特曼(Gerald Zaltman)在《营销学刊》7月期上发表了一篇开创性论文——《社会营销: 有计划的社会转变的方式》, 文章中提出了"社会营销"的概念。

随后, 更多优秀的研究者与从业人员参与到了倡导社会营销的大军中, 包括: 艾伦·安德烈亚森(Alan Andreasen, 乔治敦大学)、詹姆斯·敏茨(James Mintz, 加拿大联邦卫生部)、比尔·诺韦利(Bill Novelli, 波特诺韦利联合会联合创始人)、比尔·史密斯(Bill Smith, 教育发展学院)。

20世纪80年代

世界银行、世界卫生组织、国际人口服务组织(PSI)、美国疾病控制与预防中心开始使用这一概念, 对其兴趣明显增加。

◇ 1981年

保罗·布鲁姆(Paul Bloom)与威廉·诺韦利(William Novelli)在《营销学刊》上发表了一篇论文, 回顾了社会营销最初十年的发展, 并指出在一些关键领域, 营销原理与技巧的应用存在着不够严谨的问题，这些关键领域包括研究、区隔与分销渠道等。

◇ 1988年

R. 克雷格·勒菲弗（R. Craig Lefebvre）与琼·芙拉尔（June Flora）在《健康教育》季刊上发表了论文《社会营销与公共健康干预》，向公共健康领域广泛介绍了社会营销。

◇ 1989年

菲利普·科特勒与爱德华多·罗伯托（Eduardo Roberto）出版了一本重要著作《社会营销：改变公众行为的策略》，阐释了将营销原理与技巧用于影响社会变革的主题。

20世纪90年代

众多学术项目开展起来，包括：斯特拉斯克莱德大学的社会营销中心（位于英国格拉斯哥市）、南佛罗里达大学的社区与家庭卫生系。

◇ 1992年

詹姆斯·普罗查斯卡（James Prochaska）、卡罗·迪卡莱门托（Carlo DiClemente）与约翰·诺克罗斯（John Norcross）在《美国心理学家》上发表了一篇论文，阐释了一种能实现行为改变的组织框架。这一框架被很多人认为是迄今为止最有用的一种框架。

◇ 1994年

百斯达特公司（Best Start Inc.）与南佛罗里达大学的公共卫生系联合创办了《社会营销》季刊。

◇ 1995年

艾伦·安德烈亚森出版的著作《社会转变营销：改变行为，以便促进健康、社会发展与环境改善》，有效地弥补了社会营销理论与实践的不足。

◇ 1999年

社会营销研究所在美国华盛顿特区成立，来自乔治敦大学的艾伦·安德烈亚森担任临时执行董事。

道格·麦肯齐-莫尔（Doug McKenzie-Mohr）与威廉·史密斯（William Smith）出版了著作《可持续行为培育》，说明了基于社区的社会营销。

21世纪第一个十年

◇ 2001年

艾伦·安德烈亚森主编的《社会营销伦理》出版。

◇ 2002年

科特勒和李出版了著作《社会营销: 提升生活品质》。

◇ 2003年

罗布·多诺万(Rob Donovan)的著作《社会营销: 原理与实践》在澳大利亚出版。

◇ 2005年

英国社会营销中心在伦敦成立, 由杰夫·弗伦奇(Jeff French)和克莱夫·布莱尔-斯蒂文斯(Clive Blair-Stevens)担任主任。

第十届社会营销创新研讨会举办。

第十六届公共健康社会营销研讨会举办。

◇ 2006年

艾伦·安德烈亚森出版了著作《21世纪的社会营销》, 拓展了社会营销的角色。

◇ 2007年

杰拉德·哈斯廷斯(Gerard Hastings)出版了著作《社会营销: 为什么丑陋方面跟优秀方面都相似?》

◇ 2008年

第一届社会营销世界大会在英格兰布莱顿举办。

美国疾病控制与预防中心举办的年度研讨会, 侧重关注了社会营销问题。

◇ 2009年

科特勒和李出版了著作《摆脱贫困: 社会营销之道》。

弗伦奇、布莱尔-斯蒂文斯与梅里特出版了著作《社会营销与公共健康: 理论与实践》。

21世纪第二个十年

◇ 2010年

在这一年中, 有更多的著作出版。其中就包括内德拉·魏因赖希(Nedra Weinreich)的《社会营销实践》(第二版), 以及程(Cheng)、科特勒和李的《公共健康社会营销：全球趋势与成功案例》。

《社会营销学刊》在澳大利亚发行。

◇ 2011年

科特勒和李的《社会营销：影响行为让其更好》（第四版）出版。

道格·麦肯齐–莫尔、南希·R. 李、卫斯理·舒尔茨（Wesley Schultz）、菲利普·科特勒出版了新著作《保护环境的社会营销：工作原理》。

第四十届公共健康社会营销研讨会举办。

第二届社会营销世界大会将在爱尔兰的都柏林市举办。

全球社会营销协会成立。

❖ 过去四十年我们成长的历程

- 从最初几乎全部应用于公共健康事务，拓展到了如下领域：预防伤害、环境保护、社区参与以及金融安全。
- 从最初以大众媒体活动为主，到几乎使用所有的营销工具，来减少阻碍，并提升回报。这些营销工具主要应用在研发新产品、提供激励、提升接近的便利性、促进环境保护以及寻求众多有效的媒体策略（包括寓教于乐型产品与社交媒介等的使用）等方面。
- 从聚焦于影响人们的自愿行为，到意识到我们有责任促使公民遵守现行的规则，如拒绝酒驾又或是恰当处理有害垃圾。
- 从主要以关注理论与模型的学术讨论为主，到受到一线从业人员在各种载体上的广泛关注，如博客、即时通信、帖子、会议、学术期刊论文。
- 从仅开设讲习班，到大学中开设社会营销课程，再到在线课程与研讨会的出现，再到如今至少有两项硕士学位课程。
- 从每年在美国举办一次公共健康领域的社会营销研讨会，到在世界范围的年度会议。会议包括主旨演讲以及专题研讨会，来讨论社会营销在保护环境以及提升金融安全等领域的应用。
- 从众多学术期刊中为数不多的文章，到已有两份专有期刊可供社会营销人员使用，并有更多的著作出版。
- 从只把个体当作目标对象的下行定位，到认识到可以用同样的模式对重要的中游人员

（比如朋友、家人、老师、健康顾问等）以及上游人员（比如政策制定者、组织机构等）产生影响。

- 从依赖于传统的营销理论，到整合了其他传统的行为改变理论，包括行为经济学、环境心理学、社区动员与社会规则。
- 从仅限于北美与英国，到世界上大部分国家都开始应用社会营销的原理与技巧。如“促进可持续发展行为”新闻组中，就包括了8000多名来自世界各地的成员。
- 从为传播活动承包商提供建议，到分享专业的社会营销方式与经验。
- 从最初主要进行信息交流，到全球专业组织的成立，这一组织在2011年春季举办的第二届社会营销世界大会上成立。这一组织面向全球成员提供培训机会、资源与专业网络。
- 从尚未在美国疾病控制与预防中心的“健康人员目标”中提及社会营销，到确定了2020年的三大目标：第一，增加政府卫生机构在健康促进与疾病预防项目中使用社会营销的比例；第二，增加提供社会营销课程的公共卫生院系以及公共卫生硕士课程的比例；第三，增加向公共卫生从业人员提供社会营销活动策划工作坊的公共卫生院系以及公共卫生硕士项目的比例。

目 录

第二部分　营销策划　/ 129

第三部分　研究：角色与技巧　/ 195

第四部分　与魔鬼共舞　/ 251

导言　作为运动的社会营销

杰勒德·黑斯廷斯①

❖ 导　言

在大厅的后方，一位似乎有70多岁的高个子先生站了起来。他的外表，也许用“杰出的嬉皮士”来形容最为贴切了，十足的嬉皮士，无须任何质疑。没有人知道他接下来要说什么，但是我认为应该听听他说的。他清了清嗓子，用带有加利福尼亚口音的洪亮嗓音宣告：“我叫文斯，是个地道的反越战人士。此时，在我们直接促使这场冲突结束的38年后，我第一次能够使用‘M’这个单词。”当时的现场正是一次全州范围的聚会，来讨论肥胖对身体造成的威胁，会议的结尾，大家正在讨论社会营销应当扮演的角色。在此之前，我们已经讨论了为草根运动赋权、促成政策转变、限制快餐产业、动员公众等问题。我认为他所说的“M”指的是营销（Marketing），但他继续说道：“我的意思是，我们应当有一场运动，一场有影响并促成转变的运动。正如当初我们需要一场运动来结束战争，现在同样我们需要一场运动来对抗肥胖。我们的确有一场运动。”文斯当时试图告诉我们，社会营销可以帮助人们战胜肥胖，因为社会营销具备运动所具有的多面性、参与性与策略性。这是一种真知灼见。

❖ 一次反思的机会

这本手册是学术领域的一次全面演讲。这本书全面总结了社会营销领域的发展，

① 我想感谢卡罗尔·A.布莱恩特和凯瑟琳·安格斯，感谢他们帮助完成了这一章的撰写，感谢他们耐心的阅读并对草稿提出了建议。

阐释了这个领域中关键性的争论与话题，并对社会营销的发展进程进行了评判。这本手册就像一位总裁，进行着前景展望，并勾画出将要前进的方向。

现在为社会营销做这件事正当时，此刻市场与营销自身正在遭遇质疑，并受到广泛关注。20世纪30年代的经济大萧条撼动了我们对资本主义的信心，全球金融危机令我们开始质疑我们的经济系统。《经济学人》宣称：2009年“对全世界财经信息载体而言都是一种悲痛与梦魇”，并宣称“真正的问题不是财经信息载体是否需要改变，而是怎样改变”（The Economist，2009）。如果媒体都进行这样负责任且比较踏实的报道，也许营销人员都会洗耳恭听。这些问题被《哈佛商业评论》的米歇尔·波特和马克·克雷默用同样戏剧性的措辞进一步夸大，“资本主义系统正处于被围攻之中。最近几年，越来越多的人认为，贸易是导致社会问题、环境问题与经济问题产生的主要诱因。太多人都认为，企业之所以繁荣，是以牺牲广大公众的利益为代价的”（Porter and Kramer，2011：64）。

在这次争论中，人们慢慢抛弃了来自经济学领域的一些概念与原则，开始认为金钱可以把事情搅乱。像万宝路这样具有巨大经济价值的品牌，遮蔽并歪曲了其自身的影响力与众多方面人们的接受程度，包括它们的工作方式、效果以及这些是否是人们期望的。像《经济学人》这样的财经信息载体，应当继续争论，继续它们的犬儒主义与质疑主义的做法。人们对商业贸易越来越强的依赖及其导致的人们越来越不愿意真正去解读商业贸易的趋势，都使得犬儒主义与质疑主义越来越迟钝。

社会营销人员从两个方面参与到这次争论之中。其实这本手册也是。第一，他们认为，营销在本质上不是关心金钱，而是关心人们的行为。商业营销的关键技巧在于促使人们采取行动，购买产品、造访商店、关注讯息（我们很多人现在痴迷于logo建构出来的世界）、散播讯息，并重复购买产品（Hastings，2007：3）。这种技巧在市场之外也有广泛的应用，因为很多苦难，如种族主义、犯罪行为、病痛、全球变暖、侵害、意外伤害与死亡等，都源于人们自身的行为。这些苦难也许是由一些个体或利益关系人群体的行为导致的。比如酗酒的青年人、不尽职尽责的父母、卖酒给青年人的酒吧工作人员、酒品生产者、没有有效控制相关不负责任行为的政治家。就像第二章中勒菲弗以及其他众多研究者说的，所有这些行为，都容易受到营销的影响。

第二，社会营销人员发现，商业营销需要受到批评与控制。对营销理论（参见萨伦，第六章）与有效活动（参见赫克、琼斯、杜赫斯特和李，第十六、十七和二十六章）

来说，批评控制都很迫切。营销是一种很有力的机制，但没有内置道德指南针，烟草行业就是最典型的例证。即使我们知道尼古丁就像海洛因一样易于上瘾，即使我们知道与成年人相比，少年儿童更容易吸烟，同时有一半左右的吸烟少年儿童无法戒烟并最终被这种习惯谋杀，但是我们还是愚蠢且令人厌恶地允许烟草营销。从更加务实的角度出发，从社会营销的视角出发，依靠投入比较少的资源来限制跨国烟草企业的发展，是没有多少实际意义的。更有效的方法，是在起点就避免它发生。

这把我们引入了管理的领域。部分人认为纳入管理，这一步走得太远了（Rothschild, 1999）。这种观点认为，社会营销应当聚焦于自愿行为，而不是义务行为，也就是应该对人们进行劝说，而不是告知他们。但是这种观点未免太画地为牢了，因为商业营销者并不这样谨慎。2008年，一份对烟草促销进行的详尽分析发布了（NCI, 2008）。这份分析显示，“利益关系人营销”（stakeholder marketing）是烟草企业营销计划中的一部分，也是万宝路营销的一部分。出于同样的战略眼光，食品企业去年大约花费了10亿欧元，去劝服委员会，不要让食品包装贴上“红绿灯”食品标签（Hickman, 2010）。同时，美国癌症研究所的研究也只能显示，有一系列标准的营销文本在强调环境扫描的重要性，并提出了一些早已经为人熟知的工具，比如PEST与SWOT 分析（Jobber, 2009）。通过这种方式，营销人员识别出两种简单的道理。第一，消费者可以像在完善的市场中进行自由选择的想法，是不可能实现的。因为这一想法往往受制于各种社会与政治环境因素。所以，我们需要付出努力，促使这些环境尽量有利。第二，这种环境很大程度上受到一些自愿行为的影响，所以很容易受到营销的影响。这些自愿行为来自政策制定者以及其他利益关系人，也来自消费者。可以设想一下像“反醉驾母亲协会”（Mothers Against Drunk Driving）这样的草根组织的行为。很多章节都强调了这种上行议程的重要性，包括：肯尼和黑斯廷斯（第四章）、弗伦奇（第二十四章）、诺韦利和沃克曼（第二十五章）。

这些关于社会营销不同方面的观点，在拉泽和凯利的开创性的界定里体现了出来：

> 社会营销试图把营销知识、概念与方式用于促成社会性目标的实现，就像促成经济性目标一样。同时社会营销也分析营销政策、决策与行为带来的社会性后果。（Lazer and Kelley, 1973: ix）

当我们接受这一界定时，我们就和《营销与社会指南》（*Handbook of Marketing and Society*）（Bloom and Gundlach，2001）肩并肩了。具体来说，我们将社会营销理论与实践作为一种透镜，来观察营销对社会福利发挥影响的三种途径（Bloom and Gundlach，2001：xv）：

- 公共政策决策
- 企业营销决策
- 消费者福利决策

❖ 四种批评

科特勒和李在他们专著的前言中，回顾了过去四十多年中社会营销出现和发展情况。两位作者总结出四项争论。营销这个词给社会与公共领域带来了很多棘手的难题。在社会营销的概念被提出之前，营销这个词携带着欺诈和操纵之类的含义，这种感受源自拉尔夫·内德（Ralph Nader）和万斯·帕卡德（Vance Packard）等人。伴随而来的质疑认为，社会营销会用华尔街的肮脏行为来污染像公共卫生或国际发展之类的领域。同时，烟草或婴儿食品跨国公司进行的营销，也体现着血淋淋竞争的真实状态。对很多公共卫生领域的从业者来说，营销往往不是应该接受的东西，而是应当击败的。多诺万提示过社会营销中道德与伦理分析的重要性（第一章），是很言之有理的。

营销的商业性起源，也导致了另外一项麻烦：对于商业领域之外的人们来说，营销的所有细微与复杂含义，往往都丧失了，营销往往被简化为广告的同义词。即使在今天，还有很多人把社会营销错误地等同于大众媒体战役（campaign）。这种认知的结果，好的方面是，显示出社会营销主要的活动内容，即服务提供、专业介入、政策转变，而不好的方面是，社会营销取代了有效的活动，造成了宝贵资源的浪费，也成为恶劣政客的遮羞布。所以，本书是由这一领域中的前沿人士完成的，在27章中，只有两章聚焦于传播。

对广告的侧重，也引发了对社会营销的另外一项偏颇认识：社会营销只聚焦于个体，“社会营销试图把严重的健康问题压缩到个体风险因素，忽略了已得到验证的、作为决定因素的社会与经济环境因素的重要性”（Wallack et al.，1993：23）。在这一过程中，这一观点忽略了导致很多人类问题产生的集体性原因，比如：销售点的展示引诱儿童尝试吸烟，恶劣的公共交通设施引发人们过于依赖私家汽车等。所以，社会营销遭遇了双重的批评：无效（因为它被蒙蔽了，目标不准）、违背伦理（因为它最终会责备受害者，让这些受害者回避从来都不可能真正回避的环境）。

很矛盾的是，如果社会营销反抗所有这些批评，最终还将被批评说根本没有提供什么新的东西。因为社会营销只是健康促进、媒体倡议或社区发展的变体。在现实中，用诺布尔和巴兹尔（第九章）的话说，社会营销是在对这些其他的举措进行补充，这种补充得到如下研究者的说明：诺韦利和沃克曼（第二十五章）、麦克德莫特等（第二十七章）、布莱恩特等（下文）对基于社区的预防营销的说明。

虽然存在这些批评，以及难以克服的终极困境，就像科特勒和李说的，社会营销还是相当稳健地发展着。社会营销成为众多教科书与学术文章的主题，很多学校也在开设课程，众多从业人员也接受，也得到政府机构的资助。同时对社会营销的研究与实践也已经成为一种国际现象。比如，这本书的作者，即使主要为英语主导的研究者，但也来自三个大洲的九个国家。

这本书也对社会营销的范围与完善状态进行了确认。我们接触了这一领域中的知名研究者，有时我们会为某些特定的话题指定作者，这些话题正好基于指定作者的研究背景，不过我们会给作者充分的学术自由，允许他们写自己感觉最相关的话题。所以，这本书是一次民主思考的实践，因为民主的思考才能给这个专业带来，就像杰夫·弗伦奇在第二十四章中说的。社会营销人员拥有精深的见解，可以就不平等、国际发展、企业不法行为等话题进行分享。社会营销人员开展的活动显示，社会营销的价值不止在于跟踪诸如酗酒或青少年怀孕等之类的微观行为问题，也存在于对我们所处时代的宏观话题进行关注。社会营销能够也正在回答威尔基和摩尔提出的具有关键性与深远意义问题（Wilkie and Moore, 2003）。

❖ 本书的结构

本书的前三部分分析了社会营销的理论与实践。这三部分分别是："理论争论""营销策划""研究：角色与技巧"。反复涉及的话题是：对创新、灵活性与视野宽度的需求。

所以，在第一部分的第一章中，多诺万建议应当对行为理论采取一种折中方式，也就是社会营销人员应当时刻关注更广泛的模式与结构，在整合伦理性的考虑后，以便选择一种最适合自己事务的方法。勒菲弗首先自己完成一章内容（第二章），之后又和菲利普·科特勒合作完成了第五章。勒菲弗也建议人们应当借鉴如下更广泛的思路来协助社会营销策略，如借鉴设计思维、社会资本、扩散理论、行为经济学，甚至是被忽略的反营销概念。

马奎斯与多梅甘（第三章）强调，在借鉴关系营销时，应当坚持长远视野，并建议社会营销人员应当对关系品质、信任、感知价值、满意、承诺、认同、协作等进行分析。肯尼与黑斯廷斯（第四章）进一步补充说明了他们对这种长远视野的建议，他们强调社会营销人员应当更加拓宽关注面，关注社会规范与社会环境对个体与利益关系人（包括商业营销人员）的行为的巨大影响。萨伦（第六章）用理论详尽说明了在社会营销中批判思维所起到的关键角色。

最后，彼得罗娃和恰尔迪尼在第七章中，基于社会心理视角，说明了如何克服抵制的核心问题。

第二部分切入实践，说明营销策划的问题。这一部分首先对市场区隔在营销中扮演的基本角色进行详尽的分析与揭示。多纳·洛滕贝格等人（第八章）提醒我们，如果没有清晰的焦点，营销领域中基于消费者立场的关键概念会迅速丧失含义。诺布尔与巴兹尔（第九章）讨论了策略问题，并强烈建议，要通过竞争分析，进一步定位工具概念在社会营销中的地位。一罐可乐或一包万宝路从一群类似产品中脱颖而出的方式，对我们同样重要。两位皮蒂（第十章）也提醒我们，营销从营利领域转向非营利领域，也会引发问题。他们说明的例子是营销组合。他们认为，社会营销人员不应当简单照搬，应当谨慎地使营销组合与特定的环境相适应。

随后，奥尔登等人（第十一章）和梅斯等人（第十二章）说明了传播这个棘手的问题。第十一章再次强调广阔视野的重要性，建议多种传播渠道相互配合，并与营销活动的其他因素配合。焦点不是要告诉人们去做什么，而是要他们去做什么。第十二章讨论了数字领域发生的多种创新，并强烈建议应当谨慎应用。他们关注的问题是：新媒介是增加了我们的选项，还是比较彻底改变了游戏的本质？我们将在下文对此加以说明。

所有这些（市场区隔、定位、实施）都要依赖于研究。第三部分就说明这一话题。斯特德与麦克德莫特（第十三章）说明了三个主要问题：为什么要进行评估？应当评估什么？应当怎样进行评测？在回答这三个问题时，作者再次提醒我们，研究的方法应当广泛多样。随后的两章说明定性（佩蒂格鲁和罗伯茨，第十四章）与定量方法（哈里斯，第十五章）。这三章显示出社会营销与研究的持久成熟关系。这三章认为，研究不应当成为傲慢的裁判，也不应当沦为决策的迟钝替代品，而是应当成为智慧行动的促进者。

第四部分，“与魔鬼共舞”，聚焦于社会营销人员需要面对的一些很有争议的话题：我们和商业营销（尤其是企业营销）的关系到底是什么？众多研究者对这一问题的关注持续增加，不过他们的焦点聚焦于关键问题：企业营销人员跟社会营销人员处于不同的方面。赫克（第十六章）和琼斯（第十七章）（以及第六部分中的德惠斯特和李）很恰当地提示我们，食物、酒精与烟草构成了公共健康的基础，但是相关企业的繁荣，往往以公众的发病率与死亡率为代价的。不过，帕拉佐以及之后的安克尔与卡佩尔，说明了和这一类企业进行协作的潜在可能。帕拉佐（第十八章）指出，社会营销人员以及企业社会责任参与者可以不再相互忽略，因为两者在很多话题上都有共同点，所以帕拉佐认为，有一个领域正在成长，叫“企业社会营销”（corporate social marketing, CSM）。安克尔和卡佩尔（第十九章）更加详细说明了企业社会营销，详细解读了多芬香皂的案例：“多芬试图建构一种抗衰老平台”。不过两章都承认这种混合动机中内含的危险。就像安克尔和卡佩尔指出的，多芬的确获得了企业回报：据报道，这次活动导致多芬产品销量提升了700%，且把多芬在英国同领域的市场比重从1%提高到6%。但是，多芬并没有解决当代西方社会中扭曲的审美问题。

在这一部分的最后，史密斯（第二十章）把我们带回到一个更加舒服的地带：商业营销与社会营销之间的相互学习。具体而言，她说明了内部营销具有的优点与机会。通过这一说明，她提示我们：营销文献拥有宝贵的价值。这一点在马奎斯和多梅甘的书中也早就提及了（第三章）。

第五部分，“上行社会营销与社会转变”，说明了社会营销中的四项当下话题。罗纳德·保罗·希尔（第二十一章），集中关注不平等的重要问题。随着《精神层面》（Wilkinson and Pickett, 2010）的出版，人们越来越明白：不公平对社会中的所有人都有伤害，无论是穷还是富，所以削减社会中的差异是最大的优先事务。希尔采用了明显的民族志方式，让贫穷的人讲述自己的故事，并强调，只有当这些穷人的故事至少与其他人的故事具有同等价值的时候，才会有明显的进步。一句话，他指出，作为优秀的社会营销人员，我们应当试图持续通过我们的消费者的眼睛来看待这个世界。凯恩斯等（第二十二章）给我们讲述了另外一种形式的不平等：发达国家与发展中国家之间。与希尔相似，他们强调，应当更好地协作，应当博取更大的尊重，应当在已经得到良好发展的社会营销运动的领域之间进行更深入的分享。

随后，弗伦奇（第二十四章）分析了社会营销与政府之间的关系，试图把社会营销介绍给政府机构。本质上，他应和了商业文献中早已获得的见解：政府应当像企业一样，不应把营销只当作临时附加品，而是应当将其视为核心事务。最后，皮蒂（第二十三章）说明了很多人眼中的最重大的事务：气候变化与可持续发展。跟弗伦奇一样，皮蒂也认为，发展进步依赖于对我们所在星球的关系进行深远且持久的改变，不能只做零碎的活动。

第六部分提供了三项案例研究，前两项说明了社会营销在实践中是如何工作的。诺韦利和沃克曼（第二十五章）说明在美国退休人员协会（America Association of Retired Persons，AARP①）的工作中，社会营销与倡导游说的成功结合，促成了美国老年人医疗保险制度立法的通过。杜赫斯特和李（第二十六章）说明了社会营销在控烟中的角色。麦克德莫特等（第二十七章）采取了一种不同的途径，分析了健康促进领域对社会营销的回应，指出目前仍然还有大量的抵制现象存在。作者们建议，健康促进领域还应该进一步对社会营销开放，同时也指出，社会营销也应当更好地完成自己的工作。

最后一章是后序，撰写者是一位社会营销实践领域的资深研究者，在全球范围内都有社会营销的直接参与经验。这本书很明显是一本学术著作，意在指向学者，但我们也很想确定这本书对行为改变的现实世界有无影响。我们也许认为自己的思考很重要，但其他人能够将其用来解决某一个实际的问题吗？幸好十分令人满意的是，我们的努力通过了考验。比尔·史密斯的结论最能表达我们的现状了：

> 结束了对这本书中优秀章节的说明，基于我自己在很多国家以及很多社会营销活动中的经验，我已经得出结论：我们未来的谎言，正在显现，而不是消失。我们很有理由恐慌，因为我们为了更多的传播，抛弃了营销。但我不相信答案是要说服人们集中注意力。如果我们招纳新的人员，把我们自己的角色界定为专业人员，并可以增加总体协调管理人员（integration manager），我们不仅能够提升工作的质量，同时也可以更好地实现亚当·斯密提出的使命——只有消费者的需求得到满足时，生产者的利益才可能得到关注。

---

① AARP成立于1958年，是一家非营利非党派会员制组织，试图帮助50岁及以上的人们提高生活品质。

❖ 利益关系人：批判分析的案例

南佛罗里达大学的研究显示，发展不止依赖于个体的行动，还依赖于社群与民间团体的行动。成功的社会转变，还受到更广泛社会环境的影响，尤其是受到其他利益关系人以及个体行为的影响。对于社会营销人员来说，商业营销领域规模特别庞大。就像我们已经注意到的，本书中很多章节都对此进行了宝贵的批判性分析。就像马奎斯和多梅甘指出的，如果社会营销人员对自己进行批判性反思的话，社会营销人员的合法性就会更明显。要反思的对象包括：社会营销过程与结果，尤其是社会营销人员的设想或自认为想当然的“真理”。从批判性视角出发，真正的挑战是：把他们的设想变得更加明显，以便于他们除了可以基于通行规范职位，也可以基于其他的基础实施项目（Eakin et al., 1996）。上述最后一项认识捕捉到了批判性思维的关键角色，也是这本指南的角色：揭示想当然的东西，把这些东西放在学术与公共讨论的审判庭里进行测试。对商业营销的角色进行公开坦诚的讨论，是关键动作。这一点已经得到琼斯、赫克、杜赫斯特以及其他几位作者的明确说明。这本书是营销能量的证明，也是营销拥有“做好事”的潜力的证明。不过营销如果要“做好事”，需要由恰当的人员在恰当的方式中进行。如果我们不能发现并强调营销“做坏事”的能力，那将是玩忽职守，会对社会营销造成深远的损害。社会营销人员的角色中，关键部分就是向权力者说真话。

苏格兰的控烟行动（尤其是无烟公共场所的举措），超前于英国其他地区，在欧洲，除了爱尔兰，也超前于其他国家。这是一次很有指导意义的案例研究。因为公共场所或酒吧的独特性，使得这一行动的目标很有挑战性。比如，格拉斯哥的酒吧，就是不健康场所的代名词，因为那里永远充斥着刺激性的烟雾。要让这些场所成为苏格兰公共健康政策的前锋，看上去充满了愚蠢到家的不可能性。要知道，苏格兰的绰号是“欧洲病夫”（the sick man of Europe）。但是，这一行动竟然成功了，没有伴随不良现象。这也许是麦康奈尔政府取得的唯一最成功的公共成就。这一法案通过几天后的一项调查结果显示，16—24岁的年轻人中，有超过84%的人不止认可，还认为这是苏格兰应当值得骄傲的一次行动。这的确是来自强烈民族主义民众的赞扬（Cancer Research UK, 2006）。

这一成功依赖于多项行动。政客们的注意力被经过仔细整理的证据激发起来。

这些证据显示：(1) 二手烟相当有害；(2) 建构无烟餐饮场所，不会损害商业利益。当首席部长会见米歇尔·马丁（Micheál Martin）时，这一关注转化为真正的承诺。马丁是爱尔兰卫生部长，在爱尔兰早就推动了类似法案的通过。马丁让首席部长确信：控烟，不仅有公共健康回报，也会有政治回报。据说，当杰克·麦康奈尔（Jack McConnell）问马丁“如果其任期结束了，事情会有什么不同？”时马丁的回答很简单：“我本可以更早就做。”

麦康奈尔被争取了：他周五晚上去爱尔兰时，还带着反对无烟政策的态度。但当他周一返回时，已变得完全支持。这是有记录的最明确的一次信源效应的例子。其他的关键利益关系人也被招募进来，通过各自的专业组织（更有效的信源效应）、支持的媒体以及公关活动来说明控烟的好处。这些利益关系人包括：餐饮行业组织、健康与安全专业人士、医疗人员。推动者还通过大众媒体活动强调二手烟的危害，用以强化公众对烟雾充斥的酒吧的既有反感。通过这种活动，推动者想吸引苏格兰公众参与进来。很明显，癌症是可以利用的最大诉求，不过酒吧烟雾导致的不适与衣物污染问题，也许是更有利的日常共振声响。

不过，也有巨大而强烈的反对力量，主要来自餐饮行业。烟草行业不道德的自我服务的干预介入，进一步加剧了餐饮行业的焦虑。烟草企业本身一直不受欢迎，但它们站在远处搅局。或许对它们的遮蔽行为最详细记录的证据来自《烟草控制》杂志发表的一篇文章（Scollo et al., 2003）。这篇文章显示，在对无烟条例的经济影响的97项研究中，有大约35项研究显示，无烟条例会对酒吧与宾馆产生消极影响。文章还显示，在这35项研究中，有31项研究存在两个共同点：第一，这些研究的质量偏差（比如缺乏对照组或结果评估的客观标准）；第二，每一项研究都以某种方式获得了烟草企业的资助（其他四项研究的资助来源不清）。所有独立的高质量研究文章都指出，无烟举措不会对经济产生消极影响。无论这些伎俩怎样，大部分餐饮企业还是十分坚决地反对无烟政策，所以公共健康干预项目不得不顶着这种反对展开。但是总体而言，推动者仍旧不可避免地遭遇着反对，当酒吧遭遇财务困难时，无烟政策就持续遭遇谴责。即使反对者根本找不到任何证据来证明他们的财务危机与无烟政策有关。

这一案例显示，社会营销成功的基础包括：对谁需要做什么的解读；识别他们做这些以及关心这些的动机；确定谁以及原因的复杂性；认可情感以及一些琐碎事务经常超越专家们认为重要的事务；确定重要的证据往往遭遇同事的反对；要充分现实地认识到有时竞争不可避免，所以不能求和，而是应当击败。简而言之，有效的社会转变与社会营销依赖于多方面的多方利益关系人的敏锐程度，还需要意志坚定的严格评估与行动。

参考文献

Bloom, P.N.and Gundlach, G.T.(2001) Handbook of Marketing and Society.Thousand Oaks, CA: Sage Publications.

Cancer Research UK (2006) Young Scots 'most proud' to be smoke-free as iconic image unveiled. Cancer Research UK Press Release, 14 March.Online: http: //info.cancerresearchuk.org/news/archive/pressrelease/2006-03-14-young-scots¬most-proud-to-be-smokefree-as-iconic-image-unveiled [accessed 27 January 2011].

Eakin, J., Robertson, A., Poland, B., Coburn, D.and Edwards, R.(1996) 'Towards a critical social science perspective on health promotion research', Health Promotion International, 11(2): 157–165.

The Economist (2009) 'The pedagogy of the privileged', The Economist (online edition), 24 September.Online: http: // www.economist.com/node/14493183/print [accessed 26 January 2011].

Hastings, G.(2007) Social Marketing: Why Should the Devil Have All the Best Tunes? Oxford: Butterworth-Heinemann.

Hickman, M.(2010) 'Food companies in massive lobby to block colour-coded warnings', The Independent (online edition), 15 June.Online: http: //www.independent.co.uk/life-style/food-and-drink/news/food-companies-inmassivelobby-to-block-colourcoded-warnings-2000523.html [accessed 26 January 2011].

Jobber, D.(2009) Principles and Practice of Marketing, 6th edn.London: McGraw-Hill Education (1st edn, 1995).

Lazer, W.and Kelley, E.(1973) Social Marketing: Perspectives and Viewpoints.Homewood, IL: Richard D.Irwin.

Porter, M.E.and Kramer, M.R.(2011) 'Creating shared value: How to reinvent capitalism - and unleash a wave of innovation and growth', Harvard Business Review, (Jan -Feb): 62–77.

Rothschild, M.(1999) 'Carrots, sticks and promises: a conceptual framework for the management of public health and social issue behaviors', Journal of Marketing, 63(4): 24–37.

Scollo, M., Lal, A., Hyland, A.and Glantz, S.(2003) 'Review of the quality of studies on the economic effects of smoke-free policies on the hospitality industry', Tobacco Control, 12: 13–20.

Wallack, L., Dorfman, L., Jerngian, D.and Themba, M.(1993) Media Advocacy and Public Health: Power for Prevention.Newbury Park, CA: Sage Publications.

Wilkie, W.L.and Moore, E.S.(2003) 'Scholarly research in marketing: exploring the '4 eras' of thought development', Journal of Public Policy and Marketing, 22(2): 116–146.

Wilkinson, R.and Pickett, K.(2010) The Spirit Level: Why Equality is Better for Everyone. London: Penguin.

第一部分

理论争论

第一章　行为改变的理论模型(罗布·多诺万)

多诺万撰写的这一章，首先讨论了社会营销人员重视理论的原因，并对相关的理论基础进行总览。这一章主要阐述“认知决策模型”(cognitive decision models)与“社会改变模型”(social change models)。认知决策模型包括：健康信念模型(health belief model, HBM)、保护动机理论(protection motivation theory, PMT)、社会学习理论(social learning theory)、理性行为理论(theory of reasoned action)等。社会转型模型包括：改变阶段(stages of change)、社区准备模型(community-readiness model)、扩散理论(diffusion theory)、社会生态模型(social ecology model)。这一章还对道德(morality)与合法性(legitimacy)这两个往往被大部分社会改变理论者忽视的两个概念进行了简要讨论。作者还阐述了行为修正(或应用行为分析)原则，意图强调在用人们的行为方式表现信念、态度与意图时，环境因素与技巧的重要性。多诺万最后强调，这些模式对政策制定者与个体同样有用，同时他呼吁人们继续展开研究，以此提升健康行为理论的可预测性。

第二章　社会营销的社会模型：社会扩散、社会网络、社会资本、社会决定因素和社会特许(R.克雷格·勒菲弗)

在这一章，勒菲弗对聚焦于个体之外的理论模型进行了说明。同时，他也对如下理论的关键要素进行了说明：社会决定因素、社会扩散、社会网络、社会资本、社区建构、社会特许。他试图为社会营销人员装备上应对诸如贫穷与政策改变等社会需求的武器。他特别强调，对社会创新与社会变革的方式中社会营销的应用该有着更加全面的认识，可以让人们有更多的机会和工具来发挥社会营销的潜力，提升我们帮助这个世界的能力。

第三章　关系营销与社会营销(苏珊娜·马奎斯　克里斯蒂娜·多梅甘)

马奎斯和多梅甘指出，如果对关系营销的使用不足，会损害社会营销。两位作者指出，在三个学派对关系营销的界定中，北欧学派的理念对社会营销最有帮助。北欧学派认为，在管理视角中，社会组织是一种服务，这种服务又是来自管理视角中的服务，这种管理视角强调的是活跃的关系网络与协作关系。两位作者指出关系营销的三个关键过程：已有关系的互动过程，双渠道或多渠道的沟通过程，价值创造过程或顾客满足需求的过程。这三个过程得到了六种心理学结构与一种行为性结构的支持,这七种结构分别为关系品质、信任、感知价值、满意、承诺、识别与协作,都是社会营销需要进行探讨与分析的。

第四章 社会规范的理解:社会营销人员上行与下行的应用方式(帕特里克·肯尼 杰勒德·黑斯廷斯)

作为同伴影响(peer influence)领域的一个部分,社会规范认知(social norms perceptions)对人们的行为有显著的影响,尤其是对年轻人以及易于受到外界影响的人。肯尼与黑斯廷斯在这一章中,描述了社会规范的形成与影响,以及营销活动在社会规范中的使用,他们认为了解规定性规范(prescriptive norm)与描述性规范(descriptive norm)的类型对社会营销人员来说很重要。两位作者使用烟草消费为例,说明对社会规范的理解可以有助于社会营销"下行",比如对社会规范的营销活动;也有助于社会营销"上行",比如对有害产品营销的监管。

第五章 设计思维、反营销与行为经济学:社会营销跨学科增长的培育(R.克雷格·勒菲弗 菲利普·科特勒)

勒菲弗和科特勒鼓励人们跳出社会营销文献的范畴,去寻找可能促进社会营销实践的创新概念。他们介绍了三个正在兴起的领域:行为经济学(behavioural economics)、设计思维(design thinking)、反营销(demarketing)。反营销是一项已有几十年历史的商业营销途径,却没有得到社会营销人员的充分重视。两位作者对这三个领域进行了富有启示性的总结,他们试图要为社会营销人员提供思考社会问题的其他方式,试图对个人行为改变的干预以及组织性、政策性与文化性的转变提供更有效的解读。虽然这三种途径的效力仍没有得到有效的证明,但是两位作者也在文章中介绍了这三种途径在社会营销干预项目设计中的应用。

第六章 批判营销:理论基础(迈克尔·萨伦)

萨伦描述了批判营销的角色与重要性,以及批判营销为社会营销领域提供支持的原因。从这个视角出发,萨伦说明了一些批判评估(critical assessment)质疑的主流营销话题,包括关键的营销概念、批判理论、市场角色、消费者行为、营销的假设、知识与观念。萨伦指出，社会营销人员可以使用并发展批判研究方法，以便从更加全面的视角来对社会与行为现象进行解读，这已超出商业营销研究方法与消费理论的视野。

第七章　抵制劝服的新方法（佩蒂亚·K.彼得罗娃　罗伯特·B.恰尔迪尼）

彼得罗娃与恰尔迪尼对最近有关建构与克服人们对劝服讯息抗拒的研究进行了回顾。他们首先回答如下问题：有效的抗辩是由什么组成的？之后他们说明了社会营销提升了人们对促使危险行为产生的劝服讯息的抗拒，降低了人们对推广健康行为的讯息的抗拒。人们对社会营销干预项目的抗拒有三种类型，他们对用于克服这三种抗拒的方式进行了阐述。这三种抗拒分别是感应抗拒（reactance）、质疑抗拒（scepticism）、惯性抗拒（inertia）。这一章对社会营销人员来说比较有价值的内容是：抗辩的校准、操纵意图的揭示、强劲竞争论点可信度的削弱。

第一章

行为改变的理论模型

罗布·多诺万

本章从认知决策模型开始，简要讨论了被知信行模型（knowledge-attitude-behaviour model, KAB）普遍忽视的两个概念：道德和合法性。行为修正（Behaviour modification）（或应用行为分析，applied behaviour analysis）原则也被包括在内，以进一步强调我们必须将人们的信念、态度和意图转变为行动。而要做到这一点，我们必须注意能促进这一转变的必要的环境因素和技能。

❖ 认知决策模型

这些模型大多基于这样一种假设，即个人对某个人、群体、问题、对象或行为的信念将决定个人对该个人、群体、问题、对象或行为的态度。在社会规范和自我管理的约束下，这些态度反过来又预测了个人打算如何对待此类个人、群体、问题、对象或行为。最后，这些意图是否会导致行为，将取决于环境促进者和抑制者，包括感知上的和实际上的，以及情境的（暂时的）和结构的（持久的）。简而言之，只有当高质量的水果蔬菜随处可以买到并且价格合适时，购买和消费更多水果和蔬菜的积极态度和意愿才会转化为行动。

KAB模型或“社会认知”模型将对行为的影响概念化，从而为形成性研究、战略制定和活动评估提供了一个框架。总的来说，这些模型中的主要组成部分，如态度、规范和功效的改变，被认为是意图和行为改变的良好预测者（Webb and Sheeran, 2006）。

健康信念模型

健康信念模型（health belief model, HBM）可能是健康教育中的第一个行为模型。它是美国公共卫生服务工作者在20世纪50年代开发的，旨在解释参与和不参与结核病筛查项目的原因（Becker, 1974; Rosenstock, 1974; Rosenstock et al., 1988）。作为最古老的模式，健康信念模型已被广泛应用于各种卫生领域的规划项目，时至今日仍被广泛应用于各种领域（参见Darnton, 2008）。

该模型列出了下列因素，这些因素被认为可以影响行为改变：

- 感知易感性：个体感知到威胁发生在他们身上的可能性（如感染艾滋病毒和及进展为艾滋病）。
- 感知严重性：个人对其所受威胁的消极后果有所认知（如艾滋病毒/艾滋病的严重程度）。
- 感知建议行为的益处：个人认为建议行为将避免威胁（以及得到任何其他额外的好处）（如可以感知到使用避孕套能够降低艾滋病毒感染风险的可能性）。
- 感知成本和障碍：个体对采用建议行为的成本和障碍的感知（如潜在参与者的感知反应等）。
- 行动线索：个体、情境、持续事件或活动促使个体采取行动（内部的线索如暗示；外部的线索如广告或口碑）。

本研究亦假设人口和心理社会变量将缓和上述变量。

因此，如果一个人认为自己患糖尿病的风险很高，如果他们认为糖尿病是一种严重疾病，如果他们认为加强锻炼对降低糖尿病的风险是有效的，如果他们认为增加锻炼水平没有重大障碍或不需要付出太大成本（经济、社会或身体上），如果有朋友把他们的注意力吸引到附近社区娱乐中心开设的体育活动项目上，他们就更有可能进行锻炼。

保护动机理论

罗杰斯（Rogers, 1975）的保护动机理论（protection motivation theory, PMT）最初是作为恐惧激发模型提出的，用来解释生理、社会或心理威胁所产生的动机效应。班杜拉（Bandura, 1986）的社会学习理论中的自我效能概念也被纳入其中。PMT理论假设个体在面临威胁时会进行两个主要的评估：威胁评估和应对评估。与健康信念模型类似，威胁评估基于两个主要因素：个人对威胁的感知程度和应对评估。

感知程度是根据以下两个因素来评估的：

- 感知到的危害事件发生时的严重性。
- 如果不采用建议行为，感知到的受威胁结果发生的可能性。

应对评估包括根据以下两个因素对建议行为进行评估：

- 预测行为在避免或减少威胁发生可能性方面的感知有效性（即反应有效性）。
- 个人相信自己有能力执行建议行为（即自我效能）。

如果一个人（例如公司主管）认为他们容易受到威胁（例如“绿色”消费者抵制公司的产品），建议行为（例如采用可回收包装）将有效地消除威胁，而且他们有能力执行建议行为（即可回收包装和技术是可获得和负担得起的），那么就有可能发生所建议的行为。如果对威胁程度的评估很低，比如它极不可能发生或者没有严重到足以令人担心的程度，又或者威胁被认为很严重，但建议的行为却被认为是无效的，或者不在个人能力范围之内（例如，有一个充满敌意的董事会），则不会发生所建议的行为。

罗杰斯后来又增加了两个因素：反应成本（感知成本和实际成本），这个因素抑制了对期望行为的采用；对持续不良行为的回报的感知，这会导致不良行为的继续。

保护动机理论已被应用于许多健康领域，包括运动、减少饮酒、戒烟、乳腺癌筛查和性传播疾病预防、预测参与反核战争行为、防震准备和防盗。总体而言，感知程度和应对评估的概念——特别是自我效能——被认为是意图和行为改变的重要预测因素。例如，荷兰乌特勒支大学（University of Utrecht）的一项减肥计划研究发现，那些一开始觉得自己能更好地控制体重和饮食习惯的人比其他人体重减轻得更多。事实上，强烈的自我管理能力是减肥成功的最佳预测因素（Squires, 2005）。这意味着这种干预必须包括建立人们感知（和实际）自我管理的方法。

社会学习理论

在基本层面上，学习是通过强化过程进行的：获得奖励的行为往往会重复，而受到惩罚的行为往往不会重复。社会学习理论学者，如阿尔伯特·班杜拉（1977）认为，许多学习行为依赖于社会强化：例如，影响非法药物使用的同辈压力和影响循环利用的社会规范。然而，社会学习理论学者们也认为，新的行为不仅可以通过实际体验到的社会强化来学习，还可以通过观察传递给他人的社会强化来学习。这就是"建模"的基础：通过模仿他人的行为来采取行动。因此，精英运动员、足球明星和其他名人如何成为年轻人的"榜样"一直备受关注。

模型诱导态度和行为改变的能力取决于模型的可信度、吸引力（特别是生理上的）、专业知识（技术领域的）以及与观众的共鸣等因素。它还取决于模型行为得到回报的清晰度和可信度。社会学习理论阐释了证明型交流的基本原理，其也是在电视广告和肥皂剧等娱乐工具中形成理想健康行为的主要模型（"寓教于乐"；参见世界各地的例子：Singhal et al., 2004）。

班杜拉（1986）将他的社会学习理论扩展成一个全面的"社会认知"模型。该模型中的许多构念与健康信念模型中的构念相似，只是在执行某一特定行为时在这一理论中加入了自我效能的概念。自我效能感反映了个体在执行建议行为时的能力和自信心。自我效能的概念可能是班杜拉社会认知模型的主要贡献，这一概念被一些作者视为独立的"自我效能理论"（如Godin, 1994）。如上所述，无论是在大量的研究、广泛的行为和模型中，还是在独立于任何特定模型的情况下，自我效能已被发现是结果的主要预测因素。它与成瘾行为尤其相关，在成瘾行为中，为目标受众提供帮助是至关重要的。在考虑使用恐惧诉求时，效力也很重要。威胁诉求认为，如果一个人因威胁而感到高度焦虑，但认为自己无力避免威胁，那么不良行为（如吸烟、吸毒、暴力）实际上可能会增加。在英国，CABWISE运动发起了一项名为"唤醒恐惧"的活动，旨在鼓励年轻女性在夜晚外出后叫一辆有执照的出租车，而不要乘坐没有执照的出租车。在这种情况下，没有执照的出租车司机要对大量针对年轻女性的性侵犯行为负责。这项运动确保年轻女性有一个简单的方法获得当地有执照的出租车司机的电话号码，从而避免了可能的性侵犯。这些写有本地出租车司机电话号码的海报被张贴在伦敦市的标志性旅游地点，尤其是夜生活区，包括各种会场（Okin et al.，2009）。

理性行为理论

理性行为理论（theory of reasoned action，TRA）可能是这类模型中最完善的一种，被研究社会心理学和消费者购买行为的文献广泛采用。这一理论最近被应用于研究各种健康和环境行为。

菲什拜因和阿杰恩（Fishbein and Ajzen，1975）提出，行为是由个人的行为意图来预测的，这反过来又是对该行为的态度功能和有关该行为的主观规范。态度是信念对行为结果的影响，通过对每个结果的评价来衡量。主观规范是他人如何看待行为的一个功能，并由符合每个人的动机来衡量。因此，一个人可能会对酗酒持积极的态度，但不会做出这种行为，因为他们的足球队友反对这种行为，因为这会影响他们获胜的机会。同样，一个人可能对垃圾中的玻璃、纸张和金属分类持消极或中性的态度，但他还是这样做了，是因为他们的孩子鼓励这种做法，而且所有邻居都这样做。

形成性研究（通常是定性的）是必要的，用以确定所有与采纳或不采纳建议行为的后果有关的信念，以及用于确定这些后果是消极的、积极的还是中性的。为了准确地预测意图，确保所有相关的信念都被识别和评估是十分有必要的。

例如，对资源回收的有利态度可能被高估了，因为只有被积极评价的信念才被包括在内，而许多被消极评价的信念则被无意中忽略了。同样，为了准确地衡量个人的主观规范，有必要确定所有其他相关的人，并研究这些人如何看待所建议的行为，以及个人在多大程度上感到有动力遵守这些行为。例如，可能影响运动员使用违禁药物态度的其他相关人有父母、朋友、团队成员、教练、培训者、运动心理学家、团队医生、赞助商（或潜在的赞助商）、体育联合会的行政人员、该运动目前和过去的顶尖运动员以及该运动的众多支持者。

菲什拜因的模型引入了两个重要特征。首先，该模型明确区分了对目标、问题或事件本身的态度，以及对用何种方式对待这些目标、问题、事件等的态度。例如，一个人可能对低碳打印的电动汽车持积极的态度，但是由于其价格较高和功率较低而对实际购买持否定态度。同样，一个人对避孕套本身可能持积极的态度，但对实际购买或携带避孕套持否定态度。因此，在探讨信念和态度来预测意图和行为时，有必要精确地衡量这种态度是个体对一个问题本身（如锻炼）的态度，还是对从事某种行为（如真正进行锻炼）的态度。理性行为理论的这一特征迫使干预主义者更准确地确定他们希望在什么情况下、在什么时间框架内改变什么具体行为（也称相容原则；Ajzen，1988）。

其次，理性行为理论区分了个体与客体或问题本身相关的信念，以及个体对其他人如何看待该问题的观念，以及其他人认为他们应该如何对待该问题的观念（即规范性信念）。因此，菲什拜因模型将社会规范纳入对态度和行为的影响。

例如，考虑制定一项干预计划，以增加年轻男性对低酒精度啤酒而不是传统啤酒的消费量。衡量态度的方法是，首先要确定个人对饮用低酒精度啤酒可能产生的结果的看法，例如低酒精啤酒可能不那么醉人，能减少宿醉，能够提高酒后的警觉性，如果碰到随机的呼气检测，超过法定酒精浓度上限的风险更小，相反的一面是充分的酒精味觉享受较少、啤酒的种类更少、品牌形象较差等。在研究中，研究人员要求受试者说明，如果换成饮用低酒精度的啤酒，上述每一种情况发生的可能性有多大。接下来是对信念的评估（减少宿醉、增强警觉性、口味较差等积极或消极结果）。最后用每个信念的可能性乘以评估分数的总和来衡量态度。

衡量社会规范的方法是，首先确定所有相关的其他人（即朋友、同事、家人、运动俱乐部伙伴、配偶等），然后确定这些人转而喝低酒精度啤酒的可能性（规范性信念）。然后，这些分数根据个人遵守相关意见的可能性进行加权（例如，同事的意见可能比配偶的意见重要得多——反之亦然）。最后一点表明，预测的行为也应根据具体情况加以界定，特别是根据社会环境。一个人的行为选择可能会因在场的其他人而大不相同。在年轻女性（或许还有严厉的父母）面前，年轻男性通常会节制自己的饮酒行为，在某些酒吧和群体中，对酒类产品的品牌选择也相当重要。

菲什拜因和阿杰恩的模型衍生出了许多延伸理论，其中最著名的是计划行为理论（theory of planned behavior，TPB；Ajzen，1988）和尝试理论（theory of trying，TT；Bagozzi and Warshaw，1990）。计划行为理论通过增加行为控制来扩展理性行为理论的范畴——即个人在多大程度上认为推荐的行为是容易的或困难的（类似于其他模型中的自我管理）。

理性行为理论和计划行为理论已广泛应用于消费者的购买习惯、生活方式及健康行为（特别是戒烟、锻炼及预防性病）等领域，在预测意向或行为方面，这两个模型的所有主要变量均取得了良好的结果。

例如，美国西弗吉尼亚州惠灵市的“1%或更少”的牛奶宣传活动就是基于理性行为理论和兼容性原则。这导致低脂牛奶的比例显著增加（29%—46%），其中34%的样本报告更换了牛奶，而对照组的比例仅为4%。对数据的分析表明，这种干预措施提升了人们的意愿和态度（但不是主观规范），而且人们对低脂牛奶的健康、口味和价格的信念有了显著提高（Booth-Butterfield and Reger, 2004）。最近的研究也支持了计划行为理论在预测青少年运动员使用兴奋剂的意图方面的有用性（Lucidi et al., 2008）。

尝试理论

尝试理论有两个主要的兴趣因素（Bagozzi and Warshaw, 1990）。首先，尝试理论关注的是最终目标（如减肥），而不是特定情况下的行为选择，因此直接适用于健康促进和社会营销中的大多数问题。其次，该理论侧重于试图接近这些目标（即尝试戒烟），而不是实际实现这些目标（即成功戒烟）。这是一个更加具有现实意义的关注点，例如，与其试图确定（成功）戒烟的预测因素，还不如首先确定试图戒烟的因素。许多研究都未能证明态度或意图与行为之间的关系，因为这些行为被定义为成功的结果（例如成功减肥；采取定期锻炼；实行政策改变），而不是努力去实现这些目标。将“尝试行为”与“实现目标”分开，也迫使活动策划者分别考虑是什么导致了尝试行为，以及是什么因素起了作用，从而促进或抑制了成功的结果。

一个人对尝试某些行为（例如减肥）的总体态度是由三个因素决定的：

- 对成功的态度和对成功可能性（或预期）的感知。
- 对失败的态度和对失败可能性（或预期）的感知。
- 对减肥实际过程的态度。

以上每一种态度都是通过评估成功、失败和参与过程所产生的各种结果的可能性来衡量的，并通过对这些结果的评估进行加权。例如，成功减肥的结果可能是感觉身体更健康、看起来更好看、自尊心增强、患糖尿病或心血管疾病的风险降低。不减肥的后果可能是感到不快乐、穿着衣服不舒服、患糖尿病和心脏病的风险增加等等。关于减肥过程产生的结果可能包括经常感到饥饿、不得不放弃自己真正喜欢的食物、不得不避开餐馆和外卖食品、花更多的时间准备食物、可选择的食物种类减少等。这些信念都是由对这些结果的评估来衡量的，并通过总结来提供一个整体的态度。

个人的减肥意愿将由以下因素决定：

- 如上所述，个人对减肥的总体态度。
- 关于试图减肥的社会规范（即关于重要的他人对个人减肥态度的看法）。
- 一个人成功减肥的次数。

实际上，想要减肥取决于：

- 个人减肥的意图。
- 一个人成功减肥的次数。
- 最后一次尝试后的时间。

巴戈齐和沃肖（Bagozzi and Warshaw, 1990）表明他们的模型显著地、并且在实质上预测了试图减肥（是一个比计划行为理论更好的预测模型），尽管过去尝试减肥的频率并不是一个显著的预测因素。另一方面，对戒烟行为的一些研究表明，过去尝试的频率是试图戒烟和成功戒烟的重要预测因素。

尝试理论的一个主要优点是，它让人们注意到自己在试图停止不健康的行为而采取健康的行为时所经历的种种事情。这表明信息应该表现出与目标受众一样的同理心，并确保干预能够适应或尽量减少人们的不适。

认知失调（cognitive dissonance）

许多社会营销活动的目的是让个人产生不和谐的状态，然后将建议行为作为消除这种不和谐状态的手段。认知失调发生在一个人持有不一致的信念，或当个人的行动与他们的信仰或价值观不一致时（Festinger, 1957）。例如，一个政客如果认为强制性判刑会不公平地歧视社会经济地位较低的群体或某一族裔群体，而他们的政党却在推行这样的立法，他们就会感到不和谐；吸烟者如果认为吸烟影响了宠物的健康，他们就会感到不和谐；非法吸毒者如果认为吸毒在道德上是错误的，他们就会感到不和谐。

不协调被认为是由心理不适和焦虑引起的。不和谐的程度，也就是不舒服的程度，是各种信念的强烈程度在互相发生作用。人们认为，经历过不和谐的个体有减少这种不和谐的动机，要么通过改变信念或行动，使之保持一致（例如，吸烟者戒烟；或者吸烟者不相信吸烟会导致癌症），要么通过产生一系列信念来压倒不一致的信念（例如，吸烟者认为吸烟有大量的好处，从而说服自己，吸烟的好处大于坏处）（O' Keefe, 1990）。

不协调策略特别适用于人际互动，如研讨会和游说。同样，采用强迫行为可能会导致态度的改变，以符合行为——正如一些国家在强制规定系安全带所采取的立法手段。另一方面，在上述政客的情况下，如果不允许有良知表决，则对该法案的表决可能会导致对支持该立法的人在信仰上的改变。

关于这种模式在健康和社会营销中的应用，已发表的研究很少。然而，它常常隐含在许多运动的战略中，有助于理解心理过程，并对态度/行为改变模型的内涵做出全面的补充。

人际行为理论

特里安迪斯（Triandis, 1977）的人际行为理论（theory of interpersonal behaviour, TIB）在许多方面与理性行为理论相似，但在心理学之外的领域并没有得到足够的关注，因此这一理论在健康促进和社会营销中很少得到系统的应用。

人际行为理论包括两个特殊概念，这两个概念不在其他模型中，或没有得到足够的重视：习惯的影响和个人规范信念的影响。习惯的纳入，要求社会营销实践者区分“新”的行为和既定的行为，而个人规范信念的概念让实践者们认识到，除了社会规范之外，个人的道德和内化价值也是重要的预测因素。

特里安迪斯认为，个体执行给定行为的可能性是由下列因素决定的：

- 行为已经成为习惯的程度。
- 执行行为的意图。
- 促进或抑制行为的条件。

意图又受到四个因素的影响：

- 个体对行为的预期的情绪反应(例如,快乐/厌恶、无聊/感兴趣等等)。
- 对执行行为的积极和消极结果的认知总结(成本效益分析)。
- 认识到的社会规范以及这种行为是否适合个人社会角色。
- 感到有义务根据个人的内在价值来执行行为。

因此,如果医院的医生和护士对提议的活动有积极的期望或者记忆;如果他们认为收益大于成本;如果社会规范支持这种活动,并且认为适合他们的年龄、性别和社会地位;如果他们认为这样做是正确的,那么就极有可能说服他们增加洗手抑菌的活动(Nicol et al., 2009)。角色信念(或自我认同)是一个有价值但很少被探索的概念。但是,这一概念对促进社区就环境和规划问题采取行动可能特别重要。很可能许多人不参加倡导的活动,因为他们认为这些角色不适合他们。

特里安迪斯模型的主要观点之一是将人们的注意力吸引到期望行为改变的情感方面。在加纳,“真正清洁”的洗手运动特别针对母亲,目的是在饭前和便后增加用肥皂洗手的次数,以减少儿童腹泻。该运动使用了多种媒体和人际交流渠道。研究表明,由于害怕被污染而产生的“厌恶”会导致其他的卫生行为,因此电视广告试图将“厌恶”与上厕所后不洁的手联系在一起,这表明单靠水去清洁手是不够的。这项活动显著增加了自述的用肥皂洗手的人数(Scott et al., 2008)。

行为修正(应用行为分析)

许多社会营销活动,特别是在道路安全和公共卫生领域,旨在停止或减少不受欢迎的行为(例如不要酒后驾车、不要超速、减速慢行、少吃脂肪、戒烟、减少饮酒等等),而另一些活动则旨在采用或增加期望的行为(如更多喝低酒精啤酒、使用避孕套、吃水果和蔬菜、步行到公共汽车站、走楼梯、步行去商店等)。

因此,为我们提出的问题是,在许多情况下,重点应该是增加理想的行为还是减少不受欢迎的行为。例如,为了减少儿童的肥胖,我们是应该把重点放在减少看电视和玩电子游戏的时间上(即减少不运动),还是把注意力集中在提高儿童的体育活动水平上?无论答案是什么,学习理论都让我们注意到,不同的策略可能更适合于减少或停止一种特定的行为,而不是增加或采用一种行为。这对通信材料中的信息策略和直接的行为干预具有重大影响。

行为修正（术语“行为修正”和“应用行为分析”通常是可以互换的）被定义为从学习理论衍生出来的原则，被系统地应用到改变环境-行为关系，以加强适应性行为，削弱不良行为（Elder et al., 1994）。行为修正基于这样的假设，即行为是由环境的前提和结果决定的。因此，干预措施是根据“ABC”模型设计的，前提（antecedents）、行为（behaviour）和后果（consequences）（Elder et al., 1994; Geller, 1989）。

表1.1描述了两种增加行为和减少行为的方法。前者称为强化策略，后者称为惩罚策略。表1.1阐述了一个简单的原则，即导致积极结果的行为往往会重复，而导致消极结果的行为往往会停止。在表1.1中，对一种行为的影响表现为两个二元维度的函数：（a）该行为是否导致结果被移除或传递；（b）该后果是积极的还是消极的。

表 1.1　行为修正策略

	后续行为	
结果	促进结果	压制结果
积极	正强化 （促进行为）	负效惩罚 （削弱行为）
消极	正效惩罚 （削弱行为）	负强化 （促进行为）

增加或加强一种行为的两种方法是：

- 正强化：行为之后会产生愉快的结果（如运动后的群体社交）。
- 负强化：这种行为之后会消除不愉快的情况（如冥想后头痛和紧张消失）。

减少或惩罚一种行为的两种方法是：

- 正效惩罚：这种行为会导致不愉快的后果（如超速后会被罚款）。
- 负效惩罚（或“反应成本”）：这种行为会导致令人愉快的情况被取消（如酒后驾车会导致驾照被吊销，从而限制了出行和社交）。

其他两个过程也是相关的：

- 废止：如果先前应用的积极结果被中断或被障碍阻止，行为将减少并最终停止（消失）。例如，如果环境的美学特征被移除，或者不再有朋友可以一起散步，那么步行概率可能会减少；如果献血者必须到一个中心地点而不是在工作地点献血，那么献血行为将会下降。
- 反应易化：如果停止惩罚，一种行为会加强或再次出现。例如，当随机检测的水平降低时，运动员可能会恢复使用提高成绩的药物；在超速照相机的使用减少后，超速行为又恢复了。

在设计干预措施时，形成性研究对于确定不同目标群体的适当强化和惩罚是必要的。有些人的动力可能主要来自社会认可奖励，其他人可能是金钱激励，而另一些人可能是礼物。年轻男性更担心失去驾照，而不是身体受到伤害。GutBusters针对男性的计划强调减肥和增加体力活动能使人"看上去更帅"，而非健康益处。

对积极结果的反馈，比如工作场所无事故天数，是一个重要的强化因素。支持者应该记住，除了写信给他们希望说服的政客和政策制定者，他们还应该写信给那些已经支持者，通过强化信息感谢他们。

从行为修正中得到的另一个教训是，要找出我们希望减少或消除的行为的强化因素。如果试图在第一个地方取代改良强化或消除对强化的需求，这样的理解很容易导致更持久的改变。例如，酗酒和药物滥用都与逃避现实有关。因此，需要采取干预措施，使现实变得更可容忍，或更令人愉快。

在一些国家，向穷人提供有条件的现金奖励已经产生了积极的健康结果，特别是对儿童而言。凯恩等人在2004年分析了47个鼓励预防性的健康行为的现金奖励试验，如免疫接种、癌症筛查、购买避孕套、参加教育课程、产前护理、减肥和结核病筛查。他们发现，这些激励措施总体来说是成功的，因为它们对大约73%的研究案例起了作用。然而，在提供财政奖励方面依然存在一些伦理和可持续性问题，例如确定激励措施的数额和支付期限。

上述大多数案例涉及行为与后果之间的联系。干预措施还可以通过观察前提与行为之间的联系来促进预期的行为反应：

- 环境的设计应该使行为改变更容易，比如工作场所的运动室和淋浴；餐厅里的小盘子，以限制食物的分量。
- 提醒标志非常有效。放置在电梯附近的"请走楼梯"标志大大增加了楼梯的使用；停车场出口的"系好安全带"标志增加了安全带的使用；菜单上的营养信息增加了健康食品的选择。
- 可以用意见领袖、专家和名人来展示这种行为，也可以穿宣传这种行为的衣服。
- 鼓励目标个人作出公开承诺，采取理想的行为。
- 带有行为提示的教育材料也是有用的；戒烟者被鼓励去识别引发吸烟的环境线索，并将其清除。
- 教育课程应该包括互动演示，而不仅仅是被动的说教（"告诉他们，他们就会忘记；演示，他们就会记住；让他们参与，他们就会理解"）。

上面的大部分都可以称为"选择架构"，这在《轻推》（*Nudge*, *Thaler and Sunstein*, 2008）一书中有所介绍。这本书的前提是环境的设计可以减少"坏"选择的机会，并在保留"选择自由"的同时"推动"人们进入理想的选择。虽然这个概念并不新鲜，但这本书提醒我们，我们可以将这些想法扩展到一些被忽视的经济领域，如在储蓄计划、保险和退休计划决策中，使人们做出更好的决策。

道德和合法性

道德是指个人对于某些行为是"对还是错"，或者他们"应该还是不应该"采取这种行为的信念。合法性是指个体对于法律是否合理、这些法律是否平等适用、对违法行为的惩罚是否公平的信念（Tyler, 1990, 1997）。合法性的概念不仅适用于司法立法，而且适用于组织的规章、条例和政策。一般来说，人们更有可能遵守他们认为是合理的、以公平和公正的方式执行的规则。

通过反思，并考虑到使用"法律"来规范和影响行为，道德与合法性这两个概念显然在社会营销的某些领域有相当大的相关性。然而，在社会改变模型中，特别是在公共卫生研究和干预战略中，它们在很大程度上被忽视了。考虑到健康和（宗教）道德之间的历史联系（Thomas, 1997），以及菲什拜因的理性行为理论最初也包括了道德或个人规范的概念，因此这种忽视是令人惊讶的。特里安迪斯的模型包括个人的规范性信念，但如前所述，他的模型在健康和社会干预方面受到的关注有限。此外，立法被广泛用于管制各种各样的活动，例如驾驶行为、未成年人烟酒消费、药物使用、土地退化和有毒废物处理、森林火灾、乱扔垃圾行为、身体虐待、虐待和忽视儿童等等。

因此，评估人们对这些领域的法律合理性以及法律权威性的感知十分重要。事实上，预防犯罪是公共卫生和反暴力专业人员开始聚集的一个领域（世界卫生组织，2002），也引起了一些社会营销人员的兴趣（如Hastings et al., 2002）。犯罪学专家一直在这些领域完善概念框架，这与本章所述的认知决策模型中的概念有惊人的相似之处（如Vila, 1994）。

诺曼和康纳（Norman and Connor, 1996）发现，只有少数的研究纳入了公共卫生领域的道德规范措施。这些研究的主题包括解释利他行为和帮助行为，如献血和捐赠器官的意图。其他研究发现，对道德标准的测量可以预测回收利用、食用转基因食品、购买牛奶、使用避孕套和违反驾驶规定等行为（参见Donovan and Henley, 2010）。

除了提倡道路安全和反对在体育运动中使用兴奋剂的运动（Donovan et al., 2002; Donovan, 2009），很少有公共卫生和公共政策运动考虑到道德或合法性上诉的使用。道路安全运动强调，酒后驾驶对他人是一种危险，因此在道德上是不可接受的。合法性也是道路安全运动的一部分，例如，“扣上安全带”在美国已是一项法律，要求人们必须遵守。而英国的“限速30是有原因的”运动，可以被看作一次尝试，用来提高人们对在建筑密集地区限速合理性（合法性）的认知。

根据本章其他地方提到的“情境提示”，有一项有趣的研究，是舒等人（Shu et al., 2009）对伦理困境型情境下的选择进行的研究，在这种情境下，受试者有机会做出不被察觉的不道德行为。他们发现，许多人几乎不假思索地选择了不道德的行为。然而，他们也发现，仅仅通过让人们阅读或签署荣誉守则来增加对道德重要性的认知，可以显著减少或消除不道德的行为。

❖ 社会改变模型

阶段变化模型

行为改变的阶段变化模型（transtheoretical model, TTM），也称跨理论模型，源自于普罗查斯卡关于香烟与毒瘾的临床研究（Prochaska and DiClemente, 1984, 1986）。这个模型现在成了一些社会营销框架的基础（Andreasen, 1995）。

改变阶段的概念不仅界定了个人在行为改变期间所经历的阶段，而且还被用来将目标人群（例如吸烟者、不锻炼者、采用强制性养育方式的父母、使用暴力的男子、吸毒者）按其行为改变后不同阶段（即戒烟、锻炼、采取积极的养育做法、停止暴力行为、戒毒）划分为不同部分（参见Prochaska et al., 2005, 2007）。

这六个阶段是：

1. 前意向阶段（或无打算阶段）——个人不考虑改变他们不受欢迎的行为。

2. 意向阶段——个人正在考虑改变不受欢迎的行为，但不是在最近的将来。

3. 准备阶段——个人计划在不久的将来（即在未来的两周或适当的时间段内）尝试改变不受欢迎的行为。

4. 行动阶段——判断后立即（在六个月内）采取建议的行为和停止不希望的行为。

5. 维持阶段——行动阶段之后的一段时间，直到不受欢迎的行为完全消失为止。

6. 终止阶段——当问题行为完全消除时，也就是说，“在所有问题情境中再实施这一不受欢迎行为的可能性为零”。

据称，处于不同改变阶段的个体对（期望的）新行为会有不同的态度、信念和动机。因此，处于不同改变阶段的个体可能需要不同的治疗方法和沟通策略。这些说法在很多领域都得到了支持，尤其是吸烟、营养和锻炼方面（de Vet et al., 2008; Oman and King, 1998; Spencer et al., 2006）。多诺万和亨利（Donovan and Henley, 2010）的研究说明，该模型也为许多国家和亚群体所使用，包括英国、荷兰、瑞典、西班牙和15个欧盟国家，以及非洲裔美国人和西班牙裔美国人这两个亚群体。

普罗查斯卡等人（Prochaska et al., 1994）描述了个人在经历行为改变阶段时所使用的九种活动或过程：

- 增强意识——提高对问题的认识。
- 情感唤醒——戏剧性地表达问题和结果。
- 重新自我评估——重新评估问题，以及问题与自我价值之间的不一致性。
- 承诺——选择改变，并公开承诺这样做。
- 社会解放——选择能够促进或促进变革的社会环境。

- 关系培养——从别人那里获得帮助，无论是专业的还是非专业的。
- 反制约——用条件反射的方法，使一种良好的反应或行为替代不良的反应或行为的方法。
- 奖励——管理自我表扬或处理问题的积极经验。
- 环境控制——调整环境以减少诱惑和机会。

排名靠前的是经验过程，而排名靠后的是行为过程。前者发生在行为改变的早期阶段，后者发生在改变的后期阶段。阶段变化模型还包含了决策平衡的概念，也就是说对行为改变的成本（缺点）和收益（优点）的评估在各个阶段都是不同的。在前意向阶段，缺点大于优点。在行动阶段，优点大于缺点。而在意向阶段，利弊发生交叉。

多诺万等人（1999）测试了三个禁烟广告，并分析了无意向戒烟者、有意向戒烟者和准备戒烟和正在戒烟者的结果。这些结果证实，处于不同改变阶段的吸烟者对反吸烟信息的反应完全不同。

改变阶段概念与市场营销的“买方准备”概念相似，即在任何特定时间点，市场可以被描述为不知道产品的人、知道产品的人、了解产品的人、对产品有兴趣的人、购买产品的人和有动机购买产品的人（Kotler, 1988）[AIDA模型：引起注意（awareness）、激发兴趣（interest）、勾起欲望（desire）、促成行动（action）]。这意味着在每一个不同阶段，营销目标和战略将根据整个市场的相对比例而改变。

改变阶段的概念被广泛使用，但可能并不总能被正确理解，特别是关于适用于每个改变阶段的各种过程（Whitelaw et al., 1999）。然而，无论人们是否采用普罗查斯卡介绍的对不同行为改变阶段的干预过程，该模型都是非常有用的。它是一个非常有用的细分方法，用于为形成性研究招募子样本，并针对那些与成瘾行为最相关的领域，而成瘾行为正是从这些领域产生的。此外，不管这些模型的优点如何，“买方准备就绪”或“准备更改”的概念在实际意义上是有用的。西澳大利亚的“免于恐惧”（Freedom from Fear）反对家庭暴力运动针对的是“意识到自己的暴力问题并希望改变的男性”。在阶段术语中，这意味着实施暴力男人处在意向阶段和准备阶段（Donovan et al., 2000）。事实上，向男性提供的小册子的封面上明确地写道：“适合那些想要改变的男性”。

公众舆论改变的阶段

在更广泛的层面上，美国杰出的民意追踪者丹尼尔·扬克洛维奇（Daniel Yankelovich）在1992年描绘了民意改变的七个阶段，分别是：

1. 觉醒意识：这是当人们开始意识到一个问题的时候。人们通常是通过大众媒体的新闻报道意识到的。

2. 紧迫感：人们从简单认识某一问题转变为需要对问题形成看法的紧迫感。

3. 发现选择：人们开始探索选择，并审视关于这个问题利弊，尽管这些选择由于群体在理解程度上的不同而存在着广泛的差异。

4. 存在阻力：在这个阶段，许多人由于误解（或一厢情愿的想法）倾向于选择简单的选项，而不是更密切地关注利益和权衡。

5. 权衡选择：在这个阶段，人们更加理性和实事求是地权衡各种选择的利弊。

6. 理智地表明立场：在这个阶段，许多人理论上支持一种选择，但不一定会做出任何个人行为上的改变（比如，人们认可控制碳排放的必要性，但却几乎没做减少碳排放的行为）。

7. 在道德上和情感上做出负责任的判断：在最后阶段，人们不仅认可一种选择，而且还接受该选择的全部含义，并调整自己的行为，使之与该选择一致。

扬克洛维奇的模式对那些基于动员公众舆论的宣传活动特别有用。

社区准备模型

另一个有用的模型是社区准备模型（community readiness model）（Kelly et al., 2003），尤其适用于发展中国家的社区干预或发达国家的偏远/农村社区干预。正如其名称所示，这个模型关注的是一个社区为准备进行干预所必须经历的阶段，而不是干预发生后的进展阶段。该模型首先考虑社区对当前问题的认知、行动和态度、社区的领导能力和社区资源等因素。然后，它描述了九个阶段，从“不了解”到否认、预先计划、准备实施和培训的各个阶段，再到实施“高度社区所有”的干预。

创新扩散理论

罗杰斯在1962年首次出版了他的著作《创新的扩散》。创新扩散理论在商业销售中很容易被采用，用来预测人们对新产品的接受程度，特别是在发展中国家，被广泛用于解释人们对公共卫生领域和农业领域创新的接受，然而，直到最近的15年，它才得到了发达国家公共卫生领域的广泛关注。毫无疑问，2000年马尔科姆·格拉德威尔（Gladwell）的著作《引爆点》的出版推动了创新扩散理论的发展。

罗杰斯将“扩散”定义为一种创新通过特定渠道在社会系统成员之间传播的过程（Rogers，1983，1995）。扩散理论既适用于有计划的扩散，也适用于计划外的扩散，既适用于理想的创新，也适用于不理想的创新［例如，可卡因变种“快客可卡因”（crack）在美国的迅速普及］。

根据罗杰斯（1995）的研究，当人际网络被激活时，只要创新被大约20%的人采用时就会被标记上“起飞期”，从而使有足够数量的用户开始使用一种创新。从社会营销从业者的角度来看，如何加快人们对新理念、新产品或新行为的采用率，是一个主要问题。这可以通过对创新本体、传播渠道、时间和社会系统这四个扩散理论的要素、进行分析来评估。

创新

创新被接受群体视为新的观念、产品或实践。也就是说，它不一定是客观意义上的“新”。影响创新采用率的特征有：

- 相对优越性。如果新产品或新做法被清楚地认为比旧的产品或做法“更好”，那么它就更容易被采用。可以通过对创新的方便性、经济性、声誉和时效性等的评估来衡量其相对优越性。例如，电子邮件比邮政邮件到达收件人处要快得多，自动垃圾车被认为比有人驾驶的垃圾车更经济。
- 兼容性。新产品或做法越是符合当前的价值观和过去的经验，就越容易被采用。在一些国家，实施计划生育和预防性传播疾病面临障碍，是因为这些国家的文化和宗教价值观与这种实践相对立。自动柜员机与许多人对人际交往的渴望也是不相容的。
- 复杂性。容易理解的新实践和新想法，比起难于理解的或需要特殊技能和培训的实践和想法来说，是更容易被采用的。用户友好型软件是办公计算机、家用计算机以及新的社交媒体使用率高的主要原因。
- 可试验性。能够试用新产品或实践，并允许采用者在采用前了解该创新，减少了人们没有得到预期收益的风险，新品种谷物可以在限定范围的农田里播种试验。复印机最初被放置在办公室里，所有者按次收取复印费用。在“购买”之前，一个产品或实践的试用次数越多，采用率就越高。

- 可观察性。创新及其成果越是公开可见，其采用率就越高。可观察性提供了更大的曝光度，也激发了社会讨论。手机使用的可视性和在沟通中的有效性得到了明确展示，这显然有助于手机的采用。

传播渠道

罗杰斯在1995年提出，大众媒体渠道是人群对一种新的观念、产品或实践产生认知的最有效的方式，而人际渠道则是让目标受众接受和采用新理念的最有效的途径。罗杰斯指出，对于大多数有计划的社会扩散而言，一个主要障碍是，变革的推动者和目标是非常不同的。特百惠公司利用聚会主人向他们的朋友推销产品，就是一个很好的例子，它说明了在具有相似兴趣的人之间，说服是最有用的。人际网络在扩散过程中的重要性是扩散过程中最重要的概念之一，因此也是社区发展干预的重要概念。

时间

时间可以在个体的基础上被记录下来，从认知到说服，再到决定，再到创新被采纳。有些决策过程相对简短，而另一些则可能需要几个月的时间。

一些人在发明之后不久就接受了创新（早期采用者），而另一些人只是在绝大多数人采纳之后才采用创新（“落后者”）在此意义上，时间可以被考察在内。一般而言，有这样五类人：创新者（前2%—3%）、早期采用者（接下来的10%—15%）、早期追随者（接下来的30%—33%）、后期采用者（接下来的30%—33%）和滞后者（最后的17%—20%）。在确定创新者和早期采用者方面所做的努力可以使计划更有效地传播。

社会系统

社会结构会影响创新采用率。这里的变量包括：传播渠道存在的程度；强势意见领袖的存在或缺席；现有社会规范及其在系统各部分之间的差异；采用此创新是个人决定还是涉及集体决策，又或是由一个机构决定；采用这种创新对个人和整个社会制度而言是否会得到预期的结果。鉴于全科医生的性质和全科医生对其在卫生系统中所起作用的态度和信念，陆克文（Rudd）在2003年分析了卫生政策是如何扩散到全科医疗的。在发展中国家，社会制度因素似乎特别重要（McKee，1992），同样对发达国家的落后社区也十分重要，例如，在澳大利亚的土著社区。

社会生态学

健康促进方面的社会生态学理论是另一个例子，说明从下游的、以个人为中心的、改变生活方式的方法转变为对健康保护因素的更广泛的理解。斯托科尔斯（Stokols，1996）主张将社会生态学理论作为促进健康的三个互补观点之一：

- 针对个人提出与生活方式问题相关的行为改变建议，如吸烟、药物使用、饮食、锻炼和安全。
- 改变环境，创造一个安全的地方，远离传染病和不健康的压力水平（由污染、种族主义或暴力等环境因素造成），积极促进健康行为，使人们能够获得卫生保健，从而最大限度地发挥健康保护因素的作用。
- 社会生态学分析，试图了解环境和个人之间的相互作用，强调多种环境的相互依存以及许多不同学科的贡献。

因此，个人行为改变方法可能涉及说服理论和健康交流，环境改变方法可能将城市规划和伤害控制考虑在内，而社会生态方法则侧重于健康、医学社会学、社区卫生和公共政策的文化变革模式等方面（Stokols，1996）。社会生态方法的主要贡献是它提供了一个系统框架，在这个框架内可以综合行为和环境因素，从而消除所谓的“盲点”，这种盲点在注重个人或环境做法方面是与生俱来的。从个人体检到环境评估再到流行病学分析，一个典型的生态健康评价涉及不同层次的分析和多种方法。

科恩等人（Cohen et al.，2000）提供了一个基于生态学理论的有用框架。它们假定了影响个人行为的四类结构性因素：可获得保护性或有害的消费品（如烟草、酒精、枪支、高脂肪、避孕套、水果和蔬菜）、产品的物理结构和物理特性（如建筑物、社区设计、照明、安全带、对孩童安全的药品容器）、社会结构和政策（严格执法或宽松执法、无人监管的青少年、社会规范）以及媒体和文化信息（如广告信息、对暴力和种族主义等的描写）。例如，在美国，枪支相对容易获得，出于恐惧和对犯罪发生可能性的感知促进枪支的购买，安全锁可以使枪支更安全，而其他改装则使枪支更致命，并且电视和电影显示出枪支是解决冲突的一种好的甚至是标准的方式。

关键词

理论；行为改变模式；说服；态度；道德和健康行为。

要 点

- 理论指导实践，实践指导理论。
- 理论模型指导形成性研究、干预设计和评价。
- 评估指导干预修改和模型细化。
- 没有一个模型可以解释所有个体的所有行为或个体之间的相同行为。要兼容并蓄，使用所有模型中的概念。
- 环境是至关重要的。就像杀人案侦察人员会问自己以下问题：犯罪嫌疑人有动机吗？他们是否有犯罪手段？而且，最重要的是，犯罪嫌疑人是否有犯罪机会？

参考文献

Ajzen, I. (1988) Attitudes, Personality, and Behavior.Chicago, IL: The Dorsey Press.

Andreasen, A. (1995) Marketing Social Change: Changing Behavior to Promote Health, Social Development, and the Environment.San Francisco, CA: Jossey-Bass Publishers.

Bagozzi, R.P.and Warshaw, P.R. (1990) 'Trying to consume', Journal of Consumer Research, 17: 127-140.

Bandura, A. (1977) Social Learning Theory.Englewood Cliffs, NJ: Prentice-Hall.

Bandura, A. (1986) Social Foundations of Thought & Action: A Social Cognitive Theory. Englewood Cliffs, NJ: Prentice- Hall.

Becker, M.H. (1974) 'The health belief model and personal health behaviour', Health Education Monographs, 2: 324-473.

Booth-Butterfield, S.and Reger, B. (2004) 'The message changes belief and the rest is theory: the"1% or less"milk campaign and reasoned action', Preventive Medicine, 39 (3): 581-588.

Cohen, D., Scribner, R., and Farley, T. (2000) 'A structural model of health behavior: a pragmatic approach to explain and influence health behaviors at the population level', Preventative Medicine, 30 (2) : 146–154.

Darnton, A. (2008) Reference report: an overview of behaviour change models and their uses. GSR: Government Social Research.

de Vet, E., de Nooijer, J., de Vries, N.and Brug, J. (2008) 'Testing the transtheoretical model for fruit intake: comparing web-based tailored stage-matched and stage- mismatched feedback', Health Education Research, 23 (2) : 218–227.

Donovan, R.J. (2009) 'Towards an understanding of factors influencing athletes' attitudes towards performance- enhancing technologies: implications for ethics education', in T.H.Murray, K.J.Maschke and P.Wasunna (eds) , Enhancing Technologies in Sport: Ethical, Conceptual and Scientific Issues. Baltimore, MD: The Johns Hopkins University Press.

Donovan, R.J.and Henley, N. (2010) Social Marketing: An International Perspective.Cambridge: Cambridge University Press.

Donovan, R.J., Leivers, S.and Hannaby, L. (1999) 'Smokers' responses to anti-smoking advertisements by stage of change', Social Marketing Quarterly, 5 (2) : 56–63.

Donovan, R.J., Francas, M., Paterson, D.and Zappelli, R. (2000) 'Formative research for mass media-based campaigns: Western Australia's 'Freedom From Fear' campaign targeting male perpetrators of intimate partner violence', Health Promotion Journal of Australia, 10 (2) , 78–83.

Donovan, R.J., Egger, G., Kapernick, V.and Mendoza, J.A. (2002) .'A conceptual framework for achieving drug compliance in sport', Sports Medicine, 32 (4) : 269–284.

Elder, J.P., Geller, E.S., Hovell, M.F.and Mayer, J.A. (1994) Motivating Health Behaviour.New York: Delmar.

Festinger, L. (1957) A Theory of Cognitive Dissonance.Stanford, CA: Stanford University Press.

Fishbein, M.and Ajzen, I. (1975) Belief, Attitude, Intention and Behaviour: an Introduction to Theory and Research.Reading, MA: Addison-Wesley.

Geller, E.S. (1989) 'Applied behavior analysis and social marketing: an integration for environmental preservation', Journal of Social Issues, 45: 17–36.

Gladwell, M. (2000) The Tipping Point: How Little Things can Make a Big Difference.London: Little Brown & Company.

Godin, G. (1994) 'Social cognitive models', in R.K.Dishman (ed.) , Advances in Exercise Adherence, 2nd edn.Champaign, IL: Human Kinetics, pp.113–136.

Hastings, G., Stead, M.and MacFadyen, L. (2002) 'Reducing prison numbers: does marketing hold the key? ' Criminal Justice Matters, 49: 20–25.

Kelly, K.J., Edwards, W., Comello, M., et al.(2003)'The Community Readiness Model: a complementary approach to social marketing', Marketing Theory, 3(4): 411–426.

Kotler, P.(1988) Marketing Management: Analysis, Planning, Implementation and Control. Englewood Cliffs, NJ: Prentice-Hall.

Lucidi, F., Zelli, A., Mallia, L., et al.(2008)'The social-coginitive mechanism regulating adolescents' use of doping substances', Journal of Sports Sciences, 26: 447–456.

McKee, N.(1992) Social Mobilisation and Social Marketing.Pennang, Malaysia: Southbound.

Nicol, P.W., Watkins, R.E., Donovan, R.J., Wynaden, D.and Cadwallader, H.(2009)'The power of vivid experience in hand hygiene compliance', Journal of Infection Control, 72: 36–42.

Norman, P.and Connor, M.(1996)'The role of social cognition models in predicting health behaviours: future directions', in M.Conner, and P.Norman(eds), Predicting Health Behaviour. Buckingham: Open University Press, pp.197–225.

O'Keefe, D.J.(1990) Persuasion: Theory and Research.San Francisco, CA: Sage Publications.

Okin, G., Sangster, V., Thurner, R.and Adam, F.(2009)'CABWISE: creating a brand to help prevent rapes', in N.Dawson(ed), Advertising Works 17: Proving the Payback on Marketing Investment.Henley-on-Thames: World Advertising Research Centre.

Oman, R.F.and King, A.C.(1998)'Predicting the adoption and maintenance of exercise participation using self- efficacy and previous exercise participation rates', American Journal of Health Promotion, 12(3): 154–161.

Prochaska, J.O.and DiClemente, C.C.(1984) The Transtheoretical Approach: Crossing the Traditional Boundaries of Therapy.Homewood, IL: Dow-Jones/Irwin.

Prochaska, J.O.and DiClemente, C.C.(1986)'Toward a comprehensive model of change', in W.R.Miller, and N.Heather(eds), Treating Addictive Behaviours: Processes of Change.New York: Plenum Press.

Prochaska, J.O., Norcross, J.C.and DiClemente, C.C.(1994) Changing for Good.New York: Avon Books.

Prochaska, J.O., Velicer, W.F., Redding, C., et al.(2005)'Stage-based expert systems to guide a population of primary care patients to quit smoking, eat healthier, prevent skin cancer, and receive regular mammograms', Preventive Medicine, 41: 406–416.

Prochaska J.O., Evers K.E., Prochaska J.M., Van Marter, D.and Johnson J.L.(2007)'Efficacy and effectiveness trials: examples from smoking cessation and bullying prevention', Journal of Health

Psychology, 12: 170–178.

Rogers, R.W. (1975) 'A protection motivation theory of fear appeals and attitude change', Journal of Psychology, 91: 93–114.

Rogers, R.W. (1983) 'Cognitive and physiological process in fear appeals and attitude change: a revised theory of protection motivation', in J.Cacioppo, and R.Petty (eds), Social Psychophysiology. New York: Guilford Press.

Rogers, E.M. (1995) Diffusion of Innovations, 4th edn.New York: The Free Press.

Rosenstock, I.M. (1974) 'Historical models of the health belief model', in M.H.Becker and N.J.Thorofare (eds), The Health Belief model and Personal Health Behavior.Thorofare, NJ: Charles B.Slack.

Rosenstock, I., Strecher, V.and Becker, M. (1988) 'Social learning theory and the health belief model', Health Education Quarterly, 15: 175–183.

Rudd, C. (2003) 'Merging general practice-driven reforms and public sector strategies in the 1990s: a framework for health policy', Unpublished doctoral dissertation, University of Western Australia, Perth.

Scott, B.E., Schmidt, W.P., Aunger, R., Garbrah-Aidoo, N.and Animashaun, R. (2008) 'Marketing hygiene behaviours: the impact of different communication channels on reported handwashing behaviour of women in Ghana', Health Education Research, 23 (3): 392–401.

Shu, L.L., Gino, F.and Bazerman, M.H. (2009) Dishonest Deed, Clear Conscience: Self-Preservation through Moral Disengagement and Motivated Forgetting (Working Paper), Boston, MA: Harvard Business School.

Singhal, A., Cody, M.J., Rogers, E.M.and Sabido, M. (eds) (2004) Entertainment-Education and Social Change: History, Research, and Practice.Hillsdale, NJ: Lawrence Erlbaum.

Spencer, L., Adams, T.B., Malone, S., Roy, L.and Yost, E. (2006) 'Applying the transtheoretical model to exercise: a systematic and comprehensive review of the literature', Health Promotion Practice, 7 (4): 428–443.

Squires, S. (2005) To lose well, think positive.The Washington Post, p.HE01.Retrieved 23 March, 2005, from: http: // www.washingtonpost.com/wp-dyn/articles/A55828- 2005Mar22.html.

Stokols, D. (1996) 'Translating social ecological theory into guidelines for community health promotion', American Journal of Health Promotion, 10 (4): 282–298.

Thaler, R.and Sunstein, C. (2008) Nudge: Improving Decisions about Health, Wealth, and Happiness.New York: Yale University Press.

Thomas, K. (1997) 'Health and morality in early modern England', in A.M.Brandt, and P.Rozin (eds), Morality and Health.New York: Routledge, pp.15–34.

Triandis, H.C. (1977) Interpersonal Behavior.Monterey, CA: Brooks/Cole Publishing Company.

Tyler, T.R. (1990) Why People Obey the Law.New Haven, CT: Yale University Press.

Tyler, T.R. (1997) 'Misconceptions about why people obey laws and accept judicial decisions', American Psychological Society Observer, September: 12–46.

Vila, B. (1994) 'A general paradigm for understanding criminal behavior: extending evolutionary ecological theory', Criminology, 32: 311–360.

Webb, T.and Sheeran, P. (2006) 'Does changing behavioral intentions engender behavior change? A meta-analysis of the experimental evidence', Psychological Bulletin, 132 (2): 249–268.

Whitelaw, S., MacHardy, L., Reid, W., and Duffy, M. (1999) 'The stages of change model and its use in health promotion: a critical review', Health Education Board of Scotland Research Centre.

WHO (2002) World Report on Violence and Health: Summary .Geneva: World Health Organization.

Yankelovich, D. (1992) 'How public opinion really works', Fortune, 126 (7): 102–105.

第二章

社会营销的社会模型：

社会扩散、社会网络、社会资本、社会决定因素和社会特许

R.克雷格·勒菲弗

虽然在社会营销的发展初期，有一种研究倾向是试图关注社会性与群体性的行为改变（Kotler and Zaltman, 1971; Lefebvre and Flora, 1988; Walsh et al., 1993），不过在随后的二十多年中涌现出的对社会营销的诸多界定持续推进了“通过个人行为改变实现公共利益（common good）”的认知倾向（参见Andreasen, 1995; Kotler and Lee, 2008; Siegel and Lotenberg, 2007）。对于社会营销的这一认知视角促使诸多行为改变理论，被用于引导社会营销活动。这些理论中最知名的如行为改变阶段的阶段变化模型、社会认知理论、健康信念模型、理性行为理论等（Lefebvre, 2001）。近年来黑斯廷斯（2007）已经将社会营销视为一种提升社会目标的方式，并试图分析营销政策、营销决策与营销活动的社会影响。与之类似，多诺万与亨利（2003）也认同社会营销应当聚焦于个人的行为改变，并呼吁应对社会决定因素加以关注。两人指出，社会营销的首要预期目标应当是促成健康与幸福（well-being）的社会决定因素的转变。在本章中我们将分享这一超越个人行为改变的社会营销观念。我们所作出的说明，都是试图用更宽泛的社会性视角研究社会营销。同时我们将要说明的社会模型包括社会扩散（social diffusion）、社会网络（social networks）、社会决定因素（social determinants）、社会资本

(social capital)、社区建设(building communities)和社会特许(social franchising)。在本章结尾我们将展望社会营销如何才能在社会政策的形成与实施过程中扮演更重要的角色。

❖ 社会决定因素

多年来,部分社会营销人员已感受到,他们只能聚焦于个体的行为与职责,而不能关注或者指向个体行为改变的社会决定因素,这些社会营销者因此感到困惑,这一类困惑主要来自健康教育人员(Crawford, 1977)。这种聚焦于个体行为及个体决定因素的倾向被批评为"指责受害者"(victim-blaming)立场,同时批评者为社会营销提出一种"上位途径"(upstream approaches)。"上位途径"主要聚焦于诸如媒体倡导(media advocacy)之类的结构性、经济型、政策性与社会性决定因素。这些批评者甚至试图用诸如媒体倡导之类的概念来替代社会营销(Wallack, 1990)。最近,一些社会营销者才转变了他们的观念,以便于能够适应这种关于社会性决定因素与健康的更加宽泛的视角(参见Andreasen, 2006)。另外的研究则指出,社会营销可以提升人们在受众视角中对社会力量(social forces)的理解,同时也可以用于促进公众参与社区的健康促进的计划(Higgins et al., 1999)。

必须进一步加快社会营销焦点向社会性决定因素的转变。2008年,世界卫生组织的健康问题社会决定因素委员会(Social Determinants of health)发出呼吁:

> ……世界卫生组织和各国政府将领导针对健康的社会决定因素采取全球行动,以实现卫生公平。至关重要的是,各国政府、民间组织、世界卫生组织和其他国际组织现在必须联合起来采取行动,改善世界公民的生活。在一代人的时间内实现卫生公平是可以实现的,这是一件正确的事情,而且现在也正是这么做的正确时机。

许多作者和政府提供了社会决定因素的清单。我们的观点是要让人们注意到,社会营销不仅在解决社会决定因素方面可以发挥作用,而且在使想法与不同人群相关方面也可以发挥作用。例如,将公共卫生政策制定者、研究人员和从业人员的视角从遗传、生物和行为决定因素转向物理环境和社会环境将是一项挑战。同样重要的一组问题将集中于如何与公众就社会决定因素进行沟通，使其与公众相关，并提供改善公众健康的机会。几十年来，公共卫生信息和项目一直侧重于对个人知识、态度和行为的研究，而初步研究表明，这也不是一项容易的任务（参见Niederdeppe et al., 2008）。

❖ 社会扩散

在关注一个团体或群体行为变化的数据驱动模型中，最常见的是创新扩散理论（Rogers, 1995）。勒菲弗（Lefebvre, 2001）在一篇对社会营销项目中使用的理论模型的评论中声称，“创新扩散理论的研究和概念为社会营销人员在设计他们的项目时提供了大量的见解，然而我们在社会营销界却很少看到关于它的积极讨论。”社会扩散提供了一个最强有力的理论平台，可以将观念、行为和实践方面的创新推广到一定规模。然而，尽管在全球范围内，对扩大成功的行为干预如预防艾滋病毒感染的呼吁正在全球产生反响（Global HIV Prevention Working Group, 2007），但我们看到的社会营销人员或其他任何人对社会扩散模式的讨论或应用甚少。社会营销需要侧重于“推动曲线”，即在个人中采用卫生实践，在从业人员中采用有效干预措施，以及在决策者中采用健康促进和支持性的政策。

明确地将创新扩散运用到社会营销项目中意味着，安德烈亚森（1995）、科特勒和李（2008）等人支持的个人行为改变的模式是社会营销理念核心的这一认知，必须被对采用（或不采用）更健康、有环境意识或对社会有益行为的群体特征的理解所取代。这些特征包括：(a)围绕采用新做法和政策的背景因素。(b)人们认为创新是他们的参照群体或同辈中的一种规范行为（研究表明，在新行为的扩散速度中，有50%到86%的差异）。(c)风险—收益分析，用确定性的结果和熟悉新的行为代替改变现有行为的成本和收益。社会营销人员需要设计他们的行为、产品和服务来回答与采用创新或终止行相关的问题：

- 这比我现在做的好在哪里（相对优越性）？
- 它与我的日常生活方式有什么关系（兼容性）？
- 这对我来说够简单吗（复杂性）？
- 我可以先试一下吗（可试用性）？

- 我能观察别人的行为并看到他们行为的结果吗(可观察性)?

对于规模化的行为改变,社会营销还需要更广泛地探索这类受众群体的使用,比如:

- 创新者:他们对风险有高度的容忍度,对新奇事物着迷,在他们的社区中通常被其他人视为特立独行者,而不是意见领袖,他们的社会网络超越地理界限。
- 早期采用者:他们是社区的意见领袖,在社会上和当地都有很强的人脉网,他们有资源和风险承受能力来尝试新事物,他们也是被他人观察的人,当然,他们知道这一点。
- 早期追随者:他们是在本地同辈网络中非常积极的人,在采用创新之前,这些人依靠自己的熟悉程度,会不断地问自己这个问题:"这种新的行为、产品或服务对我有什么帮助?"
- 晚期采用者:这群人对同龄人的压力和规范最为敏感,但对任何形式的改变都非常谨慎。他们试图将结果的不确定性降至最低,希望看到身边有相对优越性的证明——而不是在网站上读到或在电视上看到。
- 滞后者(落后者):这些人是传统主义者,他们相信经过考验的真理。他们在社会网络中几乎是孤立的,这就解释了为什么他们如此难以接触和受到影响(相对于有个人缺陷来说);他们往往对创新和变革推动者持怀疑态度,同时他们也正在寻求新的行为(比如戒烟、驾驶低碳排放汽车)不会失败的保证。

❖ 社会网络

在过去的十多年中,健康和社会行为决定因素的重点从个人急剧转向网络和社区。例如,在公共卫生官员和社会营销人员感兴趣的三个主要领域——艾滋病预防(Adimora et al., 2007; Helleringer and Kohler, 2007; Mah and Halperin, 2008)、肥胖(Christakis and Fowler, 2007)和烟草使用(Christakis and Fowler, 2008),社会网络在疾病传播和风险行为流行中的作用,促使我们采用注重分析、变化和结果的"社会单元"(social units)的概念和做法。同时存在的性伴侣关系,即随着时间的推移,拥有两个或两个以上稳定性伴侣,被视为一个以前隐藏了的艾滋病毒流行的驱动因素(Halperin and Epstein, 2004)。并发性,特别是当伴侣在小世界网络(small world network)中与他人发生性行为时,会增加艾滋病毒传播的风险,因为这些性关系并不是偶然的或一次性的性接触，而是随着时间的推移而依然存在的，随着性行为关系的双方信任水平的发展，他们对艾滋病毒的风险感知会逐渐降低。因此，当一方被感染后，他们极有可能在艾滋病毒传染性最强的时期与另一方或多方发生性关系。而为解决性活动的网络影响而制定干预措施的工作才刚刚开始。同样，克里斯塔基斯和福勒的研究（Christakis and Fowler, 2007, 2008）提供了描述性证据，表明当一个人的社会网络的亲密成员变得超重和肥胖时，这个人变胖的可能性就会上升，而戒烟也很容易受到其他人吸烟状况的影响。对于解决这些疾病风险因素的干预措施的影响现在才得到探讨。然而很明显的是，仅仅关注个体决定因素，已不再是社会营销或任何其他类型的降低风险计划的单一追求。

关于社会网络研究的全面综述超出了本章的范围，但最近的一些综述是可用的（Goyal, 2007; Valente, 2010）。然而，快速浏览一下，我们就会发现一套全新的概念和思考人类行为的方式，以及直接影响人类行为的社会力量。例如，戈亚尔（Goyal, 2007）认为，个人如何收集信息以做出行为选择，是由社会中人们之间的联系模式决定的。他讨论的三个核心网络属性是：（1）每个成员在一个网络中与其他人的联系程度或者联系数量；（2）集群——网络成员之间连接的密集程度；（3）平均距离或网络中每个人与另一个人之间的距离，这取决于连接他们所需的链路数量（通常叫作“六度分隔理论”或“凯文·贝肯游戏”）（Watts, 2003）。具有平均程度小（每个人至少与他人有一些联系）、高度集群（它们大多与网络中的其他人有联系）和较小的平均距离（它们之间没有多少分隔程度，因此大多数人知道或至少认识大多数其他人）特征的网络称为小世界网络（Watts and Strogatz, 1998）。

在社会网络中进行社会营销工作的意义之一是，人们通过直接观察社交圈中其他人的行为和他们所经历的结果，来了解和选择行为选项。另一意义是，他们还通过与其他网络连接的朋友和伙伴（跨边界者）了解新的行为，并将这些信息或实践带回直接网络。戈亚尔（2007）在对经济学和社会网络实证研究的回顾中得出结论，个体之间行为的变化不仅与同一社会群体内人们之间的联系有关，还与他们作为不同群体的成员有关。反过来，这些网络变量也可能作为干预点，例如，首先关注网络中具有高连接度的人（连接者、名人或意见领袖），通过引入更多的跨边界者或增加群体成员在其直接网络之外的社会联系，减少风险行为集中的网络的密度，然后了解网络中对他人行为最关注、最敏感的成员，通过将这些理想行为的实践者聚焦在一个能吸引模仿或模型化的环境中，来提高“积极偏差者”的显著性和吸引力。

❖ 社会资本

社会资本是社会决定因素、社会网络和社区资产模型或社区建设的核心部分（参见“社区建设”一节）。尽管它的批评者认为它过分简单化，或脱离了社区中的经济和权力关系（DeFilippis, 2001; Muntaner et al., 2001），但它还是成了社会科学和公共卫生研究中一个流行和有影响力的概念。从社会营销的角度来看，社会资本的一个显著特点是，它不仅仅是结构性的，而且对个人、家庭、邻里或社区都有价值（Putnam, 2000）。普特南（Putnam, 2000）概述了社会资本的定义特征，包括：

- 社区网络的存在。
- 公民参与（参与这些社区网络）。
- 与其他社区成员的团结和平等意识。
- 信任的规范和互惠互助。

佩里（Perry, 2000）指出，社会资本的重要组成部分包括“能有效促进积极的社会规范和恰当榜样的社会结构，提供有用的信息，在履行责任方面值得信赖，并有明确的期望。”

沃勒克（Wallack, 2000）全面回顾了将社会资本与健康联系在一起的研究。他指出，低社会资本可能通过某些途径造成健康状况不佳和健康差距，这些途径包括（1）对卫生和社会基础设施的系统性投资不足；（2）健康信息流动的抑制（参见前面关于传播不平等的讨论）；（3）个体的孤立感增强；（4）降低个体和集体效能。在提出旨在增加社会资本的干预措施时，他提出了一些问题，供我们在选择战略时加以考虑：

- 这一办法是否通过（a）提供参与技能和（b）建立个人、团体和组织能够采取行动的结构或网络，从而提高个人或小团体参与集体行动的能力？
- 这种方法是否将问题或研究焦点与更广泛的社会力量联系起来？
- 这种方法是否通过加强现有群体（创建结合型社会资本）和连接不同群体（创建桥接型

社会资本)来增强社区的协作与合作能力?

- 这种方法是否反映了一种社会正义的取向,即社区的每个成员都对所有其他成员有所贡献,社区也对每个成员有所贡献?

❖ 社区建设

多年来,社区与社会营销密不可分。勒菲弗和弗洛拉(1988)根据他们共同分享的经验,提出了旨在减少心血管疾病的社区干预的社会营销方法的定义特征。然而,社会营销人员和社区变革推动人员之间存在明显的分离,因此,即使到20世纪90年代初,我们也可以回想起加拿大卫生部门的社会营销和社区发展部门在哪些方面无法找到合作的共同点。随着越来越多的从业者将社会营销作为"新"健康传播运动发展的基础,"新"健康传播运动一词(在某些地区仍然如此)与大众媒体运动联系在一起,大众媒体运动将受众进行细分,预先测试材料,只在传播规划的背景下考虑4Ps(产品、价格、渠道、促销)中最好的体现,而不是营销。这种方法在1989年首次印刷的《粉皮书——使健康交流计划发挥作用》(*The Pink Book—Making Health Communication Programs Work*)上有所体现。

在国际社会中,社会营销方法的差异变得更加明显,社会营销成了计划生育、艾滋病预防和疟疾防治的同义词,而其他各种团体则围绕行为改变交流、卫生宣传、发展交流和社区动员等概念组织起来。为了应对这种资源和人才的断裂,麦基(McKee,1992)写了一本书,他希望这本书能"增进交流者对社会动员、社会营销和社区参与的理解,因为他们有时会在各自领域之间设置不必要的障碍。"但看上去似乎很少有人注意到他的呼吁。

在北美洲独立开发出的一种混合方法,将社区与社会营销重新统一,被称为基于社区的社会营销(CBSM; McKenzie-Mohr, 2000)。麦肯齐-莫尔和史密斯(1999)将CBSM描述为识别参与行为的障碍和益处,然后将公众组织成具有共同特征的群体,以便更有效地提供计划的过程。布莱恩特(2000)和他的同事使用"基于社区的预防营销"这一术语来指代那些采用社区参与与社会营销方法相结合的类似策略的计划。

将以社区为基础的方法作为社会营销计划的实施背景有很多值得称赞之处。根据我们和麦基(1992)的经验,这些优势包括:

- 获得社区对问题的洞察力以及对所提议的解决方案的支持。
- 确保使用基本知识和专业知识。
- 调动和利用本地传播渠道，包括本地大众传媒和本地社会及人际传播网络。
- 使产品和服务的分布本土化，改善参与新行为的机会和途径。
- 帮助建立可持续的解决方案。

让社区参与也不是没有缺点。麦基（1992）指出，社区参与也意味着要与社区进行粗略的协商，而不是就问题和解决方案进行充分的对话。来自社区的参与可能发展成“精英的参与”，他们可能代表更广泛的社区观点，也可能不代表。项目规划人员可能没有认识到参与项目开发和监督的人员的机会成本。开放参与还可能导致不同的缔约方或利益相关者之间的操纵和冲突。地方议程可能与捐助者或牵头机构的议程不相匹配。最后，他还指出，要真正从一个项目的社会营销“外壳”转变为一个社区驱动的“外壳”，需要发展伙伴关系，并获得强大的公众支持和政治承诺，以此创建一种嵌入了社会目标并为其提供支持的文化。这些都是许多社会营销人员需要学习的技能。

❖ 社会特许经营

将商业营销实践应用于公共卫生服务一直是发展中国家社会营销的自然进展。其首要用途是制定特许经营程序，以提高对计划生育服务的认识，改善避孕用品和服务的可用性和可获得性，并通过应用商业战略促进避孕方法，促进零售商和付费客户的成本回收（Ruster et al., 2003）。从最初在计划生育服务上做的尝试开始，社会特许经营已经扩展至各种各样的健康服务和产品。

在计划生育服务的原型中，社会特许经营支持长期避孕方法和更大范围的生殖保健，并需要训练有素的健康服务提供者的参与。诊所特许经营系统的人员或加盟商网络为服务提供者，他们以特许经营的名义提供标准化服务。其结果是服务提供者网络以预先确定的成本和护理质量提供一套统一的服务（Stephenson et al., 2004）。哈蒙德等人（Hammond, 2007）在对金字塔底层（Bottom of the Pyramid，也是世界上最贫穷的人口群体，他们通常被认为每天收入不到2美元）成功策略的分析中发现，通过特许经营、代理策略（包括建立供应商的本地生态系统，或将社区视为客户），可以为价值创造的本地化提供支持。成功的特许经营模式目前存在于金字塔底层市场的众多领域，包括医疗保健（特许经营和代理直销）、信息和通信技术（本地电话企业家和经销商）、食品（代理分销系统）、水（社区处理系统）和能源（小型水电系统）等。

卫生部门的特许经营商常常得到国际捐助方和非政府组织的支持，他们制定规程，为卫生工作者提供培训，认证合格者，监测特许经营情况，并提供大宗采购和品牌营销。斯蒂芬森（Stephenson，2004）和他的同事发现，生殖健康服务提供者可能会被激励加入特许经营网络，可能是由于他们认为特许经营网络具有增加收入、为员工提供培训机会、提升服务能力以及通过服务接触更多穷人等经营优势。他们的数据还支持这样一种观点，即特许经营可以增加客户数量，扩大计划生育品牌的范围，并可能实现更高的效率。与私营诊所相比，特许诊所病人比率较低也证明了这一观点。

关键词

社区发展；创新扩散；社会资本；社会决定因素；社会特许经营；社会创新；社会网络。

要　点

- 改善公众生活的全球卫生行动必须注重行为的社会决定因素。应利用社会营销促进个人行为改变和社会变革方法的采用，并将社会决定因素纳入决策者和其他群体。
- 社会扩散模型为观念、行为和实践创新的规模化提供了最强大的理论平台之一。
- 对社交网络的分析和实践，特别是当它们由社交媒体和移动技术实现时，为社会营销的应用提供了框架，以增强和扩展健康和社会改善的网络，并增加社区的社会资本。
- 社会营销提供了一系列可用于共同推动社区变革的战略见解和方法。
- 社会特许经营模式的出现可以作为一种战略，为不同的国家和地区中的健康改善和社会服务所使用。
- 社会营销可以作为社会创新的一个组织框架，用来搭建、设计贫困和可持续性等问题的解决方案。

参考文献

Adimora, A.A., Schoenbach, V.J.and Doherty, I.A.(2007)'Concurrent sexual partnerships among men in the United States', American Journal of Public Health, 97: 2230–2237.

Andreasen, A.R.(1995) Marketing Social Change: Changing Behavior to Promote Health, Social Development, and the Environment.San Francisco, CA: Jossey-Bass.

Andreasen, A.R.(2006) Social Marketing in the 21st Century.Thousand Oaks, CA: Sage Publications.

Bryant, C.A., Forthofer, M.S., McCormack Brown, K.R., Landis, D.C.and McDermott, R.J.(2000)'Community-based prevention marketing: The next steps in disseminating behavior change', American Journal of Health Behavior, 24: 61–68.

Christakis, N.A.and Fowler, J.H.(2007)'The spread of obesity in a large social network over 32 years', New England Journal of Medicine, 357: 370–379.

Christakis, N.A.and Fowler, J.H.(2008)'The collective dynam-ics of smoking in a large social network', New England Journal of Medicine, 358: 2249–2258.

Commission on Social Determinants of Health (2008) Closing the Gap in a Generation: Health Equity through Action on the Social Determinants of Health, Final Report.Geneva: World Health Organization.

Crawford, R.(1977)'You are dangerous to your health: The ideology and politics of victim blaming', Journal of Health Services, 7: 663–680.

DeFilippis, J.(2001)'The myth of social capital in community development', Housing Policy Debate, 12: 781–806.

Donovan, R.and Henley, N.(2003) Social Marketing: Principles and Practice.Melbourne, Australia: IP Communications.Glenane-Antoniadis, A., Whitwell, G., Bell, S.J.and Menguc, B.(2003)'Social marketing and social capital', Marketing Theory, 3: 323–343.

Global HIV Prevention Working Group.(2007) Bringing HIV Prevention to Scale: An Urgent Global Priority [accessed 5 March 2009 at http: //globalhivprevention.org/pdfs/PWG-HIV_prevention_report_FINAL.pdf].

Goyal, S.(2007) Connections: An Introduction to the Economics of Networks.Princeton, NJ: Princeton University Press.

Halperin, D.T.and Epstein, H.(2004) Concurrent sexual part-nerships help to explain Africa's high HIV prevalence: Implications for prevention.Lancet, 364 (9428): 4–6.

Hammond, A., Kramer, W.J., Tran, J., Katz, R.and Walker, C.(2007) The Next 4 Billion: Market Size and Business Strategy and the Base of the Pyramid.Washington, DC: World Resources Institute.

Hastings, G.(2007) Social Marketing: Why Should the Devil Have All the Best Tunes? Oxford, England: Elsevier.

Helleringer, S.and Kohler, H-P.(2007) 'Sexual network structure and the spread of HIV in Africa: Evidence from Likoma Island, Malawi', AIDS, 21: 2323–2332.

Higgins, J.W., Vertinsky, P., Cutt, J.and Green, L.W.(1999) 'Using social marketing as a theoretical framework to understand citizen participation in health promotion', Social Marketing Quarterly, 5: 42–55.

Kotler, P.and Lee, N.R.(2008) Social Marketing: Influencing Behaviors for Good, 3rd edn. Thousand Oaks, CA: Sage Publications.

Kotler, P.and Zaltman, G.(1971) 'Social marketing: An approach to planned social change', Journal of Marketing, 35: 3–12.

Lefebvre, R.C.(2001) 'Theories and models in social market-ing', in P.N.Bloom and G.T.Gundlach (eds), Handbook of Marketing and Society.Newbury Park, CA: Sage Publications, pp.506–518.

Lefebvre, R.C.and Flora, J.A.(1988) 'Social marketing and public health intervention', Health Education Quarterly, 15: 299–315.

Mah, T.L.and Halperin, D.T.(2008) 'Concurrent sexual part-nerships and the HIV epidemics in Africa: Evidence to move forward', AIDS and Behavior.Published online: 22 July 2008.[cited 5 March 2009].Available from: http: //www.springerlink.com/content/aq8244262614q762/

McKee, N.(1992) Social Mobilization and Social Marketing in Developing Communities: Lessons for Communicators.Panang, Malaysia: Southbound.

McKenzie-Mohr, D.(2000) 'Fostering sustainable behavior through community-based social marketing', American Psychologist, 55: 531–537.

McKenzie-Mohr, D.and Smith, W.(1999) Fostering Sustainable Behavior: An Introduction to Community-Based Social Marketing.Washington, DC: Academy for Educational Development and Gabriola Island, BC, Canada: New Society Publishers.

Muntaner, C., Lynch, J.and Smith, G.D.(2001) 'Social capital, disorganized communities, and the third way: Understanding the retreat from structural inequalities in epidemiology and public health', International Journal of Health Services, 31: 213–237.

Niederdeppe, J., Bu, Q., Borah, P., Kindig, D.A.and Robert, S.A.(2008) 'Message design strategies to raise public awareness of social determinants of health and population health disparities', Millbank Quarterly, 86: 481–513.

Perry, C.L. (2000) 'Preadolescent and adolescent influences on health', in B.D.Smedley and S.L.Syme (eds), Promoting Health: Intervention Strategies for Social and Behavioral Research. Washington, DC: National Academy Press, pp.217–253.

Putnam, R.D. (2000) Bowling Alone: The Collapse and Revival of American Community.New York: Simon and Schuster.

Rogers, E. (1995) Diffusion of Innovations, 4th edn.New York: The Free Press.

Ruster, J., Yamamoto, C.and Rogo, R. (2003) 'Franchising in health emerging models, experiences, and challenges in primary care', Viewpoint (June).Washington, DC: The World Bank.

Siegel, M.and Lotenberg, L.D. (2007) Marketing Public Health: Strategies to Promote Social Change, 2nd edn.Sudbury, MA: Jones and Bartlett Publishers.

Stephenson, R., Tsui, A.O., Sulzbach, S., et al. (2004) 'Reproductive health in today's world: Franchising reproductive health services', Health Services Research, 39: 2053–2080.

Valente, T.W. (2010) Social Networks and Health: Models, Methods, and Applications.New York: Oxford Press.

Wallack, L. (1990) 'Two approaches to health promotion in the mass media', World Health Forum, 11: 143–154.

Wallack, L. (2000) 'The role of the mass media in creating social capital: A new direction for pubic health', in B.D.Smedley and S.L.Syme (eds), Promoting Health: Intervention Strategies for Social and Behavioral Research.Washington, DC: National Academy Press, pp.337–365.

Watts, D.J.and Strogatz, S.H. (1998) 'Collective dynamics of"small-world"networks', Nature, 393 (June): 440–442.

第三章

关系营销与社会营销

苏珊娜·马奎斯　克里斯蒂娜·多梅甘

❖ 关系营销：理论基础

目前，学界关于关系营销的理解和方法论各不相同，对其界定也没有达成共识。不同的作者有不同的观点（Christopher et al., 1991; McKenna, 1991; Sheth, 1994）。甘比森（Gambeson, 1994）将关系营销视为一种基于关系、互动和网络的营销方法。正如他解释的那样，营销范式的转变意味着4P角色的转变，从为营销建立参数到为关系、网络和互动提供参数。关系营销识别、建立、维护并且增强了与消费者和其他利益相关者的关系，从而实现所有互相关联的目标，这些都是通过相互交换和兑现承诺的方式完成的（Grönroos, 1994a）。摩根和亨特（Morgan and Hunt, 1994）认为，关系营销是指所有直接针对建立、发展和维护成功关系的营销活动。

佩恩（Payne, 2000）确定了关系营销的三大流派：英澳流派（Christopher et al., 1991）；北欧流派（Grönroos, 1994ab, 1996, 2000a, 2004; Gummesson, 1994, 1997, 1998, 2002）和北美流派（Sheth and Parvatyar, 1995; Parvatyar and Sheth, 2000）。总的来说，正如佩恩所解释的那样，英澳流派和北欧流派将关系营销界定得更为广泛，超越了消费者关系，还囊括了与其他特定市场或利益相关者的关系，而北美流派则主张在消费者与供应商层面狭义地界定关系营销。我们认为北欧流派对关系营销的认识是最能抓住其范式转变的本质和战略意义的，从这个意义上说，它可以给社会营销带来更多的启示。此外，北美流派将关系营销放在整个社会中进行观察，并通过强调对营销人员与假设进行重新界定，来激发批判性思考。现在，我们来探究一下佩恩所确定的不同流派的具体情况。

北美流派

帕维提亚和谢思（Parvatyar and Sheth, 2000）将关系营销界定为：与直接、最终的消费者开展持续的协同活动与项目的过程，目的在于降低成本以创造或提高共同经济价值。帕维提亚和谢思展示了关系营销概念的如下独特性：

- 营销人员和消费者之间是一一对应的关系；
- 互动式过程，而不是交易过程；
- 增值活动是通过供应商和消费者之间的相互依赖和协作实现的。

英澳流派

克里斯托弗等人（Christopher et al., 1991）强调了这一流派关注的三大问题：

- 关系营销策略涉及范围更广的外部“市场”关系，包括供应商、业务中介和“影响者”；
- 关系营销还关注内部（员工）关系，其对（外部）营销计划的成功至关重要；
- 提高营销业绩最终需要通过解决（或重新调整）消费者、员工和股东的利益竞争格局的方式来实现，而解决的方式，是改变管理者的“管理”方式。

他们认为营销关注组织与其消费者之间的交换关系，并且质量和消费者服务是这种关系中的关键联结。组织所面临的挑战是如何使这三个关键领域紧密统一。由于传统营销缺乏统一性，关系营销的概念成了整合消费者服务、质量与市场导向的新焦点。克里斯托弗等人（1991）指出，交易营销和关系营销之间存在一些显著的差异。

北欧流派

北欧学派的主要作用和贡献在于该学派一直致力于将关系营销概念从服务营销领域扩展到一般营销领域（Grönroos, 1994ab, 1996, 2000a, 2004; Gummesson, 1994, 1997, 1998, 2002），并将关系营销界定为新的营销范式：顾客是营销和分发过程的组成部分，这需要供应者和顾客之间产生密切关系（Aijo, 1996）。北欧学派倾向于将营销视为一种营销导向型的管理而非只具有单独的功能。因此，关系建立和维护是管理的核心。格伦罗斯（Grönroos, 1996: 12）强调，讨论关系营销时的常见错误源于对这一理念的转变缺乏理解。这代表了思考的新基础，即一种处理关系营销复杂性以及价值观与规范转变的新逻辑（Gummesson, 1997）。北欧学派研究人员的主要贡献之一是他们将关系营销概念化为价值创造过程，并呼吁要确保营销人员不在关系营销战略与战术含义之间产生混乱（Grönroos, 1996）。

格伦罗斯（1996）强调，关系营销的一个关键要求是公司要被界定为服务型公司。消费者不仅寻求商品或服务，还需要包括信息、分发、更新和维修在内的更全面的服务。对于公司而言，只拿核心产品进行竞争是不够的，必须用整个服务进行竞争。这需要公司从产品作为供应的主导元素过渡到对人力资源、技术、知识和时间的管理。这意味着能力和资源是至关重要的。

与消费者维持持续的关系，也要求从流程管理的角度来管理公司（Grönroos, 1996）。在这种关系中，消费者可以在整个服务提供过程中寻求价值。它需要负责不同服务内容的职能部门之间的内部协作，比如打造核心产品、为产品打广告、分发产品和处理投诉。整个活动链必须作为一个整体流程进行协调和管理（Grönroos, 1996: 10）。正如格伦罗斯（1996）所强调的那样，流程管理的观点与基于科学管理的功能主义管理方法截然不同。功能主义管理方法允许局部优化，因为对某一活动而言，职能部门都比协作部门更具专业性（Grönroos, 1996: 10）。这样的结果是创造局部价值，而不是整体价值。

最后，从北欧学派的角度来看，关系营销需要建立积极的伙伴关系和关系网络。关系营销基于与消费者、其他利益相关者和关系网络合作伙伴的合作。这意味着企业不会从单赢视角看待对方，而是从双赢局面中受益。这需要信任和承诺。

❖ 关系营销的关键属性和社会营销的影响

深入研究这些关系营销核心过程，我们发现关系质量、信任、承诺、满意度、感知价值、认同和合作是关系理论的核心变量，它们是复杂的，通常有着重叠和模糊的概念（Gundlach et al., 1995），但同时充满潜力。社会营销人员必须对它们进行探索。现在我们来检验心理层面（关系质量、信任、感知价值、满意度、承诺和认同）和行为层面（合作）关系营销的核心属性。

关系质量

关系质量可以被视为对关系强度的总体评估（Garbarino and Johnson, 1999）。在罗伯茨等人看来（Roberts et al., 2003），关系质量是由几个不同但相关的维度组成的高阶属性。大多数关于消费者市场关系质量的概念都是建立在摩根和亨特（1994）的信任和承诺理论之上，该理论将满意度作为一个核心概念（如Crosby et al., 1990; Gruen, 1995; Garbarino and Johnson, 1999; De and Odekerken-Schroder, 2001; Hennig-Thurau et al., 2002; Roberts et al., 2003）。对关系质量和服务质量的概念进行区分和比较很重要的。人们一致认为，关系质量和服务质量有不同的属性，这意味着人们在关系中所重视的东西并不一定与人们在服务中的价值相对应。克罗斯比等人（Crosby et al., 1990）指出服务质量是关系质量的必要但不充分的条件。为了说明这一论点，罗伯茨等人（2003）解释说，人们可能非常满意理发师提供的服务，但可能不会觉得与理发师有个人关系。然而，他们继续说，一个人在没有良好服务的情况下与理发师建立关系是不可能的，因为这是这种关系存在的基础。但是，围绕这个问题的文献中存在不同的观点。例如，罗森和苏泼里南（Rosen and Suprenant, 1998）以及贝内特和巴肯斯乔（Bennett and Barkensjo, 2005）承认，即使组织提供的服务质量本身不令人满意，人们也可以与服务提供商建立良好的关系。同样，格温纳等人（Gwinner et al., 1998）证明，如果消费者获得了重要的关系利益，即使他们认为核心服务属性并不优越，消费者也可能维持关系。罗伯茨等人（2003）表明，尽管两种结构的操作化存在不可避免的重叠，但需要牢记的是，服务质量本质上是为了衡量企业在交易维度上的表现，而关系质量则强调无形的方面，即在一次接触之后的持续互动。但是，正如罗伯茨等人提出的

(2003)，需要更多的研究来检验改善服务或关系是否更好。

信　任

文献中一致认为，信任是关系质量的一个非常相关的指标。信任在社会心理学(Deutsch, 1960; Lewicki and Bunker, 1996)、社会学(Lewis and Weigert, 1985)、经济学(Dasgupta, 1990; Williamson, 1993)、组织行为学(Hosmer, 1995; Rousseau et al., 1998; Wicks et al., 1999)中都得到了极大的关注。

姆尔曼等人(Moorman et al., 1992)将信任界定为依赖于可信任的交换伙伴的意愿。他们解释说，他们的界定涵盖了文献中信任的两种一般方法(Moorman et al., 1993: 82)。一种方法认为信任是对交换伙伴的可信赖的信念、信心或期望，这种信任是由合作伙伴的专业知识、可靠性或意向性引起的(如Blau, 1964; Rotter, 1967)。另一种方法则认为，信任是一种行为意图或行为本身，反映了对合作伙伴的依赖，并涉及了委托人的脆弱性和不确定性(Deutsch, 1962; Coleman, 1990)。这种观点表明，没有脆弱性，信任是不必要的，因为结果对委托人来说是无关紧要的(Moorman et al., 1993: 82)。不确定性也很关键，因为如果委托人可以控制交换伙伴的行为，则不需要信任。与姆尔曼等人看法一致(1993)，摩根和亨特(1994)将信任的概念描述为，当一方对交易合作伙伴的可靠性和完整性有信心时所存在的信任。对于贡德拉克和墨菲(Gundlach and Murphy, 1993)来说，信任是最能被普遍接受的变量，是任何人类互动或交换的基础。这是道德交换的一个方面，因此需要公平和公开的交换。

感知价值

在谈论价值时，重要的是要将价值交换概念与使用价值概念区分开来。正如格伦罗斯(2006)所指出的那样，传统上，价值在文学中被视为嵌入在交换的产品中(交换价值的概念)。但是，根据文献中关于价值如何的更新观点，对于消费者而言，当消费者使用产品、商品或服务时，就会产生价值。这是一种使用中的概念(Woodruff and Gardial, 1996; Vargo and Lusch, 2004)。根据这种观点，供应商和服务提供商不会在他们的规划、设计和生产过程中创造价值。消费者在他们的价值创造过程中自我实现，换句话说，在他们需要产品来进行日常活动的过程中进行价值创造(Grönroos, 2006: 323)。供应商只创造所需的资源或手段，使消费者能够为自己创造价值。从这个意义上说，至少在供应商和消费者进行互动时，他们能共同创造价值。然而，正如格伦罗斯（2006）所解释的那样，消费者也是唯一的价值创造者。商品是资源，公司使它们可以赚钱，这样他们自己的流程中的消费者就能够以一种为他们创造价值的方式使用它们。在社会营销中，因为我们处理的是复杂的长期行为，所以使用价值的概念非常重要。例如，有关毒品的信息本身对父母而言可能价值有限，除非父母真正能够做些什么。

满意度

对于寻求与消费者建立长期关系的组织而言，满意度被认为是至关重要的（Oliver and Swan，1989）。满意度是BTB（business-to-business）文献中几乎不存在的一种属性，但在消费者背景下却非常重要。格伦（Gruen，1995）认为，满意度的心理属性是关系营销的核心结果。企业对消费者（business-to-consumer，BTC）关系可能比企业对企业（BTB）关系更脆弱；因此，承诺的构建可能扮演小角色，而满足和信任等结构在BTC中比BTB更重要。使用社会心理学理论作为指导，格伦（1995）认为，在BTC关系中的成员满意度是从与组织的传播中获得的收益或奖励的感知价值（Thibaut and Kelly，1959）。成员对关系中基本交换的相对价值进行评估。正如服务营销文献不断提出的那样，消费者（成员）必须对组织的基本服务感到满意。"满意度有些波动，因为它通常取决于成员最近与组织的传播"（Gruen，2000：369）。它在信任和承诺方面产生积极影响，并可能对保留和联合生产产生一些影响（Gruen，2000）。贝内特和巴肯斯乔（2005）认为，消费者需求水平有可能影响满意度。在慈善活动的背景下，受益人经常将他们生活中的关键方面放在慈善机构的手中，并希望得到帮助。

承　诺

承诺是关系质量的重要指标，它被认为是成功关系的重要组成部分，也被认为是公司与其合作伙伴之间所有关系传播的核心（Dwyer et al.，1987；Morgan and Hunt，1994；Gundlach et al.，1995）。

正如摩根和亨特（1994）所讨论的那样，承诺一直是研究社会交换的文献的核心（Thibaut and Kelly，1959；Blau，1964；Cook and Emerson，1978），它将承诺描述为一个变量，用来区分社会交换和经济交换。借助社会交换、婚姻（Thompson and Spanier，1983）和组织（Meyer and Allen，1984）中的承诺概念（Cook and Emerson，1978），摩根和亨特(1994)将关系承诺界定为交换伙伴相信这种关系值得努力,以确保无限期地持久努力。他们的界定与姆尔曼等人发展的界定相对应(Moorman et al., 1993)。同样是受到社会交换理论的启发,德怀尔等人(Dwyer et al., 1987: 19)将承诺界定为“交换伙伴之间关系连续性的隐含或明确承诺”,它意味着交换伙伴愿意做出短期牺牲以实现长期利益(Dwyer et al., 1987)。同样,贡德拉克和墨菲(1993)说,承诺的特征被认为是牺牲、稳定和忠诚。

贡德拉克等人(1995: 79)认为承诺的结构是由其可信度(各方共同承诺的程度)及其相称性或相互性构成的。他们通过三元模型解析了承诺:

- 工具性成分(instrumental component):一方采取的肯定行动,在关系中产生自身利益。这就像一个计算行为。
- 态度性成分(attitudinal component):各方持久发展和维持稳定的长期关系的意图。
- 时间性动态(temporal dynamics):它们位于构造的核心,对应一系列活动。其中两个重要因素是持久性和一致性。持久性假定各方能够辨别出可归因于交换关系的利益,并期待能促进持续情感传播的环境。一致性非常重要,因为当一方的输入水平产生波动时,另一方将难以预测交换的结果。

认 同

认同现象是指对属于一个群体的认知,其结果是一个人认同该群体(我是其中的一员)。随着人们对关系营销战略的兴趣日益浓厚,人们对组织认同及其与消费者行为之间关系的兴趣日益增长(Bhattacharya et al., 1995; Bhattacharya and Bolton, 2000; Arnett et al., 2003; Bhattacharya and Sen, 2003)。

与承诺类似,认同被视为是将个人与组织联结起来的一种联系。两者之间关键的区别在于,在认同视野之下,组织形象与成员的自我感知相关联(Battacharya et al., 1995)。格伦(2000)认为,认同的提高将促成维系率、参与度、忠诚度以及共同生产水平的提高。他还指出,虽然几乎所有类型的关系营销都对满意度和承诺进行了检验,但认同的概念通常仅适用于涉及成员资格的情况。巴哈塔查尔亚等人(Battacharya et al., 1995)建议,如果企业慈善事业和与之相关的营销项目将消费者吸引到组织内部作为成员,则可以更好地增强消费者对组织的认同。然而最近,巴哈塔查尔亚和森

(Bhattacharya and Sen, 2003) 扩充了对社会认同 (Tajfel and Turner, 1979) 和组织认同 (Bergami and Bagozzi, 2000) 的研究并提出，在消费者和公司都出于非营利目的情况下，消费者即使没有正式成员资格，对组织的认同也可能发生，他们还扩展了"自我延伸"的观点 (Belk, 1988)，这表明认同似乎不仅源于物质财产或成员身份，还源于人们对组织的积极和消极的心理联系。这种观点认为，认同具有感知和情感两个方面 (Bergami and Bagozzi, 2000)。

合　作

合作被认为是关系营销范式的主要价值之一，也是价值创造过程的关键条件 (Grönroos, 1994a, 2000a; Parvatyar and Sheth, 2000; Gummesson, 2002)。作为属性之一，它通常被认为是关系营销中的期望行为 (Morgan and Hunt, 1994; Gruen, 1995; Sheth and Parvatyar, 1995)。摩根和亨特 (1994) 提出，合作是成功的主要指标之一，它直接来源于关系承诺和信任。正如他们解释的那样，合作意味着共同努力实现共同目标。由于冲突行为可以短暂地与合作行动并存，因此合作不仅仅是指没有冲突。他们还强调，合作也不是默许：因为合作是主动的，而默许则是被动的。

摩根和亨特 (1994) 表明，有相关经验证据显示信任对合作有着极大的影响，并建议进一步研究更有可能成功的合作形式。一种可能的形式——公民行为或其他角色行为——正如他们所论证的那样，这在组织行为学文献中得到了很好的研究 (Organ, 1988)。奥根 (Organ, 1988) 认为公民行为可以以各种形式展示，例如，利他主义、公民道德和口碑传播。在关系营销背景下，受益人可以合作向其他人推荐慈善机构并积极参与口碑传播 (Bennett and Barkensjo, 2005)。

关键词

关系营销；互动；价值创造；关系质量；信任；承诺；满意度；认同；感知价值；合作。

参考文献

Aijo, T.S. (1996) 'The theoretical and philosophical underpinnings of relationship marketing: Environmental factors behind the changing marketing paradigm', European Journal of Marketing, 30

(2): 8-18.

Andreasen, A.R. (1995) Marketing Social Change: Changing Behaviour to Promote Health, Social Development and the Environment.San Francisco, CA: Jossey-Bass.

Arnett, D.B., German S.D.and Hunt, S.D. (2003) 'The identity salience model of relationship marketing success: The case of non-profit marketing', Journal of Marketing, April: 89-105.

Ballantyne, D. (2000) 'Dialogue and knowledge generation: Two sides of the same coin in relationship marketing', in Proceedings of the 2nd WWW Conference on Relationship Marketing. Monash University and MCB University Press.Available online at: www.mcb.co.uk/services/conferen/nov99/rm/paper3.html.

Belk, R.W. (1988) 'Possessions and the extended self', Journal of Consumer Research, 15 (2): 139-168.

Bennett, R.and Barkensjo, A. (2005) 'Relationship quality, relationship marketing and client perceptions of the levels of service quality of charitable organizations', International Journal of Service Industry Management, 16: 81-106.

Bergami, M.and Bagozzi R.P. (2000) 'Self-categorization and commitment as distinct aspects of social identity in the organization: Conceptualization, measurement, and relation to antecedents and consequences', British Journal of Social Psychology, 39: 555-577.

Berry, L.L. (1983) 'Relationship marketing', in L.L.Berry, G.L.Shostack and G.D.Upah (eds), Emerging Perspectives of Services Marketing.Chicago, IL: American Marketing Association, pp.25-28.

Bhattacharya, C.B.and Bolton, R.N. (2000) 'Relationship marketing in mass markets', in J.N.Sheth and A.Parvatyar (eds), Handbook of Relationship Marketing.Thousand Oaks, CA: Sage Publications, pp.327-354.

Bhattacharya, C.B.and Elsbach, K.D. (2002) 'Us versus them: The roles of organizational identification and disidentification in social marketing initiatives', Journal of Public Policy & Marketing, 21: 26-36.

Bhattacharya, C.B.and Sen, A. (2003) 'Consumer-company identification: A framework for understanding consumers' relationships with companies', Journal of Marketing, 67 (2): 76-88.

Bhattacharya, C.B., Rao, H.and Glynn, M.A. (1995) 'Understanding the bond of identification: An investigation of its correlates among art museum members', Journal of Marketing, 59 (4): 46-57.

Blau, P.M. (1964) Exchange and Power in Social Life.New York: John Wiley & Sons, Inc.

Christopher, M., Payne, A.and Ballantyne, D. (1991) Relationship Marketing.Oxford:

Butterworth-Heinemann.

Coleman, J. (1990) Foundations of Social Theory.Cambridge, MA: Harvard University Press.

Cook, K.S.and Emerson, R.M. (1978) 'Power, equity and commitment in exchange networks', American Sociological Review, 43 (October) : 721-739.

Crosby, L.A., Evans, K.R.and Cowles, D. (1990) 'Relationship quality in services selling: An interpersonal influence perspective', Journal of Marketing, 54 (3) : 68-81.

Crossley, M. (2002) 'Introduction to the Symposium Health Resistance - The limits of contemporary health promotion', Health Education Journal, 61 (2) : 101-112.

Damasio, A.R. (2004) 'Emotions and feelings: A neurobiological perspective', in A.S.R.Manstead, N.Frijda and A.Fischer (eds) , Feelings and Emotions: The Amsterdam Symposium. New York: Cambridge University Press, pp.49-57.

Dasgupta, P. (1990) 'Trust as a commodity', in D.Gambetta (ed) , Trust: Making and Breaking Cooperative Relations.Oxford: Basil Blackwell, pp.49-72.

Deutsch, M. (1960) 'The effect of motivational orientation on trust and suspicion', Human Relations, 13: 123-139.

Deutsch, M. (1962) 'Cooperation and trust: Some theoretical notes', in Nebraska Symposium on Motivation.Lincoln, NE: Nebraska University Press, pp.275-320.

De Wulf, K.and Odekerken-Schroder, G. (2001) 'A critical review of theories underlying relationship marketing in the context of explaining consumer relationships', Journal for the Theory of Social Behavior, 31: 73-102.

Domegan, C.and Bringle, R. (2010) 'Charting social marketing's implications for service learning', Journal of Non-profit and Public Sector Marketing, 22 (3) : 198-215.

Dwyer, F.R., Schurr, P.H.and Oh, S. (1987) 'Developing buyer-seller relationships', Journal of Marketing, 51: 11-27.

Eakin, J., Robertson, A., Poland, B., Coburn, D.and Edwards, R. (1996) 'Towards a critical social science perspective on health promotion research', Health Promotion International, 11 (2) : 157-165.

Elinor, L.and Gerard, G. (1998) Dialogue: Rediscovering the Transforming Power of Conversations.New York: John Wiley & Sons, Inc.

Garbarino, E.and Johnson, M. (1999) 'The different roles of satisfaction, trust and commitment in customer relationships', Journal of Marketing, 63 (April) : 70-87.

Gronroos, C. (1994a) 'Quo vadis, marketing? Toward a relationship marketing paradigm',

Journal of Marketing Management, 10: 347-360.

Gronroos, C. (1994b) 'From marketing mix to relationship marketing: Towards a paradigm shift in marketing', Management Decision, 32 (2) : 4-20.

Gronroos, C. (2006) 'Adopting a service logic for marketing', Marketing Theory, 6 (3) : 317-333.

Gruen, T.W. (1995) 'The outcome set of relationship marketing in consumer markets', International Business Review, 4 (4) : 447-469.

Gruen, T.W. (2000) 'Membership customers and relationship marketing', in J.N.Sheth and A.Parvatyar (eds) , Handbook of Relationship Marketing.Thousand Oaks, CA: Sage Publications.

Gummesson, E. (1994) 'Making relationship marketing operational', International Journal of Service and Industry Management, 5 (5) : 5-20.

Gummesson, E. (1997) 'Relationship marketing as a paradigm shift: Some conclusions from the 30R approach', Management Decision, 35 (4) : 267-272.

Gummesson, E. (1998) 'Implementation requires a relationship marketing paradigm', Journal of the Academy of Marketing Science, 26 (3) : 242-249.

Gummesson, E. (2002) Total Relationship Marketing, Rethinking Marketing Management: From 4Ps to 30Rs, 2nd edn.Oxford: Butterworth-Heinemann.

Gundlach, G.T.and Murphy, P.E. (1993) 'Ethical and legal foundations of relational marketing exchanges', Journal of Marketing, 57: 35-46.

Gundlach, G.T., Achrol, R.S.and Mentzer, J. (1995) 'The structure of commitment in exchange', Journal of Marketing, 59: 78-92.

Gwinner, K.P., Gremler, D.D.and Bitner, M.J. (1998) 'Relational benefits in services industries: The customer's perspective', Journal of the Academy of Marketing Science, 26 (2) : 101-114.

Hennig-Thurau, T., Gwinner, K.-P.and Gremler, D.D. (2002) 'Understanding relationship marketing outcomes.An integration of relational benefits and relationship quality', Journal of Services Research, 4 (3) : 230-247.

Hosmer, L.T. (1995) 'Trust: The connecting link between organizational theory and philosophical ethics', Academy of Management Review, 20 (2) : 379-340.

Keller, K.L. (1998) 'Branding perspectives on social marketing', Advances in Consumer Research, 25: 299-302.

Lewicki, R.and Bunker, B. (1996) 'Developing and maintaining trust in work relationships', in R.M.Kramer and T.R.Tyler (eds) , Trust in Organizations: Frontiers of Theory and Research.London: Sage Publications, pp.114-139.

Lewis, J.D.and Weigert, A. (1985) 'Trust as a social reality', Social forces, 63(4): 967-985.

McAllister, D. (1995) 'Affect and cognition based trust as foundations for interpersonal cooperation in organization', Academy of Management Journal, 38: 24-59.

McHugh, P.and Domegan, C. (2009) 'Systematic reviews: Their emerging role in connecting theory and policy', Irish Social Sciences Conference, 1 December, Galway, Ireland.

McKenna, R. (1991) Relationship Marketing.Successful Strategies for the Age of Customer.New York: Addison- Wesley.

Maloney, M. (2006) 'Food Dudes Programme in Ireland', 5th International Symposium of the International Fruit and Vegetable Alliance, October, Dublin, Ireland.

Marques, S. (2008) 'Creating value through relationships: A critical contribution from Social Marketing, Doctoral Dissertation'.University of Stirling, Scotland.

Meyer, J.P.and Allen, N.J. (1984) 'Testing the side-bet theory of organizational commitment: Some methodological considerations', Journal of Applied Psychology, 69 (3) : 372-378.

Moorman, C., Deshpande, R.and Zaltman, G. (1993) 'Factors affecting trust in market research relationships', Journal of Marketing, 57: 81-101.

Moorman, C., Zaltman, G.and Deshpande, R. (1992) 'Relationships between Providers and Users of Market Research: The Dynamics of Trust Within and Between Organizations', Journal of Marketing Research, 29 (August) : 314-328.

Morgan, R.M.and Hunt, S.D. (1994) 'The commitment-trust theory of relationship marketing', Journal of Marketing, 58 (3) : 20-38.

Oderkerken-Schroder, G. (1999) 'The role of the buyer in affecting buyer-seller relationships. Empirical studies in a retail context.Doctoral dissertation, University of Maastricht.

Oliver, R.L.and Swan, J.E. (1989) 'Consumer perceptions of interpersonal equity and satisfaction in transactions: A field survey approach', Journal of Marketing, 53 (April) : 21-35.

Organ, D. (1988) Organizational Citizenship Behaviour.Lexington, MA: Lexington Books.

Parvatyar, A.and Sheth, J.N. (2000) 'The domain and conceptual foundations of relationship marketing', in J.N.Sheth and A.Parvatyar (eds) , Handbook of Relationship Marketing.Thousand Oaks, CA: Sage Publications, pp.3-38.

Payne, C. (2000) 'Relationship marketing, the UK perspective', in J.N.Sheth and A.Parvatyar (eds) , Handbook of Relationship Marketing.Thousand Oaks, CA: Sage Publications, pp.39-60.

Ravald, A.and Gronroos, C. (1996) 'The value concept and relationship marketing', European Journal of Marketing, 30 (2) : 19-30.

Roberts, K., Varki, S.and Brodie, R.(2003) 'Measuring the quality of relationships in consumer services: An empirical study', European Journal of Marketing, 37(1/2): 169-196.

Rosen, D.E.and Surprenant, C.(1998) 'Evaluating relationships: Are satisfaction and quality enough? ', International Journal of Service Industry Management, 9(2): 103-125.

Rothschild, M.L.(2001a) 'A few behavioural economics insights for social marketers', Social Marketing Quarterly, 7(3): 9-13.

Rothschild, M.L.(2001b) 'Book review: Aaker, DA, 1995, Building Strong Brands', Social Marketing Quarterly, 7(2): 36-40.

Rotter, J.B.(1967) 'A new scale for the measurement of interpersonal trust', Journal of Personality, 35(4): 651-665.

Rousseau, D.M., Sikin, S.B., Burt, R.S.and Camerer, C.(1998) 'Not so different after all: A cross discipline view of trust', Academy of Management Review, 23: 393-404.

Sheth, J.N.(1994) 'A normative model of retaining customer satisfaction', Gamma News Journal, July-August: 4-7.

Sheth, J.N.and Parvatyar, A.(1995) 'Relationship marketing in consumer markets: Antecedents and consequences', Journal of the Academy of Marketing Science, 23(4): 255-271.

Sheth, J.N.and Parvatyar, A.(2002) 'Evolving relationship marketing into a discipline', Journal of Relationship Marketing, 1: 3-16.

Stead, M.and Hastings, G.(2003) Using the media for drugs prevention: An overview of literature on effectiveness and good practice, Report produced for COI, Centre for Social Marketing, University of Strathclyde.

Tajfel, H.and Turner, J.C.(1985) 'The Social Identity Theory of Intergroup Behavior', in S.Worchel and W.G.Austin(eds), Psychology of Intergroup Relations, Chicago Nelson-Hall, pp.6-24.

Temple, S., Long, T., Wayman, J., Taubenheim, A.and Patterson, J.(2008) 'Alliance building: Mobilizing partners to share the Heart Truth with American Women', Social Marketing Quarterly, 14(3): 68-78.

Thibaut, J.W.and Kelly, H.H.(1959) The Social Psychology of Groups.New York: John Wiley & Sons, Inc.

Thompson, L.and Spanier, G.B.(1983) 'The end of marriage and acceptance of marital termination', Journal of Marriage and the Family, 45(February): 103-113.

Tzokas, N.and Saren, M.(1997) 'Building relationship platforms in consumer markets: A value chain approach', Journal of Strategic Marketing, 5(2): 105-120.

Tzokas, N.and Saren, M.(1999)'Value transformation in relationship marketing', Australasian Marketing Journal, 7: 52-62.

Vargo, S.L.and Lusch, R.F.(2004)'Evolving to a new dominant logic for marketing', Journal of Marketing, 68: 1-17.

Velleman, R., Mistral, W.and Sanderling, L.(2000) Taking the Message Home: Involving Parents in Drugs Prevention.Drugs Prevention Advisory Service, Home Office.

Wicks, A.C., Berman, S.L.and Jones, T.M.(1999)'The structure of optimal trust: Moral and strategic implications', Academy of Management Review, 24: 99-116.

Wilkie, W.and Moore, E.(2003)'Scholarly research in marketing: Exploring the"four eras"of thought development', Journal of Public Policy and Marketing, 22(2): 116-146.

Williamson, O.E.(1993)'Calculativeness, trust and economic organization', Journal of Law & Economics, 36: 453-486.

Woodruff, R.B.and Gardial, S.(1996) Know Your Customers -New Approaches to Understand Customer Value and Satisfaction, Oxford: Blackwell.

第四章

社会规范的理解：
社会营销人员上行与下行的应用方式

帕特里克·肯尼　杰勒德·黑斯廷斯

❖ 社会规范的本质

社会规范影响在更广泛的同辈影响领域存在着，这在实证文献中达成了广泛的共识。同龄人通常被认为是影响青少年各种行为的最重要的因素之一（Borsari and Carey, 2001），而且在青少年时期随着儿童的成长，同龄人的重要性往往超过父母（Csikszentmihalyi and Larson, 1984）。同辈直接或间接地对青少年施加影响（Borsari and Carey, 2001）。直接的同辈影响受到实证调查的少得多，但现有的证据表明，直接的提议，例如饮酒、吸烟和性关系，对行为会产生强烈的影响（Klein, 1992; Rabow and Duncan-Schill, 1994; Shore et al., 1983; Wood et al., 2001），特别是对那些社会地位较低和不成熟的人来说。

值得注意的是，更多的研究集中于间接的同辈影响，其中有两种类型：建模和社会规范。由于方法上的原因，大多数的建模研究都集中在准实验环境下的饮酒行为，在这种环境下，研究对象和同伴在酒吧里会面。这一研究表明，模型影响的是当前的共同行为，而不是未来的饮酒行为（Caudill and Kong, 2001; Caudill and Marlatt, 1975; Collins et al., 1985; Dericco and Garlington, 1977）。近年来，对同辈影响的建模进行解释的兴趣有所下降，部分原因是建模研究的实验方法固有的重大方法论挑战（Borsari and Carey, 2001）。

相比之下，社会规范一直被视为人类行为的重要驱动因素，20世纪初发表的一些关于社会规范的早期著作可以证明这一点。萨姆纳（Sumner, 1906）认为规范是一个群体为有效满足他们的基本需要而采用的习俗，而谢里夫（Sherif, 1936）在规范形成和传递方面进行了一些最早的实验。

❖ 社会规范的类型和特征

或许阻碍社会规范研究发展的最大挑战之一是对术语的使用不一致，这既是该领域概念混乱的一个因素，也是其症状所在（Larimer et al., 2004; Rimal and Real, 2003）。研究人员审查了社会规范的影响，如地方和全球规范（Miller and Prentice, 994）、近期规范信念（Maddock and Glanz, 2005）、规范信念和模型（Oostveen et al., 1996）、社会模型（Wood et al., 2001）、同辈规范和成人规范（Epstein et al., 1999）和感知的社会影响（Dusenbury et al., 1994）。

这种普遍的混乱阻碍了该领域的发展，并且阻碍了在不同行为背景下协调地进行解除规范社会影响相对重要性的尝试。然而看上去，里马尔和他的同事在发展规范社会行为理论方面的有说服力的概念和展开的经验性工作（Lapinski and Rimal, 2005; Rimal, 2008; Rimal and Real, 2003, 2005; Rimal et al., 2005），以及恰尔迪尼（第七章）和他的同事在制定规范行为焦点理论方面的实验工作（Cialdini, 2003; Cialdini et al., 1990, 2006; Kallgren et al., 2000; Reno et al., 1993），已经开始给这个领域带来更大的共识。

尽管这一共识得到了发展，但社会规范文献在概念和定义上仍面临重大挑战。为了有效地利用规范影响，社会营销者必须能够区分不同类型的规范、它们的形成及其对行为的不同影响（Lee et al., 2007）。对不同类型的规范进行分类，最简单的方法可能是将其分为两大类：即描述性规范和规定性规范。规定性规范又可以分为强制性规范和主观性规范。第三种总体类别——个人规范——也值得注意。尽管有时它被认为是另一种社会规范（Bobek et al., 2007），但从技术上讲，个人规范在本质上不是社会规范，尽管它们几乎都必然受到其他类型社会规范的影响，并且是缓和地受到其他社会规范的影响。

描述性规范通过举例的方式运作（Cialdini et al., 2006），指的是对他人在特定情况下实际做什么的感知。它们对行为有强大的影响，特别是在新奇或模糊的环境中（Lapinski and Rimal, 2005），以及对那些易受社交焦虑影响的人（Neighbors et al., 2007a）。遵循我们在周围环境中观察到的描述性规范，几乎不需要认知处理——甚至连鸟类、鱼类和昆虫都遵循其同伴的描述规范（Cialdini, 2003）。这些规范广泛影响行为，因为个人认为其他人，特别是那些与之相似的人，是行为的有效向导（Deutsch and Gerard, 1955; Fekadu and Kraft, 2002）。近年来流行的许多"社会规范"干预实际上只是"描述性规范"干预，因为它们通常只关注这个影响源（Rimal and Real, 2005）。

规定性规范基于意见和价值观，而不是基于他人的行为，其指的是个人"应该"如何行为（Cialdini et al., 1990）。这个术语在文献中很少使用（参见Yanovitzky et al., 2006）。相反，先前的研究使用了强制性规范和主观性规范这两个术语，尽管这些结构可以更有效地被视为规定性规范的类别。

主观性规范是理性行为理论（Ajzen and Fishbein, 1980; Fishbein and Ajzen, 1975）和计划行为理论（Ajzen, 1991）的重要组成部分，并指的是"对他重要的大多数人认为他应该或不应该执行有问题的行为"的认知（Fishbein and Ajzen, 1975: 302）。另一方面，强制性规范指的是大多数人认可或不认可的东西（Cialdini et al., 1991）。

❖ 规范性影响的解释理论

当然，人们以某种方式行事或具有某种信仰的事实并不意味着其他人会盲目追随。如果是这样的话，就不会有杰出的勇敢、无私或在政治上不受欢迎的观点（Lapinski and Rimal, 2005）。规范的影响比仅仅复制其他规范要复杂得多。

为社会规范的影响制定一个解释性框架，我们已经作出了一些努力。其中一些工作借鉴了前面提到的社会学理论，如社会学习理论（Bandura, 1986）、社会认同理论（Turner, 1982）和社会网络理论（Granovetter, 1973），因此，这很大程度上超出了本章的讨论范围。

颇尔和施韦格勒(Pool and Schwegler, 2007)提出了规范遵从性的三个不同动机。首先，他们认为个人遵守规范是因为他们相信他人的行为提供了成功行为的线索，尤其是在模棱两可的情况下。这些被称为与准确性相关的遵守原因。自我相关的遵守原因包括与遵守特定规范相关的积极的社会认同，而其他相关的动机则意味着对被群体内部接受的关注，以及避免因不遵守群体规范而被排斥的愿望。虽然个人可能主要遵守与准确相关推动的描述性规范、与自我相关推动的个人规范和与他人相关推动的规定性规范，但许多动机可能同时起作用。

为了解释社会规范的行为影响，我们发展并检验了两种关于规范影响的一般理论。

恰尔迪尼和他的同事们(Cialdini, 2003; Cialdini et al., 1990, 2006; Kallgren et al., 2000; Reno et al., 1993)发展并测试了规范行为焦点理论，并通过各种创新的乱扔垃圾实验，试图阐明描述性规范和强制性规范各自的影响，并更好地理解了在行为改变运动中利用这些规范的潜力。

焦点理论最早的实验涉及了实验操作，目的是调查促使去医院的人在停车场乱丢垃圾的可能性增加的条件(Cialdini et al., 1990)。在第一个实验中，受试者走出电梯回到自己的车里时，遇到了一个正在看传单的同伴。有一半的可能是，这个同伙明显地把传单扔在了自己面前的地板上。另外的可能是，他拿着传单走过。大多数参与者都注意到了乱丢垃圾的现象，并暂时将注意力转移到车库地板上，那些没有注意到的人则被排除在分析之外。乱丢垃圾实验的目的是将人们的注意力集中在车库地板的当前状况上，并让参与者记住这一点。地板的状况表明，除了最近掉下的传单，已有一项描述性规范的发生——在某些情况下，地板上到处都是垃圾，而在另一些情况下，地板是干净的。当参与者回到他们的车里时，他们在挡风玻璃雨刷下发现了一张与同伴乱丢的传单一模一样的传单。传单上只有一条简短而乏味的关于汽车安全的信息，并没有提到反对乱扔垃圾。附近没有垃圾箱，参与者面临着将传单扔到地上或带走的选择。正如研究人员假设的那样，在那些参与者看到同伴在干净的环境中乱扔垃圾的情况下，参与者乱扔垃圾的情况较少，尽管差异并不显著。研究人员得出的结论是，把垃圾扔到干净的地板上的效果是为了突出反乱丢垃圾的描述性规范，从而减少乱丢垃圾。事实上，参与者并没有自动模仿乱丢垃圾的同伴的行为，而是似乎受到了显著的描述性规范的影响，表明这是一种规范的影响，而不是模范的影响。

这些发现是由相同的研究人员通过两种类似的实验操作得出的(Cialdini et al.,

1990）。随后的实验表明，与没有在清洁的环境中乱扔垃圾相比，在清洁的环境中乱扔垃圾的行为会导致人们丢更少的垃圾；换句话说，把注意力集中在反对乱丢垃圾的描述性规范上可以减少乱丢垃圾的行为。然而，随着被操纵环境的描述性规范变得越来越支持乱丢垃圾，受试者乱丢垃圾的倾向也越来越大。

恰尔迪尼等人（Cialdini et al.，1990）进一步发展了这些实验，在随后的两次实验操作中引入了一个强制性规范的组件。在第一组实验中，被试者要么在一个乱丢垃圾的环境中丢垃圾，要么把垃圾小心地扫到一个角落里。清扫垃圾被认为是禁止乱扔垃圾的一项强制性准则。实验结果表明，在没有一个准则作为扳机的情况下，清扫过与未清扫过的情况差异最小，但将注意力集中在反乱丢垃圾的强制性规范上会放大这些差异，导致在反乱丢垃圾的强制性规范环境中减少乱丢垃圾的行为。因此，暂时的引起对具有限制性的强制性规范的注意，似乎有可能超过更为宽容的描述性规范产生的影响。第五项实验进一步强调了关注强制性规范的重要性，在该实验中，描述性规范没有被考虑在内或被操纵，但该实验发现，当被试者看到反对乱丢垃圾的强制性规范信息时，他们不太可能乱丢垃圾，而向被试者展示与乱丢垃圾问题越来越不相关的强制性规范信息时，他们的乱丢垃圾行为也越来越多。

该研究小组在随后的实验中强调了强制性规范的力量（Reno et al.，1993）。第一个实验与先前的研究一致，即当环境干清时，强制性规范和描述性规范对减少乱丢垃圾都有效，但在环境乱时，只有强制性规范才有效。研究人员还发现了强制性规范的跨情境影响。在随后的实验中，人们注意到一个禁止乱丢垃圾的强制性规范，实验对象遵守了这个禁止乱丢垃圾的规范，因为他们在一个不同于他们收到强制性规范信息的环境中，乱丢垃圾的频率也降低了。然而，描述性规范被发现缺乏这种跨情景的影响，只有在描述性规范十分突出的相同环境中，受试者才会遵守描述性规范。这些发现有一个合理的理论基础。描述性规范似乎传达了在特定环境下的有效行为。然而，由于强制性规范传达的是普遍的价值观，或表明在特定的文化中什么是被社会普遍接受的，所以，这些规范具有跨情景的相关性。随后的实验强化了这些发现，也提供了证据表明，个人规范也可以强有力地指导行为，但只有在个体的行为发生时才会显现出来（Kallgren et al.，2000）。

里马尔和他的同事们发展了一种替代和补充的方法，即规范社会行为理论，试图更清楚地理解规范影响行为的精确机制（Lapinski and Rimal，2005；Real and Rimal，

2007; Rimal, 2008; Rimal and Real, 2003, 2005; Rimal et al., 2005)。

该理论认为，描述性规范与行为之间的关系极其复杂，而强制性规范、结果预期、群体认同、行为认同（Rimal, 2008）和同伴沟通（Real and Rimal, 2007）调节了描述性规范与行为之间的关系，但强制性规范和结果预期只在一定程度上调解了这种关系。

在描述性规范和行为之间的关系中，强制性规范的重要性是直观的。当意识到许多同龄人都在从事某种特定的行为时，就会发出强烈的信号，表明这种行为是社会可以接受的，而且这种行为可能对同辈群体成员很重要。行为预期是描述性规范和行为之间的另一个中介变量，被定义为相信自己的行为将为自己带来所寻求的利益（Bandura, 1986）。有重要的文献表明，结果预期会强烈地影响行为（Brown et al., 1980; Neighbors et al., 2003; Read et al., 2004; Wood et al., 2001）。结果预期在规范与行为的关系中的重要性也是不言自明的。如果个体感知到某一特定的行为是普遍的，那么很有可能这是一种能为实践它的人提供好处的行为，并且一个人可能会有动机去实践该行为，以免错过所感知到的好处（Abrams and Niaura, 1987）。当然，与行为相关的部分好处可能是同伴导向的，而不是行为导向的：例如，积极的情绪可以产生于同伴的接受（Christensen et al., 2004），而惩罚（真实的或想象的）则可以通过遵守规范来避免（Bent and Swestak, 2001）。

群体认同是指一个人认为自己与某一特定参照群体相似或渴望与之相似的程度。在与群体缺乏某种亲近感的情况下，没有理由相信它会对个人行为产生任何影响。任何一个个体都可能有许多不同的参照群体，波沙利和凯里（Borsari and Carey, 2001）已经确定了18个经常用于社会规范研究的参照群体。每个参照群体可能有不同的描述性规范和规定性规范，这些规范会对行为产生不同类型的影响，这取决于一个人对该群体的认同程度（Thombs et al., 1997）。

❖ 下行社会营销：社会规范营销活动

社会规范观念影响行为这一相当稳定的共识，为公共卫生倡导者提供了一个有趣的机会来操纵这些观念，以期改变行为。自世纪之交以来，美国对这些社会规范操纵的使用率有了相当大的增加，而且这种方法已经开始在欧洲和其他地方引起注意。

规范性误解

社会规范研究方法的基本前提是个体经常对社会规范产生误解。影响行为的是误解，而不是实际的规范，纠正这种误解会导致行为的改变。

来自不同领域的重要证据表明，个体误解了与许多不同行为相关的描述性规范。这一领域的大部分研究工作都集中在学生饮酒上，他们发现学生饮酒的频率和数量与同龄人饮酒的频率和数量有关（Kypri and Langley, 2003; McAlaney and McMahon, 2007; Neighbors et al., 2007a; Perkins et al., 2005; Yanovitzky et al., 2006; 另见Borsari and Carey, 2003年对20多个更早的研究的分析）。也有证据表明，人们高估了有关吸烟（Agostinelli and Grube, 2005; Bauman et al., 1992; Graham et al., 1991; Shanahan et al., 2004）、性行为（Lamber et al., 2003; Scholly et al., 2005）和非法药物使用（Hansen and Graham, 1991; Wolfson, 2000）的描述性规范的影响。最近的研究还表明，个体对与赌博有关的描述性规范和强制性规范存在误解（Larimer and Neighbors, 2003; Neighbors et al., 2007c），以及逃税（Wenzel, 2005）。

一项关于学生饮酒的研究没有发现任何关于误解的证据（Wechsler and Kuo, 2000），尽管这项研究因为使用了不同的方法来比较个人和感知的同伴规范而受到了批评（DeJong, 2003）。它还确定，如果对同辈行为的感知低于实际同辈规范的10%，那么这种感知就是准确的，尽管目前还不清楚为什么10%的误差幅度应该被认为是准确的。

在某些情况下，误解的程度可能非常严重。在对苏格兰学生饮酒规范的分析中，麦克兰尼和麦克马洪（McAlaney and McMahon, 2007）的报告称，52%的受访者认为大多数学生每周至少喝醉两次，而只有12%的学生报告称有这种程度的醉酒。在一项对全美130所大学的76,145名学生进行的大规模调查中，珀金斯等人（Perkins et al., 2005）发现，大多数学生明显高估了他们大学校园里的饮酒规范，即使规范要让人饮酒过量的情况下，这种模式也依然存在。例如，在大学校园中，每个饮酒场合应该消费四杯酒，15.4%的学生低估了规范，12.6%的学生有准确的认知，但超过70%的学生高估了规范，近35%的学生认为每次饮酒时喝七杯或更多是常态。在性行为研究中也可以发现类似的严重高估模式。一项针对美国28,000多名大学生的调查发现，71%的受访者在上一年内没有性行为或者只有一个性伴侣，但学生群体本身认为大多数学生在此期间至少有过三个性伴侣（American College Health Association, 2003）。同样，施柯里等人（Scholly et al., 2005）发现学生们大大高估了危险性行为的流行率，低估了负责任性行为的频率：80%的受访者在前一年没有或只有一个性伴侣，但他们认为只有22%的学生有类似的节制。

对行为规范的误解，根据他们如何看待自己的行为和对行为规范的看法，可将这些误解分为三类。最常见的误解类型是多元无知。当个体错误地感知到他人的行为或信仰与自己不同时，就会发生这种情况（Prentice and Miller, 1993）。因此，在美国大学健康协会（American College Health Association, 2003）的研究中，71%的学生在前一年最多只有一个性伴侣，而他们却为多元无知所困扰，他们认为大多数学生在这段时间内有三个或更多的性伴侣。多元无知的作用是压制被错误地理解为反规范的行为和观点，它还对个体施加了一种微妙的压力，让他们更频繁地或公开地参与这种被误解的行为。一种更不寻常的误解——虚假独特性——可以被看作是多元无知的一种变体，发生在以下情况时：当个体放弃某一特定行为时，又错误地感到他们的放弃比实际情况更独特（Suls and Wan, 1987），这可能是因为那些拥有理想属性的人往往低估了这些属性的普遍性（Tabachnik et al., 1983）。这种误解的后果可能是导致这些个体退出与他人的互动，其结果将导致其余人群的规范认知更加扭曲，在某种程度上类似于沉默螺旋理论（Noelle-Neumann, 1973）所设想的过程。第三种情况是，当个体错误地认识到他人与自己相似时，就会产生错误的共识，而实际上他们并非如此（Ross et al., 1977）。那些具有消极特征的人倾向于通过归因投射的过程高估这些特征的普遍性（Sanders and Mullen, 1983）。这种情况最有可能发生在这样一种情境下，即个人有一种既得利益，认为"每个人"的行为都是为了证明自己的行为是正当的。因此，重度饮酒者更有可能选择其他重度饮酒者作为朋友，他们错误地将他们亲密伙伴群体的重度饮酒者标准推广到更广泛的社会。

首先，产生误解的原因有很多。显然，更广泛的媒体文化在塑造我们对现实的认知方面发挥了作用；这个问题将在我们讨论"上行"社会营销问题时进行更详细的讨论。除了媒体，珀金斯（2003）还指出，与那些更有节制的同龄人相比，那些从事有问题行为的人绝对引人注目，形象鲜明。例如，那些明显醉酒或暴力的人是非常引人注目的，对他们行为的记忆会留在我们脑海中，鼓励我们将其视为比实际上更规范的行为。另一方面，那些行为"正常"的人，那些清醒而有序的人，不会以同样的方式吸引我们的注意。在酒精消费方面，认知失调似乎鼓励个人形成与其行为相一致的态度和信念（Kypri and Langley, 2003; Larimer et al., 2004），在这种情况下，一种不同的过程可能会造成错误的共识效应观念（Kypri and Langley et al., 2004）。还有一种情况是，一些考虑不周的社会营销活动，强调了某问题的严重程度，这助长了本来要纠正的病态行为的正常化（Cialdini et al., 2006）。

❖ 上行社会营销：社会规范与营销规范

社会营销者和其他关注公共健康的人理所当然地对利用规范观念的力量带来积极变化的可能性感到好奇。但社会规范的含义远远超出了这些下行应用。正如戈德堡（Goldberg, 1995）所指出的，社会营销者不能把自己局限于在人们落水后再把他们捞上来；社会营销人员必须逆流而上，调查那些最初鼓励人们跳入水中的影响因素，并对其提出挑战。

这种向上行的迁移将揭示多种生态因素，包括法律和社会政策、同辈影响、社区和家庭关系，以及媒体和营销的影响，这些因素似乎共同鼓励人们“跳进”这条河（Taylor and Sorenson, 2004）。仅考虑其中一个因素，市场营销，更广泛地说，在媒体如何影响潜在的不健康或社会危害行为如饮酒（Anderson et al., 2009）、吸烟（Wellman et al., 2006）、危险性行为（Brown et al., 2006）和不健康的食品消费（Hastings et al., 2006）等方面上，一直存在很多争论。从公共健康的角度，引发了关于市场营销监管的政策争论，本研究的大部分内容都试图研究暴露于市场营销与后续行为之间的关系。相比之下，为什么营销应该有这样的影响是相对较少探究的。营销并不像一颗“魔弹”，让个人自动接受呈现给他们的行为，此时其他干预的认知机制也在发挥作用（Bandura, 2001）。规范观念在这方面提供了潜在的强大洞察力。

从另一个角度来看这个问题，我们现在有了一定程度的确定性，即规范性观念的准确与否是否会影响行为，但我们对这些感知来自何处却没有那么确定。一般认为，人际沟通（Lapinski and Rimal, 2005）和观察（Gunther et al., 2006; Perkins, 2003）有助于形成规范。一般来说，媒体尤其是营销，在规范的生成和传播中扮演的角色一直没有得到充分的研究，但可以看到，媒体环境中描述行为的存在、普及和内容有助于塑造对现实的感知（Conley Thomson et al., 2005）。

关键词

社会规范；培养理论；群体显著性；预期结果；多元无知；虚假独特性；错误的共识；规范的误解；规范行为焦点理论；规范社会行为理论。

要　点

- 大量研究表明，社会规范观念是人类行为的强大驱动力。
- 社会规范对“上行”和“下行”的社会营销人员的量效（dose-response）都有重要的影响。
- 通过营销活动，社会规范观念已被成功地应用。有证据表明，这些运动旨在改变人们的行为。
- 规范观念是一种机制，它可能有助于解释营销对行为的影响。

参考文献

Abrams, D.B.and Niaura, R.S.(1987) 'Social learning theory', in H.T.Blane and K.E.Leonard (eds), Psychological Theories of Drinking and Alcoholism.New York: Guilford Press, pp.131–178.

Agostinelli, G.and Grube, J.(2005) 'Effects of presenting heavy drinking norms on adolescents' prevalence estimates, evaluative judgments, and perceived standards', Prevention Science, 6(2): 89–99.

Ajzen, I.(1991) 'The theory of planned behavior', Organizational Behavior and Human Decision Processes, 50(2): 179–211.

Ajzen, I.and Fishbein, M.(1980) Understanding Attitudes and Predicting Social Behavior. Englewood Cliffs, NJ: Prentice-Hall.

American College Health Association (2003) National College Health Assessment: Reference Group Data Base Spring 2002.Baltimore, MD: American College Health Association.

Anderson, P., de Bruijn, A., Angus, K., Gordon, R.and Hastings, G.(2009) 'Impact of alcohol advertising and media exposure on adolescent alcohol use: A systematic review of longitudinal studies', Alcohol and Alcoholism, 44(3): 229–243.

Bandura, A.(1986) Social Foundations of Thought and Action: A Social Cognitive Theory.

Englewood Cliffs, NJ: Prentice-Hall.

Bauman, K.E., Botvin, G.J., Botvin, E.M.and Baker, E.(1992) 'Normative expectations and the behavior of significant others: An integration of traditions in research on adolescents' cigarette smoking', Psychological Reports, 71(2): 568–570.

Bobek, D., Roberts, R.and Sweeney, J.(2007) 'The social norms of tax compliance: Evidence from Australia, Singapore, and the United States', Journal of Business Ethics, 74: 49–64.

Borsari, B.and Carey, K.B.(2001) 'Peer influences on college drinking: A review of the research', Journal of Substance Abuse, 13(4): 391–424.

Borsari, B.and Carey, K.B.(2003) 'Descriptive and injunctive norms in college drinking: A meta-analytic integration', Journal of Studies on Alcohol, 64(3): 331–341.

Brown, J.D., L'Engle, K.L., Pardun, C.J., et al.(2006) 'Sexy media matter: Exposure to sexual content in music, movies, television, and magazines predicts black and white adolescents' sexual behavior', Pediatrics, 117(4): 1018–1027.

Brown, S.A., Goldman, M.S., Inn, A.and Anderson, L.R.(1980) 'Expectations reinforcement from alcohol: Their domain and relation to drinking patterns', Journal of Consulting and Clinical Psychology, 48(4): 419–426.

Caudill, B.D.and Kong, F.H.(2001) 'Social approval and facilitation in predicting modeling effects in alcohol consumption', Journal of Substance Abuse, 13(4): 425–441.

Caudill, B.D.and Marlatt, G.A.(1975) 'Modeling influences in social drinking: An experimental analogue', Journal of Consulting and Clinical Psychology, 43(3): 405–415.

Christensen, P.N., Rothgerber, H., Wood, W.and Matz, D.C.(2004) 'Social norms and identity relevance: A motivational approach to normative behavior', Personality and Social Psychology Bulletin, 30(10): 1295–1309.

Cialdini, R.B.(2003) 'Crafting normative messages to protect the environment', Current Directions in Psychological Science, 12(4): 105–109.

Cialdini, R.B.and Trost, M.R.(1998) 'Social influence: Social norms, conformity and compliance', in D.Gilbert, S.Fiske and G.Lindzey(eds), The Handbook of Social Psychology, 4th edn, Vol.2.New York: McGraw-Hill, pp.151–192.

Cialdini, R.B., Reno, R.R.and Kallgren, C.A.(1990) 'A focus theory of normative conduct: Recycling the concept of norms to reduce littering in public places', Journal of Personality and Social Psychology, 58(6): 1015–1026.

Cialdini, R.B., Kallgren, C.A.and Reno, R.R.(1991) 'A focus theory of normative conduct:

A theoretical refinement and reevaluation of the role of norms in human behavior', Advances in Experimental Social Psychology, 24 (20) : 201–234.

Cialdini, R.B., Demaine, L.J., Sagarin, B.J., Barrett, D.W.et al. (2006) 'Managing social norms for persuasive impact', Social Influence, 1 (1) : 3–15.

Collins, R.L., Parks, G.A.and Marlatt, G.A. (1985) 'Social determinants of alcohol consumption: The effects of social interaction and model status on the self-administration of alcohol', Journal of Consulting and Clinical Psychology, 53 (2) : 189–200.

Conley Thomson, C., Siegel, M., Winickoff, J., Biener, L.and Rigotti, N.A. (2005) 'Household smoking bans and adolescents' perceived prevalence of smoking and social acceptability of smoking', Preventive Medicine, 41 (2) : 349–356.

Csikszentmihalyi, M.and Larson, R. (1984) Being Adolescent.New York: Basic Books.

DeJong, W. (2003) 'Report to the field: The case of the missing misperception', HEC News (Online News Service) October 13, Washington, DC: Higher Education Center for Alcohol and Other Drug Prevention, Department of Education.

Dericco, D.A.and Garlington, W.K. (1977) 'The effect of modeling and disclosure of experimenter's intent on drinking rate of college students', Addictive Behaviors, 2 (2–3) : 135–139.

Deutsch, M.and Gerard, H.B. (1955) 'A study of normative and informational social influences upon individual judgment', The Journal of Abnormal and Social Psychology, 51 (3) : 629–636.

Dusenbury, L., Epstein, J.A., Botvin, G.J.and Diaz, T. (1994) 'Social influence predictors of alcohol use among New York Latino youth', Addictive Behaviors, 19 (4) : 363–372.

Epstein, J.A., Botvin, G.J., Baker, E.and Diaz, T. (1999) 'Impact of social influences and problem behavior on alcohol use among inner-city Hispanic and Black adolescents', Journal of Studies on Alcohol, 60 (5) : 595–604.

Fekadu, Z.and Kraft, P. (2002) 'Expanding the theory of planned behaviour: The role of social norms and group identification', Journal of Health Psychology, 7: 33–43.

Fishbein, M.and Ajzen, I. (1975) Belief, Attitude, Intention, and Behavior: An Introduction to Theory and Research.Reading, MA: Addison-Wesley.

Graham, J.W., Marks, G.and Hansen, W.B. (1991) 'Social influence processes affecting adolescent substance use', Journal of Applied Psychology, 76 (2) : 291–298.

Granovetter, M.S. (1973) 'The strength of weak ties', American Journal of Sociology, 78 (6) : 1360–1380.

Gunther, A.C.and Storey, J.D. (2003) 'The influence of presumed influence', Journal of

Communication, 53 (2) : 199–215.

Hansen, W.B.and Graham, J.W. (1991) 'Preventing alcohol, marijuana and cigarette use among adolescents: Peer pressure resistance training versus establishing conservative norms', Preventive Medicine, 20 (3) : 414–430.

Hastings, G., McDermott, L., Angus, K., Stead, M., Thomson, S. (2006) The Extent, Nature and Effects of Food Promotion to Children: A Review of the Evidence: Technical Paper Prepared for the World Health Organization.Geneva: World Health Organization.

Kallgren, C.A., Reno, R.R.and Cialdini, R.B. (2000) 'A focus theory of normative conduct: When norms do and do not affect behavior', Personality and Social Psychology Bulletin, 26 (8) : 1002–1012.

Klein, H. (1992) 'College student's attitudes toward the use of alcoholic beverages', Journal of Alcohol and Drug and Education, 37 (3) : 35–52.

Kypri, K.and Langley, J.D. (2003) 'Perceived social norms and their relation to university student drinking', Journal of Studies on Alcohol, 64 (6) : 829–835.

Lamber, T.A., Kahn, A.S.and Apple, K.L. (2003) 'Pluralistic ignorance and hooking up', The Journal of Sex Research, 40 (2) : 129–133.

Lapinski, M.K.and Rimal, R.N. (2005) 'An explication of social norms', Communication Theory, 15 (2) : 127–147.

Larimer, M.E.and Neighbors, C. (2003) 'Normative misperception and the impact of descriptive and injunctive norms on college student gambling', Psychology of Addictive Behaviors, 17 (3) : 235–243.

Larimer, M.E., Turner, A.P., Mallett, K.A.and Geisner, I.M. (2004) 'Predicting drinking behavior and alcohol-related problems among fraternity and sorority members: Examining the role of descriptive and injunctive norms', Psychology of Addictive Behaviors, 18 (3) : 203–212.

McAlaney, J.and McMahon, J. (2007) 'Normative beliefs, misperceptions, and heavy episodic drinking in a British student sample', Journal of Studies on Alcohol and Drugs, 68 (3) : 385–392.

Maddock, J.and Glanz, K. (2005) 'The relationship of proximal normative beliefs and global subjective norms to college students' alcohol consumption', Addictive Behaviors, 30 (2) : 315–323.

Miller, D.T.and Prentice, D.A. (1994) 'Collective errors and errors about the collective', Personality and Social Psychology Bulletin, 20 (5) : 541–550.

Neighbors, C., Walker, D.D.and Larimer, M.E. (2003) 'Expectancies and evaluations of alcohol effects among college students: Self-determination as a moderator', Journal of Studies on Alcohol, 64

(2): 292–300.

Neighbors, C., Fossos, N., Woods, B.A., et al. (2007a) 'Social anxiety as a moderator of the relationship between perceived norms and drinking', Journal of Studies on Alcohol and Drugs, 68: 91–96.

Neighbors, C., Lostutter, T., Whiteside, U., et al. (2007c) 'Injunctive norms and problem gambling among college students', Journal of Gambling Studies, 23 (3): 259–273.

Noelle-Neumann, E. (1973) 'Return to the concept of powerful mass media', Studies in Broadcasting, 12: 67–112.

Oostveen, T., Knibbe, R.and de Vries, H. (1996) 'Social influences on young adults' alcohol consumption: Norms, modeling, pressure, socializing, and conformity', Addictive Behaviors, 21 (2): 187–197.

Perkins, H.W., Haines, M.P.and Rice, R. (2005) 'Misperceiving the college drinking norm and related problems: A nationwide study of exposure to prevention information, perceived norms and student alcohol misuse', Journal of Studies on Alcohol, 66 (4): 470–478.

Pool, G.J.and Schwegler, A.F. (2007) 'Differentiating among motives for norm conformity', Basic and Applied Social Psychology, 29: 47–60.

Prentice, D.A.and Miller, D.T. (1993) 'Pluralistic ignorance and alcohol use on campus: Some consequences of misperceiving the social norm', Journal of Personality and Social Psychology, 64 (2): 243–256.

Rabow, J.and Duncan-Schill, M. (1994) 'Drinking among college students', Journal of Alcohol and Drug Education, 40 (3): 52–64.

Read, J.P., Wood, M.D., Lejuez, C.W., Palfai, T.P.and Slack, M. (2004) 'Gender, alcohol consumption and differing alcohol expectancy dimensions in college drinkers', Experimental and Clinical Psychopharmacology, 12 (4): 298–308.

Real, K.and Rimal, R.N. (2007) 'Friends talk to friends about drinking: Exploring the role of peer communication in the theory of normative social behavior', Health Communication 22 (2): 169–180.

Reno, R.R., Cialdini, R.B.and Kallgren, C.A. (1993) 'The trans-situational influence of social norms', Journal of Personality and Social Psychology, 64: 104–112.

Rimal, R.N. (2008) 'Modeling the relationship between descriptive norms and behaviors: A test and extension of the Theory of Normative Social Behavior (TNSB)', Health Communication, 23 (2): 103–116.

Rimal, R.N.and Real, K.(2003)'Understanding the influence of perceived norms on behaviors', Communication Theory, 13(2): 184–203.

Rimal, R.N.and Real, K.(2005)'How behaviors are influenced by perceived norms: A test of the Theory of Normative Social Behavior', Communication Research, 32(3): 389–414.

Rimal, R.N., Lapinski, M.K., Cook, R.J.and Real, K.(2005)'Moving toward a theory of normative influences: How perceived benefits and similarity moderate the impact of descriptive norms on behaviors', Journal of Health Communication, 10(5): 433–450.

Ross, L., Greene, D.and House, P.(1977)'The false consensus effect: An egocentric bias in social perception and attribution processes', Journal of Experimental Social Psychology, 13(3): 279–301.

Sanders, G.S.and Mullen, B.(1983)'Accuracy in perceptions of consensus: Differential tendencies of people with majority and minority positions', European Journal of Social Psychology, 13: 57–70.

Scholly, K., Katz, A.R., Gascpoigne, J.and Holck, P.S.(2005)'Using social norms theory to explain perceptions and sexual health behaviors of undergraduate college students: An exploratory study', Journal of American College Health, 53(4): 159–166.

Shanahan, J., Scheufele, D., Yang, F.and Hizi, S.(2004)'Cultivation and spiral of silence effects: The case of smoking', Mass Communication and Society, 7(4): 413–428.

Sherif, M.(1936) The Psychology of Social Norms.New York: Harper Collins.

Shore, E.R., Rivers, P.C.and Berman, J.J.(1983)'Resistance by college students to peer pressure to drink', Journal of Studies on Alcohol, 44(2): 352–361.

Suls, J.and Wan, C.K.(1987)'In search of the false-uniqueness phenomenon: Fear and estimates of social consensus', Journal of Personality and Social Psychology, 52: 211–217.

Sumner, W.G.(1906) Folkways.Boston: Ginn.Sutherland, E.H.and Cressey, D.R.(1955) Principles of Criminology, 5th edn.Philadelphia: J.B.Lippincott.

Tabachnik, N., Crocker, J.and Alloy, L.(1983)'Depression, social comparison, and the false consensus effect', Journal of Personality and Social Psychology, 45(3): 688–699.

Taylor, C.A.and Sorenson, S.B.(2004)'Injunctive social norms of adults regarding teen dating violence', Journal of Adolescent Health, 34(6): 468–479.

Thombs, D.L., Wolcott, B.J.and Farkash, L.G.E.(1997)'Social context, perceived norms and drinking behavior in young people', Journal of Substance Abuse, 9: 257–267.

Turner, J.C.(1982)'Towards a cognitive redefinition of the social group', in H.Tajfel(ed), Social

Identity and Intergroup Relations.Cambridge: Cambridge University Press, pp.15–40.

Wechsler, H.and Kuo, M.(2000) 'College students define binge drinking and estimate its prevalence: Results of a national survey', Journal of American College Health, 49 (2) : 57–64.

Wellman, R.J., Sugarman, D.B., DiFranza, J.R.and Winickoff, J.P.(2006) 'The extent to which tobacco marketing and tobacco use in films contribute to children's use of tobacco: A meta-analysis', Archives of Pediatrics and Adolescent Medicine, 160 (12) : 1285–1296.

Wenzel, M.(2005) 'Misperceptions of social norms about tax compliance: From theory to intervention', Journal of Economic Psychology 26 (6) : 862–883.

Wolfson, S.(2000) 'Students' estimates of the prevalence of drug use: Evidence for a false consensus effect', Psychology of Addictive Behaviors, 14 (3) : 295–298.

Wood, M.D., Read, J.P., Palfai, T.B.and Stevenson, J.F.(2001) 'Social influence processes and college student drinking: The mediational role of alcohol outcome expectancies', Journal of Studies on Alcohol, 62: 32–43.

Yanovitzky, I., Stewart, L.P.and Lederman, L.C.(2006) 'Social distance, perceived drinking by peers, and alcohol use by college students', Health Communication, 19: 1–10.

第五章

设计思维、反营销与行为经济学：
社会营销跨学科增长的培育

R.克雷格·勒菲弗　菲利普·科特勒

❖ 行为经济学（behavioral economics）

行为经济学关注的是理解和影响那些会对消费者、借款人和投资人的经济决策产生影响的认知、情感和社会因素，以及研究这些决策最终将如何影响市场价格（market prices）、投资回报（investment returns）和资源分配（the allocation of resources）（2010年12月28日摘自维基百科）。操作心理学（operant psychology）的从业者发展代币经济（token economies）来对不同情况下的行为进行管理的方式（尤其是在学校教室和精神病房中的行为），可以被扩展到经济学理论中（Kagel and Winkler, 1972）。这就是行为经济学的起源。《魔鬼经济学》（*Freakonomics*）（Levitt and Dubner, 2005）、《助推》（*Nudge*）（Thaler and Sunstein, 2009）和《怪诞行为学》（*Predictably Irrational*）（Ariely, 2008）等书的出版，使行为经济学闯入了政策制订者和大众的视野。行为经济学领域对社会营销人员来说尤为重要，因为它成功地取代了曾经作为经济学和营销学思想基础的“理性人”（rational man）的主流经济模型（参见Andreasen, 1995;

Zaltman, 2003)。简言之, 经典经济学理论认为, 人们行为的动机主要是物质激励, 并且会通过理性的方式作出决策。人们被认为是有意识的、深思熟虑的理性个体, 基于自身考虑和对利益与成本(或利弊)的综合权衡来作出特定决策或做出特定行为, 既有类似在股票市场投资哪家公司这样的现象, 也有他们愿意为知名或不知名品牌的软饮料支付多少钱的行为。正如萨尔特曼(Zaltman, 2003: 9)指出的那样, 这种"谬误"的延伸是营销人员认为人们可以很容易地解释他们的想法和行为, 尽管95%的思考发生在我们的无意识思维中。而行为经济学家认为, 人们作出的许多决策都不是理性的。这一研究发现的影响不应当被低估。的确, 开创了这一领域的几位科学家, 因其在心理学和实验经济学领域的成果都被授予了诺贝尔经济学奖。

现在来说明行为经济学的一些首要特征。

启发法

这一概念是指人们经常基于近似的经验法则(rules of thumb)作出决策, 而非严格遵照理性分析。启发法领域还和如下内容有关: 认知偏差(cognitive biases)的观念、影响人们所接触的信息类型、他们作出的决策以及他们随后选择参与的行为的有限理性(bounded rationality)。这些个人偏见的一些表现方式包括:

(1) 厌恶损失(Loss Aversion)

比起获得东西, 人们更不愿意失去(这有助于解释为什么人们在参与行为时会更倾向于关注短期结果而非长期结果; 它还解释了人们和组织为什么普遍更愿意维持习惯性的做法, 而不是冒险作出改变或创新)。

(2) 现状偏见(Status Quo Bias)

惯性是强大的。心理和行为经济学研究一致发现, 能预测我们未来行为的最佳因素是我们当前的行为。例如, 社会营销中现状偏见的证据包括: 承认源于食品消费和性行为的文化传统(Mintz and Du Bois, 2002; Parker, 2001)。在创新扩散的文献(Rogers, 1995)中, 被称为滞后者或传统主义者的人们的偏好, 以及在官僚政治中运作的心理力量往往归因于这种偏见。

(3) 双重自我(The Dual Self)

人们没有一贯的"个性", 他们的行为在很大程度上取决于他们所处的环境。"双重自我"出现在这样的情况下: 一个人理解并认可安全性行为的价值, 但在情绪和人际吸引力变得更加显著的情况下，因为期望获得群体接受、性满足以及其他回报，这个人会同意不采取任何形式的保护措施，借口“就这一次”。经济学家和社会营销人员可能对这种看起来矛盾的行为感到困惑，然而在心理学和行为经济学中，这被视为常态。

(4)注意约束(Attention Constraints)

尽管人们有最好的打算，但是他们会分心。对这一发现的应用之一，是帮助人们定期关注他们的目标，以便最终满足人们的需求。对目标进行定期的关注，在各种活动中都很重要，不管是财务或退休计划、减肥努力还是组织效率。

(5)资源宽松(Resource Slack)

在给未来事务做计划时，人们往往会很现实地认为资源会紧张，但是他们常常期待更加宽松的时段会神奇地出现。例如，我们常常在人们讨论休假、花更多时间陪伴家人、进行组织的战略规划等情况时看到这种现象，然而这时人们还是会用“等我们有更多时间的时候”这种理由来拖延。

框　架(Framing)

向决策者提出问题或表达某种决策的方式会影响他们的行为。我们注意到，对熟悉媒体宣传(media advocacy)(Wallack, 1990)或政治传播(Lakoff, 2004)领域的人而言，这种框架理论并不陌生。然而，对行为经济学家和政策决定者而言，框架有实际的影响这个事实，揭露了一个假象：公共政策决策的制订，完全基于事实和逻辑(参见Stone, 1997)。

市场失灵(Market inefficiencies)

很多经济学家都认同这样的观点：当让它们自由发展时，市场会逐步形成买卖双方、价格和成本之间的平衡。不容忽视的是，在大多数情况下，很多被观测到的市场结果是与合理预期、市场效率和社会需求相悖的(2009年的全球金融危机，非洲南部用于艾滋病预防和计划生育的避孕套供应不足)。已确定的可能与社会营销人员相关的市场失灵现象包括：

- 不公平厌恶(inequity aversion)，或对公平的偏好，以及对不公正结果的抵抗(如社会公正和健康公平的观念)。

- 动态不一致(dynamic inconsistencies),例如决策者在某一时刻的偏好与他们在另一时刻的偏好不一致(也被称作“根据事实的变化而改变想法”)。
- 沉没成本(sunk costs),这个术语指的是一旦发生就无法收回的成本。沉没成本的概念与从基础设施建设项目到社会营销项目发展的一切都相关。在这些情况下,制订决策可能基于不浪费已经投入的资源,尽管有其他证据表明该项目应当被修改或停止。
- 羊群效应(herd behavior),指群体中的个体如何在没有计划指导的情况下一起行动的现象。

❖ 整合行为经济学和社会营销

扬和凯西(Young and Caisey, 2010)提供了一种周到的方法:通过减少汽车所有权的视角,来整合行为经济学和社会营销。在他们的讨论中,他们使用了行为经济学的框架来识别保留车辆所有权的动机,并将社会营销视为将这些见解用作程序开发平台的一种方式。

史密斯(2010)在呼吁将行为经济学纳入社会营销的工具箱时指出了三点整合观念:

1. 对双重自我的认知,或者他所谓的“冷热自我”(hot and cold self),应当成为我们对市场研究与形成性研究进行策划与实施过程中的考虑因素。

2. 同样,我们怎样对人群进行细分,也可能受益于这种“冷—热”的视角。这种划分方法会让我们认识到,一些人可能更容易随着他们的“状态”或环境的变化而改变偏好。营销活动可以为人们提供更多的技能,使他们能够更容易地接受环境的变化,或者创造出更容易使人们将健康选择作为首选的新环境。

3. 默认选项和选项架构的观念应该使社会营销更多地转向政策、产品和服务层面的创造与设计,以优化并努力保持尝试行为。

伯特兰等人(Bertrand et al., 2006)研究了如何利用行为经济学和市场营销来改善贫困人群生活的决策。与更富裕的人相比,贫困人群看到的是他们所处的环境导致的更小的犯错余地(margins of error)。他们的建议中我们已经采纳的包括:

1. 增加人们接近一些产品、服务或信息的便利性与机会。决策者与项目实施者往往认为这种接近是理所当然的。作者将其称为“正确渠道建构的因素”。

2. 超越双重自我或“冷—热”的观念、诉求与恰当的身份认知，我们应该认识到，人们可以在怎样看待自己及认同他人等问题上，对各种社会群体加以参考（在社会媒体营销中，有一个类似的概念：一个人访问互联网或各种社交网站时，其偏好和行为也会受到所访问网站的影响）。

3. 创造机会，提高人们处理信息的能力，来解决选择过多或信息复杂的问题。他们还指出，当把信息提供给小组时，小组成员更有可能采纳这些建议，因为小组互动同样扮演着社会规范的角色。

4. 将时间管理和规划内容纳入变革项目中，以便解决很多人对这些挑战因素持有的资源宽松的偏见。

5. 关注政策和项目设计的细微差别，包括：在适当的环境下提供明确的激励措施；提供自然且理想的默认选项，而不是提供过多的选项；将选项框定为收益或损失，以及界定为禁止性或推广性的规范；选择合适的沟通方式来提高说服能力；强调项目目的或意图行为“身份”的恰当性。

❖ 设计思维（design thinking）

对很多社会营销人员而言，设计的概念会使他们想起与制作海报、小册子和其他类型的印刷品相关的任务。其他人可能认为设计是他们在时尚杂志、家装商品目录和高端百货商店里看到的美学。尽管他们可能会将设计元素归因于他们的多种科技产品经验（苹果公司就是一个典型的例子），但在凯撒医疗集团（Kaiser Permanante）调整护理人员轮班制度，或在印度开发阿拉文眼部护理系统（Aravind eye care system）等领域，设计思维的应用可能不太明显。设计思维运动的领军人物之一，艾迪欧公司（IDEO）的首席执行官蒂姆·布朗（Tim Brown）表示，设计已经从对“海报和烤面包机”的兴趣转向了服务和流程。他将设计思维描述为：“……一种以人为本的设计理念……通过直接观察人们在生命中想要什么、需要什么，以及人们是否喜欢特定产品的制作、包装、营销、销售和支持方式来推动创新。”这种设计重心的转变可以被描述为，从使想法变得“漂亮和吸引人”到开发出人们想要的、对组织而言在技术和财务上可行的想法（Brown，2008）。

受到艾迪欧公司和罗特曼管理学院（Rotman School of Management）等组织支持的设计思维，关注实际的、创造性的解决困难及问题的过程，这种过程可能为消费者或用户带来新的或改进的产品或服务，新的流程或新的体验，又或者是新的社会和组织系统。企业正在将设计思维作为一种方式，来激励他们更多地对所提供的产品或服务进行创新。布朗和怀亚特（Brown and Wyatt，2010）认为，许多非营利组织在面对长期持续的社会问题时，也会采用设计思维来推进社会创新。

设计思考人员的一个显著标志是溯因推理（abductive reasoning）：无法从过去的数据中演绎、归纳出新想法或新创意，但当观察到的数据或结果与现有的模型或解释不符时，他们就会进行“思维的逻辑跳跃”（logical leap）（Martin，2009）。简单地说，溯因推理就是想知道如何以不同的方式完成某事，或者如何将它做得更好（Berger，2009）。正如马丁（2009：37）所指出的，溯因推理方法提供了一种方式，可以超越如下的可靠性偏差：试图实现一致的、可预测的结果，但这种结果可能无法达到预期的目标。在公共卫生领域，一个例子是：要求很多不同类型的组织通过已知参数和明确协议（例如，它们可以被可靠地再现）来实施干预，但可能几乎没有外部有效性（例如，只有在高度控制和资源充足的情况下才能取得预期的结果）。

在设计思维的实践中，溯因推理过程的特点是寻找新的数据点（而不是毫无疑问地接受现有的数据），通过不断询问“为什么？”来挑战公认的解释，并想象新世界或新的可能性（如果……怎么办？）。伯杰（Berger，2009：73）称之为“使希望变得可见”（making hope visible）。他的意思是，设计师通过引人注目的、易于理解的、清晰明了的方式，为与我们合作的人实现未来的可能性。在实践中，这引导我们和人们一起工作，以了解他们想要实现的目标的具体性质（“为所有人创造的更美好的世界”这个说法并不明确清晰）。与将旧的解决方案应用于类似问题的“基于证据的方法”不同，设计思维侧重于为那些无法轻松解决的问题寻找创新的解决方案。

❖ 设计思维的过程

隆巴迪（Lombardi，2005）将许多关于设计思维过程的著作进行了总结：

- 合作，尤其是与那些有不同经验和互补经验的人合作，以创造更好的工作并形成协议。

- 溯因，发现新的选项，来为新问题找到新的、更好的解决方案。
- 实验，建构原型并提出假设，对其进行测试，并重复做，以便发现哪些有效、哪些无效，进而进行风险管理。
- 具体问题具体分析，考虑到每个问题和相关人员的独特背景。
- 整合，对整个系统及其联系进行感知。
- 解释，设计问题的界定方式与对可能的解决方案进行判断的方式。

一个设计过程的核心方法叫作“随处开始的过程”，由斯坦福大学的设计方法学家乔治·肯布尔（George Kemble）提出。它包括五项基本要求（Berger, 2009）：

1.移情（empathy）——主要通过与直接参与其中的人一起经历问题，来获得对问题的理解和专业认知。

2.建立框架（framing）——确保你在提出和回答正确的问题，而不是反射性地采用已有的理论或研究作为唯一的数据来源。针对那些最能反映你对人和问题的共鸣和理解的问题提出观点。

3.生成选项和观点（generating options and ideas）——通过头脑风暴和其他技巧，创造看似合理并令人难以置信的想法，这些想法实际上可能会带来突破，提供解决问题的新方法或扭转你的旧想法。

4.原型（prototypes）——设计的真正核心是：基于发现的概念，快速进入原型解决方案。它不像大多数社会营销人员和其他人的惯常使用方法那样严谨。“现在让我们通过角色扮演看看它能怎么起作用吧！”“我们来概述一下所有可能起作用的方法吧！”“如果我们让它看起来像这样，或是这样，或者这样呢？”把它拿出来试一试，只需要对其加以舍弃、修改或实施。这是一个快速的方法，与当头棒喝的观念更接近，却与“预测试材料（pretest materials）”的观念等非常不同。

5.迭代（Iterations）——通过引入基于人们的反馈、实际使用情形和更正式测试的轻微改进或改动来持续推进设计。

设计人员正是通过采用这些步骤，或者大概围绕这些步骤，按照顺序，也遵循结局方案的过程，来试图重新设计他们的世界。

❖ 整合设计思维和社会营销

设计思维在公共卫生领域得到了越来越明显的关注（如强调以消费者为中心的设计原则，以增强吸烟者接受戒烟治疗的体验）（Backinger et al., 2010）。尽管被用不同的术语来描述，设计原则在公共卫生领域的应用已经存在了几十年。

为了更健康的“一天五份蔬菜”项目

这是一项试图在美国全国范围内增加成年人水果和蔬菜的日均食用量的运动。这一运动开始时非常注重对媒体宣传活动所针对的优先消费者群体进行界定与描述（参见Lefebvre, 2010; Lefebvre et al., 1995; Sutton et al., 1995）。然后，项目的设计者花费大量时间从消费者的角度理解水果和蔬菜的消费，而不仅仅通过科学证据进行筛选。从优先消费者群体中得出的一个发现是描述人们的不同方式，人们描述每天吃五份的人（模型或“正向偏差者”）是“明智的、健康的、自律的、恰当的”，而将自己（那些每天少吃很多份的人）描述为“可靠的、能干的、明智的、谨慎的”。受众在模型和现状之间的差异帮助形成了一种针对活动讯息和意图行为的方法。经过测试，它们适合人们的自我感觉和日常生活模式。

在焦点小组讨论中，项目设计者还发现，很多人在用餐时被他们所称的“无聊的”水果和蔬菜干扰，一些称自己是“挑食”的人，发现准备和烹饪新鲜蔬菜不方便或太耗时，不知道如何挑选和储存成熟的农产品，并且常常高估实际的分量（想着“我怎么能吃那么多？”）。这些研究以及其他的消费者研究结果强调：人们每天应当增加两份或更多份的水果或蔬菜，这是“简单的方式”，因为人们认为这是可以实现的目标。该运动的基调是为了反映，与生活忙碌的人们之间的共鸣和联系。他们有限的注意力受到了尊重，活动策略的核心是：顺应他们最可能正在考虑食物选择并作出决策的时间、地点和心态，而不是试图在不合理的时间为了让他们注意到活动的信息，而打断他们的正常生活。

媒体宣传活动还关注受众真正想要知道的事情：信息或产品的设计是为了解决他们的问题，比如“我怎样才能方便快捷地把水果和蔬菜融入我的生活？”（在你早上离开家或公寓前尝试喝一杯水果或蔬菜汁），“我怎样在进餐或外出就餐时多吃水果和蔬菜?”(在汤或炖菜中加入冷冻蔬菜;或是准备好一张现成的清单,上面记录有提供多种食物选择的就餐去处),以及“谁有时间煮菜?”(这里有一些使用微波炉准备蔬菜的简单而有吸引力的方法)。这些建议中有很多来自焦点小组中每天吃五份蔬菜的人们,为活动增添了更多真实性和体验感。

❖ 反营销(demarketing)

在商业领域,营销总是与增加对商品和服务的需求联系在一起,通过使产品和服务尽可能地具有吸引力,且使其价格合理、方便获得和令人满意来增加其需求。最近几年,这些活动几乎没有考虑它们对环境的影响。

但现在,我们开始认识到有限资源的可怕性以及资源紧缺对我们星球的负面影响。“精疲力竭”(running out of steam)的说法或许能很好地表达很多人对地球“承载能力”的关注,地球需要足够的资源来支撑人口的不断增长,以及满足这一代和下一代的需要。一代人完全有可能充分开发现有的资源——石油、水、空气、木材、鱼类——以至于下一代人注定要接受较低的生活水平。发达经济体的许多家庭都在谈论,他们的孩子能否过上像他们一样优质、健康的生活。

当我们进入一个日益认识到有限资源以及工业活动对空气和水资源带来的负面影响的世界时,我们面临着地球的可持续发展问题。世界观察研究所(Worldwatch Institute, 2010)主席克里斯托弗·弗拉万(Christopher Flavin)写道:

> 自2005年以来,已经颁布了成千上万的政府政策、投资了数千亿美元用于绿色企业和基础设施,科学家和工程师大大加快发展新一代“绿色”技术,大众媒体也已经将环境问题变成了一个主流的关注问题。

他接着指出:“在这一系列活动中,环境困境的一个方面仍然在很大程度上被我们忽视,也就是它的文化根源。”的确,从2010年世界现状(State of the World)报告的序言《文化转型:从消费主义到可持续发展》(Transforming Cultures: From Consumerism to Sustainability)开始,世界观察研究所编辑了一系列文章探索如何振兴宗教价值观、转变商业模式、改革教育模式,以及利用从广告主、音乐家到社会营销人员的专业技能，以创造有助于可持续发展的文化转变。

对于那些致力于消费者和环境问题的社会营销人员而言，我们的跨学科可持续发展运动受到认可和欢迎是令人满意的。要实现文化转变的愿景，不仅仅需要个人行为的改变，也在未来几年为我们带来了一系列令人振奋的挑战。

虽然我们本节内容从关注环境的可持续性开始，但它提出的战略营销问题类似于社会营销人员所面临的处理上瘾、烟草使用和肥胖等公共健康问题，其目的是减少不健康行为和/或过度行为。在医疗保健领域，服务的过度使用，以及在几乎没有证据基础的情况下使用药物也是营销策略适用的领域（参见关于减少在牙科实践中使用全身麻醉的讨论，Lawther et al.，1997）。

随着越来越多的政府、企业和私人资金来源关注消费者过度消费的情况，我们看到社会营销模式的扩展，以适应文化向反营销时代的转变。根据科特勒和利维（Kotler and Levy，1971）的定义，反营销"……是营销的一个方面，它涉及的是暂时或永久地打击一般客户或特定类别客户的积极性"。

问题变成了：我们应如何开始将反营销思维融入我们的社会管理方法中？我们可以从思考社会营销策略的工作开始，接着思考影响需求的程度、构成和时间，以在市场中实现期望的公共利益或社会利益。因此，我们的目标可能是提高、稳定、降低或消除对某些产品的需求，例如避孕套、非法药物、烟草制品或快餐。目标也可能是改变参与需求的群体组成，例如当我们试图减少使用特定产品或从事特定不健康行为的群体之间的差异，其目的可能是影响迟早会出现的需求。我们也可以选择降低产品的质量或功能吸引力、提高使用价格、加大获取的难度，以及减少或取消促销（如广告；参见Kotler and Roberto，1989：175-176）。

如上面的例子所示，反营销是减少需求的别称。这是需求管理和控制的一个方面，正如我们所看到的，消费者营销人员知道如何激励需求。这导致了一个问题：什么情况促使我们考虑减少需求？目前来看这样的情况有四种：

1.管理现有的资源短缺。如美国加利福尼亚州水资源短缺，必须要将水供给相互竞争的使用者。频繁的能源管制也需要运动来阻止不必要或浪费的能量消耗。

2.避免潜在的资源短缺。为了维持鱼类供应，必须减少过度捕捞。由于许多木材公司未能种植新树，木材用地日益稀少。

3.尽量减少对个人的伤害。阻止吸烟、滥用处方药，不吃太多高糖、高盐、高脂肪的食物。

4.尽量减少对自然资源或独特资源的损害。如阻止太多人参观生态保护区、国家公园或其他游客过多的地区。

整合反营销和社会营销

反营销策略在全球烟草战争中发挥了重要作用，尽管这一点并没有得到公开承认。虽然许多参与者不熟悉这一术语，但是反营销的目标和策略都非常明显。在烟草控制领域，“反营销”（countermarketing）已被用来描述大众媒体宣传（Farrelly et al., 2002）等促销活动。然而，除了勒菲弗（2008）描述的ASSIST项目，其他针对产品、价格和地点限制的烟草控制工作很少被概念化为营销组合框架。

最近，邵等人（Shiu et al., 2009）将反营销定义为通过阻止消费或使用酒精和香烟等产品来减少需求。在4P的背景下，他们确定了烟草控制的反营销策略：

- 产品——限制烟草制品的供应；提高烟草替代产品（例如尼古丁口香糖）的可得性；突出强调烟草产品的危害并降低产品吸引力。
- 价格——增加对烟草制品的税收，提高定价。
- 场所——减少消费场所；减少分销场所；阻止烟草购买，禁止向未成年人销售烟草制品。
- 促销——推进反吸烟健康议程；减少烟草公司的广告空间，强制性警告标签的使用。

研究者接着使用国际烟草控制四国调查（International Tobacco Control Four Country Survey）的数据，开发和测试了一个反营销模型——这是一项针对四个国家成年吸烟者的全国代表性纵向小组调查，旨在评估一些针对营销组合中的一个或多个要素的政府关键政策是否导致烟草消费减少，以及这些政策又是怎样导致烟草消费减少的。作者使用结构方程模型来检验针对4P中每个因素的政策举措与对吸烟的态度、对烟草业的态度以及在两个时间点上戒烟意愿之间的假设关系。

他们发现每个反营销（政策）因素都对戒烟意愿有直接影响。他们还指出，只有“促销”和“价格”的反营销因素才影响了全部三个结果变量：对烟草业的态度、对吸烟的态度和戒烟意愿。在产品替代和推广NRT（尼古丁替代疗法）以及行为支持项目方面，“产品”被认为是改变吸烟者对吸烟的态度以及戒烟意愿的一种不太有效的手段。

工作场所和公共场所的吸烟限制，作为渠道的一种反营销方法对吸烟的态度没有影响，但对戒烟意愿有很小的直接影响。

研究人员从社会营销人员身上得到了两个教训：

第一，社会营销人员和政策制定者不能假设个人反营销措施能有效地改变优先受众的态度和行为。相反，需要一个旨在减少烟草的吸引力，并妨碍香烟的可得性和可消费性（consumability）的，全面的反营销组合才会引起可衡量的变化。

第二，临时和一次性的反营销措施不太可能产生预期的效果。结果显示，随着时间推移的影响，政府应该为反吸烟运动提供充足和持续的反营销资源。

在管理或避免资源短缺，或最大限度地减少对个人和自然资源的损害时，通过为营销组合的每个要素（P）设定目标来确定和实施整合反营销策略，可能会非常有效。对于以减少过度消费为目标的项目，它也可能被证明是一项重要的组织策略，例如当世界上体重超标的人数超过体重过低的人数时，就需要与肥胖作斗争（Caballero，2007）。

重要的是，我们要认识到反营销策略也可能产生意想不到的效果。每当有人努力减少或禁止某些人想要的东西时，就会出现这些担忧。首先，反消费运动（anti-consumption campaign）可能会使产品和服务更受欢迎，例如禁止某些书籍或电影往往会产生这样的效果，又比如旨在减少青少年吸食大麻的全国性大众媒体宣传活动（Hornik et al.，2008）。其次，它可能创造一个在诱导稀缺期间多发的犯罪类别，就好比禁酒令时代，美国禁止酒精消费或禁止跨州、跨国非法运输烟草制品以避免消费税。最后，人权倡导者会抱怨政府侵犯（他们所认为的）公民的决策“隐私权”。

关键词

溯因推理；行为经济学；消费主义；需求削减；反营销；设计思维；启发法；市场失灵；以患者为中心的护理；政策转变；可持续性。

要　点

- 行为经济学是社会营销的一种有效模式，可以改进人们在环境、健康和贫困项目中的决策。

- 设计思维，关注以人为本的过程，以实际的、创造性的方式解决困难或问题，可以带来更多相关的行为产品、新的或改进的产品和服务、消费者或用户的新流程或新体验，以及新的社会和组织系统。
- 我们进入了一个“反营销时代”，认识到了资源的有限和其对地球的负面影响，社会营销可以用来减少环境和自然资源问题，减少因医疗程序和药物滥用造成的需求和过度消费。
- 将这些观点纳入社会营销研究和实践，将有助于我们更深入地了解我们希望服务的人、他们做选择的环境、我们进行的市场研究以及我们实施的项目，并将我们的视野拓宽到医疗改革、消费主义和可持续发展等主题。

参考文献

Andreasen, A.R.(1995) Marketing Social Change: Changing Behavior to Promote Health, Social Development, and the Environment.San Francisco, CA: Jossey-Bass.

Ariely, D.(2008) Predictably Irrational: The Hidden Forces That Shape Our Decisions.New York: HarperCollins.

Backinger, C., Thornton-Bullock, A., Miner, C., et al.(2010) 'Building consumer demand for tobacco-cessation products and services: The National Tobacco Cessation Collaborative's Consumer Demand Roundtable', American Journal of Preventive Medicine, 38: S307–S311.

Berger, W.(2009) Glimmer: How Design Can Transform Your Life, and Maybe even the World. New York: The Penguin Press.

Bertrand, M., Mullainathan, S.and Shafir, E.(2006) 'Behavioral economics and marketing in aid of decision making among the poor', Journal of Public Policy and Marketing, 25: 8–23.

Brown, T.(2008) 'Design thinking', Harvard Business Review, June: 84–95.

Brown, T.and Wyatt, J.(2010) 'Design thinking for social innovation', Stanford Social Innovation Review, Winter: 30–35.

Caballero, B.(2007) 'The global epidemic of obesity: An overview', Epidemiologic Reviews, 29: 1–5.

Farrelly, M.C., Healton, C.G., Davis, K.C., et al.(2002) 'Getting to the truth: Evaluating national tobacco countermarketing campaigns', American Journal of Public Health, 92: 901–907.

Flavin, C.(2010) Preface.2020 State of the World: Transforming cultures: From consumerism to sustainability.New York: W.W.Norton and Company.

Hornik, R., Jacobsohn, L., Orwin, R., Piesse, A.and Kalton, G.(2008)'Effects of the National Youth Anti-Drug Media Campaign on youths', American Journal of Public Health, 98: 2229–2236.

Kagel, J.H.and Winkler, R.C.(1972)'Behavioral economics: Areas of cooperative research between economics and applied behavioral analysis', Journal of Applied Behavior Analysis, 5: 335–342.

Kotler, P.and Levy, S.(1971)'De-marketing, yes, de-marketing', Harvard Business Review, November–December: 74–80.

Kotler, P.and Roberto, E.L.(1989) Social Marketing: Strategies for Changing Public Behavior. New York: The Free Press.

Lakoff, G.(2004) Don't Think of an Elephant! Know your Values and Frame the Debate: An Essential Guide for Progressives.White River Junction, VT: Chelsea Green Publishing Company.

Lawther, S., Hastings, G.B.and Lowry, R.(1997)'Demarketing: Putting Kotler and Levy's ideas into practice', Journal of Marketing Management, 13: 315–325.

Levitt, S.D.and Dubner, S.J.(2005) Freakonomics: A Rogue Economist Explores the Hidden side of Everything.New York: HarperCollins.

Lefebvre, R.C.(2008) Social marketing and tobacco control policy.On Social Marketing and Social Change [27 October].Available at: http: //socialmarketing.blogs.com/r_craiig_lefebvres_social/2008/10/social-marketingfor-tobacco-control.html [accessed 27 November 2010].

Lefebvre, R.C., Doner, L., Johnston, C., et al.(1995)'Use of database marketing and consumer-based health communication in message design: An example from the Office of Cancer Communications'"5 a Day for Better Health"program', in E.Maibach and R.Parrott(eds), Designing Health Messages: Approaches from Communication Theory and Public Health Practice.Newbury Park, CA: Sage Publications, pp.217–246.

Lombardi, V.(2005)'What is design thinking? Noise between stations'.Available at: http: // noisebetweenstations.com/ personal/weblogs/? page_id=1688

Martin, R.(2009) The Design of Business: Why Design Thinking is the Next Competitive Advantage.Boston, MA: Harvard Business Press.

Mintz, S.W.and Du Bois, C.M.(2002)'The anthropology of food and eating', Annual Review of Anthropology, 31: 99–119.

Parker, R.(2001)'Sexuality, culture, and power in HIV/AIDS research', Annual Review of Anthropology, 30: 163–179.

Rogers, E.(1995) Diffusion of Innovations, 4th edn.New York: The Free Press.

Shiu, E., Hassan, L.M.and Walsh, G.(2009)‘Demarketing tobacco through governmental policies – The 4Ps revisited’, Journal of Business Research, 62: 269–278.

Smith, B.(2010)‘Behavioral economics and social marketing: New allies in the war on absent behavior’, Social Marketing Quarterly, 16: 137–141.

Stone, D.(1997)Policy Paradox: The Art of Political Decision-making.New York: W.W.Norton and Company.

Sutton, S.M., Balch, G.I.and Lefebvre, R.C.(1995)‘Strategic questions for consumer-based health communications’, Public Health Reports, 110: 725–733.

Thaler, R.H.and Sunstein, C.R.(2009)Nudge: Improving Decisions about Health, Wealth, and Happiness.New York: Penguin Books.

The Worldwatch Institute.(2010)State of the World: Transforming Cultures from Consumerism to Sustainability.New York: W.W.Norton and Company.

Wallack, L.(1990)‘Media advocacy: Promoting health through mass communication’, in K.Glanz, F.M.Lewis and B.K.Rimer(eds), Health Behavior and Health Education: Theory, Research, and Practice.San Francisco, CA: Jossey-Bass.

Young, S, and Caisey, V.(2010)‘Mind shift, mode shift: A lifestyle approach for reducing car ownership and use based on behavioural economics and social marketing’, Perspectives in Public Health, 130: 136–142.

Zaltman, G.(2003)How Customers Think: Essential Insights into the Mind of the Market. Boston, MA: Harvard Business School Press.

第六章

批判营销：
理论基础

迈克尔·萨伦

❖ 批判性思维（critical marketing）在营销中的角色

阿诺德与费希尔（Arnold and Fisher, 1996）指出，在20世纪60年代，营销学科被两类研究者占据。第一类可以叫作营销“辩护者”（apologists），第二类可以叫作营销“重构者”（reconstructionists）。营销“辩护者”试图始终将营销限定在企业范围内，营销“重构者”持“宏观营销”（macromarketing）的观念，试图将营销的边界拓展开来。

- 营销“辩护者”：持传统观念，认为营销的价值就在于其能够推动经济发展，因此营销的领域就应当聚焦于企业范围。
- 社会营销者：基于营销的能量实现社会福利，进而由其更好的结果来弥补其不足（比如科特勒、利维、安德烈亚森）。
- 营销“重构者”：从批判性视角关注营销概念与营销过程，而不是仅仅关注营销的结果。

在某种含义上，批判营销者是阿诺德与费希尔提出的“重构者”的后继者。批判营销更加关注营销的社会性侧面，而不是仅仅关注营销结果的好与坏。批判营销已经超越了对营销结果的批判分析，经常质疑营销概念自身以及营销的前因（antecedent）与语境（context）。批判营销经常聚焦于营销活动发生的社会性语境（social context），也就是对营销活动进行限定与产生影响的社会性与文化性力量。尤其重要的是，批判营销者对营销知识体系、营销认知方式、营销既有理论与观念、营销研究方法提出了质疑。

批判营销者从不同的视野出发，已对营销的诸多方面提出了诸多疑问。这些疑问涵盖了从理论基础到实践结果的广泛领域，大致包括如下方面：

1. 营销理论与营销活动最基本的意识形态性假定与认知。

2. 特定的营销活动与实践：比如顾客数据库、产品标示（product labeling）、广告、忠实顾客奖励（loyalty schemes）等。

3. 营销系统的效果：比如社会排斥、物质性与社会性浪费、虚假需求与身份意识的建构、商品拜物主义（commodity fetishism）。

4. 营销的伦理规则、道德观念以及价值体系。

5. 对营销的理解与认知：比如营销分析的方式与方法、营销研究成果、市场研究与咨询、营销人员的经验和角色。

6. 营销概念与观念的有效性。

❖ 对营销概念的批判分析

推崇自由市场价值的营销概念已经获得了广泛的认可，但是营销管理观念强调的是强有力的操控装置与技术。这两者之间存在着明显的冲突矛盾。已经有不少学者对这种矛盾冲突进行了讨论。比如，道森（Dawson，1972）就曾经强调过“人性概念”（human concept），认为这个概念比营销概念更能在总体上代表人类的需求。有一个批评流派，持续聚焦于主流营销观念的价值观与意识形态。比如，德斯蒙德（Desmond，1998）从20世纪初开始追溯营销伦理，当时的营销研究人员接受的都是德国历史主义与自由市场的社会动力学的教育。德斯蒙德指出，这一营销观念与实践当中通过交换来满足人类需求的过程一样，不可能避免价值观。恰恰相反，其中包含着实用价值观，这种价值观自然认为，对最多数的人来说，最理想的才是最幸福的。为了对自己的核心概念进行强化与推行，营销会不断地对实用价值观进行重复生产，同时试图让这种实用价值观显得更加自然而然。

马歇尔的经济竞争概念立足于实用主义理念，从19世纪开始就统治着西方的经济学领域。马歇尔推崇“完美的”市场。在这种“完美的”市场中，消费者的选择决定着企业的存活，为了所有人的利益，企业不得不持续革新，努力争取提供尽量物美价廉的产品与服务。所以，自由经济体系都通过消费者的选择激励竞争行为，阻止限制竞争的行为（Sirgy and Su, 2000）。这种理性决策模式认为消费者应该在市场中自由地追寻自己的选择。这种观念是传统营销思想的核心观念。在这种观念中，“顾客为王”，营销要获得成功，唯一正确的道路，就是满足顾客的需求。

强调消费者权力与选择的营销观点，让人们在潜意识中认为，应最大化消费者的选项，且选项越多越“好”。按照这种认识，营销不仅可以带来更多的选项，同时也会带来丰富与充盈（abundance and excess），还会促使消费者的需求进一步膨胀。巴太尔（Battaille, 1988）认为，所有的人类系统都会导致充盈与浪费。在这一含义上，营销的价值无非就是反映了人类的生活状态，营销的价值就是创造出超越人类实际需求的更多的东西，因此最终招致浪费。维布伦（Veblen, 1899）首先详细说明了社会中“暴发户”群体的“炫耀性消费”行为，说明了这个群体通过对特定类型的产品与服务的消费，作为他们获得新的社会身份的标志。还有一些学者，则对美国消费社会进行了批评。万斯·帕卡德在其《隐性的说客》（*The Hidden Persuaders*, 1957）中对广告产业的方法与效果进行了批评分析。J. K. 加尔布雷斯（J.K.Galbraith）在其《富足社会》（*Affluent Society*, 1958）中对美国社会进行了经济分析。道格拉斯与伊舍伍德在其《商品世界》（*World of Goods*, 1978）中对消费驱动的社会进行了人类学分析，其中包含着强烈的批评分析成分。再之后，娜欧蜜·克莱恩（Naomi Klein）在其《没有商标》（*No Logo*, 2001）中对全球消费资本主义与消费品牌化进行了批评。

除此之外，还有一些学者对消费自由与消费者权力概念进行了批评。赫希曼（Hirschman, 1993）研究了营销教材中的语言使用，发现教材中充斥着战争、斗争、囚禁的比喻：通过“渗透”来聚焦特定的细分市场，市场份额必须经过“争夺”才能“赢得”，顾客必须被“锁定”以便避免“叛逃”到竞争者那里；只有当消费者被无形地“俘获”，针对他们的营销才可能暂停（Du Gay, 2001）。霍克海默（Horkheimer, 1967）把消费者的自由称为消费者的“内在与经验层面”（inner and empirical）。如果消费者的自由丢失了，仅仅转而作为“俘虏”在市场中进行自己的消费选择行为，顾客就不再是“王”

了，也不再是独立的个体，而是被“奴役”的对象。

❖ 批判理论

布拉德肖和菲拉特（Bradshaw and Firat, 2007）把法兰克福学派批评理论的视角界定为“批评”，两位学者的理论基础包括阿多诺（Adorno, 1991）、马库塞（Marcuse, 1964）、霍克海默（1967）。其他批评性营销学者从更加宽广的哲学与理论来源汲取灵感，这些来源包括：女性主义理论（Bristor and Fischer, 1993）、后现代理论（Firat and Venkatesh, 1995）、后结构主义理论（Fournier and Grey, 2000）、文艺批评理论（Stern, 1990）、符号学理论（Mick, 1986）、结构主义理论（Stern, 1996）、激进生态论理论（Kilbourne, 2004）。比如，默里和奥赞（Murray and Ozanne, 1991）讨论了法兰克福理论与营销的关联以及该理论应用于营销的问题，之后黑特里克和洛萨达（Hetrick and Lozada, 1994）继续了这一讨论。20世纪90年代，欧洲部分学者试图进行更加明显的批评性分析，其代表就是当时的一次研讨会以及出版的论文集《重新定义营销：走向批评性营销解读》（Brownlie et al., 1999）。但是，“批评”标签中包含的多种多样的理念与方法，不一定能够和谐共处。所有这些与法兰克福学派批判理论一致的是：在各自对营销理论与实践进行分析与批评过程中，都抱有把人解放出来的意愿。

❖ 对市场的批判思考

交换理论是理解市场如何运作的核心。实际上，巴格奇在其论文《市场中的交易理论》中，把营销视为交换（Bagozzi, 1978）。有证据可以证明，在规范的营销管理文献中，营销现象的主导概念的基础就是交换（Bagozzi, 1978）。任何营销观念或行动，都会涉及产品、服务、知识与货币的交换。所以，在此含义下，一次交换要发生，三个要素必须作为必要条件存在，即销售者、购买者、产品。

- 生产的营销。
- 产品的营销。
- 消费者与消费。

传统营销管理学者们认为，在外部或者宏观环境中，处处都存在交换现象。不过，批判营销人员认为，上述现象立足于更加广泛的语境中，同时在根本上由这些更加广泛的语境决定。这些语境的因素包括：社会经济因素、基于媒介的传播、文化、权力关系。批判营销人员认为，市场交换是一种基本的可以自我再生的互动，这种互动不是回应性的，也不是响应式的。这种互动的特征，由政治、意识形态与社会话语体系决定。

这彰显出如下这一问题，即市场到底是什么。阿罗约等人（Araujo et al., 2008）通过分析管理者使用的“建构市场”的方式，来分析市场形态与实践的本体状态。这几位学者指出，市场边界不可能从任何一个单一的视角进行“界定”，因为市场本身绝不可能是稳定平衡的，市场时刻处于参与者的竞争之中。温思利（Wensley, 1990）通过分析市场交换说法的局限，也采取了批判分析视角。人们分析了不同交换语境下的提供者与使用者之间交易的性质，揭示出了两个问题：第一，特定市场交易在多大程度上由使用者还是提供者规定；第二，使用者被认为是主动的还是被动的程度。温思利指出，市场交换说法的最大问题，是从使用者中心转换为提供者中心，尤其是在公共领域与专业服务领域更是如此。

❖ 对消费者行为与身份的批判思考

很多早期的营销学者，教育背景为经济学。因此，这些营销学者都习惯于从经济学视角出发来看待营销理论，往往认为消费者可以在不同的产品之间进行“理性”的选择（如Alderson, 1957），并把消费者描述为“理性的经济人”（economic man）。但是，如果没有任何形式的外来激励，就没有消费行为。所以，消费不可能是理性的。之后到了20世纪60年代，很多营销活动都使用心理学的技巧、工具与方式，试图确定“顾客”行为，这是因为顾客是商业活动的核心焦点。现在大部分的营销学教材都想把对需求的刺激，放在马斯洛需求层级的框架中进行说明。这一类教材都提出：营销人员应在不同层面上满足人们的需求。不过，虽然对人类动机的简单化分析已经提供了一项简明的框架，但很多学者还是基于其与人类动机的其他模式与理论的对比，对这一视角进行了批评。

马斯洛需求理论之外的另一项视角，是厄内斯特·狄克特（Dichter, 1960）及其他动机研究学者发展起来的理论。这一理论在当时遭到包括帕卡德（1957）在内的一些学者的批评，因为这一理论暗示，个体可以在意识层面之下接收讯息，这也就意味着，可以对消费者进行潜意识或下意识的操控。这一理论在最近又重新得到了关注，当然也再次引发了批评，因为一些电影会通过产品植入与名人代言的方式，对消费者进行下意识的操控（Weiner, 1992）。20世纪70年代，消费者研究领域中，行为决策理论得以流行，比如詹姆斯·贝特曼（James Bettman）的《消费者选择的信息处理理论》。行为决策理论基于认知科学的研究成果，也得益于逐渐成熟并且流行开来的“科学的”实验方法。

不过，在过去二十多年中，很多人反对消费者行为研究中的量化视角，尤其是对信息处理视野中的消费者研究以及众多创新的、跨专业的、往往带有批判色彩的分析视角产生了质疑，这些分析视角往往植根于解释主义理论、民族志理论以及符号学理论。这些研究者承认，动机决定着人们的行为，但同时他们也关注其他众多的影响因素，如认知与感受、记忆与怀旧情绪、空想与文学作品、其他消费者的体验等。他们采取更加宽泛的文化性视角，认为消费者是基于社会性因素关联在一起的，这些消费者共同的焦点是消费过程，而不是购买过程，是一种社会性话题，而不是一种单独的管理性话题。

其他批判性的消费者研究者，就自身定义而言，不从管理者视角看待营销。这一部分研究者认为，消费者通过对产品的使用与消费过程来建构身份（Belk, 1988; Walendorf and Arnould, 1988; Elliott, 1997, 2004; Elliott and Wattanasuwan, 1998）。贝尔克（Belk, 1988）使用“扩展的自我”（extended self）说明消费者身份建构中财物扮演的角色。贝尔克认为，无论我们是否有意，我们把我们拥有的东西，视为我们的一部分。换句话说，“我们拥有的就是我们”（we are what we have）。对此，他说明了三项关键论点：

1. 与拥有相关联的自我知觉（self-perception）的性质。“拓展的自我”主观存在的证据包括：我们会在我们自己生产的产品中投入心理能量或体力；当一些所有物丢失时我们会感到失落；人类学研究已经在所有社会中发现了物品拥有的仪式性功能，当物品与人的出生、婚姻、去世相关联时，物品的仪式性功能可以最清晰地体现出来。也就是说，这些都是“自我”进行转换的节点。

2. 拥有、行动与存在之间的关系。我们拥有的东西，也促使我们做到了通过其他途径做不到的事情，比如：伐木的斧头或者骑着旅游的马匹。我们拥有的东西，除了作为基本角色，拓展我们“做”的能力之外，还可以象征性地展示或者强化我们“是谁”。

对于类似制服或徽章之类的产品而言，上述说法表现得最为明显。但是，当今有更多其他的产品，通过某些方式，更加明显地以象征性的方式，强化着产品拥有者的身份或者“是谁”，这些产品比如服装、发型、汽车、房屋、家具等。

3. 整合外在物品的自我拓展的过程。我们会学习着把物品视为我们自身的一部分，贝尔克描述过这一过程的不同方式，他进行描述的基础是探求“拥有”和“是谁”之间的关系。第一种方式，是拥有、控制或操控物品。第二种方式，是创造物品。第三种方式，是“了解”物品。贝尔克（1988）认为，消费者通过产品，更多的是“做”他们的身份或状态，而不是“展示”。他们通过把物品以及消费符号“整合并关联”起来，建构一种“拓展的自我”。

❖ 营销的观念与知识

营销知识体系是营销专业的基础，决定营销的理论与实践。但是，至今为止人们对营销知识的性质，还没有达成一致意见。营销学者们早期的讨论，很多都关注决定营销学术研究本身的方法论与理论框架。在20世纪60年代中期以前的营销期刊中，主导的争论是“营销是科学还是艺术”（Alderson and Cox, 1948; Bartels, 1951; Buzzell, 1964）。奥尔德森和考克斯（Alderson and Cox, 1948）认为，营销理论的发展，就是对一般普通或者抽象的原则进行的建构，这些原则帮助我们更好地理解与预测营销相关的现象。当被应用于管理事务时，这种聚焦于预测与管控的观点，表现出的是一种对营销理论进行的很局限的研究视角。这种视角将营销和个体企业追寻的活动等同起来，而不是采取一种更加广泛的、更加社会性的视角，即“宏观营销”。

安德森（Anderson, 1983）在《营销学刊》上的论文，从替代性的哲学立场，首次对已有的营销研究论点进行了正式的批判性分析。安德森同意，只有唯一一个社会性和自然性的现实，但安德森不同意，可以用唯一的科学方法对这一现实进行认识。安德森指出，科学探索是一项社会性和历史性的过程，这一过程会产出知识产品，这种知识产品受到社会学因素（sociological factors）的影响，同时也受到纯粹“认知性”或“经验性”考虑的影响（Anderson, 1986: 156）。这就意味着，营销领域中的知识生产的过程，应当包含多样的哲学立场，每一项立场都不可避免地包含着特定的优点与不足，研究者应当对这些优点与不足都加以关注。

很多人都应当认可营销领域内部的第一本主要的著作《营销中的哲学与激进思想》(Firat et al., 1987)。这一著作试图规避主导的意识形态与营销研究规范，因为这本著作批评了主导的管理导向，认为管理导向片面侧重实证研究而荒废了理论的发展，同时片面强调量化研究。但是，第一次为营销学提出替代性哲学导向的则是阿恩特(Arndt, 1985)。阿恩特认为，营销学被束缚在这些逻辑经验主义框架中，本质上持续处于单维状态。阿恩特对营销理论中的不同"范式"以及相关的说法进行了分析与归类，识别出四种主导的范式。这四种范式对营销领域以及营销现象研究的本质提出了不同的假设(Arndt, 1985: 15)。阿恩特的这种分析与归类的基础，是摩根(1980)的组织研究框架(organizational studies framework)。

阿恩特认为，这四种范式包含着对不同对象性质的不同理论假设，这些对象包括科学、主观性与客观性的维度、社会长期冲突的明确性。同时阿恩特认为，这四种范式还包括了对营销专业与营销现象的研究性质的假设(Arndt, 1985: 15)。他划分出来的四种营销范式分别是逻辑经验范式、社会政治范式、主观世界范式、解放范式。

1. 逻辑经验范式强调对研究结果的可测量性，并主张对研究结果进行主体间认证(intersubjective certification)。总体而言，这一范式采取的是一种机械主义的方式，认为营销关系可以独立于观察者存在，同时拥有一种系统性特征，这种系统性特征能直接导致营销行为与需求均衡的营销系统的规律性。新古典经济学为很多经典的说法提供了基础，如"工具性的人"(instrumental man)和"有机体"(organism metaphor)。"工具性的人"具备理性的决策过程，"有机体"指营销系统表现出来的有组织的行为与环境学习现象。

2. 社会政治范式认为，营销现象的世界是真实存在的，是可测量的，在营销行为中存在可预测的一致性。逻辑经验范式无视价值，采取均衡化的认知。社会政治范式则与之不同，这一范式明确承认，在营销互动过程与营销系统中，利益、资源与关系之间存在着冲突。

3. 主观世界范式在任何可验证与客观性含义上，拒绝承认任何社会现实的存在。这一派认为，现实是个体主观体验以及体验之间互动的产物。所以，人们无法从外在观察者的视角来理解营销现象，只能通过参与者的视角才可能得以理解。所以，这一派引入阐释主义与建构主义的方法。这一范式进而通过三种比喻的说法来表述自己的观点。第一个比喻是“非理性的人”（irrational man），这一说法基于动机与心理因素。第二个比喻是“体验的人”（experiencing man），基于存在主义与症状学（semiological）因素。第三个比喻是“语言和文本”（language and text）。这三个比喻试图在故事、迷思（myth）、修辞、话语的基础上，对营销参与者的行为进行解读。

4. 解放范式也采取社会建构主义视角，也从本体论视角关注现实，但它更聚焦社会性、经济性与技术性过程，这些过程对处于营销系统中的人进行限制与操控。这一范式认为，理论探索的角色，是要对营销系统中存在的冲突与矛盾进行识别与分析，并指明摆脱的方式。这一范式中的批判理论经常用“疏远”（alienation）和“牺牲”（victimization）来形容在当代大众消费社会中受压制的群体。

关键词

对营销加以批判的角色；营销假设与知识；批判理论；社会营销的批判方法。

要　点

- 对营销概念的批评评论

获得广泛认可的营销概念蕴含的市场价值与强有力的操控装置、营销管理技术之间存在着冲突矛盾。这种冲突矛盾为社会营销人员带来了一系列明显的问题，其中最基本的问题是：面对营销方式占据主导地位与消费者被压制的状态，社会营销活动是否可以反击吗？应怎样反击？

- 批判理论

在营销学术圈之外，人们已经对消费资本主义进行了很长时间的批判分析。这些分析已经给很多批判营销研究者带来了启示。社会营销人员可以借用消费者行为的批判分析，来理解消费、身份、拥有、自我之间的关系。比如，像吸烟这一类社会现象，可以通过如下视角进行解读：社会角色、满足感、诉求的心理性与关系性基础。

- 批判营销方法论

传统营销研究存在的方法论不足，会导致对行为得出偏颇的解读，并忽视社会经济机制、结构与关系等决定性因素。批判营销打破了对营销结果进行批评的局限，经常使用阐释主义、民族志、历时、社会政治、体验研究、话语分析、符号分析方法。社会营销可以使用并推进这一类批判研究方法，以便分析基础性的社会与行为现象。

参考文献

Adorno, T.W.(1991) The Culture Industry: Selected Essays on Mass Culture, London: Routledge.

Alderson, W.(1957) Marketing Behavior and Executive Action.Homewood, IL: Richard D.Irwin.

Alderson, W.and Cox, R.(1948) 'Towards a theory of marketing', Journal of Marketing, 13(2): 137–152.

Anderson, P.F.(1983) 'Marketing, scientific progress, and the scientific method', Journal of Marketing, 47(4): 18–31.

Anderson, P.F.(1986) 'On method in consumer research: A critical relativist perspective', Journal of Consumer Research, 13(2): 155–173.

Araujo, L., Kjellberg, H.and Spencer, R.(2008) 'Market practices and forms: Introduction to special issue', Marketing Theory, 8: 1–14.

Arndt, J.(1985) 'On making marketing science more scientific: Role of orientations, paradigms, metaphors, and puzzle solving', Journal of Marketing, 49(Summer): 18–23.

Arnold, M.and Fisher, J.(1996) 'Counterculture, criticisms and crisis: Assessing the effect of the sixties on marketing thought', Journal of Macromarketing, 16(Spring): 118–133.

Bagozzi, R.P.(1978) 'Marketing as exchange: A theory of transactions in the marketplace', American Behavioral Scientist, 21(March/April): 535–556.

Bartels, R.(1951) 'Can marketing be a science? ' Journal of Marketing, 51: 319–328.

Battaille, G.(1988) The Accursed Share (R.Hurley, trans.).New York: Zone Books.

Belk, R.W.(1988) 'Possessions and the extended sense of self', Journal of Consumer Research, 15: 139–168.

Bettman, J.(1979) An Informational Processing Theory of Consumer Choice.Reading, MA: Addison-Wesley.

Bradshaw, A.and Firat, A.F.(2007) 'Rethinking critical marketing', in M.Saren, R.Elliott, P.Maclaran, et al.(eds), Critical Marketing: Defining the Field.London: Elsevier.

Bristor, J.M.and Fischer, E.(1993) 'Feminist thought: Implications for consumer research', Journal of Consumer Research, 19(4): 518–536.

Brownlie, D., Saren, M., Wensley, R.and Whittington, R.(eds) (1999) Rethinking Marketing: Towards Critical Marketing Accountings.London: Sage Publications.

Buzzell, R.D.(1964) 'Is marketing a science? ' Harvard Business Review, 41: 32–40.

Dichter, E.(1960) The Strategy of Desire.New York: Doubleday.

Dawson, L.M.(1972) 'The human concept: A new philosophy for business', in D.G.Kurtz(ed.), Marketing Concepts, Issues and Viewpoints.Michigan: D.H.Mark Publication.

Desmond, J.(1998) 'Marketing and moral indifference', in M.Parker(ed.), Ethics and Organisation London: Sage Publications.

Du Gay, P.(2001) 'Epilogue: Servicing as cultural economy', in A.Sturdy, I.Grugulis and H.Willmott(eds), Customer Service: Empowerment and Entrapment.Basingstoke: Palgrave.

Elliott, R.(1997) 'Existential consumption and irrational desire', European Journal of Marketing, 31(¾): 285–296.

Elliott, R.(2004) 'Making up people: Consumption as a symbolic vocabulary or the construction of identity', in K.Ekstrom and H.Brembek(eds), Elusive Consumption: Tracking New Research Perspectives.Oxford: Berg.

Elliott, R.and Wattanasuwan, K.(1998) 'Brands as resources for the symbolic construction of identity', International Journal of Advertising, 17(2): 131–145.

Firat, F.and Venkatesh, A.(1995) 'Liberatory postmodernism and the reenchantment of consumption', Journal of Consumer Research, 22: 239–267.

Firat, N.D.and Bagozzi, R.P.(eds) (1987) Philosophical and Radical Thought in Marketing. Lexington: Lexington Books, pp.97–116.

Fournier, V.and Grey, C.(2000) 'At the critical moment: Conditions and prospects of critical management studies', Human Relations, 53: 7–32.

Galbraith, J.K.(1958) The Affluent Society.London: Hamish Hamilton.

Hetrick, W.P.and Lozada, H.R.(1994) 'Construing the critical imagination: Comments and necessary diversions', Journal of Consumer Research, 21: 548–558.

Hirschman, E.C.(1993) 'Ideology in consumer research, 1980 and 1990: A Marxist and feminist critique', Journal of Consumer Research, 19: 537–555.

Horkheimer, M.(1967) 'Zur kritik der instrumentellen vernunft.(Towards a critique of instrumental reason)', Europäische Verlagsanstalt, Frankfurt am Main.

Kilbourne, W.E.(2004) 'Sustainable communication and the dominant social paradigm: Can they be integrated? ' Marketing Theory, 4(3): 187–208.

Marcuse, H.(1964) One-Dimensional Man: Studies in the Ideology of Advanced Industrial Society.Boston, MA: Beacon Press.

Mick, D.G.(1986) 'Consumer research and semiotics: Exploring the morphology of signs, symbols, and significance', Journal of Consumer Research, 13: 196–213.

Morgan, G.(1980) 'Paradigms, metaphors, and puzzle solving in organization theory', Administrative Science Quarterly, 25 (4) : 605–622.

Murray, J.B.and Ozanne, J.L.(1991) 'The critical imagination: Emancipatory interests in consumer research', Journal of Consumer Research, 18 (2) : 129–144.

Packard, V.(1957) The Hidden Persuaders.London: Longmans, Green & Co.

Saren, M., Maclaran, P., Elliott, R., et al.(eds) (2007) Critical Marketing: Defining the Field. London: Elsevier.

Sirgy, M.J.and Su, C.(2000) 'The ethics of consumer sovereignty in an age of high tech', Journal of Business Ethics, 28: 1–14.

Stern, B.(1990) 'Literary criticism and the history of marketing thought: A new perspective on"reading"marketing theory', Journal of the Academy of Marketing Science, 18 (4) : 329–336.

Veblen, T.(1899/1995) The Theory of the Leisure Class: An Economic Study of Institutions. London: Penguin.

Walendorf, M.and Arnould, E.J.(1988) 'My favourite things; A cross-cultural inquiry into object attachment, possessiveness and social linkage', Journal of Consumer Research, 14: 531–547.

Weiner, B.(1992) Human Motivation: Metaphors, Theories and Research.London: Sage Publications.

Wensley, R.(1990) 'The voice of the consumer? Speculations on the limits to the marketing analogy', European Journal of Marketing, 24 (7) : 49–60.

第七章

抵制劝服的新方法

佩蒂亚·K.彼得罗娃 罗伯特·B.恰尔迪尼

很多社会营销活动的精力都集中放在保护消费者免受大量广告的影响上。这些广告活动增加了吸烟(Pechmann and Knight, 2002; Pechmann and Shih, 1999)、酗酒(Casswell and Zhang, 1998; Grube and Wallack, 1994; Wyllie et al., 1998)、不健康饮食(Brownell and Horgen, 2004; Halford et al., 2004, 2007, 2008; Harris et al., 2009; Hastings et al., 2003; Murray, 2001)、生态恶化、信用卡管理不善、赌博、药物误用或滥用(Volkow, 2006)等危险行为。不幸的是,这些营销活动的努力常常失败。禁烟广告活动常常是无效的(Chassin et al., 1990; Pechmann and Reibling, 2000)。免责声明、信息披露与产品警告也尚未被证明有效(Andrews, 1995; Argo and Main, 2004; Hankin et al., 1998; Johar and Simmons, 2000; Schwarz et al., 2007; Skurnik et al., 2005)。甚至矫正广告(corrective advertising)也常常无法减少错误的信念(Dyer and Kuehl, 1974; Jacoby et al., 1982; Johar, 1996)。

❖ 有效的反驳论点是什么?

对劝服过程的研究表明,劝服传播的影响在很大程度上取决于受众个人对信息的反应(Greenwald, 1968)。这一观念是劝服的认知反应模型的核心主张,它促使许多研究聚焦于证明劝服过程的关键要素是反驳论证（Brock, 1967; Greenwald, 1968; Osterhouse and Brock, 1970; Petty and Cacioppo, 1986; Petty et al., 1981）。这一系列的研究表明，鼓励人们提出反驳论点（counterargument），或者为他们提供现成的反驳论点（Eagly et al., 2000; Killeya and Johnson, 1998; Osterhouse and Brock, 1970; Petty and Wegener, 1998）是增加抵制的一种有效方法。但是，令人惊讶的是，尽管人们将很多注意力放在反驳论证对劝服力的削弱过程上，却没有足够重视最有可能对信息产生抵制的反驳内容。然而，最近的行为研究表明，有几种类型的反驳论点可能对抵制的形成特别有效，我们将在下面的部分研究他们的特性。

驳斥论点一致性（Counterargument alignment）

如果我们希望对信息产生最大的抵制，是否应该针对信息中的特定主张设计反驳论点？还是应当提供竞争信息（competing information）来揭示问题的另一面？例如，烟草制品通常在广告中使用吸引人的有趣形象，为吸烟者创造一种积极的印象（Mazis et al., 1992; Pechmann and Knight, 2002; Pechmann and Shih, 1999）。与此同时，禁烟运动常常提供信息来揭示吸烟对健康的负面影响，却不破坏它固有的积极形象。正如禁烟广告的效果研究所显示的那样，这些信息增加了人们对吸烟风险的认知，却几乎不会影响到香烟广告中宣传的吸烟者的良好形象（Romer and Jamieson, 2001）。因此，有人指出，减少烟草消费更有效的方法可能是对吸烟者的积极形象进行攻击，并将吸烟者与消极形象联系起来（Blum, 1994; Pechmann and Knight, 2002）。

几个领域的研究都证明了这一观点。从功能角度看，旨在改变行为的诉求更可能在关注行为的功能时起作用（Clary et al., 1998; Lavine and Snyder, 2000; Sanderson and Cantor, 1995）。这种“功能一致效果”（functional alignment effect）已经在消费品（DeBono, 1987; Shavitt, 1990）、志愿者工作，如面对艾滋病患者的长期工作（Snyder et al., 2000）和青少年性行为引导工作（Sanderson and Cantor, 1995）等不同领域得到了证明。

行为研究进一步表明，将反驳论点与意图造成破坏的信息内容相结合是产生抵制的一种有效策略。例如，与免疫有关的早期研究考察了信息抵制的两种策略——驳斥性防卫（refutational defense）和支持性防卫（supportive defense）（McGuire, 1961, 1962, 1964）。为了抵制反文化常识的信息（如“精神疾病不会传染”），驳斥性防卫的参与者会收到一条常识和两条反驳论点，并被要求提出或阅读反对这一常识的观点。在支持性防卫中，参与者会被要求提出或阅读两条支持这一常识的观点。然后，向所有参与者提供反驳这一常识的文章，评估他们对常识的相信程度。

这些实验的结果表明，与对照组相比，驳斥性防卫与支持性防卫都能增强对常识的信念。此外，尽管在接触矛盾信息之前，驳斥性防卫并不会比支持性防卫更有效地强化信念；但在接触矛盾信息之后，与支持性防卫的参与者相比，驳斥性防卫的参与者对常识表现出了更坚定的信念（McGuire, 1964）。并且，在对最初的常识信息提出反驳论点后，驳斥性防卫的参与者不仅会对使用相同论点的信息表现出抵制，还会将这种抵制的效果转移到使用不同论点反对常识的信息中（McGuire, 1961）。

用证据揭露不诚实的和操纵性的意图

对反吸烟运动的各种调查表明，尽管那些描述吸烟对健康的负面影响的信息通常是无效的，但是证明烟草广告具有欺骗性依然是减少烟草消费最成功的方法之一（Goldman and Glantz, 1998）。例如，对烟草行业的态度变得更加负面、开始吸烟的意愿变得更低影响了青少年对美国遗产基金会（American Legacy Foundation）"真相运动"（TRUTH campaign）的接触（Farrelly et al., 2002, 2005; Hershey et al., 2005）。

从耶鲁的态度改变方法开始（Hovland and Weiss, 1951; Hovland et al., 1953），信息源可信度对劝服的影响一直受到了广泛的研究关注（Eagly et al., 1978; Fein et al., 1997; Mills and Jellison, 1967; Priester and Petty, 1995）。不同领域的研究表明，当劝服被认为是不诚实的或是被操纵了的时候，其影响就会受到显著削弱（Byrne et al., 1974; Campbell, 1995; Drachman et al., 1978; Ellen et al., 2000; Fein et al., 1997; Jones and Wortman, 1973; Lutz, 1985; MacKenzie and Lutz, 1989）。例如，在实验环境中指出劝服者的过度操纵意图，往往会使劝服者的信息无效（否则信息就是令人信服的）（Fein et al., 1997）。同样地，研究人员发现，在市场营销环境中，如果影响主体（influence agent）被认为使用了欺骗手段，那么劝服力的影响就会受到削弱（Campbell, 1995; Ellen et al., 2000; Lutz, 1985; MacKenzie and Lutz, 1989）。不诚实被揭露可能具有破坏性的长期后果（Anderson, 1968; Cialdini et al., 2004; Cosmides and Tooby, 1992; Rothbart and Park, 1986; Trafimow, 2001）。一旦计谋被识破，人们就会抵制与之相关的信息和人员（Eagly et al., 1978）。

重要的是，揭示消息来源的操纵企图不仅会导致人们抵制同一消息来源的其他信息，也可能会导致对其他消息来源信息的抵制。例如，达克和里奇（Darke and Ritchie, 2007）在一项研究中让参与者观看了一则洗碗机广告，其中包含一些误导性说法（例如：以更低的价格获得无与伦比的性能；比其他领先的国家品牌更有特色）。参与者随后收到消息称，《消费者报告》杂志将这款洗碗机列为市场上最差的洗碗机之一。之后，参与者观看了另一则提供其他产品（应答机）信息的广告。该广告将产品与两个竞争品牌进行了比较，并声称该品牌要优于那两个竞争品牌。结果显示，被洗碗机广告误导的参与者对应答机的评价要比没有看到这则误导性广告的参与者消极。而且，无论第二则广告是否来自同一广告商，这种效果都很显著。

后续研究进一步表明，在第二则广告提出几天之后，当它提出不同维度上的主张时，显示出来的操纵效果依然持续存在，无论误导性广告与随后呈现的广告是否相似（如虚假的产品声明影响了对交易价值的看法）（Darke and Ritchie, 2007; Darke et al., 2008）。一旦意识到这种欺骗行为，人们就会对进一步的劝服主张更加不信任，并且人们不仅会将这种偏见应用于最开始的欺骗来源，还会将其应用于其他的来源和其他类型的主张。

鉴于这些发现，我们是否能够通过向人们展示其他欺骗信息的例子来教人们如何抵制未来可能遇到的误导性诉求？塞格瑞恩和他的同事（Sagarin et al., 2002）研究了这种可能性。他们让参与者观看合法或非法使用权威人物的杂志广告（例如：权威是否是产品方面的专家，比如医生是由演员扮演的）。几天后，一名研究助理假扮校园日报的代表，要求参与者评估新的报纸插页中的文章和广告。报纸插页中有两则基于权威的广告，一则合法，另一则非法。

结果显示，观看合法和非法使用权威的例子提高了参与者对合法的权威广告的评分。然而，与控制条件相比，它并没有降低含有非法权威的广告评分。也许，参与者虽然区分了权威的合法和非法使用，却并不觉得自己容易受到非法使用权威的广告的侵害。随后的一项研究通过测试一种方法检验了这种可能性，旨在消除这种不会受到伤害的错觉。参与者观看一则欺骗性的广告，写下对广告的评价，并被告知广告是如何操纵他们的。只有在参与者经历了操纵之后，他们才会更加抵制欺骗性诉求；同样，也更容易被合法诉求劝服（Sagarin et al., 2002）。

❖ 为强劲的对手制造阻力

反驳论证（counterargumentation）在劝服中作用的证据有一个明确的含义：如果我们想要抵制广告的劝服企图，就需要找到一种方法，通过一致的反驳或信息，使受众在面对竞争对手的传播时揭示他们的欺骗性。但是，这并不容易实现。与实验室控制实验相反，在实验室外，传播者面临的任务是在竞争对手进行信息传播的几天或几周后依然保持他们自身主张的显著性。这个目标要求传播者通过某种方式安排受众在关注反对信息时回忆起自己的观点——而又不会使竞争对手的观点更加突出。

当资金不足的公共组织必须与营销预算庞大的公司竞争时，这种普遍存在的差异突出的问题就更加复杂了。当受众反复观看广告时，他们每次看到广告都会加强广告中论点的有效性。除此之外，广告中的论点也变得更加熟悉，这种熟悉程度进一步增加了他们的接受度（Bacon，1979；Hasher et al.，1977；Hawkins and Hoch，1992；Petrova et al.，2011c；Schwarz et al.，2007；Zajonc，1968，1980）。

为了抵消频繁传播对有害信息所起的作用，社会营销活动不仅必须创造有效的反驳，而且必须找到一种方法，在受众接收和处理广告的过程中突出它们。

❖ 毒虫防御（The poison parasite defense）

我们可以通过什么原理和方式让人们在体验一种论证时回忆起另一种？在一项研究计划中，我们和同事一起研究了一种特定策略，来为这个问题提供解决方案（Cialdini et al.，2011；Petrova et al.，2006，2011b）。我们研究了大量与记忆有关的文献，发现了两个可能有效的方法：托尔文（Endel Tulving，1983）的"编码特异性"（encoding specificity）原理和使用检索指引帮助记忆。根据编码特异性原理，检索提示可以增加回想起特定记忆的概率，并且，最好的检索线索是记忆形成时出现的刺激（Tulving，1983；Tulving and Schacter，1990；Tulving and Thomson，1973）。因此，恢复编码过程中出现的检索线索能极大地促进回忆（Healy and Bourne，1995；Keller，1987，1991a，b，c）。

上述这些分析与构建对手的非法劝服诉求防御有关，在我们看来，它们似乎得出了一个耐人寻味的结论：在设计有效的反驳信息之后，我们应该把它融入针对竞争对手诉求的反驳信息中。这样做的结果是，每当观众收到对手的消息时，就会（通过共同的检索线索）回忆起他们的观点。当对手的信息在稍后出现时，解决对手观点的显著性和相似性不同的问题应该使用这种策略，而且在对手能更频繁地接触受众时，也应当使用这种策略来解决受众注意力获取差异的问题。也就是说，如果在每次竞争对手提出观点时，都安排了自己的观点来提高观众的意识，那么展示的机会就会大大增加。

我们把这种策略称为毒虫防御，因为它由两种元素组成，一种是有毒的，一种是寄生的。有毒的部分是有效的反驳信息，它削弱了竞争对手的主张。寄生的部分是检索线索，每当接收方接触到这些主张时，就会将反驳信息带入脑中。

在对毒虫防御策略的初步测试中，我们向参与者展示了一系列广告，其中包括一则政治候选人的广告（“斯蒂芬·皮克特，支持教育的候选人”）。该广告为其支持教育的论点提出了几个论据（例如：皮克特先生已经从教10年，曾担任县公立学区主席，并在一年内使学校收入增加了20%）。在观看了一系列的填充广告后，参与者观看了五个版本的反驳信息中的一个。

1.在毒虫（Poison Parasite）的条件下，反驳信息敦促选民不要投票给皮克特先生，并且戳穿他的每一个支持教育的信息。为了在之后目标广告的演示中增强这些反驳论点的可达性，我们在反驳信息助记链接中加入了目标广告的内容，其中包含了原始的皮克特广告的精确副本。

2.在链接加减损（Links Plus Mere Derogation）的条件下，参与者查看了与毒虫情况相同的反驳信息，但不透露皮克特先生说法的欺骗性，而是为皮克特先生每个支持教育的信息用红墨水评上了“F”等级（好像是老师写的一样），并在他的照片上加上了一个傻瓜帽。

3.在毒虫加减损（Poison Parasite Plus Mere Derogation）的条件下，除了让参与者查看与毒虫情况相同的反驳信息，还给他的主张打“F”等级，并在他的照片上戴上傻瓜帽。

4.在仅有反驳信息（Mere Counterarguments）的条件下，参与者查看与其他实验条件不同的反驳信息。它不包含任何原始的皮克特广告的助记链接，取而代之的是一张投票箱的背景。该信息还提供了一系列反对斯蒂芬·皮克特候选人资格的反驳论点（例如，他缺乏市政府的工作经验），这些论点也并非基于欺骗，并敦促选民不要投票给斯蒂芬·皮克特。

5.在控制（Control）条件下，参与者观看了不同选举竞赛中不同政治候选人的广告。

一周后，参与者再次观看了包括原始的皮克特广告在内的一系列广告，并报告了他们对广告的评价以及对候选人的投票意愿。结果显示，相较于观看无毒虫的反驳信息（链接加减损和仅有反驳信息）或支持另一名候选人的控制信息的观看者，看到两种毒虫反驳信息（毒虫和毒虫加减损）的参与者为候选人投票的可能性更小。进一步的冥想分析（meditational analysis）表明，毒虫策略对投票意愿的抵制增强效果的调节完全通过感知到的皮克特广告的诚实度降低来实现。

毒虫信息出现之后，如果对手在很长一段时间内不断重复传递信息，这种毒虫防御还会依然有效吗？并且，如果毒虫防御随着对手信息的每次呈现增加了其显著性，它是否能够持续减少后续对手每次呈现信息的影响呢？我们在一项为期五周的后续研究中检验了这种可能性（Petrova et al., 2006, 2011b）。

在每隔一周的五次连续会议中，参与者评估了一些广告。在第一次会议中，我们向参与者展示了几则广告，其中包括一则他们在会议期间看了两次的杂志广告，以及宣传化学公司Zelotec的环境记录。一周后，参与者查看了另一系列的广告，其中包括一条Zelotec公司的反驳信息。在毒虫条件下，这则反驳信息由地球第一委员会（Committee for the Primacy of Earth）提供，并表示“Zelotec公司希望您相信他们保护环境。但是，您在这张宣传照片中看不到的是，Zelotec公司污染了地下水，污染了工厂周围的土壤，影响了该地区的所有居民”。为了在反驳信息和Zelotec公司广告之间建立记忆联系，我们在反驳信息中加入了Zelotec公司原始广告的缩略图。在仅有反驳信息的情况下，参与者观看了一则信息，其中包含了高层玻璃和钢结构的建筑照片，标题是“Zelotec公司希望您相信他们保护环境。但是，您在这张他们公司总部的宣传照片中看不到的是，Zelotec公司污染了地下水，污染了工厂周围的土壤，影响了该地区的所有居民”。在对照组中，参与者查看了一则无关的广告。然后在三个间隔一周的单独会议中，参与者反复查看其他填充广告中的Zelotec公司广告。

结果显示，在他们的展示之后，两种反驳信息对于降低参与者对Zelotec公司的评价同样有效。然而，在接下来的三周内，当参与者多次看到Zelotec公司广告时，与不包含助记链接或对照广告的反驳信息相比，毒虫反驳信息导致对Zelotec公司更低的评价。在反驳信息中包含助记链接，则对Zelotec公司的评价产生了毁灭性的影响，尽管反驳信息是在整整四周前被看到的（而且仅看到一次），并且Zelotec公司的广告频率比它高了五倍。更重要的是，当反驳信息与助记链接一起呈现时，反复看到Zelotec公司广告会导致公司评级持续下降（Petrova et al., 2006, 2011b）。

❖ 克服劝服抵制

为了有效地改变行为，社会营销活动必须克服个人对所倡导改变的抗拒（例如：促进健康的行为、环保消费、安全驾驶）。来自社会科学的研究表明，社会营销活动可以通过几种策略来克服抗拒。我们基于人们容易经历的三种类型的抗拒：感应抗拒（reactance）、质疑抗拒和惯性抗拒（Knowles and Riner, 2007），将这些策略分成三组。感应抗拒是指对个人自由威胁的消极反应（Brehm, 1966）。质疑抗拒是对被展示信息内容的一种抵制，涉及更严格的审查。惯性抗拒涉及维持现状的愿望。

削弱抵制

抵制，被证明了会对行为产生很大的影响（Bushman and Stack, 1996; Heilman, 1976; Worchel et al., 1975）。例如，警告人们娱乐节目中存在暴力内容，反而增加了人们观看节目的兴趣（Bushman and Stack, 1996）。同样，在阅读与健康的替代品牌相关的建议之后，不健康食品的选择反而增加了（Fitzsimons and Lehman, 2004）。鉴于这些发现，确保提供的建议不会起到反作用对社会营销活动而言非常重要。

减少反作用的一种方法是提倡期望的行为，而不是禁止相反的行为（Winter et al., 2000）。另一种方法是使程度最低的顺从合法。例如，加上一句"哪怕一分钱也会有帮助"几乎使遵守美国癌症协会倡导行为的次数翻了一番，而又不会显著减少捐赠金额（Cialdini and Schroeder, 1976）。

社会营销人员可以展示推荐行为如何与之前的选择、现有的价值或期望的特征相一致，以借此进一步减少反作用。例如，平均来看，那些被告知慷慨的人为慈善事业做了更大的贡献（Kraut, 1973）。同样地，与在虚假的人格测试中被标记为聪明的人相比，那些被标记为善良的人帮助他人的频率明显更高（Strenta and DeJong, 1981）。这些发现表明，认识到所倡导的价值观中人们本身所具有的部分很重要。

克服质疑

减轻质疑最直接的方法是通过提供有利的反驳来消除可能的反对意见。如前所述，当消息来源被认为可信时，直接反驳受众的反对意见可能会特别有效（Petrova et al., 2007, 2011a）。

因为人们会通过他人的行为来获取与正确行为有关的信息，所以可以通过证明有很多人在参与推荐的行为来减少人们的怀疑。例如，酒店经常在客房里摆放要求客人重复使用毛巾的卡片来推行环保计划。与仅仅强调保护环境的重要性相比，告知客人大多数人都重复使用毛巾，使毛巾的重复使用率增加了26%（Goldstein et al., 2008）。

当信息以叙事性故事的方式呈现时，怀疑也会大大减少。它鼓励以整体的方式处理信息，而不是反驳信息中的特定观点（Adaval and Wyer, 1998; Green, 2006; Green and Brock, 2000）。例如，在斯莱特和罗纳（Slater and Rouner, 1996）的一项研究中，大学生阅读了一条与饮酒的有害影响有关的信息。对一半的参与者则提供了来自政府机构和科学来源的统计数据信息。对另一半的参与者讲述了一个学生的故事，以及酒精对他生活的破坏性影响。当这些信息符合学生的价值观时，统计数据更有劝服力。然而，当信息与学生的价值观不一致时，叙事故事更有劝服力（Slater and Rouner, 1996）。

克服惯性

惯性源于不愿意花费精力去思考新的观念。因此，要克服惯性，人们必须找到一种方法来激励受众考虑问题并采取建议的行为。科学研究已经确定了几种实现这一目标的方法，但有两种方法与社会营销尤其相关：简化决策过程和提供自我肯定。

即使仅有两种选项，也常常涉及艰难的权衡，例如回报与风险、享受与努力。做出这些权衡的困难可能会产生各种意想不到的结果（Petrova et al., 2011c; Thompson et al., 2009）。它可能导致决策瘫痪和选择延迟，降低执行选择的动机和承诺。例如，在撰写论文时，在短小乏味的文章还是冗长有趣的文章之间做选择的困难，会导致作者写的文章不如那些直接被指定其一的作者写得好（Thompson et al., 2009）。为了增加决策实施的可能性，社会营销人员需要确保人们不会被决策压垮。

关键词

劝服抵制；反驳；驳斥论点一致；劝服；沟通；影响；社会营销；禁烟广告；消息来源的可信度；欺骗；检索指引；反作用；怀疑；惯性。

要　点

- 公众信任的组织可以通过提供与这些信息主张一致的反驳信息来抵制有害信息。
- 社会营销活动可以通过揭示消息来源的操纵企图来诱导对误导性消息的抵制。
- 社会营销人员必须确保他们的反驳信息在展示结束后能被人记住很长时间。要做到这一点的一种有效方法是在反驳信息和他们想要破坏的信息之间建立一个助记链接。
- 为了减少反作用，社会营销活动应该鼓励小的承诺，提醒人们推荐的行为如何与他们的选择和价值观保持一致，承认受众有自由来选择是否接受建议，鼓励行为，而不是禁止。
- 可以通过有效的反驳、一致的信息、有力的故事、吸引受众的想象力以及鼓励向他人传达信息来减少怀疑。
- 为了克服惯性抗拒，社会营销计划应当简化决策过程，或者当惯性抗拒基于不确定性或恐惧时，提高个人的信心。

参考文献

Adaval, R.and Wyer, R.S.(1998) 'The role of narratives in consumer information processing', Journal of Consumer Psychology, 7(3): 207–245.

Anderson, C.A.(1983) 'Imagination and expectation: The effect of imagining behavioral scripts on personal intentions', Journal of Personality and Social Psychology, 45(2): 293–305.

Anderson, N.H.(1968) 'Likableness ratings of 555 personality-trait words', Journal of Personality and Social Psychology, 9(3): 272–279.

Andrews, J.C.(1995) 'The effectiveness of alcohol warning labels: A review and extension', American Behavioral Scientist, 38: 622–632.

Argo, J.J.and Main, K.J.(2004) 'Meta-analyses of the effectiveness of warning labels', Journal of Public Policy and Marketing, 23(2): 193–208.

Bacon, F.T.(1979) 'Credibility of repeated testimonials: Memory for trivia', Journal of

Experimental Psychology: Human Learning and Memory, 5(3), 241–252.

Blum, A.(1994)'Paid counter-advertising: Proven strategy to combat tobacco use and promotion', American Journal of Preventive Medicine, 10(3): 8–10.

Brehm, J.W.(1966)A Theory of Psychological Reactance.New York: Academic Press.

Brownell, K.D.and Horgen, K.B.(2004)Food Fight: The Inside Story of the Food Industry, America's Obesity Crisis, and What We Can Do about It.New York: McGraw-Hill.

Brock, T.C.(1967)'Communication discrepancy and intent to persuade as determinants of counterargument production', Journal of Experimental Social Psychology, 3: 296–309.

Bushman, B.J.and Stack, A.D.(1996)'Forbidden fruit versus tainted fruit: Effects of warning labels on attraction to television violence', Journal of Experimental Psychology: Applied, 2: 207–226.

Byrne, D., Rasche, L.and Kelley, K.(1974)'When"I like you"indicates disagreement', Journal of Research in Personality, 8: 207–217.

Campbell, M.C.(1995)'When attention-getting advertising tactics elicit consumer inferences of manipulative intent: The importance of balancing benefits and investments', Journal of Consumer Psychology, 4: 225–254.

Chassin, L., Presson, C.C.and Sherman, S.J.(1990)'Social psychological contributors to the understanding and preventing of adolescent cigarette smoking', Personality and Social Psychology Bulletin, 16: 133–151.

Cialdini, R.B.and Schroeder, D.(1976)'Increasing compliance by legitimizing paltry contributions: When even a penny helps', Journal of Personality and Social Psychology, 34: 599–604.

Cialdini, R.B., Petrova, P.K.and Goldstein, N.J.(2004)'The hidden costs of organizational dishonesty', Sloan Management Review, 45(3): 67–73.

Cialdini, R.B., Petrova, P.K., Demaine, L.J., Barrett, D.W., et al.(2011)'The Poison Parasite Defense: A strategy for sapping a stronger opponent's persuasive strength', Working paper, available at: http: //mba.tuck.dartmouth.edu/pages/faculty/ petia.petrova/working_papers.html.

Clary, E.G., Snyder, M., Ridge, R.D., et al.(1998)'Understanding and assessing the motivations of volunteers: A functional approach', Journal of Personality and Social Psychology, 74: 1516–1530.

Cosmides, L.and Tooby, J.(1992)'Cognitive adaptations for social exchange', in J.H.Barkow, L.Cosmides and J.Tooby(eds), The Adapted Mind: Evolutionary Psychology and the Generation of Culture.New York: Oxford University Press, pp.163–228.

Darke, P.R.and Ritchie, R.B.(2007)'The defensive consumer: Advertising deception, defensive processing, and distrust', Journal of Marketing Research, XLIV: 114–127.

Darke, P.R., Ashworth, L.T.A.and Ritchie, R.B. (2008) 'Damage from corrective advertising: Causes and cures', Journal of Marketing, 72 (6) : 81–97.

DeBono, K.G. (1987) 'Investigating the social adjustive and value expressive functions of attitudes: Implications for persuasion processes', Journal of Personality and Social Psychology, 52: 279–287.

Drachman, D., deCarufel, A.and Insko, C.A. (1978) 'The extra credit effect in interpersonal attraction', Journal of Experimental Social Psychology, 14: 458–467.

Dyer, R.F.and Kuehl, P.G. (1974) 'The corrective advertising remedy of the FTC: An experimental evaluation', Journal of Marketing, 48–54.

Eagly, A.H., Wood, W.and Chaiken, S. (1978) 'Causal inferences about communicators and their effect on oppinion change', Journal of Personality and Social Psychology, 36 (4) : 424–435.

Eagly, A.H., Kulesa, P., Brannon, L.A., Shaw, K.and Hutson-Comeaux, S. (2000) 'Why counterattitudinal messages are as memorable as proattitudinal messages: The importance of active defense against attack', Personality and Social Psychology Bulletin, 26: 1392–1408.

Ellen, P.S., Mohr, L.A.and Webb, D.J. (2000) 'Charitable programs and the retailer: Do they mix? ' Journal of Retailing, 76 (3) : 393–406.

Farrelly, M.C., Healton, C.G., Davis, K.C., et al. (2002) 'Getting to the truth: Evaluating national tobacco countermarketing campaigns', American Journal of Public Health, 92: 901–907.

Farrelly, M.C., Davis, K.C., Haviland, M.L., Messeri, P.and Healton, C. (2005) 'Evidence of a dose–response relationship between "truth" antismoking ads and youth smoking prevalence', American Journal of Public Health, 95: 425–431.

Fein, S., McCloskey, A.L.and Tomlinson, T.M. (1997) 'Can the jury disregard that information? The use of suspicion to reduce the prejudicial effects of pretrial publicity and inadmissible testimony', Personality and Social Psychology Bulletin, 23: 1215–1226.

Fitzsimons, G.J.and Lehmann, D.R. (2004) 'Reactance to recommendations: When unsolicited advice yields contrary responses', Marketing Science, 23 (1) : 82–94.

Goldman, L.K.and Glantz, S.A. (1998) 'Evaluation of antismoking advertising campaigns', Journal of American Medical Association, 279: 772–777.

Goldstein, N.J., Cialdini, R.B.and Griskevicius, V. (2008) 'A room with a viewpoint: Using social norms to motivate environmental conservation in hotels', Journal of Consumer Research, 35: 472–482.

Green, M.C. (2006) 'Narratives and cancer communication', Journal of Communication, 56:

163-183.

Green, M.C.and Brock, T.C.(2000)'The role of transportation in the persuasiveness of public narratives', Journal of Personality and Social Psychology, 79: 701-721.

Greenwald, A.G.(1968)'Cognitive learning, cognitive response to persuasion, and attitude change', in T.C.Brock, A.G.Greenwald, and T.M.Ostrom(eds), Psychological Foundations of Attitudes.San Diego, CA: Academic Press, pp.147-170.

Grube, J.W.and Wallack, L.(1994)'Television beer advertising and drinking knowledge, beliefs, and intentions among school children', American Journal of Public Health, 84: 254-259.

Halford, J.C.G., Gillespie, J., Brown, V., Pontin, E.E.and Dovey, T.M.(2004)'Effect of television advertisements for foods on food consumption in children', Appetite, 42: 221-225.

Halford, J.C.G., Boyland, M.J., Hughes, G., Oliveira, L.P.and Dovey, T.M.(2007)'Beyond-brand effect of television(TV) food advertisements/commercials on caloric intake and food choice of 5-7-year-old children', Appetite, 49: 263-267.

Halford, J.C.G., Boyland, E.J., Hughes, G.M., et al..(2008)'Beyond-brand effect of television food advertisements on food choice in children: The effects of weight status', Public Health Nutrition, 11: 897-904.

Hankin, J.R., Sloan, J.J.and Sokol, R.J.(1998)'The modest impact of the alcohol beverage warning label on drinking during pregnancy among a sample of African-American women', Journal of Public Policy & Marketing, 17: 61-69.

Harris, J.L., Bargh, J.A.and Brownell, K.D.(2009)'Priming effects of television food advertising on eating behavior', Health Psychology, 28: 404-413.

Hasher, L., Goldstein, D.and Toppino, T.(1977)'Frequency and the conference of referential validity', Journal of Verbal Learning and Verbal Behavior, 16: 107-112.

Hastings, G., Stead, M., McDermott, L., et al.(2003)'Review of research on the effects of food promotion to children' children'.Available at: www.foodstandards.gov.uk/ multimedia/pdfs/foodpromotiontochildren1.pdf(accessed 20 February 2009).

Hawkins, S.A.and Hoch, S.J.(1992)'Low-involvement learning: Memory with evaluation', Journal of Consumer Research, 19: 212-225.

Healy, A.F.and Bourne, L.E., Jr(1995) Acquisition and Retention of Knowledge and Skills. Thousand Oaks, CA: Sage Publications.

Heilman, M.E.(1976)'Oppositional behavior as a function of influence attempt intensity and retaliation threat', Journal of Personality and Social Psychology, 33: 574-578.

Hershey, J.C., Niederdeppe, J.and Evans, W.D.(2005) 'The theory of ''truth'': How counterindustry media campaigns affect smoking behavior among teens', Health Psychology, 24: 22-31.

Hovland, C.I.and Weiss, W.(1951) 'The influence of source credibility on communication effectiveness', Public Opinion Quarterly, 15: 635-650.

Hovland, C.I., Janis, I.L.and Kelley, H.H.(1953) Communication and Persuasion: Psychological Studies of Opinion Change.New Haven, CT: Yale University Press.

Jacoby, J., Nelson, M.C.and Hoyer, W.D.(1982) 'Corrective advertising and affirmative disclosure statements-their potential for confusing and misleading the consumer', Journal of Marketing, 46: 61-72.

Johar, G.V.(1996) 'Intended and unintended effects of corrective advertising on beliefs and evaluations: An exploratory analysis', Journal of Consumer Psychology, 5(3): 209.

Jones, E.E.and Wortman, C.(1973) Ingratiation: An Attributional Approach.Morristown, NJ: General Learning Corp.

Keller, K.L.(1987) 'Memory factors in advertising: The effect of advertising retrieval cues on brand evaluations', Journal of Consumer Research, 14(December): 316-333.

Keller, K.L.(1991a) 'Memory factors in advertising: The effect of retrieval cues on brand evaluations', in A.A.Mitchell(ed), Advertising Exposure, Memory, and Choice.Mahwah, NJ: Erlbaum, pp.11-48.

Keller, K.L.(1991b) 'Cue compatibility and framing in advertising', Journal of Marketing Research, 28(February), 42-57.

Keller, K.L.(1991c) 'Memory and evaluations in competitive advertising environments', Journal of Consumer Research, 17(March), 463-476.

Killeya, L.A.and Johnson, B.T.(1998) 'Experimental induction of biased systematic processing: The directed thought technique', Personality and Social Psychology Bulletin, 24: 17-33.

Knowles, E.S.and Riner, D.D.(2007) 'Omega approaches to persuasion: Overcoming resistance', in A.R.Pratkanis(ed), The Science of Social Influence.New York: Psychology Press, pp.83-114.

Kraut, R.E.(1973) 'Effects of social labeling on giving to charity', Journal of Experimental Social Psychology, 9(6): 551-562.

Lavine, H.and Snyder, M.(2000) 'Cognitive processes and the functional matching effect in persuasion: Studies of personality and political behavior', in G.R.Maio and J.M.Olson(eds), Why we

Evaluate: Functions of Attitudes.Mahwah, NJ: Lawrence Erlbaum Associates, pp.97-131.

Lutz, R.J.(1985)'Affective and cognitive antecedents of attitude toward the ad: A conceptual framework', in L.Alwitt and A.Mitchell(eds), Psychological Processes and Advertising Effects. Hillsdale, NJ: Lawrence Erlbaum Associates, pp.45-65.

McGuire, W.J.(1961)'The effectiveness of supportive and refutational defenses in immunizing and restoring beliefs against persuasion', Sociometry, 24: 184-197.

McGuire, W.J.(1962)'Persistence of the resistance to persuasion induced by various types of prior beliefs defenses', Journal of Abnormal and Social Psychology, 64: 241-248.

McGuire, W.J.(1964)'Inducing resistance to persuasion: Some contemporary approaches', in L.Berkowitz(ed.), Advances in Experimental Social Psychology.San Diego, CA: Academic Press, 1: 191-229.

MacKenzie, S.B.and Lutz, R.J.(1989)'An empirical examination of the structural antecedents of attitude toward the ad in an advertising pretesting context', Journal of Marketing, 53: 48-65.

Mazis, M.B., Ringold, D.J., Perry, E.S.and Denman, D.W.(1992)'Perceived attractiveness of models in cigarette advertisement', Journal of Marketing, 56(January): 22-37.

Mills, J.and Jellison, J.M.(1967)'Effect on opinion change of how desirable the communication is to the audience the communicator addressed', Journal of Personality and Social Psychology, 56: 82-92.

Murray, B.(2001)'Fast-food culture serves up super-size Americans', American Psychological Association Monitor, December: 33-34.

Osterhouse, R.A.and Brock, T.C.(1970)'Distraction increases yielding to propaganda by inhibiting counterarguing', Journal of Personality and Social Psychology, 15: 344-358.

Pechmann, C.and Knight, S.J.(2002)'An experimental investigation of the joint effects of advertising and peers on adolescents' beliefs and Intentions about cigarette consumption', Journal of Consumer Research, 29(June): 5-19.

Pechmann, C.and Reibling, E.T.(2000)'Anti-smoking advertising campaigns targeting youth: Case studies from USA and Canada', Tobacco Control, 9: 18-31.

Pechmann, C.and Shih, C.F.(1999)'Smoking scenes in movies and antismoking advertisements before movies: Effects on youth', Journal of Marketing, 63: 1-13.

Petrova, P.K.(2006)'Fluency effects: New domains and consequences for persuasion'.Doctoral dissertation, Arizona State University.

Petrova, P.K.and Cialdini, R.B.(2005)'Fluency of consumption imagery and the backfire effects of imagery appeals', Journal of Consumer Research, 32 (December): 442-452.

Petrova, P.K.and Cialdini, R.B. (2008) 'Evoking the imagination as a strategy of influence', in C.Haugtvedt, P.Herr and F.Kardes (eds), Handbook of Consumer Psychology.Mahwah, NJ: Lawrence Earlbaum Associates, pp.505-525.

Petrova, P.K., Cialdini, R.B., Barrett, D., Goldstein N.and Maner J. (2006) 'Effective counter persuasion: Creating lasting resistance to a stronger opponent', Advances in Consumer Research, 33: 276.

Petrova, P.K., Cialdini, R.B., Goldstein, N.J.and Griskevicius, V. (2007a) 'Protecting consumers from harmful advertising: What constitutes an effective counter claim? Paper presented at the Transformative Consumer Research Conference, Hanover, NH.

Petrova, P.K., Cialdini, R.B.and Sills, S.J. (2007b) 'Consistencybased compliance across cultures', Journal of Experimental Social Psychology, 43: 104-111.

Petrova, P.K., Cialdini, R.B., Goldstein, N.J.and Griskevicius, V. (2011a) 'Protecting consumers from harmful advertising'.Manuscript submitted for publication.Available at http: //www.linkedin.com/in/petiapetrova

Petrova, P.K., Cialdini, R.B.and Goldstein, N.J. (2011b) 'Creating resistance to persisting persuasive attempts', Working paper.Hanover, NH: Tuck School of Business at Dartmouth.

Petrova, P.K., Schwarz, N.and Song, H. (2011c) 'Fluency and social influence: Lessons from judgment and decision-making', in D.Kenrick, N.Goldstein and S.Braver (eds), Six Degrees of Social Influence: Science, Application, and the Psychology of Robert Cialdini.Oxford, NY: Oxford University Press, forthcoming.

Petrova, P.K., Goukens, C.and Cialdini, R.B. (2011d) 'Keep on talking: A dual process theory of fluency', Working paper.Hanover, NH: Tuck School of Business at Dartmouth.

Petty, R.E.and Cacioppo, J.T. (1986) Communication and Persuasion: Central and Peripheral Routes to Attitude Change.New York: Springer-Verlag.

Petty, R.E.and Wegener, D.T. (1998) 'Attitude change', in D.T.Gilbert, S.T.Fiske and G.Lindzey (eds), The Handbook of Social Psychology, 4th edn.New York: McGraw-Hill, pp.323-390.

Petty, R.E., Wells, G.L.and Brock, T.C. (1976) 'Distraction can enhance or reduce yielding to propaganda: Thought disruption versus effort justification', Journal of Personality and Social Psychology, 34: 874-884.

Petty, R.E., Cacioppo, J.T.and Goldman, R. (1981) 'Personal involvement as a determinant of argument-based persuasion', Journal of Personality and Social Psychology, 41: 847-855.

Priester, R.J.and Petty, R.E.(1995)'Source attributions and persuasion: Perceived honesty as a determinant of message scrutiny', Personality and Social Psychology Bulletin, 21(6): 637-654.

Romer, D.and Jamieson, R.(2001)'Advertising, smoker imagery, and the diffusion of smoking behavior', in P.Slovic(ed), Smoking: Risk, Perception and Policy.Thousand Oaks, CA: Sage Publications, pp.127-155.

Rothbart, M.and Park, B.(1986)'On the confirmatory and disconfirmatory of trait concepts', Personality and Social Psychology Bulletin, 50: 13-142.

Sagarin, B.J., Cialdini, R.B., Rice, W.E.and Serna, S.B.(2002)'Dispelling the illusion of invulnerability: The motivations and mechanisms of resistance to persuasion', Journal of Personality and Social Psychology, 83: 526-541.

Sanderson, C.A.and Cantor, N.(1995)'Social dating goals in late adolescence: Implications for safer sexual activity', Journal of Personality and Social Psychology, 68: 1121-1134.

Schwarz, N., Sanna, L., Skurnik, I.and Yoon, C.(2007)'Metacognitive experiences and the intricacies of setting people straight: Implications for debiasing and public information campaigns', Advances in Experimental Social Psychology, 39: 127-161.

Shavitt, S.(1990)'The role of attitude objects in attitude functions', Journal of Experimental Social Psychology, 26: 124-148.

Slater, M.D.and Rouner, D.(1996)'Value-affirmative and value-protective processing of alcohol education messages that include statistical evidence or anecdotes', Communication Research, 23: 210-235.

Skurnik, I., Yoon, C., Park, D.C.and Schwarz, N.(2005)'How warnings about false claims become recommendations', Journal of Consumer Research, 31: 713-724.

Snyder, M., Clary, E.G.and Stukas, A.A.(2000)'The functional approach to volunteerism', in G.R.Maio and J.M.Olson(eds), Why We Evaluate: Functions of Attitudes.Hillsdale, NJ: Lawrence Erlbaum Associates, pp.365-394.

Strenta, A.and DeJong, W.(1981)'The effect of a prosocial label on helping behavior', Social Psychology Quarterly, 44(2): 142-147.

Thompson, D.V., Hamilton, R.W.and Petrova, P.K.(2009)'When mental simulation hinders behavior: The effects of process-oriented thinking on decision difficulty and performance', Journal of Consumer Research, 36(December): 562-574.

Trafimow, D.(2001)'The effects of trait type and situation type on the generalization of trait expectancies across situations', Personality and Social Psychology Bulletin, 27: 1463-1468.Tulving,

E. (1983) Elements of Episodic Memory.New York: Oxford University Press Tulving, E.and Schacter, D.L. (1990) 'Priming and human memory systems', Science, 247: 301-306.

Tulving, E.and Thompson, D.M. (1973) 'Encoding specificity and retrieval processes in episodic memory', Psychological Review, 80: 352-373.

Volkow, N.D. (2006) 'Efforts of the National Institute on Drug Abuse to prevent and treat prescription drug abuse-testimony before the Subcommittee on Criminal Justice, Drug Policy, and Human Resources Committee on Government Reform', United States House of Representatives, July 23.Available at: http: //www.drugabuse.gov/Testimony/7-26-06Testimony.html [accessed 6 February 2007].

Winter, P.L., Sagarin, B.J., Rhoads, K., Burrett, D.W., and Cialdini, R.B. (2000) 'Persuading to encourage or discourage: Perceived effectiveness of prescriptive proscriptive messages', Environmental Management, 26: 589-594.

Worchel, S., Arnold, S.E.and Baker, M. (1975) 'The effect of censorship on attitude change: The influence of censor and communicator characteristics', Journal of Applied Social Psychology, 222-239.

Wyllie, A., Zhang, J.F.and Caswell, S. (1998) 'Responses to televised alcohol advertisements associated with drinking behavior of 10-17-year-olds', Addiction, 93: 361-71.

Zajonc, R.B. (1968) 'Attitudinal effects of mere exposure', Journal of Personality and Social Psychology: Monograph Supplement, 9: 1-27.

Zajonc, R.B. (1980) 'Feeling and thinking: Preferences need no inference', American Psychologist, 35: 151-175.

第二部分

营销策划

第八章　市场细分与目标确定（琳内·多纳·洛滕贝格　卡罗尔·谢克特　约翰·斯特兰德）

这一章聚焦于受众细分的三步过程与方法：（1）基于共同标准进行市场细分；（2）选出一个或几个群体，在策划时给予最高优先度；（3）针对这一群体的需求，策划产品定位策略与营销计划。这一章首先说明了市场细分是社会营销核心成分的原因，并简要说明了营销中市场细分的发展历程。之后使用案例研究方法，对市场细分的基本变量、方法与标准进行了说明。这一章还对克服市场细分的组织阻力（organizational barrier）的方法提出了建议。这一类组织阻力经常阻碍社会营销者给予市场细分足够的时间与资源，而市场细分是社会营销过程的重要成分。

第九章　竞争与定位（加里·诺布尔　德布拉·Z.巴兹尔）

诺布尔与巴兹尔说明了有关社会营销竞争与定位的解读框架。在成功的社会营销干预项目的发展过程中，竞争分析是关键步骤。但是，与商业营销相比，社会营销中的竞争分析使用了更多的资源与形式，这导致对其识别更加困难。两位作者使用商业营销中的竞争分析层级划分技巧，即安德森提出的包含四个层面的竞争组合框架，应用于对指向儿童肥胖和反对酒驾的“道路成员”（Road Crew）干预项目的竞争分析。两位作者指出，这个竞争组合框架也应当和另外的一项有关竞争的商业营销技巧协作。最后，两位作者讨论了定位策略。通过定位策略，社会营销者可以促使目标受众积极主动地将其余竞争者区分开。

第十章　社会营销组合：批判视角（肯·皮蒂　休·皮蒂）

社会营销的成功，基于借用商业营销的技巧与观念，其中4P营销组合框架是核心成分。两位作者试图确定，在没有进行批判性再评估的情况下，采用一个受到广泛批评的概念，是否是明智的做法。这一章说明商业营销与社会营销对营销组合的批评，并指出，把商业营销的概念转到商业营销的过程过于简单直接了，把时间与精力都花在了“强行转移”的概念与行为。他们指出，应当基于社会营销面临的独特挑战以及正在涌现出来的关系与基于服务的营销概念，来重新修正传统的营销组合。

第十一章　社会营销中的传播（达纳·L.奥尔登　迈克尔·D.巴兹尔　萨米尔·德什潘德）

作者们提出了整合社会营销传播（integrated social marketing communications，ISMC）的框架，以帮助社会营销者确定他们的传播策略。这一框架的基本原则是：传播的焦点是亲社会行为的改变与行动，而不是聚焦于信息提供；在不同传播渠道之间确保品牌承诺的一致性，并将4P营销组合中的“推广”要素与其他三项要素整合。

第十二章　社会营销中的新媒介（达伦·梅斯　詹姆斯·B.韦弗三世　杰伊·M.伯恩哈特）

作者们描述了新媒介如何改变了人们与其他人进行信息互动与沟通的方式，还说明了在社会营销干预项目中使用新媒介的策略，尤其是在未来社会营销活动中新媒介与新技术的角色。作者们警告说，虽然新媒介给社会营销人员与消费者的互动带来了很多的潜力，但我们仍应该十分谨慎，努力为与消费者接受、信任与掌控（mastery）的程度相关的策略性与逻辑性的问题寻求答案。

第八章

市场细分与目标确定

琳内·多纳·洛滕贝格　卡罗尔·谢克特　约翰·斯特兰德

❖ 为什么要细分?

很明显，当考虑到市场、消费者行为和竞争活动的性质时，没有任何产品或服务能吸引所有的消费者，甚至那些购买同一产品的人也可能是出于不同的原因（Wind and Bell, 2008: 222）。

同样，社会营销的目标是开发和传递产品，以吸引我们的目标群体。然而，每个人都有自己独特的信仰、价值观、资源和限制，这些因素影响着他们想要什么、需要什么以及做什么。设计出一种能吸引所有人，并且每个人都能适用的产品是不可能的。

除了少数个例，组织没有资源为每个个体设计定制的产品。通过使用系统性的市场细分和目标市场选择，我们可以确保所提供的产品能够接触和吸引大量愿意或能够做出期望的行为改变的个人。此外，研究人员还发现，市场细分通过让组织与消费者保持密切联系的方式，促进以消费者为导向的目的，"确保更有效的资源配置，并使项目更好地适应客户的需求"（Dibb and Simkin, 2009: 1; citing Albert, 2003; Beane and Ennis, 1987; Freytag and Clarke, 2001）。通过最大化使用有限的资源，优秀的市场细分和目标市场选择能够加强社会变革的能力。

❖ 细　分

进行一项细分研究涉及两个重要决策：第一，确定细分基础，即决定人们将依据哪些变量被细分；第二，确定使用细分的方法，一旦进行了细分，就会对细分的部分进行剖析。

确定细分的准则

人们或组织可以用多种方式进行分组。优秀的细分将具备以下特点：

- 从概念上区分不同的群体，以不同的方式映照营销组合的不同元素。
- 相互排斥的。每个人、家庭或组织等均只适合一个细分市场，以便更好地进行分析。
- 可测量的。因为某些潜在的细分变量作为一个实际问题是难以测量的。
- 可用的。正如市场文献指出的那样，许多细分策略未能实施，是由于细分目标与组织整体战略不一致，实施细分结果的运营能力不足，以及管理层对细分不满且不愿意进行细分实践等原因。(Sausen et al., 2005; Wind, 1978; Yankelovich and Meer, 2006)

考虑诸多因素可以帮助确定哪些变量将提供最有用的细分。

基于细分结果作出决策的类型

细分目标包括：识别新的目标市场和与产品相关的决策（例如，目标市场选择、定价、设计、传播），促进客户留存，提高客户满意度或价值，确定适当的资源分配策略，更清晰地识别市场机会，以及更好地进行营销项目设计（Dibb, 1998; Dibb and Simkin, 2001; Kotler, 2002; Meadows and Dibb, 1998; Sausen et al., 2005; Wind, 1978）。这些决策将有利于丰富所需信息类型，并吸引目标人群（Wind and Bell, 2008; Yankelovich and Meer, 2006）。例如，要考虑以下目标和相应的信息需求：

- 新产品概念决策。购买和使用数据来自已经使用过相关产品、或有过满足类似需求或欲望的相关行为的个体。

- 定价决策。价格敏感度(单独或与使用模式结合)。
- 促销决策。寻求利益，媒介使用，从兴趣行为参与者身上搜集心理和生活方式方面的信息。
- 分销决策。在当地寻求的利益；便利性。

试图改变行为的类型及其对市场的重要性

关于客户购买的论述，扬科洛维奇和米尔(Yankelovich and Meer, 2006)建议根据购买决策的重要程度改变细分维度。对于浅层或低卷入度的决策，例如选择相对便宜的消费品(比如一种软饮品牌)，细分可以检验购买和使用行为，为更高质量的产品支付少量溢价的意愿以及品牌忠诚度等因素。对于中卷入度的决策，例如了解诊所的医疗条件或更换汽车品牌，细分应该尝试识别出消费者是“自己动手”、还是“为我而做”的类型，识别出他们的需求和他们的社会地位、自我形象和生活方式。对于深层次或高卷入度的决策，例如选择医疗场所或决定住在哪里，细分应该探索与决策相关的核心价值观和信念。

细分的变量

现在描述一些常见的细分变量。

- 行为细分。根据个人对某个行为的参与或回应进行划分。这通常是细分的最佳起点(Kotler and Armstrong, 2004)。行为细分可以采取多种方式，最简单的一种方式是将个人划分为表现或不表现某种行为的人。但是，在多数情况下，更多的分组是有用的。例如，得克萨斯WIC项目将孕妇分为从未使用过WIC的患者、以前曾使用过WIC但现在未使用WIC的患者和目前使用过WIC的患者。许多商业营销人员将用户分为重度用户、中度用户、轻度用户和非用户。在其他时候，行为细分是适当的，因为不同的群体需要(或将愿意)采取不同的行动。

  例如，在“减少流入美国最大河口切萨皮克湾的营养物物质污染”运动中，切萨皮克湾计划将居住在华盛顿特区的家庭细分为自己整理院子的人(84%)和那些雇用其他人整理院子的人(16%)。前者被要求在秋季而不是春季施肥。后者则被要求聘请环保的草坪服务。细分决策是通过调查进行的：确定细分的规模，并衡量居民对环境问题和草坪护理的相关态度和行为(Landers et al., 2006)。

- 人口统计学和其他个人特征。依据年龄、性别、教育程度、种族、收入、婚姻状况、职业、生育与否等因素进行划分。这是一种非常常见的细分方法，但如果单独使用，人口统计特征通常被视为不好的细分变量，因为在许多情况下，他们并不预测行为(Wind and Bell, 2008; Yankelovich and Meer, 2006)。对于针对特定健康主题的一些社会营销工作，最初的人口统计细分方法是恰当的。在2010—2011年间，美国疾病预防控制中心的年度流感运动“流感因你结束”初步细分了四个优先群体：儿童的母亲和青少年(0—18岁)；年龄在19—24岁之间的年轻人；患有哮喘或糖尿病的25—49岁人群(代表严重甲型流感病患者中最常见的慢性健康状况)以及65—75岁的成年人。美国疾病预防控制中心对这些小组进行了广泛的形成性研究，以了解他们各自关于疫苗的认知、态度和行为(AED, 2010)。然后，项目规划者制定了独立但互补的媒介、营销和广告策略，以激发行动。项目为特定受众量身定制了印刷的、在线的和广播的材料，通过教育他们了解CDC的临床疫苗接种建议，以及消除不信任和误解来鼓励他们接种疫苗。这些材料通过广泛的国家合作伙伴网络进行传播，媒介宣传工具包括文章、教育圆桌会议、广播媒体的旅游和公共服务公告。
- 心理细分。依据社会地位、生活方式或态度进行划分。心理细分可以对使用特定产品或拥有特定行为人的生活方式、态度、自我形象和愿望进行洞察。因此，这种类型的细分被认为对于开展传播活动、品牌强化和目标市场选择很有用，但对预测产品购买、产品开发或定价(Yankelovich and Meer, 2006)、或促成健康行为是没有作用的(Donovan and Henley, 2003)。目前的一个挑战是，用于创建心理细分的聚类分析会导致各个部分重叠。正如多诺万和亨利所说：

> A群体中70%的人可能同意这样的说法：“相较于海洋世界等人造娱乐场所，我更喜欢参观自然荒野地区”，而B群体中35%的人同意该声明。这是一个统计学上显著的差异。尽管如此，B群体中确实有35%人与A群体的人(Donovan and Henley, 2003: 214)共同具有这一特征。

- 地理细分。组织可以选择在某些地区运营而不在其他地区运营，定制产品以满足当地需求和偏好(例如，消费品公司根据地区喜好调整其口味)或适应当地的环境限制(Kotler and Armstrong, 2004:“连锁酒店在人口较少的市场开设规模较小的店，以及零售商在城市中心开设规模较小的门店”)。埃塞俄比亚的USAID NetMark项目是在社会营销中使用地理细分的一个例子。为了帮助控制疟疾，埃塞俄比亚政府向家庭分发了免费的、经杀虫剂处理的蚊帐(ITNs)。然而，项目受益者使用蚊帐的意识和使用水平较低，其中大多数家庭居住在农村和城郊地区，那里没有大众媒体。NetMark项目对场景进行细分，选择关注农村和城郊环境，然后使用适合这些环境的传播策略。该项目选取了特定的农村和城郊地区，然后与社区动员者和政府卫生推广人员合作，通过社区组织开展工作，并在这些地区开展挨家挨户的活动。NetMark还使用配备媒体的面包车，向社区组织提供有关疟疾的教育电影(USAID/AED, 2007)。

- 利益/诉求细分。基于人与行为、商品或服务相关联的利益进行划分。例如，斯特德及其同事(Stead et al., 1997)发现四个不同的小组寻求体育活动的不同好处：与对手竞争、改善自己的个人最佳状态(例如跑步或游泳)、改善他们的身体形象、与人见面或保持友谊。上文提到的切萨皮克湾项目活动的形成性研究发现，环境改善的好处并不像直接的个人奖励那样突出，项目规划者决定以幽默的方式强调个人利益，因此多媒体活动的口号是“拯救螃蟹，然后吃掉它们”。该项目与当地草坪护理公司、餐馆和知名厨师合作，使用广告和其他渠道，还包括使用消费者网站。尽管预算很少，干预后的调查显示，居民对草坪护理行为的意识有所增强，这缓解了海湾污染状况，同时也减少了春季施肥的情况。

使用理论和模型

关于行为和行为改变的理论和模型可以帮助我们识别影响行为改变的因素，系统地思考个人的行为改变过程，从而使细分更加高效。对与社会营销人员相关的许多价值理论和模型的回顾超出了本章的范围，然而，菲什拜因及其同事的工作可以作为一个起点。他们对五个理论和模型进行了彻底的回顾，这五个理论和模型包含“几乎所有试图理解和改变人类各种行为的变量”(Fishbein et al., 2001: 4)：健康信念模型、社会认知理论、理性行为理论、自我调节和自我控制理论以及主体文化和人际关系理论。他们确定了八个变量，“这些变量似乎可以解释任何特定的刻意行为中的大部分差异”(Fishbein et al., 2001: 4)。其中三个变量被证明是必要的，足以产生任何行为：“个人必须有强烈执行有关行为的积极意图；个人必须具备执行行为所必需的技能；环境必须提供机会背景或者不对个人加以限制，以使行为可以发生。”（Fishbein, et al., 2001: 5）考虑到这些变量是确定恰当细分维度的良好开端，洛滕贝格（Lotenberg, 2010）建议使用它们来制定三个问题，我们已将它们用来反映细分：

1.利益群体是否根据参与期望行为的机会进行划分？

2.利益群体是否根据参与期望行为的动机进行划分？

3.利益群体是否根据参与期望行为的能力进行划分？

按照上面的顺序对问题进行反思之前，首先要确定评估机会。洛滕贝格（2010）指出，机会是至关重要的，因为这种行为必须存在，但许多社会营销项目没有能力提供机会（或者管理者不相信他们有机会），而是直接跳到动机或能力上。

如果按照动机进行细分，似乎是值得社会营销人员追求的，菲什拜因及其同事（2001）确定的其余五个变量通常会影响个人表现某行为的意图：社会（规范）压力、相信表现某行为的好处超过了坏处、行为与一个人的自我形象一致的程度、对行为的情绪反应（采取行动的感觉是好还是坏）和自我效率感（相信一个人有能力采取行动）。这些行为决定因素可以是恰当的细分维度。在制定细分时，同样重要的是要考虑到个人的机会、动机和能力并不总是不变的，它们可以因情况和内部状态而改变。因此，有效和有用的细分是根据影响所有行为的因素来进行划分的。例如，一个人在家里吃午餐，在去开会的路上点外卖以及去一家不错的餐厅参加特别的庆祝活动，可能会对特定食品的优缺点进行不同的权衡。同样，新妈妈可能会在家进行母乳喂养，但可能需要自我提升或拥有其他技能，才能成功地将这种行为转移到工作场所（Lotenberg, 2010）。

在社会营销中经常被当作细分基础的特定行为模型是处于变革阶段的阶段变化模型（Prochaska et al., 2002）。这个模型很有价值，因为它提供了一个简单且经过验证的问题清单，用于将人们分成不同的阶段（预先确定、思考、准备、行动、确认或维护），并为不同阶段的干预策略提供指导（例如，在早期阶段强调福利，而在后期阶段强调成本）。黑斯廷斯（2008）指出在应用模型时应该谨慎行事，因为个体不一定以线性方式在每个阶段中移动，其可能无意识地在每个阶段中移动。该模型的后续版本注意到了这些问题（Andreasen, 1995; Hastings, 2008）。

细分的方法

大量的方法可以被用于细分研究，使用组合的方法通常提供最有用的结果。

许多社会营销计划首先要确定现有的研究，其中包括有关行为兴趣的数据，例如大型政府调查。这些研究通常还包括人口统计数据，但可能缺乏其他有助于设计有效营销工作的信息，例如有关受访者的生活方式、休闲时间活动和媒体习惯的信息。在某些情况下，如果社会营销数据库包含有关兴趣行为的信息，那么它们对社会营销人员更有用。

一些商业供应商提供可能有用的地理人口细分系统。这些系统包括澳大利亚的geoSmart、在20个国家有售的MOSAIC、英国的ACORN和美国的PRIZM。这些系统的工作原理是将家庭划分为人口统计（以及某些行为）不同的部分。例如，通过将美国疾病预防控制中心的行为风险因素监测系统数据库与PRIZM数据库合并，研究人员能够对暴饮暴食者进行分类——这些人自我报告称，在过去30天内喝了五瓶或更多饮料的情形至少有两次。合并后的数据集确定了成年人参与狂饮的前十大集群，并估计了他们所居住的市场区域（Moss et al., 2009）。

基本描述

一旦对一个群体进行了细分，对每个目标细分情况的分析就可以提供选择目标细分所需的信息，然后根据其特征制定特定的营销策略。这些基本描述通常概述每个细分的权重，有助于制定战略以实现所需行为变化的任何特征。对于基于人口的计划，人口统计特征如年龄、性别、婚姻状况、教育、收入、是否有孩子等是常见的。这些信息通常辅以心理信息如态度、兴趣、观点、生活方式等，以及与促销活动相关的媒体习惯。

目标市场聚焦：选择细分市场

好的细分可以识别出最值得用心的群体（Yankelovich and Meer, 2006: 2）。

无差别营销（undifferentiated marketing）是用来描述以整体市场为目标而非细分市场的术语；差异化营销涉及为两个或更多的细分市场设计各自的产品；集中（或利基）市场营销涉及将有限的资源集中在可能被较大竞争者忽视的利基上，细分的营销涉及为个体消费者定制产品（Weinstein，2004）。应根据可用资源决定采用哪种营销方式。选择细分的常用标准包括：

- 规模。目标应该足够大，以引起注意，并有可能对正在解决的问题产生影响（Hastings，2008）。
- 可接近性。细分项目具有可以有效和高效触达的分配渠道和资源。
- 反应能力或改变的可能性。
- 可操作性。赞助组织有足够的资源来开发可以为细分市场服务的项目。
- 与组织的使命一致。

多诺万及其同事（1999）以及多诺万和亨利（2003）开发了TARPARE模型，以帮助理解细分，并评估用有限资源解决这些问题的可行性。

- T（total number）：该细分受众群中的总人数。通常，数字越大，优先级越高。
- AR（At Risk）：风险人口的比例，其基于对相关问题进行高、中、低风险的评估；相关风险因素和该部门风险降低的预期收益也在细分考虑之中。一般而言，风险比例越大，潜在回报越大，因此该类别的优先级越高。
- P（persuasibility）：目标受众的可说服性。通常，改变细分市场的态度或行为的可行性越大，该细分市场的优先级越高。
- A（accessibility）：目标受众的可接近性。通过可用渠道触达每个细分市场的难易程度和成本效益的多少来确定。
- R（resources）：满足目标受众需求所需的资源。财务、人力和组织以及资源是否可用于触达每个细分市场，或是否必须添加。
- E（equity）：公平。包括社会公正因素，例如小团体是否因为公平原因而需要特殊项目。

TARPARE是作为定性评估开发的，尽管它也可以表示为加权多属性模型——详见多诺万和亨利2003年的文章。

❖ 识别和克服组织障碍以进行细分

组织顺利进行有用的细分研究的过程中会面临诸多障碍，包括数据短缺、人员不适应、操作问题以及变革阻力（Dibb and Simkin, 2009）。一旦进行了细分研究，这些常见缺陷通常带来的失望结果是对消费者身份的过度关注——这会使当前和潜在客户最重要的产品特征被忽略，同时过分强调实际的消费者行为以及过度关注细分的技术性细节，致使管理层不理解或不信任细分市场（Yankelovich and Meer, 2006）。

迪布和西姆金（Dibb and Simkin, 2009）提出了一系列“规则”，用来帮助组织在实施细分的过程中更好地运用相关理论。“规则”具体包括：细分前的指导、细分期间的指导和细分后的指导。“规则”同时提出了以下建议：应用恰当的资源，寻求早期的利益相关者支持，通过阐明利益、管理期望和制定详细的实施计划来鼓励承诺，使人员、预算、项目和经理的观点与部门和优先级保持一致。

关键词

市场细分；目标市场选择；基本描述；细分；目标市场。

要　点

- 市场细分和目标选择至关重要，然而它们通常在社会营销中使用不够。除了指导传播活动的发展和完成，细分研究还可用于识别新的目标市场、开发产品和服务、定价决策、告知分配、提高客户满意度或价值以及确定资源分配方案。
- 数据库营销和技术的进步提高了我们有效和高效地开展市场细分研究的能力，并使得制定泛区域或全球细分策略变得更加可行。
- 强大的细分从概念上确定不同的群体，这些群体以不同的方式响应营销组合的不同要素。细分可以基于地理、行为、所寻求的利益、心理特征、人口统计或其他个人特征做出。选择应基于使用结果做出的决策类型而确定。
- 目标选择决策应考虑细分市场的规模、可接近性、对产品响应的可能性，以及组织是否具有为细分市场提供服务所必需的资源。

- 由于细分研究需要大量资源和承诺，因此积极管理其概念化、实施和应用至关重要。

参考文献

AED Center for Health Communication (2010).Communicating about Influenza Vaccination 2010-11: Formative Research with Parents, Young Adults, Older Adults and People with Asthma or Diabetes.Submitted to CDC National Center for Immunization and Respiratory Diseases.Washington, DC: AED.

Andreasen, A.R. (1995) Marketing Social Change.San Francisco, CA: Jossey-Bass.

Dibb, S. (1998) 'Market segmentation: Strategies for success', Marketing Intelligence and Planning, 16: 394-406.

Dibb, S.and Simkin, L. (2001) 'Market segmentation: Diagnosing and treating the barriers', Industrial Marketing Management, 30: 609-625.

Dibb, S.and Simkin, L. (2009) 'Implementation rules to bridge the theory/practice divide in market segmentation', Journal of Marketing Management, 25 (3) : 375-396.

Donovan, R.J., Egger, G.J.and Francas, M. (1999) 'TARPARE: A method for selecting target audiences for public health interventions', Australian and New Zealand Journal of Public Health, 23 (3) : 280-284.

Donovan, R.J.and Henley, N. (2003) Social Marketing: Principles and Practice.Victoria: IP Communications.

Fishbein, M., Triandis, H.C., Kanfer, F.H., et al. (2001) 'Factors influencing behavior and behavior change', in A.Baum, T.A.Revenson and J.E.Singer (eds) , Handbook of Health Psychology. Mahwah, NJ: Lawrence Erlbaum, pp.3-17.

Hastings, G. (2008) Social Marketing: Why Should the Devil Have All the Best Tunes? Oxford: Butterworth-Heinemann.

Kotler, P. (2002) Marketing Management.Englewood Cliffs, NJ: Prentice-Hall.

Kotler, P.and Armstrong, G. (2004) Principles of Marketing, 10th edn.Upper Saddle River, NJ: Prentice-Hall.

Landers, J., Mitchell, P., Smith, B., Lehman, T.and Conner, C. (2006) '"Save the Crabs, then Eat 'Em": A culinary approach to saving the Chesapeake Bay', Social Marketing Quarterly, 12: 15-28.

Lotenberg, L.D. (2010) 'Place: Where the action is', Social Marketing Quarterly, 16: 130-135.

Meadows, M.and Dibb, S. (1998) 'Assessing the implementation of market segmentation in retail financial services', International Journal of Service Industry management, 9: 266–285.

Moss, H.B., Kirby, S.D.and Donodeo, F.(2009)'Characterizing and reaching high-risk drinkers using audience segmentation', Alcoholism: Clinical and Experimental Research, 33(8): 1336–1345.

Prochaska, J.O., Redding, C.A.and Evers, K.E.(2002)'The transtheoretical model and stages of change', in K.Glanz, B.K.Rimer, and F.M.Lewis(eds), Health Behavior and Health Education: Theory, Research and Practice, 3rd edn.San Francisco, CA: Jossey-Bass.pp.99–120.

Sausen, K., Tomczak, T.and Herrmann, A.(2005)'Development of taxonomy of strategic market segmentation: A framework for bridging the implementation gap between normative segmentation and business practice', Journal of Strategic Marketing, 13: 151–173.

Stead, M., Wimbush, E., Eadie, D.R.and Teer, P.(1997)'A qualitative study of older people's perceptions of aging and exercise: The implications for health promotion', Health Education Journal, 56: 3–16.

USAID/AED.(2007)NetMark 2008 Strategy and Work Plan.Washington, DC: USAID/AED.

第九章

竞争与定位

加里·诺布尔　德布拉·Z.巴兹尔

❖ 社会营销背景之下的竞争

根据大多数学者的观点，社会营销与行为选择有关。科特勒和李（2008：164）认为，社会营销干预面临三种形式的竞争：

1.目标受众偏好的行为VS被推广者偏好的行为。

2.目标受众根深蒂固的行为VS目标受众现有行为。

3.将相反信息投射到所需行为的组织和个人。

两位皮蒂（Peattie and Peattie，2003）反对这种竞争的概念化，这将目标受众的当前和首选行为标记为主要的竞争力量。他们认为，这种概念化更像是商业营销人员把"消费者不采用产品"当作了他们的主要竞争点。因此，皮蒂提出了一个更抽象的竞争概念，并将其定义为"理念之战"（Peattie and Peattie，2003：375）。他们认为，这场战斗围绕着一个过程，在这个过程中，要采用所期望的行为以吸引目标受众的注意力，然后再说服他们接受提出的社会营销主张。在这个过程中，竞争是以"竞争思想"的形式出现的（Peattie and Peattie，2003：376），他们认为竞争有四个不同的来源：

1.商业化反营销。商业公司的促销行为与社会营销者的行为直接相反，例如快餐店。这种竞争来源类似于科特勒和李（2008）的第三种竞争形式。

2.社会阻碍。这些理念包括与社会营销者的倡导相对立的社会价值观或规范，例如劝阻采取社会中重要人群（包括同龄人）的行为。

3.冷漠。个人对行为改变缺乏兴趣或关注。两位皮蒂认为，冷漠可能不是直接的竞争对手，但却是阻止行为改变或采用的重要因素。

4.不由自主的厌恶。指的是理性和非理性的原因，其阻止个人采取行为改变，例如生理成瘾。

然而罗斯柴尔德（Rothschild）进一步深化了竞争概念，他认为竞争是"削弱组织实现其目标能力的任何环境或感知力量"（Hastings，2003：7）。这是一个极其广泛的竞争概念，它提醒社会营销人员需要全面了解竞争是什么，以及它的不同呈现形式是什么。罗斯柴尔德对竞争的看法与安德烈亚森和科特勒（2003：53）的看法相呼应，他们认为，从最基本的意义上说，竞争是"客户所想的一切"。

❖ 识别竞争

社会营销背景下的竞争可能极难识别，因为它像伍德赛德指出的那样"微妙而多样"（Woodside，2008）。在社会营销文章中，竞争是一个经常被忽视的因素，许多人根本没有解决这个问题，一些人只是草草了事，还有一些人用一种含蓄的方式来解决这个问题。比如，布莱恩特等人（2001）将竞争确定为区分社会营销与其他行为改变方法的六个关键原则之一，并将其定义为"当前的实践行为"。他们在针对美国得克萨斯州致力于服务女性、婴儿和儿童的项目进行案例研究的过程中，没有具体确定其竞争对手；相反，他们完全确定了目标市场面临的阻碍和成本，这些被隐含地确定为竞争对手。

诺布尔等人（Noble et al.，2007）在关于"父母购买食物的矛盾行为"的文章中展示了竞争分析，他们认为阻碍和竞争是紧密相连的。在他们的研究中，权宜之计和避免冲突的想法被确定为竞争对手。和布莱恩特等人一样（2001），在他们的研究中，阻碍和竞争也被同义对待。

❖ 竞争的层面

在商业营销中，竞争分析的层面通常包括属性、产品形式、行业以及品牌竞争（Hastings, 2003）。在社会营销方面，安德烈亚森开发了一个模型（Andreasen, 2006），该模型从他早期版本的研究中（Andreasen, 1995, 2002; Andreasen and Kotler, 2003）发展而来，展示了社会营销在四个层面上的竞争：总体层面竞争、企业竞争、产品竞争和品牌竞争（Andreasen, 2006: 155–157）。为了本章的研究目的，我们采用了这四个层面进行分析。在安德烈亚森（2006）的文章中，对竞争层面的分析通过实例得到证明，但却没有对其进行明确定义。为了更好地服务本章的研究目的，我们分别将它们定义如下：

- 总体层面竞争：阻碍你将注意力从广阔的话题领域转移的竞争力量。这包括一些看似无关的问题，如对目标受众有限的时间和注意力的争夺、对资金或政府关注度的争夺，以及所倡导的行为与实际行为相反时所面临的竞争。例如，考虑一下关于儿童肥胖的话题领域，如果目标受众因担心经济而消费，他们会关注儿童肥胖吗？政府会提供资金来解决儿童肥胖问题，还是把资金用于成人就业培训项目？对于打算通过骑自行车干预措施来解决儿童肥胖问题的社会营销人员来说，在这个层面上，竞争基本上来自任何能够阻碍目标受众解决儿童肥胖问题的因素。
- 企业层面的竞争：在广泛话题领域内，阻碍目标受众解决问题的竞争力量。在这个层面上，焦点变得更窄，但仍然非常普遍。例如，在儿童肥胖的背景下，增加运动和改变营养摄入是两种显而易见的常见做法。对于打算通过骑自行车干预措施的社会营销人员来说，任何阻止目标受众进行运动的因素都属于这个层面的竞争，这甚至可能包括解决儿童营养问题的工作。
- 产品层面的竞争：在相关问题中，阻止目标受众谈论特定话题的竞争力量。在这个层面上，焦点已经大大缩小了。例如，对于鼓励骑自行车的干预，任何阻止个人运动的目标都是竞争，这甚至可能包括团体运动等体育活动。
- 品牌层面的竞争：在特定话题领域内，阻碍目标受众采取干预措施的力量。这是最狭隘、最具体的分析层面。例如，在这个层面上，除骑自行车的干预措施之外的其他形式的个人运动都可能是竞争，即使它们可能也是针对儿童肥胖问题的。

虽然不同作者提出的术语有些许的不同，但他们提出的分析层面却存在重大差异。很显然的是，社会营销人员必须在各种分析层面上考虑他们的竞争。同样清楚的是，每一层都代表一个较低层次的抽象。这种方法的价值在于它鼓励社会营销人员在抽象层面上考虑他们的竞争，这可以促进对整体大局的理解，并且在非常具体的层面上进行有利的战略规划。图9.1显示了这四个分析层面之间的关系，以及每个层面是如何被目标个体的感知和需求驱动的。采用以目标为中心的方法，图9.1从父母的角度解决了儿童肥胖问题。在本章中，我们围绕这些不同层面的分析进行讨论，采用安德烈亚森（2006）的总体层面竞争、企业竞争、产品竞争和品牌竞争的术语来建立“竞争矩阵”。

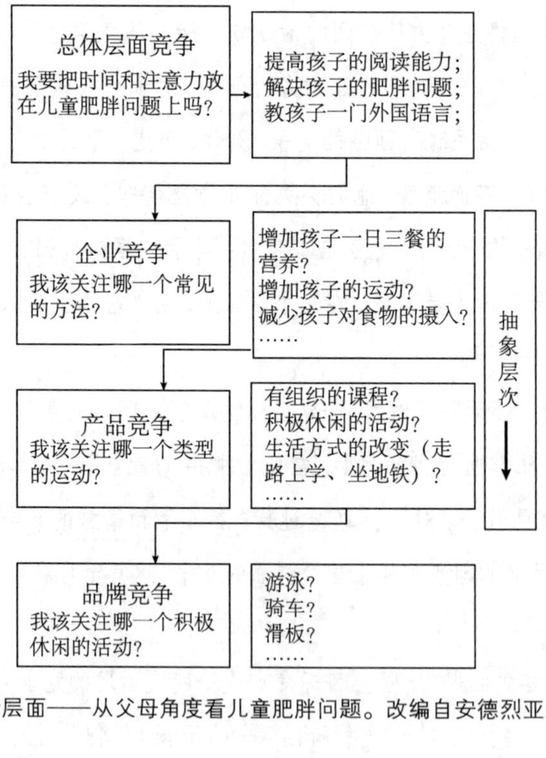

图 9.1　竞争分析层面——从父母角度看儿童肥胖问题。改编自安德烈亚森和科勒（2003）

❖ 竞争矩阵

基于对上述四个层次分析，有两个关键的竞争维度。首先是竞争的性质，是基于组织（实体）还是非组织（个人内部或整体环境的一部分）？这是我们之前在对“阻碍”一词的讨论过程中提到的一个概念。黑斯廷斯（2003）和韦曼等人（Wayman et al.，2007）都指出了这一概念。黑斯廷斯（2003：8）利用术语“有目的”和“惯性”的竞争来阐明这一点。有目的的竞争需要一个可识别的实体，其目的与社会营销活动的目的不一致。因此，快餐店代表有目的或基于实体的健康饮食活动的竞争因素。另一方面，惯性竞争包括个体内部的要素以及与特定实体无关的一般环境要素，内部要素通常与维持现状有关，一般环境因素则包括同伴压力或缺乏支持性文化等因素。惯性竞争表明，在短期内，个人更愿意维持现有的行为。韦曼等人（2007）同样表达了这些观点，他们认为竞争可以是基于组织或基于行为的。他们将基于行为的竞争置于产品竞争的背景下，并再次看到这种竞争的主要形式是社会营销人员可能试图改变的、根深蒂固的现有行为。在讨论基于组织的竞争时，他们指出这种形式的竞争包括附带竞争信息以及竞争资金以支持其社会营销干预的组织。也就是说，他们采用一种广泛的视角去看待这种竞争形式的影响。在本章中，我们将组织竞争者的形式分为“基于实体的”和“基于非实体的”，以强调识别是否涉及特定外部实体的重要性。正如我们将在本章后面所述，在竞争分析的任何层面，就任何具体的干预而言，社会营销人员都可以识别工作中的各种实体和非实体竞争力。

要考虑的第二个关键维度，是实体或非实体的竞争力量是否与相关的干预相互竞争或互补。里奇和温伯格（Ritchie and Weinberg，2000）确定了三种类型的竞争，这三种竞争属于协作的连续体。在协作式竞争中，实体有共同的目标，他们经常合作解决问题。替代竞争代表了在如何解决共同目标方面存在差异的情况，因此可能会或者也可能不会发生协作。最后，当组织解决共同目标的手段截然相反时，就存在激烈的竞争。

纳尔巴夫和勃兰登堡在他们的《合作竞争》（Nalebuff and Brandenburger，1996：15）中提到了与竞争对手合作的概念。他们强调补充（补充可能有益于自身的产品）的重要性，并用“补充者”这个词来代表那些提供重要补充的人。例如，如果活动旨在通过鼓励骑自行车来解决儿童肥胖问题，那么滑板和游泳可能是互补行为，因为它们通过其他方式解决了儿童的肥胖问题。

补充表明存在着另一种力量，这种力量有助于实现自己的目的。当社会营销人员与另一个实体建立联盟时，就会出现相关的协作问题。在这种情况下，社会营销人员可以与另一个实体合作，以更有效地实施他们的干预举措。有时，不是直接竞争对手的实体都可能成为合作者。这些协作可以为社会营销人员带来好处，提供急需的资源，但是，在某些情况下，它们可能会引起很大争议。例如，啤酒公司可以与社会营销商联手，在乘客饮酒后为其提供安全的乘车服务。一些社会营销人员认为，与某些"罪恶"公司合作是不合适的，无论他们提供什么资源。我们不会在此处解决该争议，只是稍做提及。

一个相互竞争的实体不必是敌对的，即使他们努力的结果侵蚀了你们的效力（Ritchie and Weinberg, 2000）。例如，"针头交换项目"可能会削弱减少毒品使用活动的有效性（Kotler and Lee, 2008: 164）——尽管该项目并没有这个意图，但这种"友好竞争"可能会对你的成功产生负面影响。相比之下，"好斗"的竞争表明组织会相互冲突，试图说服同一个目标执行截然相反的行为，就像堕胎辩论一样（Ritchie and Weinberg, 2000）。有时，竞争和互补力量之间的区别是分析层面的问题。在特定的战术层面上代表竞争力量的东西可能成为更广泛、更抽象层面的互补力量。例如，旨在鼓励减少饮酒量的活动可能会减少鼓励饮酒者乘坐出租车回家的社交营销活动的影响，但在更广泛的层面上，这两项努力可能会成功地减少醉酒驾驶。

从这个讨论中产生的是竞争矩阵，其可以跨越这两个维度——实体/非实体和补充/竞争，以更清楚地阐明所有竞争可能性。竞争行为可以是基于实体的，也可以是基于非实体的，也可以是补充行为（见图9.2）。两个维度都是连续的。实体可以与营销者的努力竞争，同时在某种程度上也提供补充产品。例如，麦当劳通常可以作为健康饮食的竞争者，同时也提供沙拉等补充替代品，因此使用二分法的分类并不合适。实体/非实体分类最常用二分法表示，但是，有些情况下，实体分类也可以在连续统一体中得到最

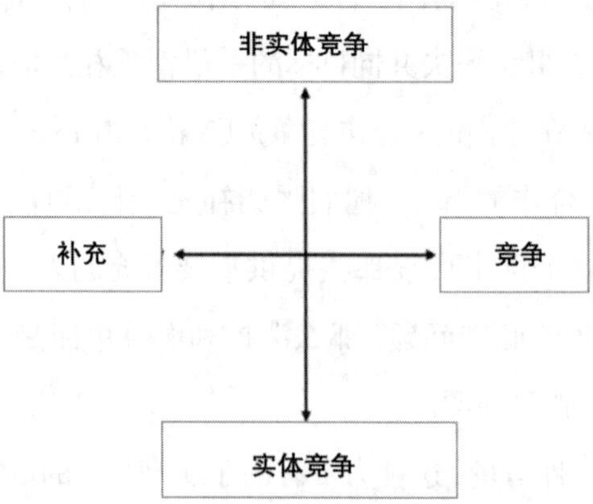

图 9.2　竞争矩阵

好的理解。此类案例涉及伪实体，如影响行为的非正式团体。该框架展现了干预可能面临的竞争环境的全貌，并可应用于任何竞争分析层面。

接下来，我们将此竞争矩阵应用于安德烈亚森（2006）的四个层面的分析。在每个层面，我们使用儿童肥胖的假设例子和“代驾”干预的实例来证明框架的应用性。

“代驾”是一项旨在减少醉酒驾驶的社会营销干预举措。我们将此案例应用于每个层面的分析，以证明这个框架适用于现实世界的情况。代驾项目的目的是为了减少美国威斯康星州丹恩县的醉酒驾驶现状，该县是一个酒后驾驶率很高的地区。该项目以较低的成本提供往返于饮酒场所和饮酒场所之间的乘车服务，允许个人在不开车的情况下饮酒。该项目由威斯康星州交通部、威斯康星大学商学院和美国威斯康星州酒馆联盟运行。自从代驾项目开展以来，研究表明酒精相关事故有所减少（Rothschild et al., 2006）。我们的分析将专注于酒馆和酒馆联盟的作用，同时我们也认识到这是一个有争议的例子，因为一些社会营销人员批评与“罪恶”组织结成的联盟。我们仅仅因为它对我们框架的广泛应用性而使用这个例子。这里存在的争议提醒人们，社会营销人员面临的复杂性有所增加。

总体层面的竞争

在总体分析的层面（见图9.3），社会营销人员会认识到他们的产品所适合的可能替代方案的整体范围。例如，施乐公司确定其范围应该是文件管理而不是简单的复印。这鼓励社会营销人员考虑他们干预的主要好处。在这个层面上，例如，社会营销人员会考虑是否正在解决长寿或生活质量等问题。虽然这看起来很明显，但并不一定如此。例如考虑一种情况，市议会决定开展社会营销活动，鼓励在新铺设的城市自行车道上骑自行车。虽然非特定活动可能会增加路径的使用，但为了最大限度地提高干预效率，社会营销需要确定所选目标市场的需求。在总体层面，市议会必须考虑为什么建立这条道路，是为了提高公民的健康水平吗？是为了减少交通堵塞吗？或者它只是为了吸引潜在的企业用户而建造的？这些都需要采用不同的社会营销干预方法，或许在吸引业务的情况下，也可能不需要干预。接下来，在总体层面上，我们将竞争矩阵应用于我们的两个例子：儿童肥胖和代驾。

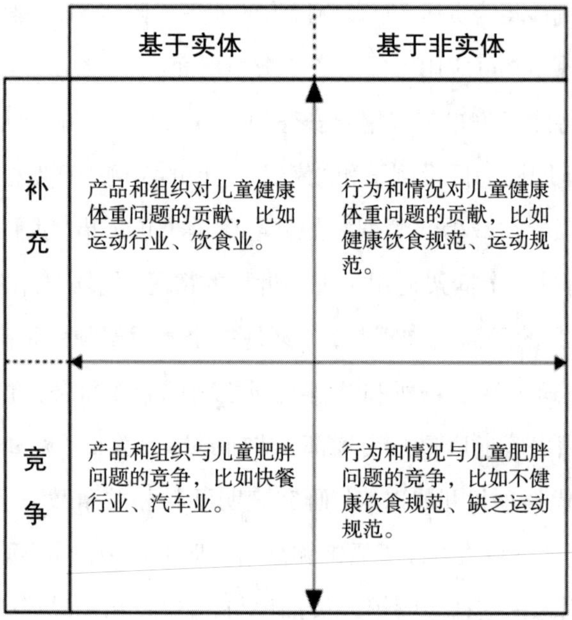

图 9.3　总体层面竞争矩阵

使用儿童肥胖的例子来论证竞争矩阵的应用，在总体层面上，儿童肥胖是话题领域。任何转移儿童肥胖注意力的事情都是竞争对手；任何关注儿童肥胖的事情都是一种补充。社会营销者和与之结成联盟的组织代表合作者，这是一种特殊的互补关系。每一个连续的层次都缩小了分析单元的范围。

图9.3至9.6将儿童肥胖的例子应用于竞争矩阵，但由于空间限制，每一部分都只包含一些竞争的例子。完整的竞争分析要包含每个分析层面所有潜在竞争者和补充者的详尽清单。

这一层面的竞争对手包括导致儿童肥胖的任何因素。在这个层面上，考虑了广泛的行业类别。这包括迎合儿童不健康饮食选择的行业，如糖果和薯条。它还可能包括阻碍体育运动的行业，如计算机和视频游戏。补充者可能与饮食有关，如减肥药、时尚饮食甚至外科医生。它们也可能与运动有关，例如体育用品业。基于非实体的补充行为可以包括减少食物摄入和增加锻炼的各种形式。值得注意的是，虽然补充行为被认为鼓励目标行为，但这并不一定意味着它们是积极的行为。

在总体分析的层面，应用层面分析方法对代驾项目进行分析，涉及喝酒的人作为补充者。这是因为它们有助于将注意力集中在有关饮酒的常见主题上，代驾项目也是如此。酒馆涉及酒精，因此，它们作为基于实体的补充者，在这个层面上对代驾项目进行干预。同样，任何与酒精相关的社会营销活动都是基于实体的补充者。当他们把注意力从酒精问题上移开时，其他的话题领域都变成了竞争对手。

企业层面的竞争

第二个分析层面是企业层面（见图9.4）。在这里，我们开始更具体地考虑我们的重点。我们确定了与我们竞争的整体行业类别。继续看儿童肥胖的例子，我们的重点从关注儿童肥胖的一般问题到减少儿童肥胖的更具体手段，比如在关注饮食或注重运动之间做出选择。我们关注运动这个例子，考虑哪些特定行业可能与我们的目标竞争。

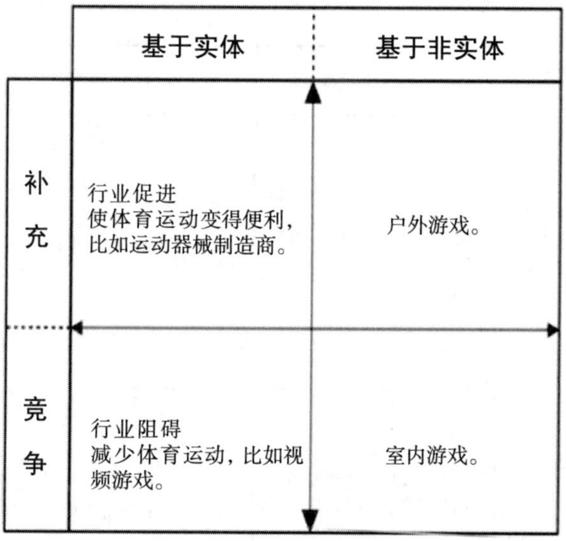

图 9.4　企业层面竞争矩阵

在企业层面，对希望通过增加体育活动来解决儿童肥胖问题的社会营销人员的竞争，阻碍了儿童体育运动的积极性。这些竞争可能是各种电子媒体形式，包括电视、电子游戏和电脑游戏。对我们来说，这些都是基于实体的竞争形式。然而，也有一些电子媒介可以鼓励互补行为，比如鼓励儿童进行体育运动的特定电子游戏。这种差异在下一个层次进行分析，即产品层次，它支持这些细微的差异。

谈到代驾项目案例，我们会看到分类的转变。在企业层面，我们的关注点从与酒精相关的范围（代表分析的一般层面）到酒精远离家庭。根据减少醉酒驾驶行为的既定目标，所有在家庭以外提供酒精饮料的场所都可被视为竞争对手。这包括拥有酒牌的餐馆和酒馆等。虽然酒馆是普通酒精行业的一部分，但也因此被归类为补充者，而在企业层面充当基于实体的竞争者。

产品层面的竞争

在产品层面（见图9.5），社交营销人员通过识别他们的干预将促进的行为类型，进一步缩小他们的关注点。回到儿童肥胖的例子，在之前的分析中，我们关注的是身体活动。就体育活动而言，是增加每天的一般活动、鼓励参与有组织的体育活动，还是促进某项特定的休闲活动？在我们的例子中，专注于鼓励积极的休闲活动。社交营销人员决定哪些特定的产品类型转移了人们对积极休闲活动的注意力。社会营销者可能认为不运动的电子游戏是竞争对手，而运动的电子游戏是互补的。朋友可能是潜在的竞争和互补。

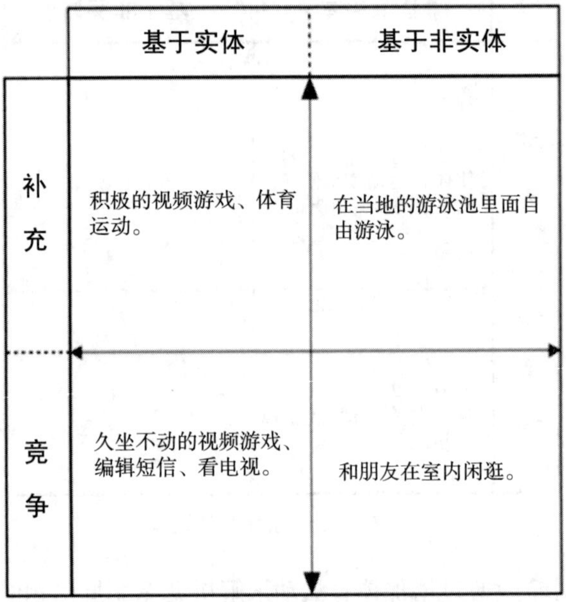

图 9.5　产品层面竞争矩阵

再次回到代驾项目案例，在产品分析层面上，我们的重点再次缩小。我们开始辨别在家庭以外提供酒精的各种场所，并分别评估每个类别。酒馆是一个独特的团体，它为人们提供酒精饮品，造成饮酒者可能不得不开车回家的情况。与餐馆不同，酒馆主要专注于提供酒精饮品。因此，在产品层面，酒馆被视为基于实体的竞争者。

品牌层面的竞争

品牌是最终的分析层面，这一阶段针对特定行为选择的竞争。对于社会营销人员个人而言，在品牌层面，竞争代表他们的目标受众可能选择的其他行为，而不是他们所倡导的行为。我们的竞争矩阵也适用于这种竞争水平（见图9.6）。这是最具体的应用程度。在此层面，应尽可能具体地确定竞争对手。例如，将“久坐不动的视频游戏”识别为此级别的竞争对手是不够的。相反，确定哪些特定的视频游戏正在引起目标市场的关注。这种详细程度可能有助于干预措施的设计，也可能有助于纳入对目标有吸引力的要素。

	基于实体	基于非实体
补充	Wii健身游戏包、Xobx Dance（体育运动类视频游戏）、家长和教师协会鼓励孩子们步行上学校的活动、季节性的去市政游泳厅。	在当地的游泳池里面骑游泳圈。
竞争	任天堂Ds视频游戏（Mario Cart，超级马里奥64）、市立图书馆的鼓励阅读活动。	夏天，青少年在彼此家中聚会。

图 9.6　品牌层面竞争矩阵

继续将竞争矩阵应用于儿童肥胖问题，我们将鼓励骑自行车作为选定的社会营销干预。在这个层面，应该识别特定的竞争对手。在这个过程中，很明显所有视频游戏都不是竞争对手。例如，Wii健身游戏包提供的几个包含体育锻炼的视频游戏，可以成为基于实体的补充者而不是竞争者，因为它鼓励非骑车者学习骑车，或鼓励骑自行车的人认为骑自行车可以很有趣。另一方面，任天堂DS的Mario Kart游戏可能代表一个基于实体的竞争对手，当它作为另类娱乐形式被目标市场频繁使用时。图9.6表示我们提出的竞赛矩阵的一个例子，该矩阵适用于以鼓励骑自行车以减少儿童肥胖的社会营销活动。

最后看一下代驾项目的例子，它显示了另一个缩小的焦点。我们从广泛的酒馆类别转变为酒馆类别中的特定实体。在品牌层面的分析中，酒馆联盟是酒馆产品类别中的特定品牌。如我们在产品层面竞争的分析中所看到的那样，酒馆可能会被视为竞争对手，但是酒馆联盟已经与代驾项目合作，以一种非常具体的方式减少醉酒驾驶，从而在成功解决问题的同时维持或增加他们的业务。通过消除许多人在酒吧喝酒时遇到的阻碍来减少醉酒驾驶。因此，表面上看起来似乎是竞争对手的实体，实际上也可以是有用的补充者甚至是合作者。

❖ 合作竞争

一些社会营销人员并未直面竞争，而是通过各种方式找到减轻或消除竞争的方法。理想情况下，社会营销人员会尽可能地将竞争对手变成补充者（Nalebuff and Brandenburger, 1996），甚至与某些竞争对手合作。这个概念被称为“合作竞争”（Noorda, 转引自Nalebuff and Brandenburger, 1996: 4）。更具体地说，合作竞争是一种基于博弈论的战略——“结合竞争和合作”。一般而言，在更大的分析层面上，表面上的竞争对手实际上可以互相提供利益（Nalebuff and Brandenburger, 1996: book cover）。这里提出的矩阵通过识别补充和竞争行为来结合这一概念。

合作竞争基于博弈论（von Neumann and Morgenstern, 1944），几十年来一直是许多领域的研究课题。它最开始应用于军事战略，后来转向应用于数学，并进一步促进了经济学的繁荣。博弈论让人们认识到许多相互依赖的因素在起作用，并寻求在竞争环境中确定最佳策略（Nalebuff and Brandenburger, 1996）。纳什（Nash, 1951）提出了一个平衡点，即当每个玩家都根据其他玩家的战略选择做出他们认为最适合自己的战略选择时。对于社会营销人员来说，这强调了了解竞争者，以及竞争者可能采取的策略的重要性。例如，面对经济衰退，麦当劳是否会通过提供高糖高碳水化合物的安慰性食物，来推出“在艰难时期取悦自己”的活动。这种竞争形式与鼓励健康饮食的社会营销人员高度相关。

纳尔巴夫和勃兰登堡（Nalebuff and Brandenburger, 1996）已经应用这种方法来确定了一个最成功的潜在战略应具备的五个关键组成部分（即参与者、附加值、规则、策略和范围）。他们用首字母缩略词PARTS来表示这些元素：

- 参与者。确定所有的相关组织。在商业营销中，关键参与者包括公司本身、客户、供应商、竞争对手和补充者（Nalebuff and Brandenburger, 1996）。社会营销可以修改这种情况。社会营销供应商可能包括那些提供干预材料、沟通材料、附加产品甚至提供资金的人。虽然“客户”一词被一些社会营销人员回避使用(Hastings, 2007),但社会营销术语中的类似群体可能包括目标市场以及支持个人、同龄人和父母等次要目标。合作竞争表明,识别补充者和识别竞争者同等重要。

- 附加值。了解干预对社会的价值。这是通过评估社会的总体成本来确定的,包括财务性成本和非财务性成本,有干预措施或者没有干预措施。对于社会营销人员来说,尝试识别所有形式的贡献是很重要的。社会营销者对骑自行车的干预会减少政府在医疗保健上的支出吗?如果父母不再需要开车送孩子去不同的地方,是否会缓解交通堵塞,从而减少道路维修费用?它会增加对自行车的需求,从而吸引自行车制造商吗?对所有潜在参与者的价值有一个全面的了解,将有助于社会营销人员制定一个最大限度的有益策略。
- 规则。了解游戏规则(Nalebuff and Brandenburger, 1996)。在商业营销中,规则可能会有所不同,但对利润和客户满意度的关注往往很关键。然而,社会营销人员通常必须平衡许多群体的需求,并且出于道德原因可能不愿意采取某些途径。例如,一项旨在减少未成年人饮酒的社会营销干预措施,由大的酒类产品生产商提供干预材料是否合适?这一举措将使酒类产品生产商从竞争对手转变为互补企业,尤其是合作互补企业,但这在道德上合理吗?社交营销人员可能不得不做出诸如此类的艰难决定,他们要遵守规则通常比商业营销人员所面临的规则要严格得多。
- 策略。了解用于塑造感知的方法。感知即现实。成功和失败往往取决于不同的参与者如何看待这种情况。社会营销人员必须了解所有参与者的看法。
- 范围。了解问题的范围。通过鼓励社会营销人员在各种抽象层面上考虑问题,前文中提到的这些分析层面对了解问题的范围非常有用。当所有层面的分析都被考虑在内时,其他的成功途径可能就出现了。

❖ 定 位

到目前为止,我们已经说明了,识别和理解竞争对于开展成功的社会营销干预非常重要。这种认知可以应用于多种情况:它不仅可以帮助确定潜在的竞争对手是否可以成为行为的补充,还可以指导社会营销干预确定目标受众的过程。简单来说,相对于竞争对手而言，定位代表了产品在消费者心目中的位置。虽然这是一个“管理”过程，但重要的是要强调定位是基于目标受众成员如何看待任何产品。更正式地说，定位过程可以被定义为：

> 对组织实际供给（actual offering）与认知供给（perceived offering）进行设计，使它在目标市场（你想要的市场）中占据独特的位置（Kotler and Lee, 2008）。

在本节内容中，我们简要地研究了社会营销干预背景下的定位概念。阿尔·里斯（Al Ries）和杰克·特洛伊（Jack Trout）在20世纪70年代畅销书《定位：为你的心灵而战》（*Positioning: The Battle for Your Mind*）一书中引入并介绍了定位的概念。他们认为我们生活在一个沟通过载的社会中，作为对大量日常交流的防御，我们的大脑会屏蔽大部分信息。为了解决这个问题，里斯和特洛伊（2001：24）表明营销人员在潜在客户心中创造了一个位置。正如黑斯廷斯（2007）指出的那样，成功创建这一位置需要了解消费者如何看待产品以及产品如何衡量竞争对手。定位涉及目标市场对产品相对于竞争对手的主观评价，而不是任何客观衡量标准。

在商业营销中，定位以产品的形式创建，该产品具有一组属性。例如，汽车可以通过设计和制造提供一系列不同的属性，例如价格、安全性、舒适性、燃料效率等。但产品的定位通常是由被认为对目标受众最重要的某些产品属性确定的。例如，汽车制造商可以确定可靠性和燃料效率是其目标市场的两个最重要的产品属性。营销人员将如何根据这些属性确定他们的汽车相对于竞争对手的评级，并围绕这些属性制定一个定位。如何在这两个属性上比较不同品牌和型号的汽车，可以被标记为“感知图”，通常是简单的2×2或者是2×3矩阵。这些感知图有助于深入了解一个产品或品牌如何与其竞争对手进行感知和定位，以及竞争对手在关键属性上具有相似评级并在相同属性上竞争的数量和程度。这种竞争水平或竞争强度是通过评估品牌之间的距离来确定的，通常是通过测量欧几里得距离或城市街区距离来确定的（如需对这些评测形式进行更多了解，参见Ghose, 1994）。图9.7代表了一个简单的汽车假设示例。

个人对不同的产品类别（例如汽车、快餐店、酒店等）、不同行为和社会或健康相关问题（如肥胖、运动、器官捐赠、道路安全等）等具有不同的感知图（Kotler and Lee, 2008）。在尝试为任何行为改变的干预确定合适的位置之前，社会营销人员必须清楚

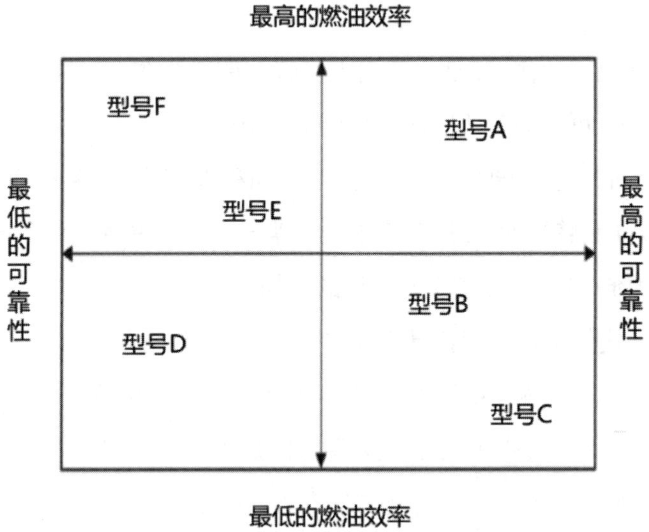

图 9.7　汽车的可靠性和燃油效率感知图

他们的目标受众是谁，以及竞争对象是谁（或者是什么）。只有这样，他们才能制定成功的定位策略。换句话说，不管竞争采取的形式是实体的还是非实体的，社会营销人员都必须考虑干预如何被感知，并且当前与竞争者相比，定位在目标受众心中的位置。干预被认为是一种偶然的行为还是必须定期进行的事情？与目前的行为相比，它被视为一种愉快的短期体验还是只能提供长期效益的不愉快的体验？

除了个人对不同产品、健康和社会问题具有不同感知图，针对每个层面的竞争还有不同的感知图。在商业营销的世界里，胡利等人（Hooley et al., 2008）认为定位原则适用于三个不同的竞争层面：企业、产品和品牌。

例如，在企业层面，消费者可以画出销售相同范围的杂货物品的不同超市名称和身份的感知图；在产品层面，他们可以以相似的价格来映射来自不同制造商的杂货产品；而在品牌层面，他们可能会映射同一产品类别中品牌之间的差异，例如不同的护发品牌。胡利等人（2008）指出的一个关键点是，这些层面相互关联。Virgin是一家总部位于英国的公司，专注于娱乐、媒体和旅游。虽然这些产品看起来似乎无关，但Virgin认为也许通过客户忠诚度的方式，"大品牌"的价值可以建立在消费者对公司的"时尚"品牌标识的认知上。如果Virgin在每个竞争层面的位置可以影响下一个层面，那它就可以在消费者心中占据一席之地。安德烈亚森（1995）评论说，社会营销人员必须经常为每个竞争层面制定战略，这支持了胡利等人（2008）的观点。社会营销人员应该在我们讨论的四个竞争层面中考虑定位策略的需求和影响，并考虑每个层面的定位策略之间的关系。

回到我们儿童肥胖的例子，社会营销人员将干预定位在总体层面（儿童肥胖的主题领域）的不同方式，可能会对他们选择减少儿童肥胖的方法产生影响，例如通过增加身体活动（企业层面），它影响身体活动的形式，如积极游戏（产品层面），最后是自行车骑行的具体行为（品牌层面）。社会营销人员需要仔细考虑每个竞争层面的定位，以确保目标受众的思维一致性，始终关注目标的感知。

如果我们考虑代驾项目案例背景中的定位，我们必须确定此服务在目标受众心目中的位置。同样，在每个分析层面考虑定位非常重要。相关目标受众在不同的分析层面上可能会发生变化。在总体层面上，资金来源可能是主要关注点。如何在政府资助范围内优先考虑与酒精相关的问题？这可能与代驾项目应如何在总体层面中定位有关。除此之外，在企业层面，减少酒后驾车目前情况如何？什么定位可能是独特和有益的？接下来，在产品层面，必须考虑在团体聚会或狂欢饮酒的背景下进行定位，这种努力如何才能对目标受众更有益？最后，在品牌层面，在饮酒的情景下，相对于其他通过车辆安全回家的方式，例如指定司机和乘坐出租车，代驾项目该如何定位？代驾是否被目标市场视为更容易、更便宜、更有趣的一种选择？

定位的目的是确保目标受众容易并积极地将你的社会营销干预与竞争对手区分开来。在商业营销中，差异化和竞争地位通常围绕公司、产品或服务相对于竞争对手的利益而建立。更具体地说，目的是向消费者证明你的公司、产品或服务的好处优于竞争对手。科特勒（2003）建议，在确定产品优势时，你还应该考虑差异是否与以下因素有关：对目标受众而言是重要的；容易与目标受众沟通和得到目标受众的理解；目标受众可以负担得起；优于竞争对手；独特，不易被竞争对手模仿。实现这些差异化目标通常可以通过关注客户利益，以及如何在目标受众的头脑中评判和感知这些利益来实现。然而，正如科特勒和李（2008）指出的那样，在社会营销中，仅仅围绕社会营销干预的好处建立强大的地位并不总是可行的。竞争分析还可能表明，干预的促进目标不是只说出采取新行为所带来的好处。其目标可能仅仅是强调一种行为改变，解决改变的障碍，减轻基于实体的竞争对手的影响，又或者是重新定位一个现有的行为改变运动。因此，科特勒和李（2008）提出了五种可能的定位策略，每种策略都以干预的目标或重点为特征。这些定位策略是：

1.以利益为重点，行为的利益是定位策略的重点。

2.以行为为重点，强调对社会营销人员试图推广的行为进行描述。

3.以阻碍为重点，强调突出方法和手段，以克服或减轻目标受众认为的采用新行为有阻碍的看法。

4.以竞争为重点，重点是突出竞争行为或组织的弱点或负面品质。

5.以重新定位为重点，由于新目标受众的出现或若当前干预的感知图出现问题，目前的干预需要在目标受众心中进行重新定位。

关键词

社会营销；竞争分析；定位；竞争；竞争层面；竞争矩阵；合作竞争。

要　点

- 竞争是目标受众认为的竞争，包括提倡行为的阻碍和成本。
- 必须在各种抽象层面上审视竞争，一个抽象层面的竞争者可能是另一个层面的互补力量。
- 竞争矩阵将竞争分为两个方面：竞争与互补，实体与非实体。应用竞争矩阵有助于确保识别和解决所有形式的竞争。
- 定位涉及确定你的产品相对于竞争对手在目标受众心目中的位置。还必须在各种抽象层面上考虑定位。了解和管理你在竞争中的定位对于任何活动的成功都至关重要。

参考文献

Andreasen, A.R.(1995) Marketing Social Change.San Francisco, CA: Jossey-Bass.

Andreasen, A.R.(2002) 'Marketing social marketing in the social change marketplace', Journal of Public Policy and Marketing, 21: 3-13.

Andreasen, A.R.(2006) Social Marketing in the 21st Century.Thousand Oaks, CA: Sage Publications.

Andreasen, A.R.and Kotler, P.(2003) Strategic Marketing for Nonprofit Organizations, 6th edn. Upper Saddle River, NJ: Pearson Education.

Bryant, C., Lindenberger, J., Brown, C., et al (2001) 'A social marketing approach to increasing participation in a public health program: A case study of the Texas WIC program', Human

Organization, 60 (3) : 234–246.

Ghose, S. (1994) 'Visually representing consumer perceptions: Issues and managerial insights', European Journal of Marketing, 28 (10) : 5–18.

Hastings, G. (2003) 'Competition in social marketing', Social Marketing Quarterly, 9 (3) : 6–10.

Hastings, G. (2007) Social Marketing.Why Should the Devil have all the Fun.Jordan Hill, Oxford: Elsevier.

Hooley, G., Piercy, N.F.and Nicoulad, B. (2008) Marketing Strategy and Competitive Positioning, 4th edn.Harlow: Pearson Education.

Kotler, P. (2003) Marketing Management.International Edition, 11th edn.Upper Saddle River, NJ: Pearson Education.

Kotler, P.and Lee, N.R. (2008) Social Marketing.Influencing Behaviours for Good, 3rd edn. Thousand Oaks, CA: Sage Publications.

Nalebuff, B.J.and Brandenburger, A.M. (1996) Co-opetition.London: HarperCollins Business.

Nash, J. (1951) 'Non-cooperative games', The Annals of Mathematics, 54 (2) : 286–295.

Noble, G., Stead, M., Jones, S.C.McDermott, L.and McVie, D. (2007) 'The paradoxical food buying behaviour of parents; Insights from the UK and Australia', British Food Journal, 109 (5) : 387–398.

Peattie, S.and Peattie, K. (2003) 'Ready to fly solo? Reducing social marketing's dependence on commercial marketing theory', Marketing Theory, 3 (3) : 365–385.

Ries, A.and Trout, J. (2001) Positioning: The Battle for Your Mind.New York: McGraw-Hill.

Ritchie, R.J.B.and Weinberg, C.B. (2000) 'A typology of non- profit competition: Insights for social marketers', Social Marketing Quarterly, VI (3) : 64–71.

Rothschild, M.L., Mastin, B.and Miller, T.W. (2006) 'Reducing alcohol-impaired driving crashes through the use of social marketing', Accident Analysis and Prevention, 38 (6) : 1218–1230.

von Neumann, J.and Morgenstern, O. (1944) Theory of Games and Economic Behaviour. Princeton, NJ: Princeton University Press.

Wayman, J.J.C., Beall, T., Thackeray, R.and McCormack Brown, K.R. (2007) 'Competition: A social marketer's friend or foe', Health Promotion Practice, 8 (2) : 134–139.

Woodside, A. (2008) 'Anti-social behaviour: Profiling the lives behind road rage', Marketing Intelligence & Planning, 26 (5) : 459–480.

第十章

社会营销组合：
批判视角

肯·皮蒂 休·皮蒂

用于描述这些决策变量的术语"营销组合"一词是美国医学协会（AMA）主席尼尔·博尔登（Neil Borden）在1953年的一次演讲中首次提出的。在这次演讲中，他反思了卡利顿（Culliton, 1948）早些时候表达的一个观点，即营销人员是将不同的要素结合起来，以便对市场和消费者的需求做出正确反应的人。下一步是创建这些部分的清单，来帮助那些寻找完美的营销秘诀的人。这个过程始于弗雷（Frey, 1956）的《有效的营销组合》。博尔登本人在1964年贡献了一个相对较长的、包含12个因素的清单。然而，麦卡锡（McCarthy, 1964）提出的更简单的4P（产品、价格、渠道和促销）成功抓住了想象力，并将其储存在了营销界的记忆库中。虽然营销思维一直在发展，但传统的4P组合的影响被证明是非常持久的。它经常被忽视，并因为一些可察觉的弱点、遗漏或负面影响而受到攻击，为此营销人员也提出了各种替代方案。尽管如此，它还是经受住了考验，尽管有些愤世嫉俗的人可能会说，这只是让市场营销专业的学生一次记住四件以上事情的挑战，以及凭借了用相同的首字母命名变量的好处。尽管受到了种种批评，但是4P组合的概念不仅经受住了考验，而且已经超越了其产生的消费品营销领域，进入了包括社交营销在内的一些新领域。

❖ 传统的组合：批判的视角

多年来，许多学者试图在不抛弃传统4P营销组合的基础上对其进行改进。有些人细分了经典的P要素。利普森和达林（Lipson and Darling, 1971）将“促销”细分为四种（个人销售、广告、促销和公共关系），并扩展到其他P要素，形成了16个变量。其他方法则试图扩展P要素的范围。“包装”被认为值得从“产品”中分离出来，作为一个单独的P要素（Nickels and Jolson, 1976）而存在。随着服务营销作为一个清晰的分支学科出现，它开发了自己的扩展组合以考虑“人”“过程”和“实物证据”在服务交付中的重要作用（Booms and Bitner, 1981）。其他被建议补充到组合中的要素还包括“生产力”“信息处理”“出版物”“伙伴关系”“程序”和“规划”。1983年英国营销教育集团会议（UK Marketing Education Group Conference）专门重新讨论4P时，P的数量甚至被推高到20（Kent, 1986）。虽然营销学者普遍认为4P过于简单化，但他们也批评7P的服务组合过于复杂，或发现其他扩展的P列表太难达成一致（Rafiq and Ahmed, 1995）。

关于传统的4P组合在社会营销中的适用性，有三个评论值得参考：

1.它最初的成功在于让营销人员开始思考价格问题、理性思维和微观经济学之外的购买行为。在当时看来这是一个真正的进步，但在微观经济学不那么占主导地位、在某些情况下甚至无关紧要的社会营销领域，这一进步几乎没有引起共鸣。

2.传统的4P组合主要以生产者为导向，因此没有受到作为营销界支撑的消费者的限制（Dixon and Blois, 1983; Gronroos, 1994; Shaw and Jones, 2005）。产品就是生产者生产的东西，价格（通常）由生产者根据产品的成本或认为市场能够承受的价格来设定。其他的几个P要素取决于产品如何通过生产者的渠道进行分销，并推广给消费者。

3.麦卡锡从未打算将4P模型用于与最终用户之外的利益相关者（Silverman, 1995）相关的问题上，然而对于社会营销应用而言，在目标采用者和其他利益相关者之间建立成功的关系往往是成功改变行为的关键。

尽管有这样的评论，4P仍然是商业和社会营销人员的核心信念，肯特称其为“迷信”（blind faith），并指出：

4P的概念只是一种分类、一种方便的记忆方法，用来记住所谓的“营销组合”的一些关键要素。它不等同于通常意义上的“理论”甚至“模型”（Kent，1986：149）。

❖ 转向替代性的社会营销组合

在一篇题为《准备独自飞翔？减少社会营销对商业营销理论的依赖》（Peattie and Peattie，2003）的论文中，我们认为营销人员现在可能应该将更多的注意力放在开发自己的独特想法上，或者至少积极地再造他们所继承的工具，以更好地适应它们在社会领域中的使用。这篇论文试图批判性地评估交易的角色、竞争的本质、4P组合的使用，以及将商业营销的思考转移到社会环境中的可能性。

在一次针对这个学科理论基础的线上讨论之后，我们第一次对这些问题产生了兴趣，该学科是2002年秋季在乔治敦大学社会营销列表服务器（Georgetown Social Marketing ListServer）上发展起来的。数十位领先的社会营销从业者和学者参与了这场争论，并强调：

- 对于社会营销是否有其独特的理论基础尚存在争议。
- 对于特定的社会营销概念（如社会产品）有一些截然不同的解释。
- 从商业营销中转化的概念的本质和有效性，在不同领域的社会营销人员之中存在很大差异。

这场辩论持续了数周，对社会营销领域做出了很多贡献（从那时起，它的主题间歇性地重新出现），但以下五位参与者的说法让我们看到了社会营销人员在4P组合中遇到的困难：

该领域中大多数出版物将产品定义（我称之为改写）为（1）我们想要引出的行为以及（2）由此产生的好处和（3）我们为了鼓励交流而投入的任何有形元素。然而，如果我们同意，社会营销策略发展过程的一部分涉及对主要P要素的操作和修改，以引起期望的行为，并且如果其中一个P要素是我们试图引出的行为，那么我们所拥有的（似乎）是一种赘述的计划模型，我们在修饰我们试图创造的东西。

直到最近，我才看到产品等同于行为。这种联系最近似乎已出现在社会营销文献中，但是我不确定它是否出现在商业营销文献中……对我而言，对产品最基本的观点是，一个人以某种方式行事所获得的回报（价格是一个人必须放弃的成本）。一个人以某种方式行事是为了获得利益，以换取付出的代价……行为不是其中的一个P要素。产品才是那个P要素，它试图为目标提供利益，以换取我们所追求的行为。

我通常在价格这个P要素（净收益和成本）中包含收益。因此，如果你把一系列的福利放在产品这个P要素中，你对价格（尤其是在社会营销案例中）的概念是什么？也许这对其他人来说是显而易见的，但是当我试图在模型中使用产品“利益包”的定义时，我常常遇到麻烦，这个模型对每个部分（那些P要素）使用离散定义。

我不同意商业产品也可以成为社会产品这个说法。尽管某些商业产品可能是促进社会市场行为改变所必需的，例如安全性行为中安全套的使用。然而，在社会市场中，安全套应该被更好地定义为一种社会技术，它能促进社会产品的采用，并且将与社会营销组合互补。

尽管我认为4P组合提供了一些行为激励的观点——购买此产品，使用此产品——但是我不再在社会变革计划中进行社会营销工作时求助于4P组合。我也不教我的班级4P组合（除非他们实际上可以使用一些P要素）。我认为这是一个例子，社会营销已经陷入困境，试图将市场原则应用到它们不起作用的地方——但我们不能让它们离开。

重新思考社交产品（social product）

在上面提到的线上讨论中，引起最大分歧的是“产品”的概念。行为、利益和支持活动的工具（例如信息或有形支持技术）中是否有一部分是属于产品的，或者是否全部都属于产品，这是存在争议的。在商业营销中，事情可能更简单[①]：公司为消费者生产产品，消费者从消费中获益。消费者导向鼓励商业营销人员将产品设想为消费者享受的“一系列利益”。因此，对于社交营销人员而言，他们有理由认为，既然采取这种行为的人（通常）是从这种行为中受益的人，那么这种行为一定是“产品”。

① “商业营销”可以涵盖很多东西，但为了简单起见，它与涉及有形产品的典型传统营销交易有关。

反过来看，这种类比的逻辑并不十分一致。这种行为本身不是由社会营销人员或他们的组织产生的，也不是归他们所有，然后转移给接受者或被接受者使用。营销人员可能会促进这种行为，但最终“产生”这种行为的是目标采用者。类似地，将活动的组成部分视为产品也具有误导性，因为对目标采用者的好处主要来自行为，而不是来自活动的组成部分。在这成为死循环之前，问题似乎在于营销人员试图将“产品”的概念和标签强加到社会营销环境中。

在这一点上，读者可能想知道，与在社会营销中使用“产品”这个词有关的争论是否真的很重要，或者它是否只代表了一个卖弄学问的学术辩论。学术的意义在这个词的意思中是最不重要的，这有两个原因。第一个原因是，在一个领域内，不同的人借用相同的词来表示明显不同的东西是没有用的，他们在我们努力扩展社会营销的领域工作，这种风险可能使这些规律显得混乱，并且使人产生困惑。第二个原因是，它可能会导致与“产品”这个词含义相关的、意想不到的后果和风险。试想一下，报纸编辑在一场旨在推广收养儿童服务的社会营销活动中强调“产品”一词的使用会有多么有趣。公开解释所涉及的“产品”实际上并不是儿童，而是儿童和家庭从成功收养中获得的利益，对于相关的社会营销人员来说不是一项太好的任务。

因此，我可以把什么推荐为社会产品的替代品？列表服务器讨论中的以下建议强调了一种替代方法（也保留了P的头韵）：

“我把产品（无论是商业营销还是社会营销）等同于‘承诺’。我认为营销活动是为了让消费者采取行动来实现‘承诺’，实现企业获得利润、使社会更健康或减少政府用于住院的花销等目标。商业营销鼓励消费者购买奥妙或汰渍，不是为了获得干净衣服的承诺，而是为了获得‘比白更白’（whiter than white）、创造幸福家庭等承诺。预防家庭暴力的社会营销活动旨在鼓励年轻人采取某些行为来获得幸福、健康、安全关系、幸福感和对社区的归属感。你可以说我过于简单化了，但在我看来，产品真的是承诺。”

重新思考价格

在社会营销中，价格的概念似乎比产品更容易引起混淆。社会价格被重新解释为与目标行为改变的社会成本有关，并被视为类似于传统营销中以价格为代表的消费者的经济成本。这些成本可能包括金钱成本、机会成本、时间成本、精力成本、生活方式改变成本或心理成本（Kotler and Zaltman, 1971; Fine, 1981）。对这个类比的仔细解构再一次揭示了它的缺点和被混淆的可能性。

在社会营销中谈论“价格”可能会让人感到困惑的一个原因是，采用所提议的行为可能涉及目标的货币利益和货币成本。一些干预措施涉及需要购买的有形因素（例如用于安全性行为的避孕套），或公共交通、健身房等需要花钱的服务。其他干预措施，例如戒烟或节能，可以通过采取这种行为获得直接、积极的经济效益。其他可能涉及为了让目标采用行为而提供的直接的财务激励。所有这些都使得“价格”成为社会营销组合中一个相当糟糕的描述。

此外，一个合乎逻辑的问题是，社会营销人员所谈论的“价格”是否意味着“成本”这一点到底重不重要，以及管理社会成本是否类似于在管理组合时设定价格。为了先解决第二个问题，布鲁姆和诺韦利（Bloom and Novelli, 1981）指出，“定价策略”给社会营销人员带来了困难。他们指出，虽然商业营销人员设定价格是为了让供应商获得最大的经济回报，但社会营销人员的做法却几乎相反，他们试图将接受者的成本降至最低。他们还指出，社会营销人员很难衡量自己的“价格”。货币价格是一个普遍理解的一致的概念，一个给定的价格对所有的消费者而言意味着相同，即使他们看待其价值和负担能力的方式有所不同。采用特定社会行为的成本因人而异，通过慢跑或骑自行车进行更多锻炼的关键社会成本不仅在规模上不同，而且在潜在的采用者之间也存在本质上的差异——潜在的采用者是否害羞、胆小、肥胖、时间不足或有小孩需要照顾。没有单一货币可以表达、比较或权衡这些成本。

采用者对所涉及成本的感知在变化阶段模型（Stage of Change model）（Prochaska and DiCelemente, 1983）的不同点似乎也有所不同，虽然商业产品的感知价值可能因旧用户、新用户和潜在用户而有所差异（尽管存在忠诚折扣或新客户交易）。正如布卢姆和诺韦利（1981）所解释的那样，社会营销人员无法像商业营销人员那样设置和控制客户的成本。营销组合给营销经理带来的是经济学观点中的自由，即市场通过供需互动来定价。对商业组合的操纵为营销人员提供了影响价格和管理客户期望和体验的机会，从而影响需求。而在社会营销中，感知到的社会成本对于每个目标客户来说都是主观且独特的，并由他们决定。这反映了安德烈亚森（1995）关于个体目标对与社会营销干预相关的不同成本和收益所附加的“重要性”的概念。

价格和成本显然是两码事，设定和管理商业产品价格所涉及的问题也明显不同于管理社会成本所涉及的问题。因此，试图将一种社会行为的“价格”与一种商业产品的价格联系起来，对于那些学习社会营销的人来说，似乎是一种误导，这可能会让他们感到困惑。正如瑟纪等人（Sirgy et al., 1985）所指出的那样，定价机制的缺失、衡量社会“价格”的困难以及社会成本的主观本质，这些因素加在一起，使得私人市场的类比严重丧失权威性。

对社会营销人员更有潜在帮助的是“交易成本”的概念，这是经济学中常用的概念，尽管商业营销者不太常用（因为这个概念常常令经济学家感到困惑）①。在传统的营销中，交易成本试图在整个消费过程中传递所有形式的成本，包括货币、时间、精力和其他的心理成本。因此，对于新车的购买者而言，他们付出的成本不仅包括支付的货币价格，还包括初步选择和试驾的时间和精力、保险和燃料的成本、清理车库的努力，汽车一旦被购买就会折旧，甚至车主会担心是否有人会刮掉它闪亮的新油漆。

重新思考渠道

商业营销中的“渠道”变量反映了有形产品的营销根源，通过经济交换到达客户，以及通过供应链中的中介进行分销。后来，渠道概念演变为包括了对环境的管理，向顾客出售产品或提供服务是在环境中完成的。由于社会营销人员要求他们的客户采用特定的行为，而不是购买特定的产品或服务，因此“渠道”问题在社交营销环境中的有效程度差别很大。通过免疫接种促进儿童健康的运动将涉及对运送疫苗的后勤挑战，以及将客户送到服务地点的要求，这将直接反映服务和产品营销在渠道管理方面所面临的挑战。其他活动将针对不直接依赖于社交营销人员所提供的任何服务或产品交付的行为，以及在家中发生的关键行为：例如，减少家庭用水的活动不太可能涉及任何类似于商业营销中“渠道”的问题。

由于社会营销活动在非商业环境中的应用，“渠道”一词也可能引起混淆。在营销学术界之外，“渠道”这个词还有其他含义。在社会地理学中，它涉及空间视角，特别是强调社区及其成员之间的“位置”感。个人经验表明，许多地理学家积极参与制定有关环境、交通和住房等社会问题的政策和实际解决方案。任何寻求与他们合作开发解决方案的社会营销人员都会发现，地理学家会将“位置”这个词与非常

① 在某些营销应用程序，如在线商务中，已经明确地应用了交易成本的方法。

不同的含义联系起来。同样，基于社区的社会营销已经成为该学科中一个重要的思想流派和方法（McKenzie-Mohr and Smith, 1999），但在这里，社区的“位置”是在营销战略开发的层面上运作的，而不是在管理组合的操作层面。基于社区开展社会营销活动的机会是巨大的，参与其中的所有合作伙伴都在使用“位置”一词，但它们有不同的含义。

一个更适合社交营销人员使用的概念是“可访问性”。行为改变通常取决于对某些事物的使用权，这些事物可能是信息来源、专业知识或支持、支持行为的有形产品，或者涉及正在考虑的行为（如健身房）或提供干预所需的物理位置（如健康诊所）。服务营销人员认为，产品营销衍生的位置概念应该替换为服务中的可访问性的概念（Booms and Bitner, 1981），而且它似乎更适合于社会营销，以及它所涵盖的社会命题和行为环境。

可访问性的概念可以涵盖空间维度，并且当一个社会营销命题中包含物理产品的部分时，其分配问题将与商业营销类似。可访问性也可能与机会相关，并且目标受众可以轻松地享受命题的福利，即使在干预没有有形或空间维度的情况下也是如此。这反映了消费者行为研究对环境和机会日益重要的影响，特别是对亲社会行为的影响（Ölander and Thøgersen, 1995）。

促 销

最后一个P要素“促销”是与商业营销最相似的地方。对很多组织而言，社会营销是一种从社会传播（social communication）发展而来的方法，这反映了商业营销的起源及其从广告和销售研究的出现。这两类营销人员经常使用相同的沟通工具，如广告、公共关系、活动、促销品和网站。同样的传播机构越来越多地帮助设计和执行这两种宣传活动，而文体上的社会营销传播往往试图模仿商业宣传活动（尽管在预算上限制更大）。规划、测试、开发和实施促销活动的要求被认为具有高度可比性，而商业营销传播理论和实践被认为完全可以应用于社会环境。

然而，在引入商业营销优点的同时，也面临着引入其弱点的危险。传统的营销传播理论在20世纪四五十年代就受到了基于物理系统的传播理论的支配。在标准的教科书和商业营销活动中，表示发送者编码和传输消息、受众接收和解码（受到或多或少的干扰）的模型一直存在。这种单向和工具主义的沟通方式也常常在社会活动中有所反映。社会营销中健康应用的主导地位，以及健康信念模型（health belief model）在健康行为研究和如何改变健康行为方面的长期影响（Janz and Becker, 1984），都可能会加剧这种情况。作为一个模型，它几乎完全是由信息不足的观点和纠正错误信息的需要驱动的，提供与风险和行为有关的信息，阐明行为的后果，提供“怎么做”的信息作为支持并参与提高总体意识。

❖ 寻找社会组合（social mix）中遗失的部分

我们提出的社会命题、社会成本、可达性和社会传播的替代性社会组合元素，在一定程度上是舒尔茨等人（Schultz et al., 1992）思想的演变，他们开发了一个围绕消费者需求（Consumer Need）、成本（Cost）、便利性（Convenience）和沟通（Communication）四个C构建的、更加以消费者为导向的组合。他们试图摆脱4P组合所鼓励的产品和生产导向，但在社会环境中使用消费者需求而不是“产品”也存在问题，因为“产品”往往涉及未被要求的利益。它还可能让营销人员受到人为创造需求的指控，而这正是他们试图避免的。

除了为这四个P要素各自寻找等价的社会替代选择之外，还有一个有趣的问题，就是社会营销组合中是否包含任何不属于商业组合的内容。经过一番思考，作者提出，社会活动的组合中通常存在一个元素，但它通常不是商业组合管理的一部分（尽管它是商业营销策略的一部分）。缺少的社会组合元素是“利益相关者参与”（stakeholder involvement）的管理。

有效的利益相关者管理显然是商业营销的一个重要方面。商业营销人员希望与中介机构、当地社区和媒体建立良好的关系，但这些关系往往处于战略和组织层面，而不是被作为特定活动的组合元素进行管理。商业活动将与最终消费者以外的利益相关者进行沟通，并通过他们进行沟通（如通过零售商或特定行业的媒体），但这通常是持续关系的一部分。个人社会营销活动的成功往往取决于目标受众之外的特定利益相关者。想想社会营销最具代表性的成功案例之一，减少酒后驾驶的道路人员运动（Road Crew campaign）（Rothschild and Deshpande, 2003）。它的成功取决于让啤酒商成为赞助合作伙伴，让酒吧成为销售点的传播者，让调酒师成为品牌拥护者，让社区组织建立基于豪华轿车的社会主张：带你去往任何地方（drive-you-anywhere），以及一个由志愿者司机组成的网络来提供这种服务。很难想象一个商业活动的成功会如此依赖其他利益相关者的善意和参与。

❖ 组合的多功能性：不同情境下的社会组合

自我们开始讨论重新思考社会营销组合的必要性以来，其他社会营销人员的反应出现了有趣的两极分化。一些人强烈反对这个想法，他们认为这是一种近乎异端的做法，是在摒弃这门学科发展起来的优势。他们认为，为了适应社会营销活动的现实，有必要改变传统的营销组合标签，而且只需付出很小的代价，就能使用经过验证和易于理解的商业营销概念的力量。他们还指出了已经使用4P组合编写社会营销著作的“沉没成本”（sunk cost），以及重写它们和重新组合会造成的潜在破坏和混乱（尽管这似乎说明了以牺牲学科潜在发展为代价的学科僵化的现象[①]）。其他人则强烈支持重新组合。不需要再因为从商业营销中引进的分类而强制适应和描述他们所做的事情，这对他们而言是一种解放。对他们来说，与商业营销产生一定的概念距离会产生一定的成本，但不再需要为合作伙伴、用户和学习者翻译营销“行话”所带来的好处远胜于此。对他们来说，这是能够穿着定制鞋子向前迈出一步的机会，而不是穿着别人的靴子继续前进。

那些支持和反对保留传统社会营销组合的人会各自举例来说明（a）传统的营销组合概念和标签在社会营销活动中同样有效，或者（b）它们并非分别有效。有趣的是，每个阵营似乎都使用不同类型的社会营销活动来证明他们的论点。这向我们表明，理解社会营销组合还需要了解社会活动所使用的各种背景。有些情况与商业营销非常相似，“运动会让你感觉更好、看起来更棒、保持健康”的社会主张，与将家庭健身房作为商业产品进行营销几乎没有区别。针对拒绝家庭暴力的营销是一种非常不同的主张，尽管从根本上说，两者都在促进改善个人的身体健康。在最初的清单讨论中，参与者似乎难以就社会“产品”的概念达成一致的一个关键原因就是，它必须跨越这么多不同类型的活动环境。

---

① 这里还有一个有趣的讽刺。麦卡锡（1960）的著作《基本营销：一种管理方法》非常受欢迎，它将之前的所有营销著作一扫而空（Shaw and Jones, 2005）。曾经如此焕然一新的组合模式，现在已经在某种程度上成为一种教条，阻碍了它的进一步发展。

社会营销主张可以被拆开，以考虑行为的属性、利益和它们之间的关系。图10.1设想了社会命题的一些关键维度，以及它们如何在不同环境下变化，这主要是基于安德烈亚森（1995）在识别社会营销特有的特征时提出的观点。它关注的是在不同类型的干预情境中，感知到的利益以及利益和行为之间的联系是如何变化的。它没有考虑行为可能如何根据目标受众的支持或反对倾向而变化，或者感知的社会成本会如何变化。对于特定的活动环境而言，这些更难以概括，因为它们会因目标受众而异。

与商业营销一致 ←→ 与商业营销不同

主要的好处包括：	个人	家庭	社区	社会
好处	立刻	延迟	长期	只是可能
利益与行为之间的联系	显著	直接	间接	建立在信任上
一致的程度	高 → 低			
问题的敏感性	高 → 低			
提供物的定制性	高 → 低			

图 10.1　社会营销主张的关键变化

任何的社会营销情境都可以根据以下内容来为社会主张拟定概要：

1.主要受益者。在健康运动中，主要受益者通常是正在发生行为变化的个人，而解决家庭暴力问题则会使家庭单位受益。志愿服务项目通常会给当地社区带来好处，而献血则会让全社会的其他人受益。

2.效益时间。效益会随着时间的推移而变化。为当地公民垃圾拣选做出贡献会产生立竿见影的效果。为了应对气候变化而改变行为将产生长期效益。

3.利益行为之间的联系。捡垃圾对社区的好处大多是显而易见的（尽管增强公民自豪感等其他好处可能不那么明显）。基于科学共识，减少碳排放的社会环境效益必须得到个人的有效信任。

4.共识。一些社会主张，例如吃新鲜水果或运动的好处得到了广泛的认同。而社会和专家在一些其他命题的成本和收益，以及它们与特定行为的联系方面共识较少，例如酒精消费的相对风险和益处，或者照射多少阳光才是健康的。

5.敏感性。社会问题在敏感性方面有所不同。与鼓励吸毒者使用国家资助和管制药物的提议相比，“吃新鲜水果有益健康”的主张不太可能冒犯人们或引起争议。由于社会营销活动的目的是改变目标受众的行为和生活方式，以实现他人设定的目标，因此它们与商业活动相比更可能具有社会敏感性，涉及社会规范的确定和诋毁活动目标的风险。在某些情况下，争议可能是缺乏共识的反映。其他情况下则是因为社会活动与其他强烈的价值观、信仰或传统产生了冲突。

6.可定制性。一些社会主张可以根据个人的需求，来量身定制个性化的饮食或锻炼计划。但是，与促进参与民主或打击种族主义有关的其他主张的定制余地则要小得多。

关键词

营销组合；4P；营销管理；批判性视角；社会营销环境。

要　点

- 4P“营销组合”是社会营销所采用的商业营销理论的核心要素。
- 两种营销形式之间的差异意味着社会营销从业者和学者似乎很难准确、一致地将这种组合转化和应用到社会语境中。
- 对传统组合的批评揭示了将其应用于社会营销的内在风险。
- 为了支持该领域未来的发展，可能需要一种营销概念的替代组合，它基于社会营销的特定挑战、反映新兴关系并且以服务为基础。

参考文献

Andreasen, A.R. (1995) Marketing Social Change.San Francisco, CA: Jossey-Bass.

Bloom, P.N.and Novelli, W.D. (1981) ‘Problems and challenges in social marketing’, Journal of Marketing, 45 (2): 79–88.

Booms, B.H.and Bitner, M.J. (1981) ‘Marketing strategies and organization structures for service firms', in J.H.Donnelly and W.R.George (eds), Marketing of Services.Chicago, IL: American Marketing Association, pp.47–51.

Borden, N.H. (1964) 'The concept of the marketing mix', Journal of Advertising Research, 4 (2): 2–7.

Culliton, J.W. (1948) The Management of Marketing Costs.Division of Research, Graduate School of Business Administration.Boston, MA: Harvard University.

Dixon, D.F.and Blois, K.J. (1983) 'Some limitations of the 4 P's as a paradigm for marketing', in M.Christopher, M.H.B.McDonald and A.Rushton (eds), Back to Basics, Proceedings of the 1983 Marketing Education Group Conference.Cranfield School of Management, pp.92–107.

Fine, S.H. (1981) The Marketing of Ideas and Social Issues.New York: Praeger.

Frey, A.W. (1956) The Effective Marketing Mix.Hanover, NH: Dartmouth College.

Janz, N.K.and Becker, M.H. (1984) 'The health belief model: A decade later', Health Education Quarterly, 11: 1–47.

Kent, R.A. (1986) 'Faith in the four Ps: An alternative', Journal of Marketing Management, 2 (2): 145–154.

Kotler, P.K.and Zaltman, G. (1971) 'Social marketing: An approach to planned social change', Journal of Marketing, 35 (3): 3–12.

Lipson, H.A.and Darling, J.R. (1971) Introduction to Marketing: An Administrative Approach. London: John Wiley and Sons.

McCarthy, E.J. (1960) Basic Marketing.Homewood, IL: Richard D.Irwin.

McKenzie-Mohr, D.and Smith, W.A. (1999) Fostering Sustainable Behavior: An Introduction to Community-Based Social Marketing.Garbiola Island, BC: New Society Publishers.

Nickels, W.G.and Jolson, M.A. (1976) 'Packaging – The fifth P in the marketing mix', Advanced Management Journal, 41: 13–21.

Peattie, S.and Peattie, K. (2003) 'Ready to fly solo? Reducing social marketing's dependence on commercial marketing theory', Marketing Theory, 3 (3): 365–385.

Prochaska, J.O.and DiClemente, C.C. (1983) 'Stages and processes of self-change of smoking: Toward an integrative model of change', Journal of Consulting and Clinical Psychology, 51: 390–395.

Rothschild, M.L., Mastin, B.and Miller, T.W. (2006) 'Reducing alcohol-impaired driving crashes through the use of social marketing', Accident Analysis and Prevention, 38 (6): 1218–1230.

Schultz, D.E., Tannenbaum, S.I.and Lauterborn, R.F. (1992) Integrated Marketing Communications: Putting It Together and Making It Work.Lincolnwood, IL: NTC Business Books.

Silverman, S.N.(1995)'An historical review and modern assessment of the marketing mix concept', in K.Rassuli, S.C.Hollander and T.R.Nevett(eds), Proceedings of the 7th Conference on Historical Research in Marketing.Fort Wayne, IN: , pp.25–35.

Sirgy, M.J., Morris, M.and Samli, A.C.(1985)'The question of value in social marketing: Use of a quality-of-life theory to achieve long-term satisfaction', American Journal of Economics and Sociology, 44(2): 215–228.

第十一章

社会营销中的传播

达纳·L.奥尔登 迈克尔·D.巴兹尔 萨米尔·德什潘德[1]

❖ 整合社会营销传播概述

营销传播是商业营销的重要组成部分，对于社会营销也同样重要。通过对最佳实践案例的回顾，我们得出结论，当遵循下述三个原则时，社会营销传播是最有效的。第一，品牌能够做到不同营销传播组合（例如广告、公共关系、促销和社交媒体）的统一推广。第二，将促销“P”与其他的“3P”（产品、价格和地点）整合在一起。第三，传播的重点不在于提供信息，而在于支持试用、维持等对社会行为的变革和行动。虽然商业营销人员在提及整合营销传播时通常强调第一个原则，但我们认为，社会营销人员如果结合这三个原则进行4P战略的促销规划，则可以显著提高干预措施和正在进行的计划的有效性，我们称之为整合社会营销传播（ISMC）方法。

在ISMC框架内，社会营销推广是整个社会营销工作的一个组成部分（Grier and Bryant，2005；Maibach，2002）。虽然创意活动可以产生兴趣，但是当提供高质量、价格合理且易于获得的产品以及具有吸引力和相关性的品牌承诺时，更有可能进行试用和维持。凭借这一坚实的基础，品牌承诺听起来就像真的一样。没有真实的品牌承诺，

---

① 所有作者对本章内容贡献相同，顺序按姓氏的字母排列。

社会营销传播可能会增加人们的期望值，继而导致试用行为后的失望和放弃。因此，ISMC强调将传播工具与其他传播工具相结合的重要性，通过向受众宣传重要的利益和易接近性，以及激励试用和加强维护，使受众更容易被吸引采用某种行为（Deshpande et al., 2004; Smith, 2009）。学术和应用社会营销文献中的大量例子表明，社会营销人员依然过于依赖培养受众了解与知晓的策略，如广告和公关，而其他ISMC工具，如促销和个人销售等，并未得到充分利用。在ISMC模型中，所有促销组合工具（广告、公共关系、社交媒体、促销、直接营销和个人销售）被用于持续定位目标行为（Shimp, 2006）。当有效使用ISMC时，不仅可以在传播组合中提供一致的品牌承诺，而且还会产生协同作用，基于此，整体的影响大于各部分的总和。

例如，考虑使用ISMC来帮助提高对如自行车出行等社会行为的采纳率。该活动的目标可能是通过易于使用的自行车道（地点）及其“易用性”（低价格）促进自行车（产品）在通勤、运动和娱乐中的使用。首先，ISMC经理将与其他人合作，以确保上述三个“P”中的每一个都向目标市场提供最大价值。其次，与悬挂海报和经营公共服务公告（PSA）强调自行车骑行的好处相反，ISMC经理将使用更能直接地鼓励品牌试用和维持的促销策略。因此，该活动可能围绕“社区自行车日”和其他如“名人自行车比赛”或“骑自行车清道夫狩猎”的特色活动，并且获胜者将有机会获得T恤和新自行车。该活动也可以推出“记录你的里程”抽奖，利用赢取奖品来鼓励人们继续骑行。因此，广告和公关将在增强意识和兴趣方面发挥重要作用，但在推向市场行动方面的作用较小。重要的是，无论采用何种促销工具，品牌承诺都将始终贯穿所有渠道。

ISMC与其他“3P”的协调、关注的行为和一致的品牌承诺为社会营销人员提供了多种优势。首先，ISMC方法旨在优化目标市场产品的质量。其次，强调以行动为导向的促销要素可以增强激励、机会和能力（Rothschild, 1999）。回到自行车骑行的例子，通过竞赛或优惠券、提供参与活动试验性事件的机会以及参加活动获得的知识（例如，通过品牌大使或销售人员演示这类低成本的方式来执行该行为），进而来增强实施期望行为的动机（Anh et al., 2009）。最后，通过ISMC，我们考虑了促销组合的所有要素——广告、公共关系（PR）、促销、直接营销和个人销售。每个混合要素旨在提供相同的品牌承诺，这使得品牌承诺更加易于理解和记忆。此外，如上所述，ISMC工作的一致性在所有促销要素中产生了协同作用（Shimp, 2006）。

❖ 将ISMC和营销组合整合的重要性

商业营销方法的其他方面应用有很多例子，例如社会营销中的消费者分析、细分、目标市场选择、品牌建设和定位。但是，依然有以下两个问题存在。首先，这些概念通常仅仅作为公共教育活动的背景调查。因此，使用这些工具通常仅限于生产信息。其次，虽然将重点放在这些概念上，但营销人员对营销组合的其他方面的重视程度较低（Burroughs et al., 2006; Quinn et al., 2006）。通常，大众媒体信息的产生并没有伴随增加实际行为改变可能性的营销策略，这增加了实际行为改变的可能性。例如，“社会营销”项目可能会制作一则广告，鼓励人们多吃水果和蔬菜，或许可以解释其价值，但不会制作免费的食谱书、赞助促销活动或提供优惠券折扣，从而增加收益并降低试用的成本。一般而言，没有额外激励的“行动呼吁”往往导致很少的行为改变或者根本没有行为改变（Rothschild, 1999）。

ISMC建议使用更有效的、全面的策略，这些策略与营销组合中的其他“3P”相协调并被整合在一起。

本章所倡导的增加ISMC应用的部分挑战源于对社会问题的定义。例如，大学校园中的酗酒通常被视为一种公共健康挑战，需要公共健康解决方案，即主要关注通过提供有关风险的信息来阻止当前的行为。然而，一种针对目标市场的次级群体的市场营销方法以及对目标市场初步研究发现，这个问题可能与缺乏其他的校园社交方式有关。采用以客户为中心的价值效益方法，ISMC经理可以与项目中的其他人合作开发有吸引力的替代产品或服务，如举办舞蹈或电影之夜，然后使用市场重视的额外激励措施促进这些活动，以鼓励学生参与并持续参与。

商业营销从一系列学科中吸取理论，如经济学、社会学、人类学和心理学（Marketing Staff of the Ohio State University, 1965; Wilkie and Moore, 2003）。然而，社会营销似乎对心理学，尤其是最近的认知社会心理学有着程度过大的使用。在ISMC中进行的各种概念性工作中可以看到对心理学理论的关注。一些已经应用的关键理论包括：健康信念模型（Rosenstock, 1966）、保护动机模型（Rosenstock, 1966）、社会学习理论（Bandura, 1977）、推理行为理论（Ajzen and Fishbein, 1980）、计划行为理论（Ajzen, 1991）、扩展并行过程模型（EPPM; Witte, 1994）、变化阶段（DiClemente and

Prochaska, 1998）和主观期望效用（SUT; Keller and Lehmann, 2008）。

大部分理论来自健康传播和商业营销领域。因此，（通常）没有明确的理论本身，但有很多可以借鉴的地方。尽管时代已经过去，信息处理理论似乎仍然支撑着许多社会营销传播的思维和实践，而变革模式的阶段似乎仍然对目标、时机和语气的思考有很大的影响。计划行为理论及与其相关的其他理论在研究人员中似乎仍然很受欢迎。（肯·皮蒂和休·皮蒂，卡迪夫大学）

强调心理学理论的结果是，社交营销领域对广告宣传的反应比对其他ISMC工具（如促销或其他“3P”营销组合）的反应更为了解。说服模型的重点是对消息结构（Maibach, 2002）等因素的理解以及对使用消息要素（如恐惧和社会规范影响）的上诉态度的相对影响（Hastings et al., 2004）。但是，对其他学科的更多认可有助于拓宽我们的战略，并加强ISMC与营销组合的其他方面的整合。例如，经济学可以帮助社会营销人员更深入地了解与成本相关的因素，包括明确的货币兑换或商业营销中的其他好处。出于各种原因，大多数社会营销干预都是针对个人变化的。社会学家经常批评这些努力，因为他们没有充分关注社会学重点的结构性“上行”变化（如Andreasen, 2006; Dorfman et al., 2005）。例如，最近一项案例研究涉及社会特许经营和社会营销原则的应用，以改善越南的生殖保健情况，Ngo等人（2009）指出了为多个上行利益相关者（包括政策制定者、员工和服务用户的人）制定态度和行为改变策略的重要性，而不是仅关注最终的用户，他们更多地考虑社会学理论可以帮助社会市场者理解和利用社会力量来支持他们的努力。

我们很惊讶社会营销传播研究中没有那么多“社会性”的内容。倡导、“上行”社会营销、社会支持网络、基于社区的社会营销等问题只是一些领域，除了活动目标界面，还有一些有趣的传播问题需要研究。（肯·皮蒂和休·皮蒂，卡迪夫大学）

我们主张社会营销人员应该使用ISMC工具配合其他营销组合元素，这一主张的额外证据可以在对避孕套分发项目效果的综合分析中找到。这项研究表明，导致安全套使用增加的原因，是安全套的分销渠道增加而不是对安全套的使用意识增加（Cohen et al., 1999)。另一个例子是“代驾”计划，为饮酒者提供优惠折扣，以减少酒后驾驶情况(Deshpande et al., 2004; Rothschild et al., 2006)。总体而言，社会营销工作需要通过成为整体社会营销项目的一部分来关注行为改变，该计划可以提高产品接近性并为目标市场提供真正的价值(Rothschild, 2009; Smith, 2009)。换句话说，使行为变得更容易或者增强某种行为，通常比简单地提供关于问题和解决方案的信息更有效(Kotler and Roberto, 1989)。基于这些原因，我们建议ISMC管理人员站在多个学术视角上，与项目中的其他人协调，优化其他“3P”并有效地整合推广。

❖ ISMC应该有一个行为焦点

社会营销人员应从我们的商业伙伴那里借用更多关注行为。在这方面，商业和社会营销之间的差距可以在理论和实践工作中找到(Jones and Rossiter, 2002)。许多社会营销项目都采用一种高介入的模式，在这种模式下，人们遵循一系列寻求信息、改变态度然后做出相应行为的过程(Ray et al., 1973)。然而，观众往往对活动经理想要推广的行为缺乏兴趣。大部分商业营销更多地基于参与度较低的方法，这些方法试图直接使用免费试用、发放优惠券和其他方法改变行为(Barry, 1987)。由于社会营销中的目标群体往往没有高度参与所倡导的行为，因此模仿商业营销人员实施的低参与度沟通策略是明智的。

强调信仰和态度而不是行为的潜在错位的一个例子是该领域强调恐惧诉求的历史。自20世纪50年代以来，人们提出了关于恐惧诉求有效性的问题(Benet et al., 1993; Janis and Feshbach, 1953; Sternthal and Craig, 1974)。这种方法认为，吓唬消费者会增加其参与度并增加行动的可能性。恐惧诉求试图改变对当前行为代价的看法。在商业营销中，这通常是在所需行为的成本降低或效益增强时完成的(Kotler and Lee, 2008)。与这一观点相一致的是，研究表明，提高效率和提供替代行为比单独的恐惧更有效(如Witte, 1994)。此外，有证据表明，相对于那些在商业营销中使用的、以行为为重点的激励措施，恐惧往往更会使人失去动力(Hastings et al., 2004)。

虽然恐惧是社会规范，功效是重要的工具，但有趣的是要注意它们与商业营销中最常用的内容工具(包括故事、音乐、名人、幽默和性)有所不同(Gulas and Weinberger, 2006; Koudelova and Whitelock, 2001; Lin, 1998)。社会营销传播项目没有试图通过“挑战极限”来达到商业营销的程度（Reichert et al., 2001）。例如，避孕套等话题的性诉求被回避是不幸的，因为有证据表明性诉求可能更有效（Reichert et al., 2001; Scott and Johnson, 2006）。

在我们的研究中，除恐惧诉求之外，缺少的是对情感层面的研究。对于那些试图让人们去做的事情，我们没有在情感方面对其进行足够的关注。（艾伦·安德烈亚森，乔治敦大学）

社会营销的一些谨慎行为可能是资金和授权的结果。但谨慎的利益相关者对创造力的影响可能非常有限。尽管如此，社会营销可以在“有限的创造力”的框架内工作，并更多地利用商业营销（Ogilvy, 1985）中的“大创意”，如万事达卡的“无价”和耐克的“Just Do It”活动。商业营销在媒体、渠道和媒介的选择方面也表现出更高水平的创造性，以影响行为反应：例如用社交媒体渠道（Facebook、Twitter等）作为“即时”概念的一部分来推广电影首映。

影响支持社会行为改变的另一个重要工具是基于社区的方法（Bryant et al., 2007）。由于历史上对心理学的重视，社会营销活动往往侧重于影响个人消费者、客户或患者。我们需要更好地了解基层社会变革是如何发生的，并与基于媒体的社会营销活动形成对比。ISMC在基于社区的方法和基于媒体的方法之间的作用有何不同？广告和公关在这些案例中的作用是什么？直接营销是这类活动中最重要的ISMC组成部分吗？当应用于上行细分市场时，直接营销与社区方法有何不同？

了解适用于以社区为基础的运动的定制方法的性质也将是有益的。通常，这种定制是由于一对一的互动而发生的，例如潜在客户与从事个人销售的品牌大使之间的互动。新技术如何实现量身定做式的服务？语言和非语言沟通在基层面对面互动中发挥着重要作用。对于何种策略能够优化结果，目前还缺乏研究。我们需要对其进行研究，以帮助社会营销人员更有效地将有影响力的利益相关者和支持团体作为整体营销活动的一部分。

我们也对政策沟通知之甚少。如果我们真的想要改变与健康相关的和其他有利于社会的行为，那么它们就会受到政策审批和资金的驱动。但我们对如何影响该系统却知之甚少。（苏珊·卡比，卡比营销机构）

❖ ISMC组合要素之间的整合

ISMC强调考虑所有可能的沟通渠道的重要性。同时，对于那些被选中的渠道，确保品牌承诺得到持续的推广。因此，除了付费广告和公共服务公告（PSA），公共关系、促销、直接营销和个人销售都应该用一条信息对外传达（Shimp, 2006）。为实现这一目标，需要在组合要素之间进行高度协调。在商业领域，这已被证明是困难的，因为通常一个机构处理广告，而另一个机构负责促销，第三个机构处理公共关系等等。虽然已经提出了不同的整合方法，但最终，ISMC品牌经理有责任确保这种情况发生，并让所有传播伙伴都在同一品牌承诺上。

关键词

促销；整合社会营销传播；广告；行为改变传播。

要　点

- 传播应使用各种途径（例如，广告、公共关系、促销、直销以及社交媒体）。
- 信息应该在传播组合中保持一致或得到强化。
- 传播方案必须与产品、价格和布局的整体营销策略相整合。
- 重点不应放在信息上，而应放在通过试用和（关系）维系促成亲社会行为的变化和行动。

参考文献

Ajzen, I.(1991)'The theory of planned behavior', Organizational Behavior and Human Decision Processes, 50: 179-211.

Ajzen, I.and Fishbein, M.(1980) Understanding Attitudes and Predicting Social Behavior. Englewood Cliffs, NJ: Prentice-Hall.

Andreasen, A.R.(2006) Social Marketing in the 21st Century.Newbury Park, CA: Sage Publications.

Anh, D.N., Alden, D.L., Nguyen, H.and Dinh, N.(2009)'Developing and launching the government social franchise model of reproductive healthcare service delivery in Vietnam', Social Marketing Quarterly, 15: 71–89.

Bandura, A. (1977) Social Learning Theory.Englewood Cliffs, NJ: Prentice-Hall.

Barry, T.E. (1987) 'The development of the hierarchy of effects: An historical perspective', Current Issues and Research in Advertising, 10: 251–295.

Benet, S., Pitts, R.E.and LaTour, M. (1993) 'The appropriate- ness of fear appeal use for health care marketing to the elderly: Is it OK to scare granny? ', Journal of Business Ethics, 12: 45–55.

Bryant, C.A., Brown, M.C., Kelli, R., et al. (2007) 'Community- based prevention marketing: Organizing a community for health behavior intervention', Health Promotion Practice, 8: 154–163.

Burroughs, E.L., Peck, L.E., Sharpe, P.A., et al. (2006) 'Using focus groups in the consumer research phase of a social marketing program to promote moderate-intensity physical activity and walking trail use in Sumter Country, South Carolina', Preventing Chronic Disease: Public Health Research, Practice, and Policy, 3: 1–13.

Cohen, D.A., Farley, T.A., Bendimo-Etame, J.R., et al. (1999) 'Implementation of condom social marketing in Louisiana, 1993 to 1996', American Journal of Public Health, 89: 204–208.

Deshpande, S., Rothschild, M.L.and Brooks, R. (2004) 'New product development in social marketing', Social Marketing Quarterly, 10: 39–49.

DiClemente, C.C.and Prochaska, J.O. (1998) 'Toward a comprehensive, transtheoretical model of change', in W.M.Miller and N.Heather (eds), Treating Addictive Behaviors, 2nd edn.New York: Springer, pp.3–24.

Dorfman, L., Wallack, L.and Woodruf, K. (2005) 'More than a message: Framing public health advocacy to change corporate practices', Health Education and Behavior, 32: 320–336.

Grier, S.and Bryant, C.A. (2005) 'Social marketing in public health', Annual Review of Public Health, 26: 319–339.

Gulas, C.S.and Weinberger, M.G. (2006) Humor in Advertising: A Comprehensive Analysis. Armonk, New York: M.E.

Hastings, G., Stead, M.and Webb, J. (2004) 'Fear appeals in social marketing: Strategic and ethical reasons for concern', Psychology and Marketing, 21: 961–986.

Janis, I.and Feshbach, S. (1953) 'Effects of fear-arousing com- munications', Journal of Abnormal and Social Psychology, 48: 78–92.

Jones, S.C.and Rossiter, J.R. (2002) 'The applicability of com- mercial marketing theory to social marketing: Two case studies of current Australian social marketing campaigns', Social Marketing

Quarterly, 8: 6–18.

Keller, P.A.and Lehmann, D.R. (2008) 'Designing effective health communications: A meta-analysis', Journal of Public Policy and Marketing, 27: 117–130.

Kotler, P.and Lee, N.R. (2008) Social Marketing: Influencing Behaviors for Good.Newbury Park, CA: Sage Publications.

Kotler, P.and Roberto, N. (1989) Social Marketing: Strategies for Changing Behavior.New York: Free Press.

Kotler, P.and Zaltman, G. (1971) 'Social marketing: An approach to planned social change', Journal of Marketing, 35: 3–21.

Koudelova, R.and Whitelock, J. (2001) 'A cross-cultural analysis of television advertising in the UK and Czech Republic', International Marketing Review, 18: 286–300.

Lin, C.A. (1998) 'Uses of sex appeals in prime time advertising', Sex Roles, 38: 461–475.

Maibach, E.W. (2002) 'Explicating social marketing: What is it and what isn't it? ' Social Marketing Quarterly, 8 (4) : 7–13.

Marketing Staff of the Ohio State University (1965) 'A state- ment of marketing philosophy', Journal of Marketing, 29: 43–44.

Ngo, A.D., Alden, D.L., Hang, N.and Dinh, N. (2009) 'Developing and launching the Government Social Franchise Model of reproductive health care service delivery in Vietnam', Social Marketing Quarterly, 15: 71–89.

Ogilvy, D. (1985) Ogilvy on Advertising.New York: Vintage Books.

Quinn, G.P., Hauser, K., Bell-Ellison, B.A., Rodriguez, N.Y.and Frias, J.L. (2006) 'Promoting pre-conceptual use of folic acid to Hispanic women: A social marketing approach', Maternal and Child Health Journal, 10: 403–412.

Ray, M.L., Sawyer, A.G., Rothschild, M.L., et al. (1973) 'Marketing communications and the hierarchy of effects', in P.Clarke (ed) , New Models for Mass Communication Research.Beverly Hills, CA: Sage Publications, pp.147–176.

Reichert, T., Heckler, S.E.and Jackson, S. (2001) 'The effects of sexual social marketing appeals on cognitive processing and persuasion', Journal of Advertising, 30: 13–27.

Rosenstock, I.M. (1966) 'Why people use health services', Milbank Memorial Fund Quarterly, 44: 94–124.

Rothschild, M.L. (1999) 'Carrots, sticks and promises: A conceptual framework for the management of public health and social issue behaviors', Journal of Marketing, 63: 24–37.

Rothschild, M.L.(2009) 'Separating products and behaviors', Social Marketing Quarterly, 15: 107–110.

Rothschild, M.R., Mastin, B.and Miller, T.W.(2006) 'Reducing alcohol-impaired driving crashes through the use of social marketing', Accident Analysis and Prevention, 38: 1218–1230.

Scott, L.A.J.and Johnson, B.T.(2006) 'Eroticizing creates safer sex: A research synthesis', The Journal of Primary Prevention, 27: 619–640.

Shimp, T.A.(2006) Advertising, Promotion, and Other Aspects of Integrated Marketing Communications, 7th edn.Florence, KY: Cengage Learning.

Smith, B.(2009) 'The power of the product P, or why toothpaste is so important to behavior change', Social Marketing Quarterly, 15: 98–106.

Wilkie, W.L.and Moore, E.S.(2003) 'Scholarly research in marketing: Exploring the"4 Eras"of thought development', Journal of Marketing, 22: 116–146.

Witte, K.(1994) 'Fear control and danger control: A test of the Extended Parallel Process Model (EPPM)', Communication Monographs, 61: 113–134.

第十二章

社会营销中的新媒介

达伦·梅斯 詹姆斯·B.韦弗三世 杰伊·M.伯恩哈特

❖ 新媒介及其普及情况

什么是新媒介?

“新”传播媒介是一个历史性和文化性的概念。电报机、电话、收音机、电视机以及计算机在其发展过程中都曾是新的技术创新。即使如今，在工业化国家已经司空见惯的传统媒介（例如电视和电脑），在世界上的许多地区的普及率依然不高。将各种基于早期技术创造出来的媒介进行整合（例如通过高速线材、无线电以及数字技术进行传播的媒介），进而形成功能强大的个性化应用，正是本书中现代化新媒介的特点。具体而言，本书中的“新媒介”是指各种新兴的交互性传播应用，比如参与式媒介（participatory media）（例如“web 2.0”）、个人无线电设备，以及其他交互性数字内容。另外，本书中的信息“消费者”指的是那些积极搜寻并（或）获取信息的个体。

使用新媒介极大地改变了人们搜寻信息以及与他人互动的方式，从而导致新的传播行为产生，这对社会营销研究与实践产生了重要影响（Bernhardt et al., 2009; Fox and Bernhardt, inpress）。随着个人电脑以及互联网技术的发展，传播领域的学者在十年前首次提出了新媒介可能产生的诸多影响（Rogers, 1996）。今天，我们越来越认识到，其中一个重要影响就是新媒介能方便用户即时获取信息并且能大大促使用户参与到信息交换过程中（Della et al., 2008; Fox and Bernhardt, in press; Lefebvre, 2007）。

罗杰斯（2003）使用创新扩散理论对消费者评估及使用新媒介的过程进行了详细说明。简言之，这一理论概述了影响新观点和新技术在社会上的传播速率的几种因素。创新扩散理论还指出，采用一项新发明需要经历几个阶段——首先被“创新者”采用，然后依次被“早期采用者”“早期追随者”“后期采用者”采用。并指出有些消费者可能永远不会采用一项新发明（即“滞后者”）。如今，一些新媒介（比如移动电话）正在被迅速普及（处于被“后期采用者”采用阶段），然而另一些新媒介（比如苹果手机、黑莓手机）只被少数人使用（处于被“早期采用者”采用阶段）。

参与式媒介

参与式媒介是一种“Web2.0”应用，这种基于互联网而发展起来的新媒介技术具有交互性和以消费者为中心的特点。通过Web2.0应用，消费者能够与他人互动，进行内容创造，对内容进行把关，然后与他人分享。在一些Web2.0应用（如社交网站、博客、维基百科、分享网站以及虚拟空间）中，社交网站以及许多网络主题论坛获得了最广泛的普及。比较有名的社交网站有MySpace, Facebook和Bebo。消费者可以使用这些应用建立个人资料、分享照片、撰写博客并与他人进行互动。许多用户会建立“好友”列表，并加入各种正式的和非正式的兴趣小组（例如爱好小组、家长交流组、大学校友组等）。过去十年，社交网站迅速增加（处于“早期采用者”采用阶段）。目前估计超过一半的青少年（55%）以及超过三分之一的成年人正使用社交网站应用（Lenhart, 2009; Lenhart and Madden, 2007）。例如，最近Facebook称其在全球已拥有超过5亿的用户。

博客是另外一种拥有广大用户群的Web2.0应用。博客是由个人或组织管理的网站，人们不仅可以通过博客评论新闻事件，还能分享个人经历。例如，美国健康与人类服务艾滋病网的子网站，就是一个健康博客，它致力于通过新媒介来应对全球艾滋病。微博是一种新兴的博客形式，它允许用户分享非常简短的文本信息（通常不超过140字）。开通微博服务的应用有Twitter和Plurk。美国公共卫生协会开通了一个健康微博，它定期向其关注者更新与公共健康主题有关的内容。目前，博客和微博的普及仍处于早期采用阶段。据估计，大约8%的成年互联网用户开通了个人博客（Lenhart and Fox, 2006），全球有1.9亿多用户拥有Twitter微博（Schonfeld, 2010），并且这些数据还在持续快速增长。因此，我们有理由期待博客和微博在接下来的几年里依然会持续增长。

除此之外，参与式媒介还包括了YouTube、Flickr和digg等分享网站，用户能够在这些分享网站上分享视频、照片等内容，还能对其感兴趣的内容进行标记，比如网站链接和新闻事件。像维基、虚拟世界和eGames这些正迅速普及的新媒介对社会营销也可能有重要作用。

❖ 使用新媒介带来的趋势

参与性消费者

消费者已经从消极的信息接收者（即“目标消费者”）转变为信息交换过程中的积极参与者，社会营销学者们将这种转变看作是新媒介带来的影响之一（Lefebvre, 2007）。新媒介用户在信息搜寻、生产、操纵以及建构方面的能力不断增强，这使他们能获得更加个性化、更具交互性以及更良好的消费者体验。但是，争论的焦点并不是受众仅仅是传统意义上的消极的“信息接收者”。先前的传播理论认为，“受众”总是在接收信息时才了解到该信息（Dominick, 2005）。在传统的传播模型中，传播过程是一种“一对多”模式，即首先由少数中间媒介（例如出版和广播媒介）从精心挑选出来的信息来源中获取主要信息，然后对这些信息进行解读并传播给大量的、多样化的受众。这实质上是传统的大众传播过程，在这一过程中，信息由中间媒介组织“推”向消费者。

相比之下，新媒介的出现让直接的信息搜寻成为可能。在这种情况下，新媒介的消费者从多种信息来源“拉取”个性化信息，而不再依赖媒介组织向他们推送信息（Lefebvre, 2007; Shapiro, 1999）。在以消费者为中心的新媒介环境中，消费者个人可以根据自己方便的时间、地点、方式以及自己倾向的信息来源主动获取和处理信息，并对其进行个人解读。不过，新媒介并非简单代替传统信息来源（即大众媒介），而是整合到消费者进行信息搜寻的各种媒介渠道中。社会营销专业人员所面临的一大挑战是，如何在传统大众媒介的传播策略与创新型传播方式中取得平衡，以吸引新媒介用户，从而使营销活动的规模与影响最大化（Lefebvre, 2007）。

新媒介的参与性本质也可能使社会营销人员采取与关系营销(参见第三章)所倡导的理念相一致的方式来与消费者建立关系。关系营销的核心是与消费者建立可持续的互动关系。在关系营销中,营销人员与消费者之间的沟通有一个典型特征,即消费者的参与促进沟通过程的双向(如对话)或多路径互动。新媒介采取互动性和参与性的传播方式来吸引消费者,许多新媒介(例如社交网站)拥有广泛的消费者网络。从这个角度来说,新媒介有助于社会营销人员将关系营销理念运用于社会营销活动中,从而通过持续的互动性传播与消费者建立起牢固的关系。

❖ 社会营销的启示

对新媒介的相关性和重要性的理解

社会营销活动的长期目标是对预期达到的健康及社会成效产生公众总体层面上的持续影响。但在将新媒介运用于社会营销活动之前,务必要深入理解目标新媒介与目标公众的相关性问题和对目标受众的实用性问题。正如先前所述,众多新媒介正得到迅速普及并处于发展前沿。但社会营销人员务必注意,不要轻易地将不同的媒介简单地整合到社会营销活动中,因为这些媒介足以导致杂乱的传播景象。在决定使用新媒介时,应当对这些媒介进行详尽评估,判断其是否是建构吸引目标受众的讯息与产品的最相关和最有效的方式(Thackeray et al., 2008)。

将新媒介应用于社会营销活动之前,需要考虑在特定目标受众层面上的战略性和逻辑性问题。因为某一特定受众对新媒介的认知会对媒介应用的有效性产生重大影响。这些认知包括消费者的接受能力、信息接收程度以及对作为信息来源的媒介的态度和看法(Thackeray et al., 2008)。例如,最近的调查研究表明,在使用媒介搜寻信息方面,消费者对新媒介这一信息来源的信任程度,似乎是一个重要影响因素(Edelman, 2008)。

撒克里及其同事(Thackeray et al., 2008)详细阐述了在社会营销活动中使用新媒介时需要考虑的具体问题,这与促进健康和预防疾病等事务的现存发展框架是一致的(Bartholomew et al., 2006)。这些问题包括:新媒介能否满足目标公众的特定需求?能否根据新媒介的使用情况对目标公众进行有效分析和划分?能否对媒介的影响进行评估和解释？目标公众是否接受并经常使用这些媒介？由于失去优先级消费者的支持等各种原因而产生的社会成本是否与媒介使用与否有关（Thackeray et al., 2008）？

其他需要考虑的关键性因素还包括媒介接触渠道。新媒介不同的接触渠道会对它的使用造成不同程度的限制，对这些情况进行了解非常有必要。同样，目标公众是否具备使用媒介所必需的知识和技能也很重要（Jenkins, 2006; Thackeray et al., 2008）。通过关键的利益相关者（如社区领袖）来了解新媒介在目标公众中的可行性和实用性，可以促进上述战略性和逻辑性问题的解决（Hamilton et al., 2008）。

理解群体特征、偏好以及媒介的使用情况

要想有效影响社会营销的预期成果尤其是消费者的行为改变，关键是要针对多样化的群体开展社会营销活动（O' Sullivan et al., 2003）。了解消费者的特征、偏好以及媒介使用行为，有助于社会营销人员生产出满足目标群体特征与偏好的信息和产品（Kreuter et al., 1999; Rimal and Adkins, 2003; Slater, 1996）。不过，根据新媒体使用情况将消费者细分成不同群体，并在这些群体中普及新媒介，这给社会营销人员带来了许多挑战。尤其是社会营销人员还无法从现有数据中明确得知新媒介用户参与行为的动态性特征，包括多重任务行为以及人际互动行为。

社会营销人员在试图了解并划分新媒介用户群时所面临的问题越来越复杂。例如，社会营销人员根据新媒介的使用情况选择合适的渠道推广社会营销信息与产品，但由于多重行为的存在，对这些渠道的选择变得更具挑战性。另外，由于这些行为，要想了解消费者获取的竞争性信息也变得越来越困难。消费者可能会同时从多种来源获取彼此具有竞争性质的信息。或者，他们同时或先后查看到有关健康推广产品的信息以及竞争性信息，并因此做出错误的选择。

新媒介环境下，社会营销人员需要对媒介使用的动态情况进行细致的和批判性的考虑。除了考虑媒介使用与否情况，在特定时间段，社会营销人员还需要考虑其他的因素。例如，消费者对新媒介的使用行为，包括通过维基百科或博客简单获取信息；与他人互动；建构用户生产内容并与他人分享。因此，不仅要了解使用新媒介的消费者特征，还要了解他们的使用频率以及参与行为。最后，了解新媒介使用情况与影响健康及社会事务预期成果的因素之间的关系也很重要。这些因素包括社会人口学特征和其他心理学因素。

多渠道传播方式

不仅消费者常常同时使用多种媒介搜寻信息，研究表明健康推广活动如果仅依靠单一渠道，其活动效果往往很有限（Snyder and Hamilton, 2002; Snyder et al., 2004）。消费者在多大程度上参与到信息传播过程中并发现它们与自己相关，常常会对信息效果产生影响（Petty and Cacioppo, 1986）。因此，社会营销人员应该考虑使用多样化、交互性的渠道，这有助于提高用户的参与性与信息相关性，增加有效影响健康与社会事务的机会。

最近一个颇受支持的观点认为，消费者会通过多样化、互动性的渠道积极参与信息传播过程，而不是仅依赖于单一渠道。一个经典案例就是2008年北京夏季奥运会（参见Bernhardt et al., 2009）。美国全球广播公司（NBC）对这场全球盛典的报道包括了几千小时的电视报道（Heistand, 2008）、3000多小时的网络视频（Voigt, 2009），以及允许消费者使用社交网络工具与其他人进行在线分享的网络互动特别节目。另外，多数奥运会报道也能通过个人无线设备进行接收，包括短信通知、移动网络报道以及移动视频（NBC Universal, 2008）。

NBC对2008年北京夏季奥运会的报道，充分显示了多样化媒介渠道报道在促进信息广泛传播方面的巨大力量。奥运会后，对电视观众以及网络内容渠道的分析显示，2008年奥运会的电视观众达到了前所未有的规模（Sports Business Daily, 2008）。另外，有关奥运会的网络内容也吸引了规模空前巨大的用户（Stetler, 2008）。这一分析表明，随着以新媒介为渠道来获取信息的用户增多，这种多渠道传播方式能促进赛事传播范围的扩大。尤其是网络和移动报道取得了显著效果。另外，移动内容特别吸引了那些以前没有使用过个人无线设备获取信息的消费者（Kaplan, 2008）。

2008年北京夏季奥运会的例子表明，新媒介与传统渠道整合，或许在提高消费者的参与性上能发挥积极作用。从社会营销角度来看，奥运会案例提供了将新媒介与传统媒介渠道进行整合从而实现多渠道传播的方法，这种方法能扩大消费者参与的范围，增加参与的深度（Bernhardt et al., 2009）。

成本和媒介接近和使用问题

尽管近几年“数字鸿沟”（digital divide）明显缩小（Horrigan, 2008），但在对新

媒介的接近和使用上仍存在很大差异，尤其是在以网络为基础的新媒介应用上，这种差异更明显。造成新媒介接近和使用不平等的原因，或许是缺乏所需资源（比如高昂的成本），又或许是部分公众故意不将新媒介作为重要的信息来源。另外，詹金斯（Jenkins, 2006）指出，不仅要考虑媒介接近和使用情况，还要关注目前消费者在参与性方面的差异，这可能是由于消费者缺乏最大限度地使用这些媒介的能力和动机。尽管新媒介得到迅速普及，但很多新媒介仍然处于早期采用阶段（Jenkins, 2006）。在具体的社会营销活动中，要想实现预期效果的最大化，关键是要弄清新媒介的近用以及消费者的参与性是如何影响目标消费者的。

对新媒介的影响进行评估

正如其他学者在本书中的详细描述，评估社会营销活动是一件非常具有挑战性的事（第十三章）。尽管行为改变是社会营销活动的目标结果，但要想实现明显的行为改变往往很难。不过，由于使用新媒介而产生的许多间接影响或许能成为成功评估社会营销活动的重要指标。

利用页面访问量、浏览量、内容下载量这些普通的网站使用数据，可以对以互联网为传播平台的社会营销活动进行效果有限的评估（Tian et al., 2010）。另外，谷歌的伽林·潘格尔最近指出，用于评估新媒介影响力的指标应针对活动和媒介两方面（Panger, 2009）。很多例子都可以用来解释这一观点。例如，如果想要对社会营销活动在目标消费者中的影响范围进行评估，或许，某一新媒介渠道的订阅者数量不失为一种有效的衡量指标。像Twitter中的“关注者”、Facebook中的“好友”，以及YouTube频道和博客的订阅者，这些显示订阅者数量的一般指标，可以有效检测某些新媒介渠道的总体传播范围（Panger, 2009）。

另一些指标则能够对消费者的新媒介参与情况进行更加详细地衡量。比如，通过Twitter的“转发”数量，评估人员可以获知某一特定时期内某条讯息被其关注者转发了多少次（Panger, 2009）。同样，Facebook中的“评论”数以及“点赞”数，社交网站上检索到的某条内容的分享次数，用户对YouTube等频道上的视频的总体评分，都有助于社会营销活动的评估人员对消费者在这些平台上的活跃度以及参与情况进行评估。

不过，大多数新媒介衡量指标都不能以前因后果的方式与社会营销活动的客观效果产生直接联系（例如行为改变）。另外，在评估新媒介影响力的最好方法上，还没有公认的“黄金衡量标准”（gold standard）（Huxley, 2009）。然而，谨慎选择新媒介衡量指标，有助于社会营销人员了解新媒介在推动营销活动目标实现过程中起到的作用。

关键词

新媒介；社会性媒介；移动技术；社会营销；健康营销；行为改变；消费者。

要 点

- 对新媒介使用程度的增加，已经很明显地改变了消费者沟通、分享与获取信息的方式，这为社会营销从业人员建构出了新的机遇。
- 得到最多使用的新媒介，包括参与式媒介（比如社交网站、博客、维基）与个人无线装备（比如移动电话、智能手机）。
- 通过很多新媒介，消费者具有了更大的信息生产、操控与创造的能力，这种能力促使消费者能更积极地参与到信息交换的过程中。
- 很多消费者会“无情地联系在一起”，他们经常协同起来，推进信息资源的增值。
- 在公共健康与其他领域的社会营销活动中使用新媒介之前，社会营销人员必须仔细认真地考虑众多实操的、后勤的问题。

参考文献

Bartholomew, L.K., Parcel, G.S., Kok, G.and Gottleib, N.H.(2006).Planning Health Promotion Programs: An Intervention Mapping Approach.San Francisco, CA: Jossey-Bass.

Bernhardt, J.M.(2006)'Improving health through health marketing', Preventing Chronic Disease, 3(3): 1–3.

Bernhardt, J.M., Mays, D., Eroglu, D.and Daniel, K.L.(2009)'New communication channels: Changing the nature of customer engagement', Social Marketing Quarterly, XV(Suppl): 7–15.

Della, L.J., Eroglu, D., Bernhardt, J.M., Edgerton, E.and Nall, J.(2008)'Looking to the future of new media in health marketing: Deriving propositions based on traditional theories', Health Marketing Quarterly, 25(1/2): 147–174.

Dominick, J.R. (2005) The Dynamics of Mass Communication: Media in the Digital Age, 8th edn.New York: McGraw-Hill.

Edelman (2008) Edelman Trust Barometer: The Ninth Global Opinion Leaders Study.New York.

Facebook (2011) Statistics.Retrieved 10 January 2011, from http://www.facebook.com/press/info.php? statistics

Fox, S.and Bernhardt, J.M. (in press) 'Health communication 2.0: The promise of peer participation', in L.F.Rutten, B.K.Rimer and B.W.Hesse (eds), The Future of Health Communication and Informatics: Challenges and Opportunities.Cresskill, NJ: Hampton Press.

Hamilton, L., Dennings, K.and Abroms, L.C. (2008) 'RE3.org: A case study of using new media to promote recycling in North Carolina', Cases in Public Health Communication and Marketing, 2: 178–189.

Heistand, M. (2008) NBC Olympics Coverage Will Be Pervasive.Retrieved 2 September 2008, from http://www.usatoday.com/sports/columnist/hiestand-tv/2008-07-08-olympicstv_N.htm

Jenkins, H. (2006) Convergence Culture: Where Old and New Media Collide.New York: New York University Press.

Kaplan, D. (2008) NBC Claims Audience Measurement Gold with TAMI; Online Uniques Go from 4.2 Million to 7.8 Million.Retrieved 10 December 2008, from http://www.paidcontent.org/entry/419-nbc-claims-audiencemeasurement-gold/

Kreuter, M.W., Strecher, V.J.and Glassman, B. (1999) 'One size does not fit all: The case for tailoring print materials', Annals of Behavioral Medicine, 21 (4): 276–283.

Lefebvre, R.C. (2007) 'New technology: The consumer as participant rather than target audience', Social Marketing Quarterly, 13 (3): 32–42.

Lenhart, A. (2009) 'Adults and social network websites', Pew Internet Project Data Memo. Retrieved 28 January 2009, from http://www.pewinternet.org/PPF/r/272/report_display.asp

Lenhart, A.and Fox, S. (2006) Bloggers.Retrieved 12 November 2008, from http://www.pewinternet.org/pdfs/PIP%20Bloggers%20Report%20July%2019%202006.pdf

Lenhart, A.and Madden, M. (2007) Teens, Privacy and Online Social Networks.Washington, DC: Pew Internet and American Life Foundation.

NBC Universal (2008) NBC Olympics Mobile.Retrieved 2 September 2008, from http://www.nbcolympics.com/mobile/index.html

O'Sullivan, G.A., Yonkler, J.A., Morgan, W.and Merritt, A.P. (2003) A Field Guide to Designing a Health Communication Strategy.Baltimore, MD: Johns Hopkins University.

Panger, G.(2009) Social Media Effectiveness.Retrieved 31 December 2009, from http: //www.adcouncil.org/files/seminar_series/EvaluatingSocialMedia/Panger.pdf

Petty, R.E.and Cacioppo, J.T.(1986) 'Elaboration likelihood model of persuasion', Advances in Experimental Social Psychology, 19: 123–205.

Rimal, R.N.and Adkins, A.D.(2003) 'Using computers to narrowcast health messages: The role of audience segmentation, targeting, and tailoring in health promotion', in T.L.Thompson, A.M.Dorsey, K.I.Miller and R.Parrott (eds), Handbook of Health Communication.Mahwah, NJ: Lawrence Erlbaum Associates, pp.497–535.

Rogers, E.M.(1996) 'Up to date report', Journal of Health Communication, 1: 15–24.

Rogers, E.M.(2003) Diffusion of Innovations, 5th edn.New York: Simon and Schuster.

Schonfeld, E.(2010, June 8) Costolo: Twitter Now Has 190 Million Users Tweeting 65 Million Times a Day.TechCrunch, http: //techcrunch.com/2010/06/08/twitter-190-million-users/

Shapiro, A.L.(1999) The Control Revolution.New York, NY: Public Affairs.

Slater, M.(1996) 'Theory and method in audience segmentation', Journal of Health Communication, 1: 267–283.

Snyder, L.B.and Hamilton, M.A.(2002) 'A meta-analysis of US health campaign effects on behavior: Emphasize enforcement, exposure, and new information and beware the secular trend', in R.C.Hornik (ed), Public Health Communication: Evidence for Behavior Change.Mahwah, NJ: Erlbaum.

Snyder, L.B., Hamilton, M.A., Mitchell, E.W., et al.(2004) 'A meta-analysis of the effect of mediated health communication campaigns on behavior change in the United States', Journal of Health Communication, 9: 71–96.

Sports Business Daily (2008) NBC Averaging 16.9 Rating through Wednesday's Olympics Coverage.Retrieved 3 December 2008, from http: //www.sportsbusinessdaily.com/article/123472

Stetler, B.(2008) Web Audience for Games Soars for NBC and Yahoo.Retrieved 3 December 2008, from http: //www.nytimes.com/2008/08/25/sports/olympics/25online.html?_r=1andhp

Thackeray, R., Neiger, B.L., Hanson, C.L.and McKenzie, J.F.(2008) 'Enhancing promotional strategies within social Marketing programs: Use of Web 2.0 social media', Health Promotion Practice, 9(4): 338–343.

Tian, H., Brimmer, D.J., Lin, J.S., Tumpey, A.J.and Reeves, W.C.(2010) 'Web usage data as a means of evaluating public health messaging and outreach', Journal of Medical Internet Research, 4: e52.

Voigt, K.(2009) Olympics Enter the '2.0' Era.Retrieved 3 December 2008, from http: //www.cnn.com/2008/TECH/07/09/oly.media.index.html

第三部分

研究：角色与技巧

第十三章　社会营销评估(马蒂娜·斯特德　罗伯特·J.麦克德莫特)

这一章说明了三项主要问题:为什么要进行评估?应该对什么进行评估?应该怎样进行评估?作者们对过程评估与影响评估等相关的事务进行了说明,并说明了个人层面与社区层面上干预活动的评估指标的选择。作者们还对比了评估过程中使用的定性、定量以及混合方法,说明了评估的预算与结果报告,还说明了伴随着社会营销干预过程的挑战因素。

第十四章　社会营销中的定性研究方法(西蒙娜·佩蒂格鲁　米歇尔·罗伯茨)

作者们描述了可以应用于社会营销活动策划与评估过程的定性研究方法。他们首先说明了以下几种主要的研究方法:民族志、扎根理论、案例研究;之后说明了以下几种资料收集技巧:个人访谈、观察法、焦点小组访谈、投射法、互联网研究,并提供了这些技巧在社会营销中的应用案例,还说明了在建构性研究与评估过程中使用定性方法的优点与不足。作者们也对不同的定量方法进行了对比,同时提供了数量众多的参考文献,这些都会为社会营销人员在为某一具体项目需求选取评估方法时提供帮助。

第十五章　基于定量方法的评估(菲奥娜·J.哈里斯)

在这一章,作者说明了在社会营销研究或评估过程中,如何借助定量方法促使取得最优的效果。在社会营销项目一开始,就应该对研究过程进行全盘的考虑,尤其是应该对参与者的回应的性质以及对这些回应进行分析的方法进行考虑,这一点非常关键。作者描述的评估过程包括:研究设计、资料收集、抽样、问题设计与测评、时间确定、伦理问题、资料分析与解读。作者强调,定量方法可以在证据基础(evidence base)建构过程中发挥关键角色。这一证据基础可以对社会营销项目加以引导,还可以协助促成政策转变。

第十三章

社会营销评估

马蒂娜·斯特德 罗伯特·J.麦克德莫特

❖ 应该对什么进行评估?

对讯息接收与行为改变的指标的选取

为行为改变选择恰当的评估指标面临挑战，但很重要。评估指标应当跟项目的目标直接相关。比如，如果项目的目标是提升人们的水果蔬菜消费量，那么评估就需要精准的“前—后”指标。项目目标越精确，对行为改变评估指标的选择就越容易。

确定目标的一项传统且易于理解的方法，是SMART（Ambler, 2006）。这一缩写表明了优秀目标的特征：目标应当是具体的（Specific，有形、详尽、界定明晰）、可评估的（Measureable，可以量化、便于进行对比）、可实现的（Achievable，可行、易于实施）、现实的（Realistic，实施所需的资源与可持续性）、时间确定的（Time-bound，有明确的时间表）。目标应当使用稳定的、指向行动的措辞，布鲁姆的分类系统提供了一些例子（Bloom, 1956; Harrow, 1972; Krathwohl et al., 1973）。

一些评估人员过于雄心勃勃，比如，他们盯着超出社会营销项目可以影响到的结果，所以仅仅基于现有资源是不可能进行评估的。比如，社会营销活动“相信自己的潜能”(Believe in All Your Possibilities)用于对中学生的吸烟和饮酒行为进行预防与控制，其评估聚焦于六项干预事务的严谨实施程度：(1)执法人员观察到的年轻人自我声称吸烟与饮酒的情况；(2)对自我声称吸烟的年轻人进行跟进教育；(3)在学校完全禁烟；(4)给父母提供视频，协助父母与年轻人进行沟通、提供建议；(5)为教师与年轻人提供相关的信息；(6)请更大一些的年轻人说明拒绝技巧，提升年轻人付诸实践的能力(Bryant et al., 2007)。

活动最初的评估数据显示，这一活动失败了。这是因为：(1)在社区层面开展的活动太少了；(2)评估过程没有对影响烟酒消费的区域文化因素进行控制，也不对这些因素进行评估；(3)在没有一个“匹配的”社区的情况下，评估过程无法确定其他因素(比如年轻人及其家人迁入迁出社区的情况等)，这就进一步增加了评估过程的复杂性。可笑的是，政策制定者与其他地区决策者往往要求评估人员给一些难以确定的行为结果提供统计数据，而且有时这就发生在活动刚刚开始之后的几个月。这样的统计数据即使收集到了，也往往没有多少实质意义，如果采用这些数据，也会导致错误的结论，随后作出错误的政策建议。

个人层面上的行为改变的报告

按照史密斯(1999)的说法，社会营销人员应当努力对如下因素的改变进行评估：促使期望行为更易于接受(与之前的认知相比)、让人们更开心地去接受(与竞争行为相比)、让更多的人接受(比如，与其他行为相比，能感知到更好的“投入回报率”)。一些社会营销人员认为，行为改变的证据应当是“细微但明显的变化过程”(McDermott, 2004)。这样的变化过程的证据，可以通过对如下方面改变的评估来获得：

- 实际行为、行为意图、接受行为的意愿所处的阶段。
- 知识与信念。
- 对问题与社会营销活动的知晓。
- 对一些服务的参与程度或使用程度。
- 消费者(或顾客)满意度。

对行为改变的报告，不一定需要显得很神秘，可以参考如下方式，对行为进行直接报告：

1.首要受众群体的改变（比如，过去30天内，饮酒的高中学生从49%降到31%）。

2.增加或减少的比例（比如，过去30天内，高中学生饮酒的比例降低了18%）。

3.聚焦到次要受众群体（比如，声称监测了高中学生行踪的父母比例提高了14%）。

4.优势比率（比如，参与到“VERB夏季积分卡”项目的9—13岁男童，与没有参加的同龄男童相比，在一周中保持6—7天活力的概率高出1.3倍；同样年龄段的女童，高出1.46倍）。

5.辅助效果，也就是不在意图中的积极或消极的结果（比如，9—11岁儿童参与“VERB夏季积分卡”项目的可能性，远高于12—13岁儿童）。

还可以对行为改变的意图进行评估，而不是对行为本身进行评估。虽然真实的行为改变可以更好地显示“细微但的确在进行的变化”，但在两种情况下，行为意图也是一种替代性的评估指标：人们接触社会营销活动的时间很短暂（比如，社会营销活动是崭新的活动），或者社会营销活动的目标是促使人们沿着行为改变的连续轴缓慢移动（比如，由“不关注”到“关注思考”），这种行为改变的连续轴就是阶段变化模型（transtheoretical model）（Prochaska et al., 1992）。当青少年参与VERB Summer Scorecard（莱克星顿青少年营养与健康联盟开展的、意图促进青少年参与体育活动的项目）推广活动的比例增加，未来再次参与意图方面，剂量反应效果（dose-response effect）就会显现，优势比会从4.42（至少完成一张积分卡）增加到7.50（完成一张以上的积分卡）。

虽然社会营销人员用行为改变来显示自己的努力成果，不过有时他们也想知道自己的活动在多大程度上改变了人们的知识与信念。在活动的初始阶段或者活动刚刚结束的时候，对人们的知识与信念进行评估，可以帮助社会营销人员确定目标对象的行为向期望行为靠近的可能性。这样的评估结果就是知识改变的情况：

- 首要受众回忆起活动中推广的事实信息的能力（比如，对于女性，在非黑色素瘤皮肤癌之后，乳腺癌是最常被诊断出的癌症，也是除肺癌之外的第二大致死癌症）
- 首要受众提供来自官方来源的具体信息的能力（比如，美国国家癌症研究所指出，当下口服避孕药使用者罹患乳腺癌的风险比不使用口服避孕药者高出24%）。

- 首要受众复述来自官方来源的建议的能力（比如，每12—33个月进行一次乳腺X光扫描，会明显降低乳腺癌发病率，尤其是50—69岁女性）。

在知识改变之外，一些评估指标试图对活动引发的认知改变进行评估。可以表现认知的是态度改变（attitude change）或观念改变（opinion change）。以哺乳推广活动为例：活动之后的态度改变如，认为哺乳对孩子好；观念改变如，认为哺乳很容易实现。有时一些指标还可以用来评估价值改变（value change）。

社区层面的行为改变的报告

进一步显示社会营销活动的成功的指标是：物理环境的改变、社区基础设施的调整、促进首要行为（priority behaviour）改变的政策的完成与实施。如果社会营销影响到社区的经济、社会与物理环境的管理，那么社会营销的成功就会更加具有战略意义，也会更具持续（Hastings et al., 2000）性。

虽然几乎所有的发达国家都试图促使人们意识到体育活动的价值，但阻碍人们更多地参与体育活动的常见因素，是缺乏适合体育活动的安全又易于接近的场所。这种情况在之后导致了一种需求：发展所谓的“人造环境”（built environment），可以协助人们克服这一困难。所以，如下活动都可以提升人们参与体育活动的概率：兴建公园或者提升公园的审美属性，建设社区游泳池，设计自行车道，提供灯光照明的步行道，修缮人行道，促使休闲区域更加安全、更好地远离犯罪活动，建设新的通道等。评估人员可以对社区基础设施进行评估，或跟踪其改善之处，并通过“前—后”观察，确定这些改善对人们行为的影响。

在聚焦于青年人的“VERB夏季积分卡”体育活动推广项目中，最初阻碍青年人参与体育活动的一项因素是缺乏廉价且易于使用的交通工具。随后，项目组织者与社区公共交通系统合作，在社区活动期间，“积分卡”可以作为公交卡使用。这一基础设施或政策的改动，明显影响了青年人的参与度（Bryant et al., 2010）。

与仅仅指向个体的干预活动相比，指向政策改变的干预活动，会更快、更有效地促成产品的接纳（即行为）。在一些国家，全面或大范围的室内禁烟措施已经实施，这些国家包括法国、以色列、爱尔兰、意大利、挪威、英国（Depondt, 2009）。这种政策对吸烟行为的蔓延、戒烟以及相关规范的影响，已经得到严谨的评估（如Brown et al., 2009; Fong et al., 2006a; McKee et al., 2009）。在英国，已经对校内饮食实施了严格的强制性营养标准，试图遏制不断恶化的儿童肥胖症状，并促进儿童的健康饮食（Department for Education and Skills, 2006; Department of Health, 2004）。在美国的部分地区，也实施了类似的措施。比如，在加利福尼亚州，指向教育领域关键领导人的社会营销干预项目已经促成类似的措施（McDermott R.J. et al., 2005）。

对评估人员来说，比较难评估的是：确定行为改变与特定政策之间的关联。这是因为，很多政策往往是和其他措施一起实施的，也处于更广泛的社会价值与规范中，很难把某一政策的具体影响清晰地分离出来。同时，很多研究也往往缺乏对照组。很多行为的改变，也需要很长的时间。国际烟草控制政策评估研究（International Tobacco Control Policy Evaluation Study）是一项多国的历时研究，试图跟踪世界卫生组织的烟草控制框架公约的影响。这一研究有效克服了上述的困难。当控烟措施实施到一定阶段后，则将未实施控烟政策的国家或地区作为对照组（Fong et al., 2006b）。

成本评估

成本评估试图对项目的成本进行准确的统计。这么做的意图之一，是营销人员确定获取特定行为改变的成本情况。这一章中的内容不可能对成本分析进行全面的说明，只能说明几项基本的要点。在最低层面，评估者应当确定项目实施过程的成本。列文（Levin, 1988）提供了一种成本确定的三步方法：

- 确定项目的要素。
- 预测每一要素的成本与项目的全部成本。
- 使用标准方法分析成本。

项目要素应当包括所有全职人员、兼职人员，以及志愿者，还应当包括设施、设备与物料。一旦识别出项目的所有要素，就应当确定每一类要素的价值。应当预估志愿者或捐赠物料的成本，也应当预估赞助组织实际提供的服务或东西。如果是大规模项目，单位成本（unit costs，比如每一受众群体所需成本）是比较恰当的评估指标。所以，有时甚至通过每名目标受众接受预期行为所需的成本来显示社会营销项目的成本。

过程评估

过去几十年中，人们对过程评估的兴趣明显增加，也就是对项目实施过程的关注。这种趋势产生的原因有四条（Linnan and Steckler, 2002）。

第一，评估者与政策制定者已经意识到，需要更好地理解一些项目的“失败”原因。基于证据的行为方式与政策制定过程的增加，促使人们发现，在行为改变方面获得成功的干预活动是比较少的，其中的原因也越来越成为人们关注的重点。过程评估可以帮助人们确定：项目的效果不佳，是因为项目观念不对（比如选择了错误的项目类别），还是因为项目实施出了问题（比如项目类型是对的，但是实施过程不良）。

第二，人们越来越关注项目的可复制性与可持续性。如果把一次成功的项目放到另外的语境中，重要的影响因素有哪些？如果想在项目评估之后项目仍能够持续，需要改进什么因素？

第三，指向行为改变的干预项目越来越复杂。与这种持续增加的复杂性相伴随的是一种需求：需要确定项目的不同要素之间应如何协作（或相反）来实现效果的。因为项目越来越复杂，包含越来越多样的线索方式与实施人员，所以不宜再期望项目按照预期加以实施，或者使项目所有要素之间持续保持一致。比较恰当的期望应该是：进行“更加简单的”干预，也是将来过程评估的需要。

第四，干预方式逐渐增多，传统的实验性评估模式越来越无法适用。这样的干预项目的方式如：多面社区项目（multi-faceted）、媒体倡议、社区发展。这一类方式往往无法预测，也很难进行操控。对这一类项目进行的评估自然也面临更多挑战。这种情况下，评估者需要完成的一项关键任务，是要记录、描述与分析人们对干预项目的参与过程与行为改变的情形，以便对干预活动的结果进行解读，并帮助其他人从本次干预的经验中学到更多（Nutbeam, 1998）。

过程评估需要对项目实施中的六个方面进行测量、探究与分析：剂量（dose）与到达范围（reach）、品质、忠实度（fidelity）、参与度、传递情形以及干预逻辑。

“剂量”与“到达范围”指向项目活动的量与接触到活动的人的数量。对剂量的评估如：一名普通医师进行简短会诊的数量，开展的戒烟小组谈话的数量，对某一服务推荐的数量，散发的传单的数量，召集的工作小组会议的数量等。对到达范围的评估如：活动接触的人们的数量，对这些人的特征进行分析等。通常情况下，真实的剂量与到达范围，会与意图的剂量与到达范围进行对比，以便确定活动的剂量与到达范围的情形。当评估剂量与到达范围时，需要在“供应”层面上查看，同时也应该在“接收”层面上考察。也就是说，如果有62%的目标群体收到了传达，那么实际读这些传单的数量有多少？

对项目执行“品质”进行的评估，会超越对剂量的简单关注，进而询问：“项目实施的好不好？”这一评估指标尤其适用于包含面对面互动的项目。这一类活动想要取得结果，一些因素很重要，包括良好的沟通技巧、情感投入、和谐关系、激励方式等。

与“品质”相关的一个概念，是项目执行的“忠实度”。这一指标关注的是：项目在多大程度上严格遵守了最初的设定，在不同的场所与不同的实施者，是否都严格遵守了开始的计划。避免校园药物使用活动往往追求活动实施的精确（Dusenbury et al., 2003）。对忠实度进行评估时询问的典型问题是：实施者在实施活动过程中，是否涵盖了所有内容？他们是否遵守了活动的时间设定？他们是否使用了别人建议使用的教导与学习方法（Dane and Schneider, 1998; Stead et al., 2007a）？

“参与度”关注目标群体对活动的立即回应状态。如果目标群体不喜欢、不相信某一项目，或者没有任何感触，无论这一项目在理论上怎样符合逻辑或者实施得如何好，都可能没有效果。对参与度的评估，包括对如下因素的探索与评测：目标群体对项目的认同（他们是否感到项目是指向自己的？）、对项目讯息的理解、对项目来源或品牌的认知、人们对项目的感受、人们对项目文化相关性的认知等。这一类评估也会出现在对项目结果的评估之中：比如，对传播活动的评估，往往包括对受众活动认同的评估、受众对活动讯息理解的评估、对相关度以及对行为的影响的评估等（如Stead et al., 2005）。

过程评估最有价值的一方面是项目的“传递情形”（deliverability），即一个项目实施的难易程度，促进或干扰项目实施的影响因素。如上所述，当一个项目要被横移到其他语境或在评估之后还要继续进行，那么过程评估就很关键。影响着项目传递的因素有很多，包括：实施者的技巧、项目本身的难度（比如项目是否需要做很多准备工作）、目标群体的类型、管理支持人员的数量等等。

最后，过程评估可以帮助人们对一项干预项目的基层逻辑模式进行理解、展开与批评。如果项目试图提升技巧或改变态度，项目的要素是否准确指向这些变量？如果项目包含多种要素，不同的要素之间是相互补充与互动，还是这些要素独自加以实施？

❖ 如何进行评估?

定量、定性与混合方法

评估过程中的“如何”,关注评估的具体设计与具体指标。这些具体设计与指标,用来获取作为评估社会营销干预项目的价值或重要性的反馈信息。这一章只对这些方式进行概念性的总览,因为在后面两章我们会进行更加详尽的说明,同时一些“方法”在教科书上也很容易获取。为了回答迫切的评估问题,实际评估者有很多方法与工具可以使用,这些方法与工具包括定量方法与设计、定性方法与设计、混合方法与设计等。

定量方法与设计(比如借助对照组的类实验或实验设计)比较符合一些问题类型的需求,可以让评估者了解到:哪些方面已经改变,以及改变的程度如何。简单地说,与对照情况相比,社会影响干预项目的效果如何?或者与历史上已经开展的社会营销干预项目相比,某一社会营销项目的效果如何?已经实施的项目是否真正引发了现实的结果?如果某一社会营销项目获得成功,同样的项目是否也可以应用在其他的环境中或时段中,或应用于其他受众群体?同时,评估者也必须充分考虑指向内部效度(internal validity)的干扰因素(Campbell and Stanley, 1966; Cook and Campbell, 1979),应当对这些因素进行控制,同时也需要进行评估。一些干扰因素可能超出评估者的控制范围(McDermott, 2004)。总体而言,社会营销人员需要了解:产品的成功是什么?发生了多大程度的改变?首要受众在多大程度上接受了预期行为?

评估者可以使用定量方法描述“什么发生了”或“发生了多少”。不过,社会营销人员只有通过定性方法与设计,才可能获得有关“为什么”一些方面有效果(或没有效果)以及有“多少效果”(或多么没有效果)的信息。为什么社会营销项目没有促成预期或期望的行为改变?如果社会营销项目的确实现了预期结果,项目之中或外部的什么因素促成了这种成功?

巴顿(Patton, 1987)列举了定性方法可以进行评估的几种情况。其中一些适用于社会营销:

- 营销人员希望理解一个项目工作的机制。
- 希望深入了解某些具体的受众群体、语境或项目途径。

- 试图要实施的项目拥有独特的属性。
- 试图确定消费者对正在评估中的项目的看法或体验。
- 定量评估方法不能有效地回答一些具体的评估问题。
- 评估过程是探索性的，或许是因为所评估的项目试图指向的问题，对过去其他社会营销项目进行否定。
- 试图对定量方法获取的统计数据进一步强化其深度与丰富度。

一些研究者讨论，定量方法好于定性方法，或者相反。很明显，这种讨论与如下讨论很相似：锤子和链锯哪个更好？如果有人想把钉子钉进木板，锤子当然是更好的选择。与之类似，如果有人想砍倒一棵橡树，当然要首选链锯了。对于社会营销项目的评估而言，方法的选择基于评估者的需求以及特定利益关系人的问题所需的答案。

因为定性方法与定量方法都是很有效的工具，当前的评估者越来越多地混合使用两种方法，争取发挥两种方法的优点，同时尽量降低两种方法的不足。三角测量法尽最大努力确保了结果的准确性，也尽量确保了结果能满足利益关系人的需求。因此，对特定社会营销进行的评估，应当包括多种定量手法（比如，基于邮件、电话或互联网的调查）或定性手法（比如，面对面的深访、非正式会谈、对日常讨论的记录以及观察获取的信息）。

典型情况下，当评估者面对的是指向特定受众的定量调查时，像深访之类的定性方法，可以允许评估者更方便地使用更适用的语言或者更恰当的概念。在定量调查执行完之后，可以用定性方法更好地确定应如何对调查结果进行解读。

为了确定推广健康饮食的社会营销项目的效果，通过在一处杂货店观察人们的购物行为，或者在一处学校食堂观察学生的购买行为，就可以确定消费者在定量调查中提供的回答是否恰当。通过焦点小组访谈获取的数据，可以确定活动的哪些方面最没有效果，或者哪些方面与购买决策最相关。同时，对各种记录材料（比如：对营养材料的获取记录。杂货店或宾馆的收款机记录、营养班的学习记录等）的分析，可以整合使用定量与定性方法，进而可以确定一项社会营销项目的到达范围、意图效果与副作用。

确定时间的重要性

“什么时间进行评估”这个问题，也是评估时需要考虑的重要因素。社会营销活动需要考虑如下几项时间要素：

- 在项目执行之前，对目标对象的当前行为建立基准线。
- 在项目执行过程中，对项目执行忠诚度进行监测，以便确定是否需要在中途进行调整。
- 项目执行之后，寻找消费者已经采纳产品的证据，即：预期的行为。
- 项目结束比较长时间之后，收集证据，确定被干预的行为是否已经衰退或者重犯，以便确定是否需要对项目进行"增压"。

所以，对评估事件的确定，影响评估设计方法、评估内容、预算决策以及其他资源的配置。在"端对端"全面评估中，如下方面都会用到上述的时间要点：对项目执行忠诚度的监测、对项目进行中期更正（比如替换或强化等）、确定项目的直接与长期效果。其中中期更正是一项关键的评估考虑因素。正如安德烈亚森说的：如果必要的中期更正没有进行，那么项目结尾的一次性的正式评估能够显示的所有内容，只有两条——第一，你做得很好；第二，已经太晚了，什么都改变不了了（Andreasen, 1995: 94）。

确定评估预算

即使是很有经验的评估者，也有可能低估了开展全面彻底的项目评估所需的费用。另外，社会营销项目的策划与执行者还往往与评估者争夺经费，所以对经费事务会有各种不同的说辞。这种争夺状态显示，评估人员必须和项目的策划人员密切协作，以便双方都能够相互理解对方的需求。营销人员应当理解项目全面评估可能带来的回报，这很关键。有效的评估可以对社会营销进行"营销"，可以进行推广，可以吸引其他使用相同方式方法的人。没有人能够明确一项评估所需的具体费用。每一项项目自身的特征，都会影响评估费用。不过，没有任何一项全面的评估，费用会低于总项目费用的20%。实际上，如果评估人员希望完成如下事务的话，应该给预算确定一个更大的数字才更保险：试图建构基准指标，在项目开展初期阶段对项目的执行进行监测，在项目结束之后进行跟进的评估，再之后对首要受众进行评估，以便确认干预的影响是否仍旧继续。

内在与外在评估

谁是项目评估的最佳执行人员？是内部人员还是外部人员？麦克德莫特和萨维拉（McDermott and Sarvela, 1999）对这一问题进行了详细的说明。内部评估者直接参与社会影响活动，当然对项目本身及其目标最为熟悉。进行评估的人员也许早在项目形成性研究时就已经参与进来了。同时，内部人员更有可能对项目的语境因素以及所处的文化因素更有了解。

外部评估者从未参与过项目的执行、形成性研究、概念发展或营销策略确定，所以具有明显的中立性。外部评估被认为是比较中立的、不带感情的，所以被认为更能产出可信的结果。考虑到内部评估与外部评估的成本与优点，评估者可以追求带有"混合优势"的一种方法：在社会营销活动的形成阶段，采取内部评估方式；在总结阶段，采取外部评估方式。

评估结果的报告

评估的最后一个环节，是通过聚焦于应用与便于理解的方式，对评估的结果进行报告，并对结果进行解读。一份优秀的评估报告会协助利益关系人作出决策。因为一些评估包含科技内容，所以可以对一些报告进行更加复杂的解读或者更加技术性的解读。

不过，报告不应当显得那么神秘。评估报告的读者不太会关心项目执行的步骤以及统计分析数据的细节，他们更关心结果，这种结果足以对项目的执行加以描述。一份撰写完美的评估报告不一定能确保利益关系人可以理解它，可以使用它。如果一份报告的意图得到了清晰的陈述，在评估开始之初就与利益关系人有密切的协作，那么评估报告就会是实用导向的，也会是便于读者阅读的。

一份评估报告应该包括哪些内容？单就骨架来说，一份评估报告应该包括一个封面、标题页、致谢、目录、图表与其他展示材料的目录、摘要、被评估项目的背景描述（包括目标与其他细节）、评估相关的目标与方法、评估结果、评估结果讨论、结论、建议、附录。另外，报告中还应当包括对项目相关费用的说明。

评估结果就是用事实性、描述性的方式展示的评估发现。评估者应当同时考虑硬数据（以量化数据为主）与软数据（以质化数据为主）。前者拥有信度与效度方面的优点。后者包括评论、证言、随机观察、事例证据等，所有这些都显示出项目的一些特征，这些特征都未曾得到有意识的评估。很多利益关系人总是意图仅仅聚焦于硬数据，但也不能无视软数据。阿尔伯特·爱因斯坦说过："并非所有重要的东西都能计算得清楚，也并非所有计算得清楚的东西都重要。"所以质化数据或软数据可能能够显示项目的优点与不足，还能显示在项目的下一轮实施过程中，应当对什么进行评估。

数据的组织方式与呈现方式，对读者的理解很关键。如果指向快速阅读的方式，可以对问卷本身进行摘要。如果要用叙述的方式来详尽展示结果的话，叙述方式本身就会引发阅读疲劳，不易于让读者快速及时地识别出有价值的要点。所以，用视觉方式展示数据会有帮助，可以选择的视觉方式有很多：如，表格、图形、柱状图、线状图、饼状图（也被称为饼图或扇形图）。

评估者可以对潜在利益关系人进行测试，以便确定最优化的数据展示方式。或许，报告撰写者需要记住的是，如何最好地展示数据，以便协助读者进行解读，并得出相关结论，协助将来的项目策划、决策与其他重要的事务。

是否有一种最好的方式，来提供对评估结果的解读，或者提供讨论、结论与建议？对评估结果最好的讨论方式，应当拥有平衡、清晰和客观的特征（McDermott and Sarvela，1999）。报告者必须忠实于结果，不能只提供"好消息"。这是报告者必须要做的，虽然好像根本不需要多说。所有的评估都提供学习的机会，有时是在项目失败中总结出来的东西，这和项目成功的影响因素同样重要。评估者也必须注意，避免自己的结论超出数据能够显示的内容。因为评估者与项目管理者之间的协作很重要，所以评估者有可能尽量采取令人愉悦的方式报告结果或者得出结论，从而无视真正的信度。一些关键的项目执行者可能会施加压力，只报告部分结果，或者凸显一些发现，同时削弱另外一些发现的分量。所有这些微妙的因素，都显示出外在评估者具有的独特价值。

社会营销项目一般很少能实现它的所有目标，也很少有完美的项目。安德烈亚森指出："活动最终都不像策划的那样。"（Andreasen，2006：98）所以，一份好的报告，应当是平衡的，应当指明项目所有的优点与不足。如果某一数据无法明确标明项目的价值，评估报告也应当对此加以报告。

关键词

社会营销；评估；研究；目标；结果与指标；评估测评；方法；定量、定性与混合方法；过程评估；评估的挑战；可行性；可接受性；参与；学习。

要 点

- 评估是社会营销项目的关键要素。评估可以告诉我们社会营销项目对人们行为的影响是什么，以及同样重要的是，社会营销项目为什么成功或为什么失败，以及如何进一步提升。
- 社会营销评估者不仅对行为改变感兴趣，也对知晓、态度、规范、社区基础设施、组织行为与政策的改变感兴趣。
- 评估设计必须与社会营销项目的目标和项目的类型一致。在一些情况下，在评估行为改变之前，首先聚焦到可行性与可接受性的评估。
- 过程评估，是对项目实施情况进行的评估，可以显示一个项目在不同的语境中更可能成功还是失败，以及这些项目如何在现实环境中获得更好的支持。
- 评估富于挑战性，因为社会营销项目是多种多样的、复杂的、多面的，往往传统实验设计无法有效应付。
- 每一项社会营销评估都有助于了解特定项目或事务，也有助于对社会营销进行一般的了解。

参考文献

Ambler, G.(2006) Setting SMART Objectives.Accessed 8 September 2009 from http://www.thepracticeofleadership.net/2006/03/11/setting-smart-objectives/.

Andreasen, A.R.(1995) Marketing Social Change.San Francisco, CA: Jossey-Bass.

Andreasen, A.R.(2006) Social Marketing in the 21st Century.Thousand Oaks, CA: Sage Publications.

Bloom, B.S.(1956) Taxonomy of Educational Objectives, Handbook I: The Cognitive Domain. New York: David McKay Co., Inc.

Brown, A., Moodie, C.and Hastings, G.B.(2009) 'A longitudinal study of policy effect (smoke-free legislation) on smoking norms: ITC Scotland/UK', Nicotine & Tobacco Research, 11(8):

924–933.

Bryant, C.A., McCormack Brown, K.R., McDermott, R.J., et al.(2007)'Community-based prevention marketing: Organizing a community for health behavior intervention', Health Promotion Practice, 8(2): 154–163.

Bryant, C.A., Courtney, A.H., McDermott, R.J., et al.(2010)'Promoting physical activity among youth through community-based prevention marketing', Journal of School Health, 80(5): 214–224.

Campbell, D.T.and Stanley, J.C.(1966)Experimental and Quasi-Experimental Designs for Research.Boston, MA: Houghton Mifflin.

Cook, T.D.and Campbell, D.T.(1979)Quasi-Experimentation.Boston, MA: Houghton Mifflin.

Dane, A.V.and Schneider, B.H.(1998)'Program integrity in primary and early secondary intervention: Are implementation effects out of control? ' Clinical Psychology Review, 18: 23–45.

Department for Education and Skills(2006)Nutritional Standards for School Lunches and Other School Food.www.teachernet.gov.uk/wholeschool/healthyliving.

Department of Health(2004)Choosing Health: Making Healthier Choices Easier.Public Health White Paper: Crown.

Depondt, F.(2009)'Commentary: Indoor smoking bans', Emagazine.com.Retrieved 15 September 2009 from http: // www.emagazine.com/view/? 3530.

Dusenbury, L., Brannigan, R., Falco, M.and Hansen, W.B.(2003)'A review of research on fidelity of implementation: Implications for drug abuse prevention in school settings', Health Education Research, 18(2): 237–256.

Fong, G.T., Cummings, K.M., Borland, R., et al.(2006b)'The conceptual framework of the International Tobacco Control(ITC)Policy Evaluation Project', Tobacco Control, 15(Suppl 3): iii3–iii11.

Fong, G.T., Hyland, A., Borland, R., et al.(2006a)'Reductions in tobacco smoke pollution and increases in support for smoke-free public places following the implementation of comprehensive smoke-free workplace legislation in the Republic of Ireland: Findings from the ITC Ireland/UK Survey', Tobacco Control, 15(Suppl 3): iii51–iii58.

Harrow, A.(1972)A Taxonomy of the Psychomotor Domain: A Guide for Developing Behavioral Objectives.New York: David McKay Co., Inc.

Hastings, G., MacFadyen, L.and Anderson, S.(2000)'Whose behaviour is it anyway? The broader potential of social marketing', Social Marketing Quarterly, VI(2), June: 46–58.

Krathwohl, D.R., Bloom, B.S.and Masia, B.B.(1973) Taxonomy of Educational Objectives, the Classification of Educational Goals.Handbook II: Affective Domain.New York: David McKay Co., Inc.

Levin, H.M.(1988) 'Cost-effectiveness and educational policy', Educational Evaluation and Policy Analysis, 10, 51–69.

Linnan, L.and Steckler, A.(eds) (2002) Process Evaluation for Public Health Interventions and Research.San Francisco, CA: Jossey-Bass.

McDermott, R.J.(2004) 'Essentials of evaluating social marketing campaigns for health behavior change', The Health Education Monograph Series, 21: 13–20.

McDermott, R.J.and Sarvela, P.D.(1999) Health Education Evaluation and Measurement: A Practitioner's Perspective, 2nd edn.Madison, WI: WCB/McGraw-Hill.

McDermott, L., Stead, M.and Hastings, G.(2005) 'What is and what is not social marketing: The challenge of reviewing the evidence', Journal of Marketing Management, 21(5–6): 545–553.

McDermott, R.J., Berends, V., Brown, K.R.M., et al.(2005) 'Impact of the California Project LEAN school board member social marketing campaign', Social Marketing Quarterly, 11(2): 18–40.

McKee, S.A., Higbee, C., O'Malley, S., et al.(2009) 'Longitudinal evaluation of smoke-free Scotland on pub and home drinking behaviour: Findings from the International Tobacco Control(ITC) Policy Evaluation Project', Nicotine and Tobacco Research, 11(6): 619–626.

Nutbeam, D.(1998).Evaluating health promotion-progress, problems and solutions Health Promotion International, 13(1): 27–44.

Patton, M.Q.(1987) How to Use Qualitative Methods in Evaluation.Newbury Park, CA: Sage Publications.

Prochaska, J.O., DiClemente, C.C.and Norcross, J.C.(1992) 'In search of how people change. Applications to addictive behaviors', American Psychologist, 47(9): 1102–1114.

Smith, W.A.(1999) Social Marketing Lite.Retrieved 9 September 2009 from http: //www.nsfc.wvu.edu/smart/training/toolkit/page3/social_marketing/Social_ MarketingLite.pdf.Washington, DC: Academy for Educational Development.

Stead, M., Hastings, G.and Eadie, D.(2002) 'The challenge of evaluating complex interventions: A framework for evaluating media advocacy', Health Education Research Theory and Practice, 17(3): 351–364.

Stead, M., Tagg, S., MacKintosh, A.M.and Eadie, D.R.(2005) 'Development and evaluation of a mass media theory of planned behaviour intervention to reduce speeding', Health Education Research, 20: 36–50.

Stead, M., Gordon, R., Angus, K.and McDermott, L.(2007b) 'A systematic review of social marketing effectiveness', Health Education, 107(2): 126–140.

Stead, M., Stradling, R., MacNeil, M., MacKintosh, A.M.and Minty, S.(2007a) 'Implementation evaluation of the Blueprint multi-component drug education prevention programme: Fidelity of school component delivery', Drug and Alcohol Review, 26(6): 659–664.

第十四章

社会营销中的定性研究方法

西蒙娜·佩蒂格鲁 米歇尔·罗伯茨

❖ 民族志方法

对一些研究话题而言，相关现象的潜在影响因素比较复杂，自我报告的数据（self-report data）难以对其进行充分展示。当宏观的环境因素具有显著影响时，这种情况尤其明显，因为个体难以对这种影响的本质进行有效的解读与理解。因为对于社会营销活动的有效实施而言，环境因素的影响力十分重要。民族志方法试图明显地记录这些影响因素，因此民族志方法可以在干预活动设计过程中的形成性研究阶段得到有效应用（Meyer and Dearing，1996）。

民族志方法起源自人类学领域，偏重于关注文化因素对个人行为的影响，属于自然主义属性的研究方法（Geertz，1975；Sarantakos，1993）。民族志方法有两项首要目标，一是通过特定个体自己的视野来解读其世界，二是对特定个体之间的社会互动进行记录与解读（Arnould and Wallendorf，1994；Barnes，1996）。研究者通过参与式观察来实现上述目标。参与式观察要求研究者积极参与到作为研究对象的社会过程中去。访谈与观察往往作为参与式观察的辅助方法，深入了解群组成员的想法、感受与行为（Sarantakos，1993）。因其自身的自然主义属性，民族志研究者应当放弃其他数据收集方法内含的大部分限制因素。因为民族志研究对象的最初位置与类型往往是事先确定下来的，因此数据收集过程的本质便于研究者"顺其自然"，且可以适应变动中的环境因素（Lincoln and Guba, 1985）。这导致样本抽取是比较基于主观判断的，也就是说，样本的抽取基于研究者之前的数据收集经验，因此不同的数据收集方法与分析方法的并存是必然的（Belk et al., 1988）。

研究者可以使用民族志方法获取对研究对象的第一手体验，因此可以更好地理解研究对象的观念。民族志方法尤其适用于对如下群体进行分析：被社会边缘化、难以被政策制定者恰当了解的人群。民族志方法往往被研究者对如下问题进行研究：药物的不当适用（Hopson et al., 2001; Myers and Stolberg, 2003）、原住民群体的酒精消耗（Brady, 1992, 1993; Rowse, 1993）、无家可归者的体验（Hill, 1991, 2001）。民族志方法也可以十分有效地用于对一些职业群体进行分析，比如对采矿工人（Cullen et al., 2008）或消防队员（Staley, 2009）的分析。

扎根理论

扎根理论在20世纪60年代出现，最初被视为社会学研究中的一种替代性方法。格拉泽与施特劳斯（Glaser and Strauss, 1967）指出，当时社会学领域因为过于强调对宏大理论（grand theory）或元理论（meta theory）的研究总结，因此导致社会学领域趋于停滞陈腐。两位研究者强调，研究人员应当聚焦于特定的社会问题，并尝试发展出可以解读这些问题的实质理论（substantive theory）。因此两位研究者建议，研究人员不应当继续痴迷于演绎理论的发展，而是应当更加关注归纳理论。归纳理论更大程度地基于数据收集与分析，而不是在既有知识中寻找依据。

这一研究方法在开始阶段就直接进入研究领域，而不是首先关注已有的理论概念。这样做的意图，是尽量削弱如下观念带来的干扰：应当与其他研究者对相同或相关现象的解读进行相互验证（Locke, 1996）。扎根方法通过使用标准化的程序来保证其严谨性，这样的程序包括：立意抽样、广泛编码、数据分析过程中的持续比较法。这样做的目标是清晰地显示数据之间存在的相似之处与不同之处，这些相似与不同之处被用于导出理论范畴（theoretical category），用以解释作为研究对象的特定现象（Glaser, 1992; Glaser and Strauss, 1967）。当获得特定解读之后，才对相关文献进行收集评估，以此来巩固并拓展现有的解读（Strauss and Corbin, 1990）。

因为扎根理论侧重于理论建构，因此分析过程中，必须通过负性个案分析（negative case analysis）来提升解读的稳健性与解释力（explanatory power）。负性个案分析过程试图积极寻求反驳当下解读的观点，以便测试当下解读的精确性（Glaser and Strauss, 1967）。扎根理论研究者通过寻找例外的方法，来确认刚刚发展起来的实质理论的边界与局限。

案例研究

案例研究方法同样发源自社会学，同样往往被应用于组织研究（organizational research）。案例研究方法为社会营销人员提供了一种更多的方法论框架。殷（Yin, 2009: 18）对案例研究进行了详尽的界定：

案例研究是一种经验性总结分析方法，这一方法对特定的当下现象在其现实情境中进行深入全面的探究。案例研究尤其适合分析与其现实情境之间的边界不很明显的现象。案例研究试图分析在技术层面具有独特性的情境，这些情境在数据点（data point）之外还包含更多变量。这导致两项结果：其一，案例研究的结果依赖于多样化的证据来源，因此数据需要汇集起来综合分析；其二，案例研究在进行数据收集与分析的过程中，受益于研究之前发展起来的理论成果。

按照这一界定，大部分名为案例研究的研究仅仅是对特定情形或现象的描述叙述，因为这些研究并没有严谨地聚焦于理论。

经典的案例研究往往开始于对特定问题或议题的叙述，这一问题或议题正是研究者试图探究的对象。这一点与民族志及扎根理论相似。案例研究并不聚焦于预设的变量，而是聚焦于有价值的社会性或组织性议题（Yin, 1981）。使用案例研究方法的首要驱动因素之一是特定现象的影响因素太多，以至于实验方法或调查研究方法无法有效实施（Keen and Packwood, 1995）。

案例研究方法试图对小规模分析单位进行深入分析。这样的分析单位包括：一次事件、一个地点、一组信息提供者、一类经验等（Sofaer, 1999）。案例选择的标准是其解释能力。当研究者使用案例研究方法时，并不试图将研究发现推广到案例之外，仅仅提供最保险的建议（Smith, 1990）。

案例研究虽然不是持续的，但往往在本质上是定性的。案例研究者使用的定性资料的类型包括：访谈、观察、文件（Sofaer, 1999）。多样的资料来源可以在案例研究过程中形成三角校正(triangulation),并会提升案例研究的可信度(Yin, 2009)。案例研究方法允许在资料收集与分析过程中有所交叠,这是案例研究方法很重要的一个方面,因为案例研究允许对资料收集进行持续的细化,以确保不断出现的新话题得以整合到后续的资料收集活动之中(Eisenhardt, 1989)。案例研究者会分析多种多样的数据点,会同时积极地搜寻其中的一致性与差异性。数据点之间的差异性,尤其可以用于识别存在冲突且需要得到解决的核心领域(Perren and Ram, 2004)。

❖ 数据收集方式

被归入定性范畴的数据收集方式包括访谈(比如个人深度访谈、配对访谈、小组访谈、焦点组)、观察、投射法与互联网研究。下文将依据上述数据收集方式在社会营销中现实与潜在的应用情形,对其进行说明。

访 谈

迄今为止,在社会营销中使用最多的定性方法是访谈。尤其是个人深度访谈与焦点组,往往被研究者应用于社会营销项目的形成与过程评估阶段。个人深度访谈尤其适于为受访人员提供充分的时间与空间来表述作为其行为动力的价值观念(Arnould and Wallendorf, 1994),焦点组则便于访谈者观察不同个体在对特定话题进行讨论时彼此之间的互动与观点碰撞(Fontana and Frey, 1994)。

访谈过程中,研究者可以与目标对象直接沟通。这有助于社会营销项目的策划与细化,以便于更加有效地指向目标对象的需求(Merritt et al., 2009; Thackeray, 2003)。在禁烟活动的策划过程中,访谈已经得到比较普遍的应用。因为不富裕群体的吸烟率更高,因此禁烟活动一直聚焦于弱势吸烟者以及与这一群体戒烟行为相关的阻力因素、激励因素、促进因素(MacAskill et al., 2002; Paul et al., 2010; Roddy et al., 2006; Stead et al., 2001)。这一群体的文化水平偏低,在参与调查的过程中会遭遇难题,因此访谈方法可以比较有效地从这一类型的个人那里获取数据(Hahn et al., 2004)。总体而言,这一类研究发现,很多弱势吸烟者希望戒烟,但是他们面临各方面的阻力:同龄群体规范(peer group norms)、缺乏其他的休闲娱乐方式、对失败的恐惧、持续面对烟草推广讯息、戒烟产品的高价格、对可用服务缺乏了解。这一领域中的其他访谈研究总结了吸烟者对无烟立法的态度（Heim et al., 2009）、吸烟者对传播材料在吸引关注与促进行为改变方面的能力的认知（Gallopel-Morvan et al., 2009）、吸烟者与医疗人员对医疗人员激励戒烟的潜力的认知（Butler et al., 1998; Coleman et al., 2004）。

观 察

因为人们对其行为的说明与其实际行为之间存在着多种多样可能的差异，因此研究者应当避免过于单一地依赖自我报告型数据（Barnes, 1996; Huberman and Miles, 1994; Wallendorf and Belk, 1989）。观察法可以成为研究话题相关信息的替代性或补充性来源。当社会期望偏差（social desirability bias）对自我报告数据产生影响时，观察法尤其适用（Guinn et al., 2010）。很多人可能会在观念上存在反复无常的转变，会有自我评估，会有自我欺骗，会在自我展示、处于窘迫情境或表现出明显不诚实时加以自我操控。两位阿德勒（Adler and Adler, 1994: 389）指出，观察法可以规避上述问题。

秘密观察可以克服有意或无意的失实陈述，因此秘密观察可以在数据收集的过程中规避掉这一过程对社会行动者行为的干扰。另外，观察还可能发现个人自身未曾意识到的驱动因素（Dichter, 1964; Rust, 1993）。诸如文化性与社会性等宏观因素可以在个体的行为之间导致一致性，不过却会导致个体难以有效意识到自己的行为是自主的（Kluckhohn, 1967）。观察方法可以使这种一致性彰显出来，因此可以协助研究者更好地判断更抽象因素产生影响的程度。当与其他数据收集方法协作使用时，更是如此（Piirto, 1991）。

投射法

投射法不经常在心理学之外的领域得到应用，不过投射法可以产出替代形式的数据，因此投射法拥有被社会营销人员应用的潜力（Merritt et al., 2009）。投射研究要求研究对象对模糊不清的刺激讯息作出创造性的回应，在这一过程中将其想法与感受投射到其回应中。这一方法的逻辑是：投射方式可以接触到潜意识的动机与态度，可以引导出在直接询问时不大可能展示的回应（McGrath et al., 1993; Rogers and Beal, 1958; Rook, 1988）。因此，研究者可以使用投射法深入了解人们的动机。

投射法的具体操作方式有很多，包括：词义联想、句子完成活动（sentence

completion activities)、主题理解测试(thematic apperception tests)、图片回应活动(picture response activities)、图形绘制(picture drawing)、拼贴完成(collage construction)、对话完成(dialogue bubbles)、照片引谈(photo-elicitation)、卡片分类(card sorting)、选项排序(choice ordering)、精神场景描述(mental scenarios)(Donoghue, 2000; Rook, 1988)。不过,投射方法几乎可以没有局限地探索研究对象的"内在自我"(inner selves)(Levy, 1985)。更加不常见的例子如:让研究对象画出自己的感受,或讲述其最喜欢的笑话(Richman, 1996)。

在社会营销相关的领域中,投射法往往被用于少年儿童。少年儿童的认知能力、书写能力与语言能力都比较弱,因此很难将标准的访谈或调查方法应用于对少年儿童进行的研究(Irwin and Johnson, 2005)。这就要求面对少年儿童时,需要使用可以不明显依赖阅读、书写与语言表述就可以产出负责数据的数据收集方法(John, 1997)。

互联网研究

1991年互联网的出现,导致人们传播的方式发生了无法预期的变化(Maignan and Lukas, 1997)。现在,全世界大约有17亿人使用互联网,并且人们能够接触到海量的信息与娱乐内容(International Telecommunications Union, 2010)。互联网的广泛渗透招致社会营销者的浓厚兴趣,因为社会营销者试图在不同层面上与研究对象互动,部分互动难以通过其他媒介实现(参见第十二章)。或许这一渠道的价值与到达受众范围的最明显指标是:为了试图向现实与潜在的顾客发送信息并进行劝服,以及商业营销者对基于互联网的营销进行投入的程度(Catterall and Maclaran, 2002)。2011年,全球对互联网广告的投入已经超过720亿美元,在全球总体广告投入中超过15%(ZenithOptimedia, 2010)。

对互联网广告投入的迅速增加,表明这一渠道可以有效到达互联网用户。尤其是年轻人作为互联网的忠实用户,会比其他年龄段群体更加积极地通过互联网表述自己的观点并展示自己的行为(Huffaker, 2006)。虽然年轻男性与年轻女性使用互联网的方式存在显著差异(分别侧重于玩游戏与聊天、购物),不过两个群体对互联网的首要用途都是与同伴进行传播(Gross, 2004; McKay et al., 2005)。

社会营销者可以通过不同方式使用互联网。首先,互联网可以成为活动与干预项目首要或辅助数据来源。在作为首要数据来源方面,互联网小组(web panels)可以成为获取众多人群信息的快捷高效的来源（Birnbaum, 2004; Kraut et al., 2004）。互联网小组参与者可以提供个人细节信息，进而可能成为问卷的接收者，成为符合特定要求人群的样本（Farrell and Petersen, 2010）。作为回报，这些人可以获得经济回报或者卡券，这些卡券可以换回众多的物品与服务（如Brigham et al., 2009）。

❖ 数据分析

定性数据分析过程与定量数据分析过程显著不同。虽然在数据管理过程中有一些软件可以使用，不过软件的使用只能促进编码过程，并不能有效地完成足以产出含义所需要的概念分析（Bringer et al., 2006）。研究者是首要的数据分析工具，因此分析与结果的较高程度的主观性在定量数据分析中是可以接受与容忍的（Denzin and Lincoln, 1994）。为了为数据产出含义，如下所述，定性研究者需要深入到编码与持续的比较过程中。这些任务可能需要手动完成，不过也越来越多地得到软件的协助。

本质上，编码就是数据简化的过程。在这一过程中，小规模的文本来代表大规模的文本，以便用特定的方式来对研究对象进行描述。附加到这些文本上的文字标签可以反映已有的理论概念或即将由数据中诞生的新的概念（Strauss and Corbin, 1990）。选择出来并被添加文字标签的文本可以小到一个词，也可以大到整个访谈记录稿。

通过编码过程，大规模的数据被拆解，之后被重新建构为一套可以进行解读的编码层级体系（Goulding, 1998）。发展出来的编码层级体系应当可以同时包含聚拢在一起的以及散乱在各处的数据点，以便产出扎实的解读（Arnould and Wallendorf, 1994）。人们往往认为，编码为定性数据分析增加了合法性，这是因为编码为生成的理论（resultant theory）提供了一种解读，可以协助其他人员对生成的理论进行评估或对研究过程进行重复（Fontana and Frey, 1994; Glaser and Strauss, 1967）。

关键词

定性研究；访谈；焦点组；投射法；民族志；扎根理论；案例研究法；观察；互联网研究；编码；形成性研究；干预评估。

要　点

- 定性研究方法可以在社会营销中扮演重要角色，它们拥有独特的优点，对社会营销项目设计与实施而言，这些优点拥有宝贵价值。
- 可供选择的总体定性方法包括民族志、扎根理论与案例研究。定性数据收集方式包括访谈、观察、投射法、互联网研究。
- 上述部分方法与方式并不经常被用于社会营销，这显示社会营销研究方法体系有进一步拓展的潜力。
- 本章提供众多案例，试图显示定性方法在干预项目的形成性研究（formative research）与过程评估阶段中的应用情形。

参考文献

Aaker, D.A.and Stayman, D.M.(1992) 'Implementing the concept of transformational advertising', Psychology & Marketing, 9(3): 237–253.

Ackoff, R.L.and Emshoff, J.R.(1975) 'Advertising research at Anheuser-Busch, Inc.(1968–74)', Sloan Management Review, Spring: 1–15.

Adler, P.A.and Adler, P.(1994) 'Observational techniques', in N.Denzin and Y.Lincoln(eds), Handbook of Qualitative Research.Thousand Oaks: CA: Sage Publications.

Ames, G., Delaney, W.and Janes, C.(1992) 'Obstacles to effective alcohol policy in the workplace: A case study', Addiction, 87(7): 1055–1069.

Anderson, J.C.(1978) 'The validity of Haire's shopping list projective technique', Journal of Marketing Research, 15: 644–649.

Andronikidis, A.and Lambrianidou, M.(2010) 'Children's understanding of television advertising: A grounded theory approach', Psychology & Marketing, 27(4): 299–322.

Annells, M.(1996) 'Grounded theory method: Philosophical perspectives, paradigms of inquiry, and postmodernism', Qualitative Health Research, 6(3): 379–393.

Arnould, E.J.and Wallendorf, M.(1994) 'Market-oriented ethnography: Interpretation building and marketing strategy formulation', Journal of Marketing Research, XXXI: 484–504.

Atkinson, P.(1992) Understanding Ethnographic Texts.Newbury Park, CA: Sage Publications.

Backett, K.and Alexander, H.(1991) 'Talking to young children about health: Methods and findings', Health Education Journal, 50: 34–38.

Barnes, D.M. (1996) 'An analysis of the grounded theory method and the concept of culture', Qualitative Health Research, 6 (3) : 429–441.

Belk, R.W. (1990) 'Book review of"Participant observation: A methodology for human studies"by D.L.Jorgensen and"Interpretive interactionism"by N.K.Denzin', Journal of Marketing Research, 27 (3) : 368–370.

Belk, R.W., Sherry, J.F.and Wallendorf, M. (1988) 'A naturalistic inquiry into buyer and seller behavior at a swap meet', Journal of Consumer Research, 14 (4) : 449–470.

Belk, R.W., Ger, G.and Askergaard, S. (2003) 'The fire of desire: A multisited inquiry into consumer passion', Journal of Consumer Research, 30 (3) : 326–351.

Bellows, L., Anderson, J., Gould, S.and Auld, G. (2008) 'Formative research and strategic development of a physical activity component to a social marketing campaign for obesity prevention in preschoolers', Journal of Community Health, 33 (3) : 169–178.

Berger, I.E., O'Reilly, N., Parent, M.M., Séguin, B.and Hernandez, T. (2008) 'Determinants of sport participation among Canadian adolescents', Sport Management Review, 11 (3) : 277–307.

Birnbaum, M. (2004) 'Human research and data collection via the Internet', Annual Review of Psychology, 55: 803–832.

Black, D., Blue, C.and Coster, D. (2001) 'Using social marketing to develop and test tailored health messages', American Journal of Health Behavior, 25 (3) : 260–271.

Bradley, F., Wiles, R., Kinmonth, A., Mant, D.and Gantley, M. (1999) 'Development and evaluation of complex interventions in health services research: Case study of the Southampton Heart Integrated Care Project (SHIP) ', British Medical Journal, 318 (7185) : 711–715.

Brady, M. (1992) 'Ethnography and understandings of Aboriginal drinking', Journal of Drug Issues, 22 (3) : 699–712.

Brady, M. (1993) 'Giving away the grog: An ethnography of Aboriginal drinkers who quit without help', Drug and Alcohol Review, 12 (4) : 401–411.

Brener, N.D., Billy, J.O., and Grady, W.R. (2003) 'Assessment of factors affecting the validity of self-reported health-risk behavior among adolescents: Evidence from the scientific literature', Journal of Adolescent Health, 33: 436–457.

Brigham, J., Lessov-Schlaggar, C.N., Javitz, H.S., et al. (2009) 'Test–retest reliability of web-based retrospective self report of tobacco exposure and risk', Journal of Medical Internet Research, 11 (3) : e35.

Bringer, J.D., Johnston, L.H.and Brackenridge, C.H. (2006) 'Using computer-assisted qualitative data analysis software to develop a grounded theory project', Field Methods, 18 (3) : 245–266.

Bryant, C. (2001), 'A social marketing approach to increasing enrollment in a public health program: A case study of the Texas WIC program', Human Organization, 60 (3) : 234–246.

Bull, S.S., Cohen, J., Ortiz, C.and Evans, T. (2002) 'The POWER campaign for promotion of female and male condoms: Audience research and campaign development', Health Communication, 14 (4) : 475–491.

Burroughs, E.L., Peck, L.E., Sharpe, P.A., et al. (2006) 'Using focus groups in the consumer research phase of a social marketing program to promote moderate-intensity physical activity and walking trail use in Sumter County, South Carolina', Preventing Chronic Disease, 5: 1–13.

Bush, J., White, M., Kai, J., Rankin, J.and Bhopal, R. (2003) 'Understanding influences on smoking in Bangladeshi and Pakistani adults: Community based, qualitative study', British Medical Journal, 326 (7396) : 962–965.

Butler, C., Pill, R.and Stott, N. (1998) 'Qualitative study of patients' perceptions of doctors' advice to quit smoking: Implications for opportunistic health promotion', British Medical Journal, 316 (7148) : 1878–1883.

Calder, B.J. (1997) 'Focus groups and the nature of qualitative marketing research', Journal of Marketing Research, 14: 353–364.

Catterall, M.and Maclaran, P. (2002) 'Researching consumers in virtual worlds: A cyberspace odyssey', Journal of Consumer Behaviour, 1 (3) : 228–237.

Celsi, R.L., Rose, R.L.and Leigh, T.W. (1993) 'An exploration of high-risk leisure consumption through skydiving', Journal of Consumer Research, 20: 1–23.

Coleman, T., Cheater, F.and Murphy, E. (2004) 'Qualitative study investigating the process of giving anti-smoking advice in general practice', Patient Education and Counseling, 52 (2) : 159–163.

Collins, M. (1995) 'Putting road safety in the picture', Health Education, 95 (6) : 12.

Cullen, E.T., Matthews, L.N.H.and Teske, T.D. (2008) 'Use of occupational ethnography and social marketing strategies to develop a safety awareness campaign for coal miners', Social Marketing Quarterly, 14 (4) : 2–21.

Day, E. (1989) 'Share of heart: What is it and how can it be measured? ' Journal of Consumer Marketing, 6: 5–12.

DeLorme, D., Hagen, S.and Stout, I. (2003) 'Consumers' perspectives on water issues: Directions for educational campaigns', The Journal of Environmental Education, 34 (2) : 28–35.

Denzin, N.K.and Lincoln, Y.S. (1994) 'Entering the field of qualitative research', in N.K.Denzin and Y.S.Lincoln (eds), Handbook of Qualitative Research, Thousand Oaks, CA: Sage Publications.

Devine, C., Nelson, J., Chin, N., Dozier, A.and Fernandez, I. (2007) '"Pizza is cheaper than salad": Assessing workers' views for an environmental food intervention', Obesity, 15: 57S–68S.

Dichter, E. (1964) Handbook of Consumer Motivations: The Psychology of the World of Objects. New York: McGraw-Hill Book Company.

Donoghue, S. (2000) 'Projective techniques in consumer research', Journal of Family Ecology and Consumer Sciences, 28: 47–53.

Douglas, H. (2008) 'Creating knowledge: A review of research methods in three societal change approaches', Journal of Nonprofit & Public Sector Marketing, 20 (2): 141.

Eisenhardt, K.M. (1989) 'Building theories from case study research', The Academy of Management Review, 14 (4): 532–550.

Ells, H. (2001) 'Talking pictures in working school lunches', British Food Journal, 103 (6): 374–382.

Evans, W., Davis, K.and Zhang, Y. (2010) 'Health communication and marketing research with new media: Case study of the parents speak up national campaign evaluation'.Available at: www.casesjournal.org/Volume2.

Farrell, D.and Petersen, J.C. (2010) 'The growth of Internet research methods and the reluctant sociologist', Sociological Inquiry, 80: 114–125.

Farquhar, S.A., Parker, E.A., Schultz, A.J.and Israel, B.A. (2006) 'Application of qualitative methods in program planning for health promotion interventions', Health Promotion Practice, 7 (2): 234–242.

Fontana, A.and Frey, J.H. (1994) 'Interviewing', in N.K.Denzin and Y.S.Lincoln (eds), Handbook of Qualitative Research.Thousand Oaks, CA: Sage Publications.

Fram, E.H.and Cibotti, E. (1991) 'The shopping list studies and projective techniques: A 40-year view', Marketing Research, 3 (4): 14–22.

Gabbay, J. (2003) 'A case study of knowledge management in multiagency consumer-informed communities of practice: Implications for evidence-based policy development in health and social services', Health, 7 (3): 283–310.

Gallopel-Morvan, K., Gabriel, P., Le Gall-Ely, M., Rieunier, S.and Urien, B. (2009) 'The use of visual warnings in social marketing: The case of tobacco', Journal of Business Research, 64 (2011): 7–11.

Gardner, B., Davies, A., McAteer, J.and Michie, S.(2010)'Beliefs underlying UK parents' views towards MMR promotion interventions: A qualitative study', Psychology, Health & Medicine, 15 (2): 220–230.

Geertz, C.(1975) The Interpretation of Cultures.London: Hutchinson & Co.

Glaser, B.(1992) Emergence vs Forcing: Basics of Grounded Theory Analysis.Mill Valley, CA: Sociology Press.

Glaser, B.and Strauss, A.(1967) The Discovery of Grounded Theory.Chicago, IL: Aldine.

Glaser, B.G.(1992) Emergence vs Forcing: Basics of Grounded Theory Analysis.Mill Valley, CA: Sociology Press.

Gonzalez-Rivera, M.and Bauermeister, J.A.(2007)'Children's attitudes toward people with AIDS in Puerto Rico: Exploring stigma through drawings and stories', Qualitative Health Research, 17 (2): 250–263.

Goodman, C., Davies, S., Tai, S., Dinan, S.and Iliffe, S.(2007)'Promoting older peoples' participation in activity, whose responsibility? A case study of the response of health, local government and voluntary organizations', Journal of Interprofessional Care, 21(5): 515–528.

Goulding, C.(1998)'Grounded theory: The missing methodology on the interpretivist agenda', Qualitative Market Research, 1: 50–57.

Grier, S.and Bryant, C.(2005)'Social marketing in public health', Annual Review of Public Health, 26: 319–339.

Gross, E.F.(2004)'Adolescent Internet use: What we expect, what teens report', Applied Developmental Psychology, 25: 633–649.

Guinn, C.H., Baxter, S.D., Royer, J.A., et al.(2010)'Fourthgrade children's dietary recall accuracy for energy intake at school meals differs by social desirability and body mass index percentile in a study concerning retention interval', Journal of Health Psychology, 15(4): 505–514.

Hahn, E., Cella, D., Dobrez, D., et al.(2004)'The talking touchscreen: A new approach to outcomes assessment in low literacy', Psycho-oncology, 13(2): 86–95.

Haire, M.(1950)'Projective techniques in marketing research', Journal of Marketing, 14: 649–656.

Hampson, S.E., Martin, J., Jorgensen, J.and Barker, M.(2009)'A social marketing approach to improving the nutrition of low-income women and children: An initial focus group study', Public Health Nutrition, 12(9): 1563–1568.

Harper, D.(1994)'On the authority of the Image', in N.Denzin and Y.Lincoln(eds), Handbook of Qualitative Research.Thousand Oaks, CA: Sage Publications.

Hattersley, L., Irwin, M., King, L.and Allman-Farinelli, M.(2009) 'Determinants and patterns of soft drink consumption in young adults: A qualitative analysis', Public Health Nutrition, 12(10): 1816–1822.

Heim, D., Ross, A., Eadie, D., et al.(2009) 'Public health or social impacts? A qualitative analysis of attitudes toward the smoke-free legislation in Scotland', Nicotine and Tobacco Research, 11(12): 1424–1430.

Herman, N.J.and Musolf, G.R.(1998) 'Resistance among ex-psychiatric patients: Expressive and instrumental rituals', Journal of Contemporary Ethnography, 26(4): 426–449.

Hill, R.P.(1991) 'Homeless women, special possessions, and the meaning of"home": An ethnographic case study', Journal of Consumer Research, 18(3): 298–310.

Hill, R.P.(2001) 'Surviving in a material world: Evidence from ethnographic consumer research on people in poverty', Journal of Contemporary Ethnography, 30(4): 364–391.

Hoek, J.and Watkins, L.(2009) 'Social support and smoking cessation: How do quitters assist each other? ' Australian and New Zealand Marketing Academy Conference, Melbourne, 2009.

Hogg, G., Laing, A.and Newholm, T.(2004) 'Talking together: Consumer communities in healthcare', in B.E.Kahn and M.F.Lucc(eds), Advances in Consumer Research, 31(1): 67–73. Valdosta: Association for Consumer Research.

Holbrook, M.B.(1995) Consumer Research.Thousand Oaks, CA: Sage Publications.

Hopson, R.K., Peterson, J.A.and Lucas, K.J.(2001) 'Tales from the"hood": Framing HIV/AIDS prevention through intervention ethnography in the inner city', Addiction Research & Theory, 9(4): 339–363.

Huberman, A.M.and Miles, M.B.(1994) 'Data management and analysis methods', in N.K.Denzin and Y.S.Lincoln(eds), Handbook of Qualitative Research.Thousand Oaks, CA: Sage Publications.

Hudson, L.A.and Ozanne, J.L.(1988) 'Alternative ways of seeking knowledge in consumer research', Journal of Consumer Research, 14(4): 508–522.

Huffaker, D.(2006) 'Teen blogs exposed: The private lives of teens made public', American Association for the Advancement of Science(AAAS): 16–19.

Hussey, M.and Duncombe, N.(1999) 'Projecting the right image: Using projective techniques to measure brand image', Qualitative Market Research, 2: 22–30.

International Telecommunications Union(2010) Measuring the Information Society.Geneva:

International Telecommunications Union.Available at: http: //www.itu.int/newsroom/press_releases/2010/pdf/PR08_ExecSum.pdf

Irwin, L.G.and Johnson, J.(2005) 'Interviewing young children: Explicating our practices and dilemmas', Qualitative Health Research, 15(6): 821–831.

John, D.R.(1997) 'Presidential address out of the mouths of babes: What children can tell us', in M.Brucks and D.MacInnis (eds), Advances in Consumer Research, 25: 1–6.Provo, UT: Association for Consumer Research.

John, D.R.(1999) 'Consumer socialization of children: A retrospective look at twenty-five years of research', Journal of Consumer Research, 26: 183–213.

Johnson, L.C.(1990) Selecting Ethnographic Informants.Newbury Park, CA: Sage Publications.

Jones, J.and Hunter, D.(1995) 'Qualitative research: Consensus methods for medical and health services research', British Medical Journal, 311(7001): 376–380.

Kearney, M.(2001) 'Enduring love: A grounded formal theory of women's experience of domestic violence', Research in Nursing & Health, 24(4): 270–282.

Kearney, M.H., Murphy, S.and Rosenbaum, M.(1994) 'Mothering on crack cocaine: A grounded theory analysis', Social Science & Medicine, 38(2): 351–361.

Keen, J.and Packwood, T.(1995) 'Qualitative research: Case study evaluation', BMJ, 311 (7002): 444–446.

Kelle, U.(1997) 'Theory building in qualitative research and computer programs for the management of textual data', Sociological Research Online, 2(2): 1–14.

Kluckhohn, C.(1967) 'Values and value-orientations in the theory of action: An exploration in definition and classification', in T.Parsons and E.A.Shils (eds), Toward a General Theory of Action. Boston, MA: Harvard University Press, pp.388–433.

Kools, S., McCarthy, M, Durham, R.and Robrecht, L.(1996) 'Dimensional analysis: Broadening the conception of grounded theory', Qualitative Health Research, 6(3): 312–331.

Kozinets, R.V.(2002) 'The field behind the screen: Using netnography for marketing research in online communities', Journal of Marketing Research, 39(2): 61–72.

Kraut, R., Olson, J., Banaji, M., et al.(2004) 'Psychological research online', American Psychologist, 59(2): 105–117.

Langer, R.and Beckman, S.C.(2005) 'Sensitive research topics: Netnography revisited', Qualitative Market Research, 8(2): 189–203.

Lawn, S., Pols, R.and Barber, J.(2002) 'Smoking and quitting: A qualitative study with community-living psychiatric clients', Social Science & Medicine, 54: 93–104.

Leathar, D. (1980) 'Images in health education advertising', Health Education Journal, 39 (4) : 123.

Lefebvre, R.C.and Flora, J.A. (1988) 'Social marketing and public health intervention', Health Education Quarterly, 15 (3) : 299–315.

Leurs, M., Mur-Veeman, I., Van Der Sar, R., Schaalma, H.And De Vries, N. (2008) 'Diagnosis of sustainable collaboration in health promotion: A case study', BMC Public Health, 8: 382–397.

Levy, S.J. (1985) 'Dreams, fairy tales, animals, and cars', Psychology & Marketing, 2 (2) : 67–81.

Lincoln, Y.S.and Guba, E.G. (1985) Naturalistic Inquiry.Beverly Hills, CA: Sage Publications.

Locke, K. (1996) 'Rewriting the discovery of grounded theory after 25 years? ' Journal of Management Inquiry, 5 (3) : 239–245.

Lombardo, A.P.and Leger, Y.A. (2007) 'Thinking about"Think Again"in Canada: Assessing a social marketing HIV/AIDS prevention campaign', Journal of Health Communication, 12 (4) : 377–397.

Lu, C.and Shulman, S. (2008) 'Rigor and flexibility in computer-based qualitative research: Introducing the Coding Analysis Toolkit', International Journal of Multiple Research Approaches, 2: 105–117.

MacAskill, S., Stead, M., MacKintosh, A.and Hastings, G. (2002) '"You cannae just take cigarettes away from somebody and no' gie them something back".Can social marketing help solve the problem of low-income smoking? ' Social Marketing Quarterly, 8: 19–34.

MacDonald, M.and Green, L. (2001) 'Reconciling concept and context: The dilemma of implementation in school-based health promotion', Health Education & Behavior, 28 (6) : 749–768.

MacFadyen, L., Amos, A., Hastings, G.and Parkes, E. (2003) 'They look like my kind of people: Perceptions of smoking images in youth magazines', Social Science & Medicine, 56 (3) : 491–499.

McGrath, M.A., Sherry, J.F.and Levy, S.J. (1993) 'Giving voice to the gift: The use of projective techniques to recover lost meanings', Journal of Consumer Psychology, 2 (2) : 171–191.

MacGregor, A., Currie, C.and Wetton, N. (1998) 'Eliciting the views of children about health in schools through the use of the draw and write technique', Health Promotion International, 13 (4) : 307–318.

McKay, S., Thurlow, C.and Zimmerman, H.T. (2005) 'Wired whizzes or techno-slaves? Young people and their emergent communication technologies', in A.Williams and C.Thurlow (eds) , Talking

Adolescence: Perspectives on Communication in the Teenage Years.New York: Peter Lang, pp.185–203.

Maignan, I.and Lukas, B.A.(1997)'The nature and social uses of the Internet: A qualitative investigation', The Journal of Consumer Affairs, 31(2): 346–371.

Malterud, K.(2001)'Qualitative research: Standards, challenges, and guidelines', Lancet, 358(9280): 483–488.

Manning, P.K.(1987).Semiotics and Fieldwork.Newbury Park, CA: Sage Publications.

Marcus, G.E.(1986)'Contemporary problems of ethnography in the modern world system', in J.Clifford and G.Marcus(eds), Writing Culture: The Poetics of Ethnography.Berkeley, CA: California Press, pp.165–193.

Mays, N.and Pope, C.(2000)'Qualitative research in health care: Assessing quality in qualitative research', British Medical Journal, 320(7226): 50–52.

Merchant, G.(2001)'Teenagers in cyberspace: An investigation of language use and language change in Internet chatrooms', Journal of Research in Reading, 24(3): 293–306.

Merritt, R., Christopoulos, A.and Thorpe, A.(2009)'Where are all the products? Are we really doing social marketing or are we doing social sales? ' Social Marketing Quarterly, 15(2): 5–13.

Meyer, G.and Dearing, J.(1996)'Respecifying the social marketing model for unique populations', Social Marketing Quarterly, 3: 44–52.

Mick, D.G., Demoss, M.and Faber, R.J.(1992)'A projective study of motivations and meanings of self-gifts: Implications for retail management', Journal of Retailing, 68(2): 122–144.

Miraudo, A.and Pettigrew, S.(2002)'Helping adolescents achieve positive mental health: Implications for social marketing', Journal of Research for Consumers, 4.Available at: www.jrconsumers.com.

Mitchell, K.and Branigan, P.(2000)'Using focus groups to evaluate health promotion interventions', Health Education, 100(6): 261–268.

Monaghan, P.F., Bryant, C.A., Baldwin, J.A., et al.(2008)'Using community-based prevention marketing to improve farm worker safety', Social Marketing Quarterly, 14(4): 71–87.

Morin, S., Vernon, K., Harcourt, J., et al.(2003)'Why HIV infections have increased among men who have sex with men and what to do about it: Findings from California focus groups', AIDS and Behavior, 7(4): 353–362.

Mundel, E.and Chapman, G.(2010)'A decolonizing approach to health promotion in Canada: The case of the Urban Aboriginal Community Kitchen Garden Project', Health Promotion International, 25(2): 166–173.

Myers, P.L.and Stolberg, V.B.(2003)'Ethnographic lessons on substance use and substance abusers', Journal of Ethnicity in Substance Abuse, 2 (2) : 67–88.

Necheles, J., Chung, E., Hawes-Dawson, J., et al. (2007) 'The teen photovoice project: A pilot study to promote health through advocacy', Progress in Community Health Partnerships: Research, Education, and Action, 1 (3) : 221–229.

Newman, S., Maurer, D., Jackson, A., et al. (2009) 'Gathering the evidence: Photovoice as a tool for disability advocacy', Progress in Community Health Partnerships: Research, Education, and Action, 3 (2) : 139–144.

Patterson, T.L. (1988) 'Direct observation of physical activity and dietary behaviors in a structured environment: Effects of a family-based health promotion program', Journal of Behavioral Medicine, 11 (5) : 447–458.

Paul, C., Ross, S., Bryant, J., et al. (2010) 'The social context of smoking: A qualitative study comparing smokers of high versus low socioeconomic position', BMC Public Health, 10 (1) : 211–218.

Perren, L.and Ram, M. (2004) 'Case-study method in small business and entrepreneurial research: Mapping boundaries and perspectives', International Small Business Journal, 22: 83–101.

Peters, V.and Wester, F. (2007) 'How qualitative data analysis software may support the qualitative process', Quality & Quantity, 41: 635–659.

Petticrew, M., Semple, S., Hilton, S., et al. (2007) 'Covert observation in practice: Lessons from the evaluation of the prohibition of smoking in public places in Scotland', BMC Public Health, 7: 204–211.

Pettigrew, S. (2000) 'Ethnography and grounded theory: A happy marriage? ' in S.J.Hoch and R.J.Meyer (eds) , Advances in Consumer Research, 27: 256–260.Provo, UT: Association for Consumer Research.

Pettigrew, S. (2002a) 'A grounded theory of beer consumption in Australia', Qualitative Market Research, 5 (2) : 112–122.

Pettigrew, S. (2002b) , 'Consuming alcohol, ' in S.Miles, A.Anderson and K.Meethan (eds) , The Changing Consumer: Markets and Meanings.London: Routledge.

Pettigrew, S.and Charters, S. (2008) 'Tasting as a projective technique', Qualitative Market Research, 11 (3) : 331–343.

Pettigrew, S., Pescud, M., Jarvis, W.and Webb, D. (2009) 'The salience of vomiting in teenagers' binge drinking intentions', Australian and New Zealand Marketing Academy Conference, Melbourne, 2009.

Piirto, R. (1991) 'Socks, ties and videotape', American Demographics, 13 (9) : 6.

Piot, B., Mukherjee, A., Navin, D., et al. (2010) 'Lot quality assurance sampling for monitoring coverage and quality of a targeted condom social marketing programme in traditional and non-traditional outlets in India', Sexually Transmitted Infections, 86: 56–61.

Pope, C.and Mays, N.(2009)'Critical reflections on the rise of qualitative research', British Medical Journal, 339: 737–739.

Potter, C.and Carpenter, J.(2008)'Something in it for dads: Getting fathers involved with Sure Start', Early Child Development and Care, 178(7): 761–772.

Prestin, A.and Pearce, K.(2010)'We care a lot: Formative research for a social marketing campaign to promote school-based recycling', Resources, Conservation and Recycling, 54(11): 1017–1026.

Punch, M.(1986).The Politics and Ethics of Fieldwork.Beverly Hills, CA: Sage Publications.

Richards, L.(1999)'Data alive! The thinking behind NVivo', Qualitative Health Research, 9(3): 412–428.

Richman, J.(1996)'Jokes as a projective technique: The humor of psychiatric patients', American Journal of Psychotherapy, 50(3): 336–346.

Roddy, E., Antoniak, M., Britton, J., Molyneux, A.and Lewis, S.(2006)'Barriers and motivators to gaining access to smoking cessation services amongst deprived smokers: A qualitative study', BMC Health Services Research, 6: 147–154.

Rogers, E.M.and Beal, G.M.(1958)'Projective techniques in interviewing farmers', Journal of Marketing, 23: 177–179.

Rook, D.W.(1988)'Researching consumer fantasy', Research in Consumer Behavior, 3: 247–270.

Ross, S.(1995)'"Do I really have to eat that? ": A qualitative study of schoolchildren's food choices and preferences', Health Education Journal, 54: 312–321.

Rowse, T.(1993)'The relevance of ethnographic understanding to Aboriginal anti-grog initiatives', Drug and Alcohol Review, 12(4): 393–399.

Rust, L.(1993)'Observations: Parents and children shopping together: A new approach to the qualitative analysis of observational data', Journal of Advertising Research, 33(4): 65–70.

Sandlin, J.A.(2007)'Netnography as a consumer education research tool', International Journal of Consumer Studies, 31(3): 288–294.

Sarantakos, S.(1993).Social Research.South Melbourne: MacMillan.

Sarlio-Lahteenkorva, S.(1998)'Relapse stories in obesity', European Journal of Public Health, 8(3): 203–209.

Secker, J., Armstrong, C.and Hill, M.(1999) 'Young people's understanding of mental illness', Health Education Research, 14(6): 729–739.

Sherry, J.F., McGrath, M.A.and Levy, S.J.(1993) 'The dark side of the gift', Journal of Business Research, 28: 225–244.

Sijtsema, S., Linnemann, A., Backus, G., et al.(2007) 'Exploration of projective techniques to unravel health perception', British Food Journal, 109(6): 443–456.

Smith, N.C.(1990) 'The case study: A useful research method for information management', Journal of Information Technology, 5: 123–133.

Sofaer, S.(1999) 'Qualitative methods: What are they and why use them? ' Health Services Research, 34(5): 1101–1118.

Speller, V., Alyson, L.and Harrison, D.(1997) 'The search for evidence of effective health promotion', British Medical Journal, 315(7104): 361–363.

Staley, J.A.(2009) 'Get firefighters moving: Marketing a physical fitness intervention to reduce sudden cardiac death risk in full-time firefighters', Social Marketing Quarterly, 15(3): 85–99.

Stead, M., MacAskill, S., MacKintosh, A., Reece, J.and Eadie, D.(2001) '"It's as if you're locked in": Qualitative explanations for area effects on smoking in disadvantaged communities', Health and Place, 7(4): 333–343.

Steele, H.L.(1964) 'On the validity of projective questions', Journal of Marketing Research, 1(3): 46–49.

Strauss, A.and Corbin, J.(1990) Basics of Qualitative Research.Newbury Park, CA: Sage Publications.

Thackeray, R.(2003) 'Use of social marketing to develop culturally innovative diabetes interventions', Diabetes Spectrum, 16: 15–20.

Tilley, D.S.and Brackley, M.(2005) 'Men who batter intimate partners: A grounded theory study of the development of male violence in intimate partner relationships', Issues in Mental Health Nursing, 26(3): 281–297.

Wallendorf, M.and Belk, R.W.(1989) 'Assessing trustworthiness in naturalistic consumer research', in E.Hirschman(ed), Interpretive Consumer Research.Provo, UT: Association for Consumer Research, pp.69–84.

Wang, C.and Burris, M.A.(1997) 'Photovoice: Concept, methodology, and use for participatory needs assessment', Health Education & Behavior, 24: 369–387.

Wells, K.(1995), 'The strategy of grounded theory: Possibilities and problems', Social Work

Research, 19: 33–37.

Whitlock, G., MacMahon, S., Vander Hoorn, S., et al. (1997) 'Socioeconomic distribution of smoking in a population of 10, 529 New Zealanders', New Zealand Medical Journal, 110 (1051) : 327–330.

Wiehagen, T. (2007) 'Applying projective techniques to formative research in health communication development', Health Promotion Practice, 8 (2) : 164–172.

Will, V., Eadie, D.and MacAskill, S. (1996) 'Projective and enabling techniques explored', Marketing Intelligence & Planning, 14 (6) : 38–43.

Williams, M. (1958) 'Farmers' decisions in the use of fertilizer', American Journal of Agricultural Economics, 40 (5) : 1407–1415.

Williams, P., Block, L.and Fitzsimons, G. (2006) 'Simply asking questions about health behaviors increases both healthy and unhealthy behaviors', Social Influence, 1 (2) : 117–127.

Willner, P., Hart, K., Binmore, J., Cavendish, M.and Dunphy, E. (2000) 'Alcohol sales to underage adolescents: An unobtrusive observational field study and evaluation of a police intervention', Addiction, 95 (9) : 1373–1388.

Winlow, S., Hobbs, D., Lister, S.and Hadfield, P. (2001) 'Get ready to duck: Bouncers and the realities of ethnographic research on violent groups', British Journal of Criminology, 41 (3) : 536–548.

Wuest, J. (1995) 'Feminist grounded theory: An exploration of the congruency and tensions between two traditions in knowledge discovery', Qualitative Health Research, 5: 125–137.

Wuest, J., Merritt-Gray, M., Berman, H.and Ford-Gilboe, M. (2002) 'Illuminating social determinants of women's health using grounded theory', Health Care for Women International, 23 (8) : 794–808.

Yin, R. (1981) 'The case study crisis: Some answers', Administrative Science Quarterly, 26: 58–65.

Yin, R. (2009) Case Study Research: Design and Methods, 4th edn.Applied Social Research Methods Series.Thousand Oaks, CA: Sage Publications.

Yoell, W.A.and Largen, R.G. (1974) 'The fallacy of projective techniques', Journal of Advertising, 3: 33–46.

ZenithOptimedia (2010) 'Global advertising downturn slows despite disappointing Q1'.Press release ZenithOptimedia.Available at: http: //www.zenithoptimedia.com/gff/pdf/Adspend%20 forecasts%20July%202009.pdf

Zober, M. (1955) 'Some projective techniques applied to marketing research', Journal of Marketing, 20: 262–268.

第十五章

基于定量方法的评估

菲奥娜·J.哈里斯

❖ 研究设计与数据收集方法（“怎样？”）

有两类基本的研究类型：实验型与非实验型。克林格（Kerlinger, 1992: 315）对真正的实验有过这样的描述：

真正的实验，要求至少对一个自变量进行控制，把研究主题与参与任务随机分配给参与者。

实验与类实验方法适用于一些情境，但不一定适应其他。随机对照实验使用实验设计来测试干预措施对公共健康的影响，具体方法是：把参与者随机划分为实验组与对照组，通过统计方法，验证在控制条件下某种变量的影响。但是，随机对照实验方法无法分析复杂的健康干预活动（Stead et al., 2002）。社会营销中，研究者往往难以对自变量进行控制。比如，研究者无法把参与者随机分为吸烟者与非吸烟者或前吸烟者。这一类变量都不在研究者的控制之中。参与到研究中的参与者，都自带特定的特征或态度，这直接导致对他们的选择无法做到随机。在这种情况下，研究者必须寻找另外的设计方法。实际，克林格也指出，很多时候不得不采取折中的设计方法。但是，类实验设计是可以做到的。国际控烟公约（International Tobacco Control, ITC）的四国调查就是类实验设计：其国际样本和纵向设计，允许研究者在某一特定国家，对社会营销活动实施前后控烟政策的转变进行跟踪对比，并与其他国家的对照组样本进行对比（Thompson et al., 2006）。

克林格（1992）指出，无论实验研究或非实验研究，都不一定是更好的或者更坏的方法。和定性方法与定量方法一样，实验研究与非实验研究，都各有其优点与不足。实验方法允许研究者对变量进行更高程度的控制，因此可以得到对研究结果更可信的解读（但不普适），但实验方法过于具有人为色彩了，所以实验方法不适用于很多社会营销问题。非实验方法相对而言更加自然真实，但研究者对自变量与随机性的控制程度更低，研究结果可能带有更多的错误解读。比如，研究者很难在不同的变量之间建构起因果关系，因为可能有更多还没有得到研究的变量共同担负着原因的角色。

另外一种研究路径是计量经济学研究。计量经济学研究使用数学与统计学手法，通过经济学的视角，对社会营销问题加以关注。计量经济学研究试图在人口聚合层面上分析数据。比如，把全国作为分析单位，在一个国家层面上，总结广告支出与消费的波动状况。这一类研究牵涉众多复杂的公式，难以有效反映他们试图关注的社会现象内含的细微之处（Hastings et al., 2005）。对数据的获取以及所获数据的完整状况，往往也很成问题，比如广告支出的数据。同时，计量经济学研究没办法对人口中的某一具体族群进行分析，也就无法对社会营销试图要改变其行为的目标族群进行有效解读。可参见黑斯廷斯等人（2005）对计量经济学研究的不足进行的更加全面的说明，以及麦金托什等人（MacKintosh et al., 2008）对禁烟领域的计量经济学研究进行的说明。

无论使用哪种方法，有效率的研究设计，需要尽量优化系统方差，控制外部系统方差，尽量控制误差方差（Kerlinger, 1992: 284）。研究者需要考虑数据收集方法与测评方法，这两种方法都可以用于优化研究的方差，同时尽量控制误差方差。研究者可以用不同的方法来降低或消除潜在的误差，这些方法将在之后说到不同的数据收集方法时进行逐一说明。

数据收集的方法有多种。评估可以直接由研究者或受访者进行，也可以由自动记录仪器开展。比如，研究者可以基于受访者已经消费的酒品的数量与类型，来计算这名受访者消费的酒精单位（alcoholic unit），受访者自己也可以估算自己消费的酒精单位。又或者使用呼气测醉器来测试受访者的血液酒精浓度。到底使用哪种方法，取决于研究问题与假设，研究者感兴趣的行为或态度，与上述这些问题相关的各种方法的可行性，当然还有财务资源。

在社会营销中，问卷是一种很常见的数据收集方法。但是，研究者还是应该对如下问题作出决策：问卷由具体人员通过访谈形式完成，还是通过电话完成？是当着研究者的面现场自填完成，还是由受访者单独完成？是书面填写完成，还是通过电子途径完成？

通过人员访谈形式完成问卷的好处是：访谈者可以向受访者解释任何不明白的地方，也可以对受访者完成的问卷进行核查，避免出现遗漏。当然，其不足是：受访者在当面回答一些问题时，可能会有不适，尤其是面对一些敏感话题时。这种情况下，受访者往往会隐藏自己的真实想法，作出偏颇的回答，也可能会采取公众们普遍接受的回答方式，这无疑会削弱数据的可信度。这种情况可以通过给受访者提供更大的隐私来克服。比如，在面对面的访谈过程中，使用显示卡等非言语的方式。这种手法能避免访谈者与受访者之间用言语方式触及敏感话题，而是使用字母或数字来指代特定的卡片。在对青少年饮酒行为与态度的研究中，显示卡已经得到了成功的应用。当然，在这个过程中，青少年的父母最好不在场（参见Gordon et al., 2011）。

自填式问卷会产出更可信的信息，因为这种方法可以给受访者提供更大程度的隐私，尤其是当问卷通过匿名方式返回的话（虽然这种方式很难适用于纵向设计）。不过，这种方式也应该慎重考虑，因为没有访谈人员在现场，因此受访者可能没有对部分问题进行回答，也可能因为错误理解一些问题从而导致偏误；受访者也不会费力劳神联系研究者确认一些问题、答案选项或回答说明。在开始之前进行定性的研究，可以协助研究者把问题设计得更加恰当，以便更适用于有自己意图或想法的受访者。预先进行的定性研究，也可以对问卷进行预先测评，以便验证问卷是否足以识别一些潜在的问题。

通过电话进行数据收集的方法在如下两方面获得了平衡：受访者因为不直接面对访谈者，获得了充分的隐私；当受访者有需要时，仍然可以询问访谈者。但是，除非电话调查有预先联系安排，否则就会对受访者造成干扰，进而可能阻止受访者的参与。同时，受访者也难以在没有物理形式的问卷的情况下，只通过头脑记忆来确定问题并有效回答。所以，电话调查的问题设计需要慎重考虑。

在不同的国家，不可能使用相同的数据收集方法，因为不同国家的邮寄或电话服务状态会有不同。在这种情况下，数据收集方法应当根据所调查国家的情况进行调整。比如，一项研究曾经对比中国、泰国、澳大利亚和美国公众对烟草广告与促销信息的知晓状态，在澳大利亚和美国采取了电话问卷的方式，在中国与泰国就采取了逐户访谈的方法（Li et al., 2009）。

❖ 抽样方法（“谁？”）

定量方法非常适用于从大规模样本对象那里获取标准化的数据，也非常适用于对这些数据的模式与关系进行测试。研究者可以用多种不同的抽样方法，来确保获得的数据足以代表大规模的群体。总体而言，抽样方法有两类：概率抽样与非概率抽样。“概率抽样”方法会在样本选取过程的一些阶段，使用随机方法抽样；“非随机抽样”而是采取非随机的方式进行样本选取（Kerlinger, 1992）。抽样方法方面的关键文献如：基什（Kish, 1995）、丘吉尔（Churchill, 1995）、林恩和列维斯利（Lynn and Lievesley, 1992）等。抽样方法应该成为首选方法，因为统计推断（statistical inference）的基础就是假定要进行概率抽样。

在一个特定规模的群体中进行随机抽样，意图是想通过赋予这个群体中所有个体都拥有被抽中的概率，来尽量缩小偏差。通过这个做法，尽量促使抽出来的样本和群体中其他的个体拥有类似的特征，因此抽出来的个体更能够代表整个群体。更大规模的样本被认为更好，因为更有可能代表群体。简单随机抽样（Simple random sampling）的样本，是完全随机地从群体中抽取出来的。但是这并不意味着简单随机抽样会进行任意抽样。正如奥本海姆说的，简单随机抽样遵循着统计学含义上的抽样步骤，这一过程需要一个随机数字表，或者一套随机数字表，这个随机数字表或这套随机数字表可以由计算机产出，也可以在大部分统计学教材的附录中找到（Oppenheim, 1992: 40）。使用简单随机抽样方法的例子，是丹麦经常在全国开展的健康调查。这一调查基于丹麦民事登记系统，对丹麦成年人进行的简单的随机抽样。在丹麦的民事登记系统中，丹麦所有的人，都有一个个人登录数字（Ekholm et al., 2009）。但是，在行为研究中，简单随机抽样很少得到使用，因为这一方法很难适用于行为研究。很多情况下，为了确保所有个体都拥有相同的被抽中的概率，从全体直接进行简单随机抽样往往太难，付出太多。更重要的是，随机抽样方法会促使抽样过程更加易于管理，效益更高。

“分层抽样”，指从预先基于一些标准（比如性别或地理位置）划分出来的不同层中，分别进行随机抽样。“分组抽样”指递进式的随机抽样：按照一些标准，对总体进行递进分组，在每一组里进行随机抽样。递进分组的标准如地区、城镇、区域、街道、家庭。“系统抽样”的过程是：首先在总体目录中随机选出一个个体，然后按照一定的间隔，依次选出其他的个体。研究者应当避免“周期性影响”。比如，如果你要在一栋公寓里，按照隔一家抽一户的方法进行抽样。假如这个公寓的房屋布局是：每层中，两户两居室中间正好是一处一居室。那么，你要么只抽中两居室，要么只抽中一居室。这种抽样方法，严重忽略了很多其他的因素，比如年龄、收入、家庭情况等。

采取多阶段随机抽样方法的一个例子，是国际控烟公约的四国调查。这一调查每年对四国（美国、加拿大、英国与澳大利亚）的控烟政策在心理与行为层面产生的影响进行评估。通过分层抽样，调查者按照区域，把每一个国家的人口总体分为几个群体，之后在每一群体中，按照这一群体人口规则的一定比例，选出一定数量的个体。通过随机数字拨号（random–digit dialling, RDD）的方式，随机选出一些家庭。假如某一家庭中有多人属于确定的吸烟者，则通过系统随机抽样的方式，在这一家庭中抽出一个个体（Thompson et al., 2006）。

理论上，随机抽样是最严谨的方法，可以满足统计推断假设的需求。但是，随机抽样在实践中经常无法实现。非随机抽样，也被称为“非概率抽样”，不使用随机抽样方法，但在实践中经常没有其他更好的替代选项。非概率抽样主要包括两种：配额抽样与偶遇抽样（也叫便利抽样）。配额抽样，基于一定的特征（比如年龄、性别、所在位置等）进行抽样，偶遇抽样基于便利性进行抽样。在样本选取过程中或在重复其他研究时，研究者可以通过已经掌握的知识、技巧，并且需要细心，尽量抵消非概率抽样方法在科学性上存在的不足（Kerlinger, 1992）。

在实践中，为了满足研究所需，概率与非概率抽样方法经常整合使用，同时尽最大努力保证研究的严谨性。比如，青少年烟草政策研究就整合使用了概率与非概率抽样方法（参见Grant et al., 2008）。研究者们首先基于一些标准，对选举区进行划分，再随机选出选举区，再从中选取受访者。对选举区进行划分的标准包括：政府办公区域、某一地理区域人口在人口统计学以及生活方式方面的特征（按照地理人口特征进行的居民类型划分）。最终选出的样本不是随机的，因为为了在每一选出的选举区中，按性别与年龄进行平衡，研究者采取了配合抽样的方式。最开始抽样时，研究者为了尽量确保严谨性，采取了随机抽样方法（概率）选出选举区，然后基于性别与年龄，采取配额抽样方法（非概率），尽量确保在随后的统计数据分析过程中，对这些特征进行有效控制。

社会营销研究面临的一个挑战是缺乏样本框架（sampling frame）。样本框架就是研究者想要关注的总体中所有个体的目录或总表。比如，在艾克霍尔姆等人（Ekholm et al., 2009）开展的丹麦全国健康调查中，研究者进行抽样时使用的样本框架，是丹麦民事登记系统（Danish Civil Registration System）。在历时研究中，研究者需要确定，类似的样本框架在整个研究历程中都是可以使用的。

社会营销研究面临的另外一项挑战是：它们面对的是一群易受到伤害的人。这是因为社会营销往往试图关注对个体及其家庭和社会有害的行为，并试图发现改变这一类行为的方式。这样的行为如吸烟、饮酒、进食不健康食品和危险驾驶。我们可以从不同的角度来界定易于受到伤害的人，包括生理性的、认知性的、情感性的、社会性的。另外一项挑战是，从某一群体中招募受访者或者接近他们，本身就很困难，或者他们不愿意讨论他们自己的行为，这是因为很多社会营销研究自身就带有敏感性。比如，埃文斯等人（Evans et al., 1999）曾经对一项试图促使医生增加使用无糖药物的活动进行了评估。埃文斯等无法确定，在匿名状态下，干预前后的调查问卷是否由同一个人完成，无法确定得出的结论是否足以反映医疗领域所有医务从业人员实践中的真实观点。所有这些不足，都对抽样方法与研究设计有启示，这是因为，是否能够招募到合适的参与者，影响着定量方法对预期假设的检验能力以及得出恰当结论的能力。

有时研究者会使用加权方法，来对抽样比例不恰当和特定群体配额不足的问题进行调整。比如，国际控烟公约的四国调查，就使用加权对每一位受访者进行重新权衡（具体权重计算细节，参见Thompson et al., 2006）。另外，还可以使用引导技巧（Bootstrapping technique）来进行加权。引导技巧基于大量的附属样本（subsample），而不是立足于对总体进行的统计假设（参见Efron and Tibshirani, 1993; Lohr, 1999）。

有时也会使用补充样本（Replenishment sample），对历时研究中可能丧失的样本进行替换，以便确保样本的数量。国际控烟公约进行的四国调查就是这种历时研究。可以将由替换样本得到的数据，和持续样本得到的数据进行对比，以便观察某些样本参与研究的时长是否对研究结果有影响（Thompson et al., 2006）。

❖ 问题设计与评测（“什么？”）

定量分析的价值很依赖于收集到的数据的质量，所以人们常说的“馊米做不了好饭”（garbage in, garbage out）是很对的一句话。所以，十分关键的一个事务是要很好地完成数据收集。究其本质，社会营销中收集到的数据，大部分都与人的行为和态度有关。很多情况下，研究者不可能对人的行为进行直接观察与评估，这样做也没有实际意义，或者说也不能被人们接受。同时，脱离了人，对态度的评估也不可能实现。所以，大部分研究都不得不依靠询问问题、基于受访者的自我报告，或者基于受访者的行为进行推断。社会营销人员可以通过很多定量方法来收集数据并对数据进行评估，这些数据通过其他方法难以获得，而且这些数据可以根据研究的需要进行调整。下面，首先说明数据的类型，之后说明对拟收集的数据进行的决策，最后说明评估标准。

数据类型

研究者应当确定，对收集来的数据进行什么层面的评估。这是因为，评估的层面需要和要评估的内容一致。同时评估的层面在一定程度上决定统计分析的类型，而统计分析的类型之后会被用来对研究假设进行检验。数据有四类：名目（nominal）、有序（ordinal）、区间（interval）、比率（ratio）（Kerlinger, 1992）。

名目数据是非数字的数据，比如性别、民族、宗教、吸烟状态等。非参数法（non-parametric method）适用于名目数据。参数就是一种总体值（population value），而非参数检验不需要对很多对象事先作出假设。这些对象包括样本总体的特征等（Kerlinger, 1973: 286）。

有序数据用不同类别之间进行对比的方法，对这些类别进行说明。但是有序数据并不说明不同类别之间的间隔状态。社会经济状况（Socio-economic status）就是一种有序数据。社会营销中经常使用社会经济数据，在社会经济数据中，不同的分层（如A, B, C1, C2, D 和 E）只提供层级信息，但不同层级之间的间隔，处于模糊状态。

与之不同，区间数据强调的就是不同类别之间的间隔与距离，所以某些类别可以基于一些方法删除，当然也可以按照一些方法添加进一些类别。区间数据的例子如：用摄氏度或华氏度表示的温度值。

比率数据不止拥有同样的区隔间距，还有绝对的有实质含义的零点。位于这个零点的是一个对象，这个对象根本不具备要进行评测的所有的要素。比率数据不止可以删除或者添加，还可以按系数增加（乘），或者按系数删除（除）。按照每百毫升血液包含酒精量（毫克）的标准评测出来的血液酒精浓度以及按照米或厘米评测出来的长度数值，都是比率数据的例子。

总体而言，研究者更倾向于进行更精确层面的评估，比如，精确年龄，而不是像20—29岁、30—39岁或40—49岁这样的年龄段。这是因为，研究者可以使用的统计技巧数量很多，也很有效。进一步说，如果研究者需要这样的区段，完全可以基于收集到的准确数据进行建构。但是，如果数据收集时就采取了区段的形式，随后就不再可能进行精确的评估了。

不过，在评估决策过程中最重要的考虑因素是：确保评估层面（measurement level）符合被评估数据的要求，并选取出适用于随后进行数据分析的方式方法。比如，虽然没有多少有效的统计测试方法适用于名目层面（nominal-level）的数据，但名目数据却完全被适用于在吸烟研究中评估吸烟状态，比如使用诸如“吸烟者”“非吸烟者”“前吸烟者”等类别进行描述。可用于分析名目层面的数据的方式方法包括逻辑回归（logistic regression）与多元逻辑回归。即使有一些可能更加精细的方法可供研究者使用，但在实践中也不一定都可以实现。比如，受访者可能不情愿透露自己的准确年龄或收入。研究者需要在区隔尺寸（granularity）与准确度之间进行协调，因为受访者可能无法准确回忆时间或者数量，在这种情况下如果让受访者进行推测，就会导致数据偏差。比如，受访者可能很难准确地确定参与某一活动的频率，或者看到过某一产品的多少条广告，但是受访者能够更加确定地在一定的频率区间中进行选择。

在技术层面上说，刻度值应当被认为属于有序数据，因为刻度点之间的相同区间不一定被认为位于一个区间内部，也不会被认为位于多个刻度点之间。不过人们的认知可能会有不同。比如，用来评测痛苦的刻度值会发生变动，这是因为不同人的痛苦阈值是不同的，他们对相同刺激的回应也会不同。但是，在实践中，刻度值往往被认为属于区间数据。只要刻度值得到仔细认真的建构，同时研究者对来自不等区间的潜在数据偏差有着足够的注意，把刻度值认为是区间数据，则是可以被接受的，实际上也是社会营销过程中要回答的重要问题。

社会营销中使用了多种不同的刻度值。评定量表（Rating scales）让受访者对某些东西进行数字化的评定。这一方法会采用不同的形式，这些会在下面说明的例子中进行展示。下面的例子想说明，酒品营销对青年饮酒行为产生的累积性影响（Gordon et al., 2011）。评定量表可能采取图示性刻度的形式。这种刻度可能表现为一条线，配有文字描述，也可能配有类别或（与）数字。比如："你经常饮酒的频率是怎样的？"然后提供七个等级的选项：（1）每天或几乎每天；（2）大概一周两次；（3）大概一周一次；（4）大概两周一次；（5）大概一个月一次；（6）一年只有几次；（7）我从不饮酒。李克特量表是最典型的刻度值之一，李克特量表往往使用数字1—5来代表态度的"同意"或"不同意"的不同程度。有时也使用数字1—7。比如，询问"未成年人饮酒在道德上是错误的"，"5"表示"非常同意"，"4"表示"同意"，"3"表示"不确定"，"2"表示"不同意"，"1"表示"非常不同意"。"语义差别量表"（Semantic differential scales）也使用五个或七个评估等级，两端分别表示完全相反的两种说法。比如，对于"X牌酒"，"1"表示"看起来很无聊"，"5"表示"看起来很有意思"。有时也使用选项目录表，比如，"过去的六个月中，你是否注意到电视上播出过烟草或酒类的广告？""1"表示"是"，"0"表示"不是"，"不知道"用"3"或"0"表示（ITC Four Countries Study in Harris et al., 2006）。可参见奥本海姆对评估方式类型的说明（Oppenheim, 1992）。

使用开放式问题进行数据收集与分析，会比较耗费时间，但可以收集到更加准确的数据，同时可以收集到受访者难以进行有效总结或评估的数据。比如，受访者很难准确回忆或计算出上一次饮酒时喝了多少酒，但是却可以说出酒的种类以及上一次饮酒时每一种酒的大概数量。研究者可以通过这些数据，大致推测上一次饮酒的量（参见Gordon et al., 2011）。但是，研究者应当密切注意给受访者提供的回应选项，也应该密切注意编码方案，因为这两个方面可以有效降低模糊不清的回应的可能性。模糊不清的回应，会导致数据编码的错乱。

确定要收集的数据

为了能收集到合适的数据以便对研究假设进行验证，研究者必须确定，按照研究问题与将要询问受访者的类目，怎样表述每一种行为、特征或概念。克林格在"概念"与"结构"（construct）之间进行了区分（Kerlinger, 1992: 26–27）。克林格认为，"概念"是由众多具体个体概括总结或者观察而来的抽象体（abstraction），比如"智慧"（intelligence）、"进取"（aggressiveness）、"成就"（achievement）。"结构"是已经被赋予含义的概念，这种含义是为了某种科学目的而被有意赋予的。“结构”也是科学工作者在理论表述、观察或评估过程中有意识且系统使用的概念。克林格（1992：27）认为，“变量”是负载不同价值的属性特征，是赋予研究者正在研究的结构的名称。为了对一个概念进行经验性研究，研究者首先需要对这一概念进行易于操作的界定。也就是说，研究者必须确定，能将哪些可评估的属性特征或可观察的行为作为可以代表结构的变量。

定性研究可以在发现研究问题并对其进行测试的过程中发挥关键角色，定性研究可以确保研究者从受访者视角确定研究问题。同时，定性研究在问卷预测试过程中，也扮演着宝贵角色。比如，在关注青少年饮酒问题的研究中（参见Gordon et al., 2011; Hughs et al., 1997），研究者在最开始，借助定性研究来理解青少年是如何对自己的饮酒行为进行回忆与认知的，这种定性研究协助研究者从青少年视角确定研究问题，而不是基于研究者的思考视角。

社会营销经常使用刻度或类目来对行为与态度进行评估，往往采取系列问题或类目的形式。这一过程很严谨。首先，要基于定性研究进行概念界定，并对标量类目（scalar items）进行建构，以便反映出研究的范畴。之后，基于统计分析方法，对类目进行反复检查与完善。这样的统计分析方法包括因子分析、主成分分析、验证性因子分析、类目信度与效度测试。参见奥本海姆（1992）的详细说明。

使用现成可靠且有效的评估工具对一项概念进行评估，是有可能实现的，也便于跟其他的研究进行比较。但是，往往某一种评估工具不能适用于不同的语境、文化或群体。所以，研究者有必要对某一工具进行适当的调整，比如把无法适用于另外一种语境的措辞进行修改，或者删除某些类目。或者，有时候，需要增加一些类目，以便促使某一工具适用于另外一种文化或语境。比如，布勒等人（Buller et al., 2008）曾经通过互联网项目提升某一多文化乡村社区蔬菜水果的消费量。布勒等对这一项目进行了随机试验。布勒等使用了一项已经得到验证的食物频次评估系统，但添加了一项问题用于评估人们对红辣椒、绿辣椒与洋葱汁的使用情况。这是因为这些食物在受访者群体中被广泛食用。对于被添加的工具，研究者需要对其维度、信度与效度进行重新测试与评估。另外，某些研究所使用的工具没有公布细节，其他研究者无法参考，或者某一工具受到版权保护。当被翻译为另外一种语言时，评估类目的含义或内涵可能会发生细微的改变，所以研究者需要对其各个维度进行重新分析。

研究者应当警惕使用问卷获得的评估的准确性问题，这些问题可能存在于如下几个方面：措辞、问题与回答选项的放置，以及受访者对所需信息的判断认知。受访者的回答很容易存在错乱，这是因为，受访者可能对问题与回答选项理解有误，或者他们无法准确回忆，不能完全确定自己行为的原因，或者他们觉得应该作出社会认可度高的回答。所有这些方面，都可能增加数据的偏差。因为很多社会营销研究的本质都很敏感，所以社会营销的问题都应当被仔细慎重考虑，以便尽量降低受访者作出"社会认可"的回答。很重要的一点是：应当避免使用判断色彩很强的措辞。奥本海姆（1992）对态度量表的建构与措辞表述进行了详细说明。

行为数据也有可能存在偏差，原因有几个方面。比如，当人们获知自己处于被观察的情况时，其行为会有所不同。基于这些行为作出的推理，就会存在偏差。因为很难对一些行为进行观察，同时要求受访者自我报告这些行为也很困难，所以有时研究者会使用"替代性"指标。比如，埃里克森等人（Ellickson et al., 2005）曾经对青少年对电视啤酒广告的接触行为进行评估。埃里克森等想确定青少年这一秋季学期开学之后，看职业足球或篮球电视节目以及四大晚间电视节目的情况，因为在这些电视节目中经常出现啤酒广告，同时在研究开始之前的焦点小组访谈中已经发现，这些节目是青少年钟爱的节目。埃里克森等提供了如下的回答选项："从不或几乎从不""有时偶尔""大概看一半节目""收看大部分的节目""几乎收看全部节目"。尼尔森对这些节目七个月期间的啤酒广告进行了监测，获得了一个平均值。再把这个平均值与上面的几个选项进行关联。将这一系列的指标进行总结之后，得到一个总体的评估指标，其平方根被用于进行数据分析，以便提升数据的分布状态。所以，对可能接触电视啤酒广告的量的推测，被用来替代表示青少年实际的接触情况。这是因为，研究者们很难对这种接触情况进行直接的评测。斯泰西等人（Stacy et al., 2004）曾经对人们可能接触电视酒品广告的情形进行历时总结，使用的评估方式基于机遇（Opportunity-based measures）。斯泰西等人意识到，很难基于广告接触行为的评估来确定结构效度（construct validity），也很难确定潜在的混杂效果（confounding effects）。这是因为，这样的评估中真正评估的对象不是电视广告接触，而是其他东西；或者说，在评估电视广告接触情形的同时，还评估了其他东西。如果使用替代评估指标，研究者必须对这些替代评估指标进行慎重选择与分析。

研究者也应当注意回答选项的形式与顺序安排及其对随后数据分析的影响。不经提示的问题应当位于基于提示的问题之前，以避免对受访者的回答产生影响，或者避免限制受访者的回答。尽量确保回答选项的严谨合理，会有助于后续的数据分析与解读，并有助于尽量降低数据分析与结论获取中的编码量与偏差。比如，在西方文化里，是从左向右安排问题还是从上往下，都可能会产生影响。改变回答选项的方向（比如混合使用带有正面导向与负面导向的措辞），被认为是一种好的选择，可以避免包含多项问题的问卷可能产生的回答偏向。回应定式（response set），指对需要评估的类目进行惯性的回答，具体包括：惯性作出肯定回答，惯性作出社会接受的回答。但是，混乱安排回答选项也有一个风险：受访者可能注意不到一些问题措辞的改变，从而作出错误的选择。同时，对正面导向与负面导向措辞的态度问题的回答，受访者感受到的紧张程度不同（Falthzik and Jolson，1974）。混合使用带有正面导向与负面导向的措辞，在面向一些群体时会更有问题，比如面向不同种族或其他少数群体时，或者用于跨文化研究时（Wong et al.，2003）。在跨文化研究中，对各问题重新进行措辞表述，会提升混合问题的应用性（Wong et al.，2003）。

收集到的数据，不仅要和研究焦点相关，还要足以代表潜在的混杂变量（confounding variable）。比如，如果要总结酒品营销对青少年饮酒行为的影响，研究者不仅需要收集青少年对酒品营销的知晓情况以及饮酒行为与态度的数据，还应该包括更多的控制变量，比如性别、社会经济指标、民族、宗教、亲友（父母、兄弟姐妹与同伴）的饮酒行为与态度（参见Gordon et al.，2011）。李斯特等人（Lister et al.，2008：53）认为，积极行为的实现与维持，其基础是个体、家人、同伴群体与社会之间的复杂互动。

研究者也需要充分关注要被代表的变量的类型，确定是近端变量（proximal variable，在概念上相近）、远端变量（distal variable，在概念上差异很大），还是调节变量（moderator variable，影响自变量与因变量之间关系）。比如，国际控烟公约的研究，把控烟政策的影响作为一种路径，这种路径可以导致烟草产业的行为，可以导致近端变量（比如消费者对每一营销渠道的知晓情况），可以导致远端变量（比如品牌知晓与品牌熟悉程度），也可以导致烟草消费行为（比如吸烟或戒烟），也可以识别出调节变量（比如性别、年龄、教育程度等）（MacKintosh et al.，2008）。

评测指标

评估需要满足多种标准，下面将进行说明。

效度用于确保真正进行评估的内容，足以代表试图评估的内容。效度是量化研究中的关键事务。如果没有效度评估，研究结论将缺乏可信度。效度有不同的种类。

内在效度（Internal validity）：内在效度试图评估实验类操作（experimental manipulation）是否发挥了效果。换句话说，A是否引发了B？这是研究设计过程中的主要事务。

外在效度（External validity）：外在效度用于评估一项实验中发现的关系是否可以用于其他的群体。比如，如果一项实验发现，13岁的威尔士儿童的饮酒态度受到酒品营销的影响，那么外在效度要评估的，是这一结果是否可以应用于英国儿童。

同时效度（Concurrent validity）或预测效度（predictive validity）：同时效度或预测效度与之类似，指一项评估是否可以对研究结果加以确定（同时效度），或者对研究结果加以预测（预测效度）。两者之间的区别是，一项评估指标与结果或效标变量（criterion variable）之间的关系中涉及的时间间隔。有时也被称为"效标关联效度"（criterion-related validity），这是因为这一评估跟某一指标或因变量相关。

表面效度（Face validity）：表面效度指一项评估指标显示出来的有效性。也就是，这一指标是否显得能够完成它自称的事务。研究者与参与者之间的和谐关系很重要，只有研究参与者认为自己提供的内容，跟研究的意图是相关的（Anastasi and Urbina，1997）。

结构效度（Construct validity）：结构效度用于评估某一结构的理论基础，指一项评估指标在多大程度上对一项理论结构进行了评估。因子分析是进行结构效度分析的一种有效方法，因为因子分析可以识别出潜在的维度以及类目群组。验证性因子分析（Confirmatory factor analysis）可以用于对研究者们为某一结构提出的假设维度进行测试验证。结构效度可以由聚合效度（convergent validation）和区分效度（discriminant validation）显示出来。聚合效度是对一项指标与其他理论上本应该产生关联的指标之间的关联进行测评。区分效度是对一项指标能够把一项结构跟其他理论上本没有关联的结构区分开的能力进行测评。

内容效度（Content validity）：内容效度是一项评估工具可以对一项概念或结构性能加以评估的程度，是一项概念或结构涵盖面的充分性。研究中，经常由一组专家对用来评估一项概念或结构所需的类目进行判断。

信度指数据的一致性或稳定性，指如果重复询问相同的问题，会得到相同回答的可能性。信度也被认为是一项指标的精确性：评估避免偏差的程度（Kerlinger, 1992）。如果要追寻事实信息，研究者们可以通过不同方式询问相同的问题，来提升信度。但是，如果要确定态度，相同问题的不同措辞方式会改变问题本身的含义，所以研究者应当确保问题的明确无误，应当更多选择大量问题或系列类目的方式，以此避免单一问题或类目可能导致的偏见。正是在这一含义上，在对态度进行评估时，不应当使用单一类目（Oppenheim, 1992）。

❖ 研究设计中的时间确定（“什么时间？”）

研究者还应当基于研究问题，确定什么时间对数据进行收集。如果是对某一社会营销活动进行实验或评估，那么活动开展之前与之后需要分别进行。同时，控制组的数据也应该加以收集。如果想具体了解实验设计，可参见克林格1992年的说明（Kerlinger, 1992: 302–318）。

不过，像成本、时间、务实因素（比如对受访者的反复接近）事务等的实际限制，会导致重复的评测与历时性的设计难以为继。所以，在社会营销研究中，横断面设计（cross-sectional design）的使用率要超过历时研究，虽然历时研究更能建构因果关系，而不只是简单发现不同变量之间的关系。横断面设计的一个例子，是通过问卷调查，比较年轻人对健康饮食的态度，分为两种情况：独自生活还是住在家里（Piggford et al., 2008）。历时研究的一个例子，是跟踪青少年对电视酒品广告的接触与他们的饮酒的关联（Stacy et al., 2004）。横断面设计往往询问受访者对其未来行为的意图，并预测影响因素。不过，无论受访者的意图是多么真实确凿，都没办法有效预测真实的未来行为。同时，健康行为选择的长期影响，在社会营销活动开展之前，是没办法那么明晰的（Lister et al., 2008）。

确定研究时间很关键。社会营销活动的评估，需要恰当确定时间，以便把记忆削弱或其他因素导致记忆污染的干扰降到最低，同时也为更加充分地开展社会营销活动留出充分的时间。研究者还需要考虑潜在的季节性波动。比如，圣诞节期间的酒品消费要明显超过其他时间段。在设计数据收集时，研究者应当充分考虑不同时间点上行为的变动，以及每一时间点上的典型行为。如果数据来自不同的样本，研究者还应当确定这些数据可以在被收集的时间点上加以对比，因为时间变动会导致数据的不同。与之相似，如果问题是在不同的时间点多次完成的，不同时间点之间的不同，会影响统计性的效度。

❖ 数据分析与解读（“结果怎样？”）

所有上述提及的定量研究，都会影响对数据进行分析的类型以及基于数据得出的结论。所以，在最开始就应当对分析加以有效地计划，这很关键。在进行分析之前，应当仔细慎重地进行数据编码与数据输入，这是为了确保数据记录的准确恰当，并避免在分析过程中产生误导性的发现。

数据分析大概有三种类型：单变量分析（对单一变量的分析）、双变量分析（对两个变量的分析）、多变量分析（对多个变量的分析）。因为大部分社会营销研究的复杂性，在测试社会营销的假设时，更可能使用多变量分析，同时会对额外的其他变量加以控制。不过，单变量分析与双变量分析会对变量内部与不同变量之间的基本关系进行初步分析，这种初步分析会给多变量分析提供见解。定量方法经常引发人们的焦虑，不过有不少优秀的教材可以提供帮助，可以打消人们对统计方法的恐惧（如Field, 2009; Hair et al., 2007; 多变量与双变量分析，参见Diamantopoulos and Schlegelmilch, 1997）。

是否进行统计检验，基于因变量与自变量的数量与性质，以及样本规模。因变量，指需要确定在不同群体之间发生的改变或差异的变量。自变量，指影响到因变量发生改变或差异的变量。对样本规模而言，如果只有很少的某一变量的案例或者数据，就难以获得有效的结果。

关键词

定量方法；评估事务；研究设计；数据类型；效度；数据收集；抽样；问题设计；数据分析。

要　点

- 定量方法可以为社会营销干预项目提供证据基础，用来引导社会营销项目，进而促进政策改变。

- 在研究或评估过程的所有阶段，都应当考虑评测事务，应当充分考虑三者之间的关联。
- 应当密切关注收集来的数据的评测水平（measurement level），以便确定对于评测对象来说恰当的评测水平，并确保在之后对结果进行分析时所使用的统计方法也是恰当的。
- 在特定的概念模型中，数据试图要代表的变量的类型也应当加以关注。
- 跟任何方法一样，定量方法都会有其优势与不足。
- 社会营销的性质引发的很多局限，也同样应该得到充分的认识。

参考文献

Anastasi, A.and Urbina, S.(1997) Psychological Testing, 7th edn.Upper Saddle River, NJ: Prentice-Hall.

Buller, D.B., Woodall, W.G., Zimmerman, D.E., et al.(2008) 'Randomized trial on the 5 a Day, the Rio Grande Way website, a web-based program to improve fruit and vegetable consumption in rural communities', Journal of Health Consumption, 13(3): 230–249.

Churchill, G.A.(1995) Marketing Research: Methodological Foundations, 6th edn.Fort Worth, TX: Dryden Press.

Diamantopoulos, A.and Schlegelmilch, B.B.(1997) Taking the Fear out of Data Analysis.A Step-by-Step Approach.London: Dryden Press.

Efron, B.and Tibshirani, R.J.(1993) An Introduction to the Bootstrap.New York: Chapman and Hall.

Ekholm, O., Hesse, U., Davidsen, M.and Kjøller, M.(2009) 'The study design and characteristics of the Danish national health interview survey', Scandinavian Journal of Public Health, 37(7): 758–765.

Ellickson, P.L., Collins, R.L., Hambarsoomians, K.and McCaffrey, D.F.(2005) 'Does alcohol advertising promote adolescent drinking? Results from a longitudinal assessment', Addiction, 100: 235–256.

Evans, D.J., Howe, D., Maguire, A.and Rugg-Gunn, A.J.(1999) 'Development and evaluation of a sugar-free medicines campaign in North East England: analysis of findings from questionnaires', Community Dental Health, 16: 131–137.

Falthzik, A.M.and Jolson, M.A.(1974) 'Statement polarity in attitude statements', Journal of

Marketing Research, 11 (February) : 102–105.

Field, A. (2009) Discovering Statistics Using SPSS, 3rd edn.London: Sage Publications.

Gordon, R., Harris, F.J., MacKintosh, A.M.and Moodie, C. (2011) 'Assessing the cumulative impact of alcohol marketing on young people's drinking: cross sectional data findings', Addiction Research and Theory, 19 (1) : 66–75.

Grant, I.C., Hassan, L.M., Hastings, G.B., MacKintosh, A.M.and Eadie, D. (2008) 'The influence of branding on adolescent smoking behaviour: Exploring the mediating role of image and attitudes', International Journal of Nonprofit and Voluntary Sector Marketing, 13 (3) : 275–285.

Hair, J.F., Black, B., Babin, B., Anderson, R.E.and Tatham, R.L. (2007) Multivariate Data Analysis, 6th edn.Upper Saddle River, NJ: Prenctice-Hall.

Harris, F.J., MacKintosh, A.M., Anderson, S., et al. (2006) 'Effects of the 2003 advertising/promotion ban in the United Kingdom on awareness of tobacco marketing: Findings from the International Tobacco Control (ITC) Four Country Survey', Tobacco Control, 15 (Suppl III) : iii26–iii33.

Hastings, G., Anderson, S., Cooke, E.and Gordon, R. (2005) 'Alcohol marketing and young people's drinking: A review of the research', Journal of Public Health Policy, 26 (3) : 296–311.

Hughs, K., MacKintosh, A.M., Hastings, G., Wheeler, C.and Watson, J. (1997) 'Young people, alcohol, and designer drinks: Quantitative and qualitative study', British Medical Journal, 314 (7078) (8 February) : 414–418.

Kerlinger, F.N. (1973) Foundations of Behavioral Research, 2nd edn.Tokyo: Holt, Rhinehart and Winston.

Kerlinger, F.N. (1992) Foundations of Behavioral Research, 3rd edn.Fort Worth, TX: Harcourt Brace College Publishers.

Kish, L. (1995) Survey Sampling (Wiley Classics Library).New York: Wiley.

Li, L., Yong, H.-H., Borland, R., et al. (2009) 'Reported awareness of tobacco advertising and promotion in China compared to Thailand, Australia and the USA', Tobacco Control, 18: 222–227.

Lister, G., McVey, D., French, J., Blair Stevens, C.and Merritt, R. (2008) 'Measuring the societal impact of behaviour choices', Social Marketing Quarterly, 14: 51–62.

Lohr, S.L. (1999) Sampling: Design and Analysis.Pacific Grove, CA: Duxbury Press.

Lynn, P.and Lievesley, D. (1992) Drawing General Population Samples in Great Britain.National Centre for Social Research.

MacKintosh, A.M., Harris, F.J.and Hastings, G. (2008) 'Measuring the effectiveness of tobacco marketing restrictions', in R.Borland, M.Cummings and C.Dresler (eds), IARC Handbook on Tobacco Control (second) (12th handbook in the IARC Handbooks of Cancer Prevention series).

Oppenheim, A.N. (1992) Questionnaire Design, Interviewing and Attitude Measurement. London: Continuum.

Piggford, S., Raciti, M., Harker, D.and Harker, M. (2008) 'The influence of residence on young adult attitudes toward healthy eating', Social Marketing Quarterly, 14 (2): 33–49.

Stacy A.W., Zogg, J.B., Unger, J.B.and Dent, C.W. (2004) 'Exposure to televised alcohol ads and subsequent adolescent alcohol use', American Journal of Health Behaviour, 28 (6): 498–509.

Stead, M., Hastings, G.B.and Eadie, D. (2002) 'The challenge of evaluating complex interventions: A framework for evaluating media advocacy', Health Education Research Theory and Practice, 17 (3): 351–364.

Thompson, M.E., Fong, G.T., Hammond, D., et al. (2006) 'Methods of the International Tobacco Control (ITC) Four Country Survey', Tobacco Control, 15 (Suppl III): iii12–iii18.

Wong, N.Y., Rindfleisch, A.and Burroughs, J.E. (2003) 'Do reverse-worded items confound measures in cross-cultural research? The case of the Material Values Scale', Journal of Consumer Research, 30: 72–91.

第四部分

与魔鬼共舞

第十六章　批判营销的应用（珍妮特·赫克）

作者把批判性营销理论用于分析烟草、酒精与高能量低营养食品的商业营销。这些领域中，一旦商业利益得到回报，公共健康就会受到损失。她强调了上行社会营销对下行社会营销的支持作用。也就是说，人们会越来越重视如下事务：对妨碍社会营销传播的因素进行评估，对社会营销与教育活动所处环境的建构方式加以评估。赫克描述了商业营销领域使用的技巧，包括建构行业与利益群组、推动行业自律、使用行业资助的“专家”、游说政治人员、施加经济压力、渗透政策群组、矫正与己方利益相悖的学术与研究资助。所有这些因素都会干扰个体的态度与行为改变。

第十七章　社会营销对饮酒问题的回应：谁在开展相关活动？（桑德拉·C.琼斯）

琼斯使用管弦乐队的比喻，来说明社会营销三种流派一旦协作能具有的潜力。这三种流派是：下行社会营销、批判性社会营销、上行社会营销。当三者协作时，可以有效削弱酒精过量消费给社会带来的负担。她使用现实生活中的案例，评估了各自的优点与不足，并讨论了整合使用三种工具的需求。她回顾了社会营销人员是否应当与酒精产业协作的争论，并建议社会营销人员应当聚焦并重视一些重要现象，比如：公众对用于降低酒精相关危害的最有效的策略的支持度，在很多国家都在降低，但同时酒精相关的危害却在攀升。

第十八章　从社会营销到企业社会营销：改变消费习惯，以便作为企业社会责任新疆域（圭多·帕拉佐）

帕拉佐指出，在当今的全球环境中，社会营销倡导者与企业社会责任倡导者之间无法再相互忽略了。他给读者介绍了“企业社会营销”的概念，整合了本来各自单独发展起来的利益与目标。作者指出，出于合法性的考虑，社会营销人员传统上都将企业及其营销活动视为问题的一部分，而不是将其视为解决方案的一部分。消费者已经成为企业社会责任的关键因素，有效的企业社会责任也将更加依赖于企业获得消费者支持的能力，所以帕拉佐说明了社会营销为这种更宽泛视野中的企业社会责任概念建构基础的潜力。

第十九章　商业社会营销面临的伦理挑战（托马斯·博伊森·安克尔　克莱门斯·卡佩尔）

在这一章中，安克尔与卡佩尔说明了相对来说比较新的且具有争议性的"商业社会营销"的话题。商业社会营销指营利企业赞助的、满足社会营销六项基本标准的项目。这六项标准是：对社会有益的行为改变的目标；使用营销研究来了解消费者的需求、体验与观念；市场细分与目标选择；使用基于4P要素的所有营销组合要素；为行为改变提供回报；使用用于战胜竞争来源的策略。他们提供了两项案例研究来强化其论点：多芬的"追求真美"活动与诺和诺德公司的"工作场所健康"项目（指向内部员工）。多芬的"追求真美"活动试图重新界定美丽女性的社会性界定。无论人们是否接受定位为社会营销的商业活动，两位作者对商业营销相关的伦理挑战的分析，对在公共领域或私有领域工作的社会营销人员来说，都是可以激发灵感的，也是很相关的。

第二十章　内部社会营销：服务营销领域的经验（安妮·M.史密斯）

安妮·M.史密斯向社会营销人员介绍内部营销的概念与优点。内部营销是一种服务营销，意图在组织内部实现态度与行为的改变。她说明了内部营销与社会营销项目的相关性，因为服务（尤其是健康服务）是行为改变的联合建构者。服务的质量与提供服务的员工的行为（内部顾客）对服务的消费者（外部顾客）的行为有影响。如果组织不能关注内部顾客的活动、关系与满意，最终就会导致劣质服务、顾客不满以及外部顾客的消极行为。史密斯描述了内部营销的先决条件以及相关的研究议程。这一先决条件即提供高质量内部与外部服务。

第十六章
批判营销的应用

珍妮特·赫克

❖ 烟草营销：缔造梦想

烟草营销说明了以下转变：从一个基本上不受批评和约束的环境向一个上下行活动共同努力实现无烟目标的环境的转变（Smokefree Coalition，2009）。从第一次出现的时候起，烟草广告就使用吸引人的意象来宣传吸烟是一项迷人的活动，为烟草使用者带来社会和心理上的好处。通过受访者的回答过程可知，香烟品牌开始具备心理和情感属性，并演变成波莱（Pollay，1990：10）所描述的“徽章”产品。他认为以下两种方式起到了作用：

1.当用户展示一个“徽章”产品时，其他人也会看到，代表该品牌和产品为用户提供了一个鲜活的背书；

2.“徽章”产品的使用将用户与品牌形象相关联，为用户赋予了一些品牌形象所具有的身份和个性。

这种反思强调了吸烟者对香烟品牌的强烈情感依恋，并提供了对产品由其用户定义和定义时所产生的复杂关系的洞察。

作为“徽章”产品，烟草具有一定地位，这给我们的启示是：吸烟者通过使用香烟品牌的产品来帮助他们从实际的自我转向他们想要的自我(Hastings and MacFadyen, 1998)。另一些人则进一步阐述了这一主题:由于"不同的吸烟者对待和选择香烟品牌的方式有根本的不同",香烟品牌促进的自我定义和表达是显而易见的(Carter, 2003: iii84)。不同吸烟者选择香烟品牌的差异反映了品牌和形象之间的联系,这些形象吸引了消费者的"发展需求"和"个性"(Arnett and Terhanian, 1998: 133)。烟草品牌唤起的形象与消费者所寻求的情感利益之间的关系现已被充分证明,烟草营销与尼古丁成瘾之间的因果关系得到一致认同。皮尔斯等人(Pierce et al., 1991: 3158)总结了这项工作:"我们的结果表明,烟草广告与年轻人对香烟上瘾之间存在因果关系……"

烟草营销提升了品牌的显著性,提供了多种促销和奖励购买的刺激措施,并通过将品牌与独特的颜色和形象进行组合,简化了消费者识别品牌所需的能力。将烟草品牌和似乎"与致命疾病不相容的形象"联系起来,可以让吸烟者放心,并防止他们戒烟。无处不在的烟草营销,再加上对新兴医学证据的系统性质疑,已将香烟转变为波莱所描述的"文化习俗"(Pollay, 2007: 274)。

❖ 烟草营销:引发争议

自20世纪中期以来,吸烟对健康的影响在医学界得到了更深入的认识,尽管公众对烟草相关危害的理解更具争议性。20世纪90年代的烟草诉讼让研究人员接触到了之前从未接触过的行业文件,并使他们能够了解:烟草公司是如何对吸烟带来的风险产生不确定性的?例如,将"弗兰克声明"中所作的论断与研究证据进行比较,可以发现行业成员所知道的内容与他们所披露的内容之间存在着明显差异。诸如"我们相信我们制造的产品对健康无害"的陈述与烟草执行者对吸烟与肺癌之间因果关系的认识形成鲜明对比(Doll and Hill, 1950)。

戴纳德(Daynard, 1991)分析了其他有争议的领域,包括二手烟的影响和尼古丁的成瘾性,并得出了结论,即使在20世纪90年代,烟草公司仍辩称,吸烟与不良健康后果之间缺乏因果证据。烟草业质疑医学证据的做法在公众中引起了相当大的混乱,并帮助维持了吸烟者的现有行为。迈克尔斯和蒙福顿(Michaels and Monforton, 2005)将该行业的行为描述为"制造不确定性",他们认为这是一种蓄意的策略,可以模糊掉将吸烟与致命疾病联系起来的医学证据。他们认为这一策略阻碍了烟草监管行动,并允许烟草业可以继续向公众推销其产品。具有讽刺意味的是，他们还向有关部门寻求信息和安慰。正如马胡德（Mahood, 2003）指出：

……对于那些生理上无法克制自己不抽下一根烟的吸烟者来说，他们有一种强烈的倾向，即忽视有关健康风险的信息，并听信烟草业提供的虚假信息。（例如“目前还没有证据证明吸烟会导致癌症”“从某种意义上说，吸烟会上瘾，就如同喝汽水会上瘾一样”等。）

面对烟草制造商的保证以及他们迷人的、令人向往的形象，吸烟者没有理由怀疑这两者。鉴于同行评审的医学证据受到质疑并被公开描述为“垃圾科学”，吸烟者几乎没有理由担心吸烟成瘾的长期影响。行业资助的“专家”被带到敌对的司法管辖区，在那里他们破坏了科学证据，质疑健康教育和社会营销举措，并直接挑战烟草监管建议。这些策略在政策制定者和公众中引起了怀疑，减少了戒烟活动，减少了对公共卫生干预的支持并维持了宽松的运营环境（Parascandola, 2004）。

行业文件还显示，尽管烟草业在安抚现有烟民，但它正试图吸引新成员加入，尤其是年轻人，因为他们具有最大的盈利潜力。这些行为与“烟草广告是为了促进成年吸烟者转变品牌”的说法背道而驰，其支持者认为这是其在成熟市场中的唯一作用（Hastings and Aitken, 1995）。相反，烟草市场显然是分开的，特定的子市场包括年轻人、妇女和原有群体，这些群体都代表了相当大的增长潜力，并且是精心策划的营销活动的目标（Albright et al., 1988; Basil et al., 1991; King et al., 1998; Cummings et al., 2002）。例如，在青少年中进行刺激性试验，包括引入青少年品牌（如KOOL和Camel No.9），这些品牌通过音乐活动、时尚杂志以及在年轻人中具有高度影响力的社交媒体进行推广（Freeman and Chapman, 2009）。

市场营销也不可能仅仅针对年龄层进行，儿童烟草卡通人物的高召回率使得费舍尔等人（Fischer et al., 1991: 3148）得出结论：RJ雷诺兹烟草公司在接触六岁儿童方面与迪士尼频道同样有效，比如骆驼老乔（Joe Camel）之类的卡通人物。迪弗兰扎等人（DiFranza et al., 1991）认为，这是在模仿詹姆斯·邦德（James Bond），他们塑造了一个“完美”的人物形象——他骑着摩托车并吸引了迷人的女性。这同时也体现了该行业建立品牌的策略，即把品牌作为有迷人特质的渠道。

❖ 烟草营销：构建监督者

一方面，烟草业质疑精心设计和独立的科学研究，并开展了复杂的活动，以吸引那些（声称不会把他们作为目标的）群体；另一方面，它通过建立自我监管小组监督营销实践来抢先进行批判，这一举措保护了现状，并使烟草营销在很大程度上可以在不受限制的环境中继续进行。除非政府有高级成员对烟草控制特别感兴趣或达成了两党政治协议，否则自我监管安排不会受到干扰（Cunningham, 1996）。

烟草业对政府施加的强大经济压力，加剧了遏制烟草营销"恶毒"影响的难度。华纳（Warner, 2000: 78）分析了烟草业提出的经济神话：

> 如果没有烟草种植、烟草制品的生产以及产品的分销和销售，一个国家的经济将遭受毁灭性的经济后果。就业岗位将会减少，收入将会下降，税收将会骤降，贸易顺差将危险地转向赤字。

华纳对经济论点的系统性解构，突显出烟草行业是如何成功地将一场公共健康辩论重塑为一场经济辩论（而政治人士更有可能同情地看待这一辩论）。

这些精心组织的战略带来的最终效果意味着，直到20世纪后半叶，"变革性的"政府才开始拒绝烟草行业的自我监督，并利用上行方法限制烟草销售。初始措施通常是限制烟草广告和促销活动，以及在某些情况下限制供应（例如规定烟草产品不能出售给特定年龄段以下的个人）（Thomson and Wilson, 2003）。

然而，提议或实施这些限制的国家面临着来自烟草行业的一致反对，该行业成立了利益集团，以补充其行业协会在反对监管、游说政客和削弱烟草控制方面所做的工作。烟草业援引"合法销售，合法促进"的说法，利用"滑坡效应"的论据提出：对烟草销售或营销的限制将是政府权力不可取的延伸，也是对其他领域进行干预的前奏。该行业声称限制商业言论将不可避免地降低自主权和自由，包括个人为自己做出选择的权利（Chapman, 1996; Saloojee and Dagli, 2000; Connolly, 2002）。

上行社会营销人员面临的艰难道路已被充分证实（Pollay, 2004）。然而，尽管存在法律挑战、行业集团的激烈反对以及高层游说，但是政策措施现已成功地限制了许多司法管辖区的烟草营销。这使吸烟环境产生了变化，直接限制了吸烟现象的流行

(Wyckham, 1997; Saffer and Chaloupka, 2000), 并为下行的倡议可能引起的更强烈反应创造了条件。

❖ 烟草营销: 明确责任

在促进戒烟的下行活动生效之前, 吸烟者会遭受其成瘾的有害后果。提高 "人们对吸烟者面临的严重和普遍风险认识" 的努力被烟草业所阻碍, 许多可能戒烟的人继续复吸, 随后感染了严重且常常致命的疾病。烟草公司知道的和披露的内容之间的不一致引发了产品责任诉讼, 吸烟者试图让烟草业对其产品造成的损害负责。原告认为该行业没有提供关于吸烟风险的明确警告 (Borland, 1997; Wakefield et al., 2003), 并声称其营销使吸烟看起来很迷人, 建立了品牌形象, 掩盖了已有的、并可能存在的任何风险信息 (Pollay and Dewhirst, 2002)。烟草业的回应是, 由于吸烟的风险众所周知, 如果吸烟者希望避免这些风险, 他们本可以自行戒烟 (British American Tobacco, 2006)。

法官们接受了这样的观点, 即个人曾经或应该意识到吸烟固有的危险, 但也在很大程度上忽视了广泛的烟草营销和人为制造的不确定性的影响。然而, 作为美国主要和解协议的一部分, 行业内部文件的发布揭示了该行业对吸烟的消极影响, 以及让人详细了解行业在继续销售这些产品和反对政策倡议方面的存在的两面性 (Carter and Chapman, 2003; Chapman and Carter, 2003)。行业的公开立场与私人知识之间的这种差异, 导致了更多的诉讼, 其争议的关注点是原告在物质信息被掩盖或隐藏时是否具有做出明智选择的能力 (Parmet and Daynard, 2000)。

因此, 法律论点从因果关系转变为知情同意及相关概念, 例如 "充分信息"。查普曼和利伯曼建议 (Chapman and Liberman, 2005: 11):

> 在评估是否已经提供了足够的资料时, 必须加以考虑: 警告是否明确且强调了消费者心中与使用相关的风险; 是否提到了具体的风险; 这些风险是否足够清晰或明确。

如果先不管正在进行的烟草营销和公共关系对吸烟者接受和执行医疗警告的倾向的影响, 烟草包装上的警告本身就未能令人满意: 首先, 它们不太可能引起吸烟者的注意，因为它们在包装的两侧用小字体印刷，因此，警告既没有高显著性，也没有强大的影响力。其次，它们是有条件的和不明确的，这限制了它们可能的影响，进而加强了人们对吸烟造成的风险不确定或未知的印象。

查普曼和利伯曼（2005）认为，消费者面临的风险越大，发生这种情况的可能性越大，就越有责任确保消费者知道他们行为的潜在后果。这些论点意味着，在确保吸烟者意识到他们面临的风险方面，烟草公司需要同时承担道德和法律责任。然而，来自英国（McTear）和新西兰（Pou）的判决既忽略也没有理解"提供充分信息"的概念（Eames, 2002; Smith, 2005; Lang, 2006），而是接受了"个人责任"神话，并不了解尼古丁成瘾会如何对吸烟者自由行动的能力产生影响（Chapman, 2002）。

❖ 烟草营销：扭转潮流？

鉴于难以限制烟草业的营销活动并使公司对其行为的影响负责，目前的战略包括三种方法：广泛使用社会营销活动来支持、促进和维持无烟行为；继续进行需求侧监管；开发新的供应侧模型。

社会营销活动已经认识到，烟草业自身的战略可以促进无烟行为，并采用烟草公司现在使用的媒体去传达健康信息（Mahood, 1999; Hoek, 2004）。例如，包装已经成为提供健康信息的媒介，降低了品牌形象的吸引力，并支持和促进戒烟的活动。虽然烟草公司认为有形的健康警告侵犯了他们的知识产权，但并未对其表示反对（Carter and Chapman, 2003; Chapman and Carter, 2003）。这些措施说明了社交营销人员如何利用行业自身的工具来促进积极的行为（Hammond et al., 2006），并协调出了黑斯廷斯（2007）所描述的"最佳曲调"。

具体而言，社会营销人员利用更具支持性的监管环境，将无烟行为推广为可取和适当的事情，制定与吸烟不相容的新社会规范，并营造一种更容易接受其他监管建议的氛围（Chapman and Liberman, 2005; Chapman and Freeman, 2008）。活动范围从提供功能性服务（如补贴尼古丁替代治疗），到更复杂的交易，将人们的理想价值与无烟规范相结合（Newcombe et al., 2009）。无烟运动的可见性反映了上行措施所创造的环境。

第二种方法继续推行已经开展的系统性监管项目，通过促进戒烟和预防吸烟来减少对烟草制品的需求。新举措包括禁止多个司法管辖区的烟草零售展示（Dewhirst,

2004; Harper, 2006）以及禁止普通包装的增长，采用的方法是删去原有的品牌形象并用更大的健康警告图案取而代之（Freeman et al., 2008）。最后的方法促进了一个更彻底的解决方案，与改变和控制供应相比，它更少关注减少需求。新的“终端游戏”举措将建立一个公共卫生机构来管理烟草供应的各个方面，零售商将需要许可证，烟草将成为一种受控制的药物，推动烟草业吸引新受众的首要商业动机也将被取消（Edwards, 2009）。

这种“激进”措施正被用来降低吸烟的流行，这凸显了烟草业营销策略的非凡效力。从其成员开发和使用具有深远感召力和抱负性的形象，到利用新兴媒体，烟草业显示出为了追求利润而销售有害产品的营销能力。

虽然烟草业的行为已经通过其内部文件的公开而被揭露，但他们在面对新的监管倡议时仍然保持着坚决不妥协的态度（Hurt et al., 2009）。其他行业与此方法相似，特别是如果他们的营销策略和产品使消费者面临风险。因此，食品和酒精行业很快宣称他们可以自由地推销他们的合法产品，并呼吁消费者对他们的行为承担更大的责任（Hawkes, 2007; Hurt et al., 2009）。

❖ 酒精营销

关于调整饮酒措施有效性的争论与烟草控制有许多相似之处。黑斯廷斯等人（2010）指出酒精广告对年轻人饮酒行为的深刻影响以及监督这一广告的自我监管系统的失败。卡斯韦尔和马克斯韦尔认为，他们所称的“行业友好政策”（Casswell and Maxwell, 2005: 119）与降低酒类产品知名度、改变消费者对这些产品的获取渠道以应对政治压力的政策存在根本差异。

例如，他们对以学校为基础的教育项目进行了审查并得出结论：“通常没有发现对饮酒行为有任何持久影响”（Casswell and Maxwell, 2005: 133）。尽管有证据支持这一结论以及这些项目的高成本，但他们得出的结论是，教育策略得到了强有力的支持，可能在很大程度上是因为它们不影响任何既得利益集团（Casswell and Maxwell, 2005: 133），尽管项目的成本高，证据也具有有效性。卡斯韦尔和马克斯韦尔还质疑大众媒体公共信息（社会广告）产生的结果，并认为这些结果在单独使用时效果不大，但在用于增强政策变化意识时可能有用（参见Anderson et al., 2009）。

对酒精限制活动的评估突出了行业与公共健康之间的冲突，以及积极支持自愿行为推动政策改变的重要性。卡斯韦尔和马克斯韦尔（2005）和安德森等人（2009）提出的证据表明，教育本身是一个非常薄弱的工具，它作为干预措施的持续受欢迎，反映了其支持者的政治实力。鉴于此，看到同样的争论发生在围绕降低肥胖流行的干预措施上也就不足为奇了。

关键词

社会营销；教育；规范；自我调节；酒精；烟草；肥胖；食品营销；知情选择；个人责任。

要　点

- 应更加重视消费者的选择环境，尤其是在这些环境支持和鼓励风险行为的情况下。
- 有风险的商业营销仍在继续，在这种环境中，社会营销可能成为少数群体的声音；除非监管机构限制商业声音，否则社会营销的全部潜在效力将无法实现。
- 支持性的政策框架将提高社会营销活动的有效性，并且在环境促进风险行为的情况下，“上行”努力应先于“下行”干预措施。
- 政策干预不是“保姆集权制度”，而是基于逻辑和证据的措施，促进受众的知情选择。

参考文献

Albright, C., Altman, D., Slater, M., and Maccoby, N. (1988) ‘Cigarette advertisements in magazines: Evidence for a differential focus on women’s and youth magazines’, Health Education Quarterly, 15: 225–233.

Anderson, P., Chisholm, D.and Fuhr, D. (2009) ‘Effectiveness and cost-effectiveness of policies and programmes to reduce the harm caused by alcohol’, Lancet, 373: 2234–2246.

Arnett, J.and Terhanian, G. (1998) ‘Adolescents’ responses to cigarette advertisements: Links between exposure, liking, and the appeal of smoking’, Tobacco Control, 7: 133.

Basil, M., Schooler, C., Altman, D., et al. (1991) ‘How cigarettes are advertised in magazines: Special messages for special markets’, Health Communication, 5: 75–91.

Borland, R. (1997) ‘What do people’s estimates of smoking risk mean? ’ Psychology and Health,

12: 513–521.

British American Tobacco (2006) Available at: http: //www.bat.co.nz/OneWeb/sites/BAT_5LPJ9K.nsf/vwPagesWebLive /80256D0B004C1BC780256ABE00347802? opendocument &SID=&DTC=

Carter, S. (2003) 'The Australian cigarette brand as product, person and symbol', Tobacco Control, 12: iii79–iii86.

Carter, S.and Chapman, S. (2003) 'Smoking, disease and obdurate denial: The Australian tobacco industry in the 1980s', Tobacco Control, 12 (Suppl III) : iii23–iii30.

Casswell, S.and Maxwell, A. (2005) 'What works to reduce alcohol-related harm, and why aren't the polices more popular? ' Social Policy Journal of New Zealand, 25: 118–141.

Chapman, S. (1996) 'The ethics of tobacco advertising and advertising bans', British Medical Bulletin, 52: 121–131.

Chapman, S. (2002) 'Blaming tobacco's victims', Tobacco Control, 11: 167–168.

Chapman, S.and Carter, S. (2003) '"Avoid health warnings on all tobacco products for just as long as we can": A history of Australian tobacco industry efforts to avoid, delay and dilute health warnings on cigarettes', Tobacco Control, 12: 13–22.

Chapman, S.and Freeman, B. (2008) 'Markers of the denormalisation of smoking and the tobacco industry', Tobacco Control, 17: 25–31.

Chapman, S.and Liberman, J. (2005) 'Ensuring smokers are adequately informed: Reflections on consumer rights, manufacturer responsibility, and policy implications', Tobacco Control, 14: 8–13.

Connolly, J. (2002) 'The politics of tobacco advertising', Thorax, 57: ii64–ii68.

Cummings, K., Morley, C., Horan, J., Steger, C.and Leavell, N. (2002) 'Marketing to America's youth: Evidence from corporate documents', Tobacco Control, Suppl 1: 15–17.

Cunningham, R. (1996) Chapter 12: 'Plain packaging'.Smoke and Mirrors.Available at: http: // www.bvsde.paho.org/ bvsacd/cd53/plain.pdf

Daynard, R. (1991) 'Recent developments in tobacco litigation', Tobacco Control, 1: 37–45.

Dewhirst, T. (2004) 'POP goes the power wall? Taking aim at tobacco promotional strategies utilized at retail', Tobacco Control, 13: 209–210.

DiFranza, J.R., Richards, J.W., Paulman, P.M., et al. (1991) 'R.J.R.Nabisco's cartoon camel promotes Camel cigarettes to children', Journal of the American Medical Association, 266 (22) : 3149–3153.

Doll, R.and Hill, A.B. (1950) 'Smoking and carcinoma of the lung.Preliminary report', British

Medical Journal, 221 (ii) : 739–748.

Eames, J. (2002) British American Tobacco Australia Services Limited v Cowell (as representing the estate of Rolah Ann McCabe, deceased).

Edwards, R. (2009) 'Daring to dream: The endgame for tobacco supply in New Zealand'.Paper presented at the Public Health Association Conference, 1–0 September, Dunedin, New Zealand. Abstract available at: http: //www.pha.org.nz/conference/2009confprogramme.pdf

Fischer, P., Schwartz, M., Richards, J.Jr, Goldstein, A.and Rojas, T. (1991) 'Brand recognition by children aged 3 to 6 years', Journal of the American Medical Association, 266: 3145–3148.

Freeman, B.and Chapman, S. (2009) 'Open source marketing: Camel cigarette brand marketing in the"Web 2.0"world', Tobacco Control, 18: 212–217.

Freeman, B., Chapman, S.and Rimmer, M. (2008) 'The case for the plain packaging of tobacco products', Addiction, 103 (4) : 580–590.

Hammond, D., Fong, G., McNeill, A., Borland, R.and Cummings, K. (2006) 'Effectiveness of cigarette warning labels in informing smokers about the risks of smoking: Findings from the International Tobacco Control (ITC) Four Country Survey', Tobacco Control, 15 (Suppl III) : iii19–iii25.

Harper, T. (2006) 'Why the tobacco industry fears point of sale display bans', Tobacco Control, 15: 270–271.

Hastings, G. (2007) Social Marketing: Why Should the Devil Have All the Best Tunes? Oxford: Butterworth-Heinemann.

Hastings, G.and Aitken, P. (1995) 'Tobacco advertising and children's smoking: A review of the evidence', European Journal of Marketing, 29 (11) : 6–17.

Hastings, G.and MacFadyen, L. (1998) 'Editorial', Tobacco Control, 7: 107–108.

Hastings, G.and Saren, M. (2003) 'The critical contribution of social marketing: theory and application', Marketing Theory, 3 (3) : 305–322.

Hastings, G., Stead, M., McDermott, L. (2003) 'A review of research on the effects of food promotion to children'.Report prepared for the Food Standards Authority by the Centre for Social Marketing, Strathclyde University.Available at: http: //www.ism.stir.ac.uk/pdf_docs/final_ report_19_9.pdf

Hastings, G., Brooks, O., Stead, M., et al. (2010) 'Alcohol advertising: The last chance saloon', British Medical Journal, 23 January: 184–186.

Hawkes, C. (2007) 'Regulating and litigating in the public interest: Regulating food marketing to young people worldwide: Trends and policy drivers', American Journal of Public Health, 97 (11) : 1962–1973.

Hoek, J. (2004) 'Tobacco promotion restrictions: Ironies and unintended consequences', Journal of Business Research, 57 (11) : 1250–1257.

Hoek, J.and Gendall, P. (2006) 'Advertising and obesity: A behavioral perspective', Journal of Health Communication, 11: 409–423.

Hurt, R., Ebbert, J., Muggli, M., Lockhart, N.and Robertson, C. (2009) 'Open doorway to truth: Legacy of the Minnesota tobacco trial', Mayo Clinic Proceedings, 84: 446–456.

King, C.III, Siegel, M., Celebucki, C.and Connolly, G. (1998) 'Adolescent exposure to cigarette advertising in magazines: An evaluation of brand-specific advertising in relation to youth readership', Journal of the American Medical Association, 279: 516–520.

Lang, J. (2006) Brandon Pou and Kasey Pou vs British American Tobacco (New Zealand) Limited and W D & H O Wills (New Zealand) Limited.CIV-2002-404-1729.

Mahood, G. (1999) 'Warnings that tell the truth: Breaking new ground in Canada', Tobacco Control, 8: 356–361.

Mahood, G. (2003) 'Canada's tobacco package label or warning system: "Telling the truth"about tobacco product risks'.Available at: http: //www.who.int/tobacco/training/ success_stories/en/best_practices_canada_package.pdf

Michaels, D.and Monforton, C. (2005) 'Manufacturing uncertainty: Contested science and the protection of the public's health and environment', American Journal of Public Health, 95 (S1) : S39–S48.

Newcombe, R., Hoek, J.and Walker, S. (2009) 'Sustainability and smokefree behaviour: An evaluation of a social norms campaign'.Paper presented at International Non-Profit and Social Marketing Conference.Melbourne, Australia.14–15 July.Available at: http: //www.insmconference.vu.edu.au/ documents/papers/Hoek_Newcombe_Walker.pdf

Parascandola, M. (2004) 'Skepticism, statistical methods, and the cigarette: A historical analysis of a methodological debate', Perspectives in Biology and Medicine, 47 (42) : 244–261.

Parmet, W.and Daynard, D. (2000) 'The new public health litigation', Annual Review of Public Health, 21: 437–454.

Pierce, J.P., Gilpin, E., Burns, D.M., et al. (1991) 'Does tobacco advertising target young people to start smoking? Evidence from California', Journal of the American Medical Association, 266: 3154–3158.

Pollay, R. (1990) 'How cigarette advertising works: Rich imagery and poor information', 20 October, History of Advertising Archives.Available at: http: //www.smoke-free.ca/defacto/D057-Pollay-HowCigaretteAdvertisingWorks.pdf (accessed 14 September 2005).

Pollay, R. (2004) 'Considering the evidence, no wonder the court endorses Canada's restrictions on cigarette advertising', Journal of Public Policy and Marketing, 23: 80–88.

Pollay, R. (2007) 'More than meets the eye: On the importance of retail cigarette merchandising', Tobacco Control, 16: 270–274.

Pollay, R.W.and Dewhirst, T. (2002) 'The dark side of marketing seemingly"light"cigarettes: Successful images and failed fact', Tobacco Control, 11 (Suppl 1) : i18–i31.

Saffer, H.and Chaloupka, F. (2000) 'The effect of tobacco advertising bans on tobacco consumption', Journal of Health Economics, 19: 1117–1137.

Saloojee, Y.and Dagli, E. (2000) 'Tobacco industry tactics for resisting public policy on health', Bulletin of the World Health Organisation, 78 (7) : 902–910.

Smith, G. (1990) 'The effect of advertising on juvenile smoking behavior', International Journal of Advertising, 9: 57–80.

Smokefree Coalition. (2009) 'Tupeka kore/Tobacco Free Aotearoa/New Zealand by 2020', Smokefree Coalition.Wellington.Available at: www.sfc.org.nz/pdfs/ TheVision2020.pdf (accessed 7 January 2010).

Thomson, G.and Wilson, N. (2003) 'The tobacco industry in New Zealand: A case study of the behaviour of multinational companies', eScholarship Repository, University of California.Available at: http: //repositories.cdlib.org/tc/reports/NZ

Wakefield, M., McLeod, K.and Clegg-Smith, K. (2003) 'Individual versus corporate responsibility for smoking- related illness: Australian press coverage of the Rolah McCabe trial', Health Promotion International, 18 (4) : 297–305.

Warner, K. (2000) 'The economics of tobacco: Myths and realities', Tobacco Control, 9: 78–89.

Wyckham, R. (1997) 'Regulating the marketing of tobacco products and controlling smoking in Canada', Canadian Journal of Administrative Sciences, 14 (2) : 141–165.

第十七章

社会营销对饮酒问题的回应：

谁在开展相关活动？

桑德拉·C.琼斯

❖ 我们为什么应该担心酒精问题？

烟草生产商声称，吸烟有害。与之不同的是，酒是一种既有害处[①]又有益处的产品——人们就解决酒精问题的必要性展开了激烈的辩论。然而，关于饮酒对健康影响的系列证据最终证明，其对社会的净影响是有害的（Rehm et al., 2009）。2004年，4.6%的全球疾病总量和3.8%的世界各地死亡数量都是由酒精造成的（Rehm et al., 2009）。虽然很难量化，但同样需要注意的是饮酒引起的社会危害——比如家庭暴力、工作效率降低、身体和言语攻击、财产损失和人际关系受损。在英国，由饮酒所导致的成本估计在200亿英镑到551亿英镑之间（House of Commons Health Committee, 2010）。

虽然酒精在男性中引起的发病率和死亡率是女性的三倍多。但酒精危害在年龄分布上是均匀的。公众与政治领域对过度饮酒的关注主要集中在未成年饮酒者上（在

① 例如，包括世界卫生组织、美国卫生与公共服务部、美国癌症协会在内的世界各地的许多组织将酒精列为一种致癌物质（即对人类有致癌作用），并将其归类为与石棉、甲醛和芥子气体相同的类别。

美国指年龄低于21岁，在澳大利亚和英国则指年龄低于18岁）。然而，在世界范围内，2004年大约有三分之一（33.6%）的由酒精引起的疾病发生在15—29岁人群中，紧随其后的是30—44岁人群（31.3%），同时在45—59岁人群（22.0%）中仍然相当显著（Rehm et al., 2009）。因此，尽管把酒精问题作为年轻人的问题来讨论，或许在政治上是“受欢迎的”——当然也有新闻价值——但现实是，酒精问题需要通过整个社会来解决。关注小群体只会给整体消费带来微小的变化，并继续形成一种文化，在这种文化中，“我们”喝酒是可以接受的，“他们”喝酒是有问题的。此外，只有当我们在人口全体层面上关注饮酒问题时，我们才能为年轻人提供一个不把（过量）饮酒作为一种规范的社会行为的环境。

有趣的是，媒体和公众讨论的一个共同主题是，饮酒问题并不是什么新鲜事，人们（尤其是在英国和澳大利亚等国家）总是会喝很多酒。然而，证据表明，以英国为例，酒品消费在整个19世纪都在稳步下降（除了20世纪20年代早期的短暂上升），并在20世纪60年代开始增加，主要是葡萄酒和烈酒等高酒精度酒的增加（House of Commons Health Committee, 2010）。这些消费的变化——包括在1990年到2006年之间，11—15岁人群的酒品消费增加了一倍——可归因于人们对酒的支付能力、酒品的可获得性、市场营销的作用以及文化的变化（House of Commons Health Committee, 2010）。虽然很多人会认为，市场营销以及媒体中支持饮酒的信息的激增，是这些文化变革的关键驱动力。

❖ 证据告诉了我们什么？

有一些干预措施是为了减少酒精引发的危害，一些学者针对这些干预措施的有效性和成本效益进行了几次全面的总结。最近的一次总结与之前的结论一致，即认为最有效的策略是：提高酒品价格；减少酒品的可获得性；禁止酒品广告；对酒后驾驶行为进行干预（例如对无经验的驾驶员进行随机呼吸测试，或者将血液酒精浓度限制在极低的指标下）；以及对高危饮酒者的个别干预。[①]

根据澳大利亚国家预防健康工作组（National Preventative Health Taskforce）的报

---

① 道格·塞尔曼（Doug Sellman）把这些统称为“5+解决方案”：提高酒的价格；提高酒品的购买年龄；减少酒品的可获得性；减少酒品的营销和广告；增加对酒后驾驶的处理措施；另外，增加对酗酒者的治疗机会。

告，基于对干预措施的成本效益的研究，政府可以通过重新分配（不增加）他们当前的投资——即减少在酒精引发的危害的项目上的投资——从而获得超过10倍的健康收益（Doran et al., 2010）。被确定为最优的一整套方法（按成本效益排序）的干预措施包括：大规模征税、广告禁令、将最低饮酒年龄提高到21岁、对下行医疗的简要干预、售酒许可控制、大众媒体对酒后驾驶的宣传活动以及随机呼吸测试（Doran et al., 2010）。

为了充分解决这个复杂的问题，我们要呼吁社会营销人员使用所有便于使用的工具，并确保每一种工具都经过适当的调整，以朝着同一个方向努力。下面三个部分将依次审视这些工具。

❖ 第一个工具：下行社会营销

第一个工具是传统的（或下行的）社会营销，这也是我们在思考减少酒精危害的社会营销时首先想到的工具。在减少酒精危害方面有一些干预措施，在对这些措施的有效性验证中得出以下结论：基于学校的教育并不会降低饮酒水平或减少饮酒导致的危害（Anderson et al., 2009; Jones et al., 2007）；“公共教育运动”是无效的（Babor et al., 2010），而行业资助的教育项目实际上导致了对酒和酒品行业的积极看法（Smith et al., 2006）[①]。

社会营销活动可以对饮酒行为产生积极的影响，最近的一篇评论指出，有几项研究显示了显著的短期效应，其中有两项研究表明了一些活动的效果超过两年（Stead et al., 2007）。然而，一般而言，这些成功的干预措施包括了社会营销的所有要素，而不是单一维度的“教育”或“传播”活动。

有效的社会营销方案可以由一系列的“清单”或框架组成，虽然这些清单或框架可能在步骤的数量上有所不同，或者对内容的具体表述上有所不同，但他们通常在基本原则上具有一致性。对各种框架的讨论超出了本章的范围，因此选取英国国家社会营销中心（NSMC）的标准作为例子。这份清单提醒我们有效的社会营销计划包括：以客户为导向；对行为的明确关注；运用理论指导发展；对消费者动机的深入理解和洞察；对消费者以及交易的全部成本进行清晰的分析；内外部竞争分析；成熟的市场细分方法；以及适当方法的组合（National Social Marketing Centre, 2006）。

---

① 很多读者或许会从中看到与烟草的相似之处。

然而，有证据显示社会营销活动的有效性被限制在传播活动中，或者说传播与实施过程中，同时可能（在当前的环境背景下）被局限在特定的行为上——如酒后驾车，而对于其他的很多行为却是无效的（甚至会适得其反）。正如下文的研究案例所示，许多政府的"社会营销"活动与以学校为基础的项目采用了同样的方法——"把危害告诉他们，他们就会改变"。因此也就不难理解为什么这些活动基本上没有带来行为上的改变①。

当我们在评估活动（如上文所述的活动）的有效性时，重要的是要考虑到这些信息的传播环境。例如在包含铺天盖地的酒品广告的媒体环境之下（这强化了这样的信念：酒是无害的、符合社会规范的、对于享受美好时光是至关重要的），政府开展的营销活动则警告年轻人饮酒会带来危害，这自然是徒劳的。英国健康特别委员会指出，英国政府在2009到2010年度花费在酒品知识和教育方面的活动费用只有1760万英镑，与酒品行业每年60,000万英镑到80,000万英镑的促销费用相比，政府的支出显得苍白无力。

相反，也有证据显示了社会营销在解决酒后驾驶问题上的有效性。格鲁伯和斯图尔特指出，以对酒后驾驶的处罚为例，政策手段的成功离不开对政策的强制执行以及和目标受众之间的沟通。他们总结了防止酒后驾车的策略，并指出："当与酒品相关的政策得到充分有力的实施，同时人们对政策和指向性目标的执行力度都有了认识时，这些政策才是最有效的"（Grube and Stewart，2004：205）。

总之，我们所针对的个体层面的行为是在社会和商业环境之下发生的，即使是精心设计和实施的社会营销干预措施，例如，遵循了NSMC标准的干预措施，也不太可能带来这些行为的改变。这就是需要其他工具协同配合的地方。

2000—2002年澳大利亚全国戒酒活动

这场活动主要聚焦在澳大利亚青少年饮酒、醉酒及相关伤害上，目标受众是青少年和家长。2002年末对该方案的评估发现，两个目标群体的回忆水平都很高（King et al.，2003）。超过三分之二（78%）的受访家长表示，他们看到过针对父母或青少年的青少年饮酒广告，38%的家长能正确地回忆起广告信息是关于"饮酒的后果"，51%的家长表示在过去三个月里曾与青少年谈论过有关酒精的话题。在接受调查的年轻人中，几乎有70%的人说

① 肥胖症专家博伊德·斯温伯恩（Boyd Swinburn）对此的解释是：饮酒有害"并不是一个知识盲点问题"。

他们在过去的一个月里看过、读过或听到过关于青少年饮酒的广告，26%的人说他们在过去三个月里和父母谈论过喝酒[①]。然而，这些意识并没有使饮酒行为发生改变。评估发现，那些称自己在日常生活中消费超过10种酒精饮料的青少年们所占的比例并没有改变（一直保持在54%），同时，称自己在过去的两周或一周中喝过酒的青少年们所占的比例也没有明显的变化，虽然那些在过去的两周中饮酒超过两次的青少年们所占的比例下降了（从30%降到25%）。在男性中，称自己在最近一次饮酒中喝了5杯或5杯以上的标准量（比例从57%到62%）以及7标准杯或者更多（比例从43%到49%）的比例没有显著变化。甚至在女性中，与之对应的比例则有显著增加：在最近一次饮酒中喝了5杯或5杯以上的标准量（比例从42%到55%）；喝了7杯或更多的标准量（比例从27%到37%）。

❖ 第二个工具：批判营销

黑斯廷斯提醒我们（如Hastings and Saren, 2003），社会营销者也应该从事批判营销，因为对营销原理的了解使我们能够批判性地评估营销对社会健康和福祉的影响。考虑到酒品营销几乎无处不在的特点，如果我们不首先认真彻底地了解行业所用来推进其产品使用（通常是过度使用）的信息和策略，就不可能带来任何真正的改变。

酒品行业斥巨资在世界范围内推广其产品。例如，仅在美国，酒品行业在2007年的广告支出就超过了5.47亿美元，其中大部分支出是平面广告（4.1亿美元），其次是电视广告（1.18亿美元）（Center For Science in the Public Interest, 2008a）。值得注意的是，尽管1999年到2006年间电视广告支出增长了3947%，但在2006年至2007年间，电视广告支出略有下降，同时印刷广告支出增加了近1亿美元。有观点认为，学术界和公众对酒品电视广告效果的关注，以及媒体使用模式的变化，或许会鼓励行业寻找不太显眼的媒体来宣传其产品[②]。同样重要的是，公共利益科学中心（Center for Science in thc Public Interest, 2008a）指出，这5.47亿美元的巨额支出只是冰山一角，因为它只包含可测量媒体：也就是说，它不包括售卖点展示、赞助、节日展示、互联网或其他难以测

---

① 有趣的是，这大约是那些回忆起有过同样谈话的家长的一半，这可能表明父母的反应中存在某种社会期望偏差（social desirability bias），或者是父母和青少年对“谈论酒”的看法不同。

② 同样，烟草也有明显的相似之处——广告禁令导致烟草营销预算转向了（可能更有影响力的）体育和文化赞助。

量的支出。据估计，在英国，酒品行业的广告投入是2亿英镑（包括电视、广播、新闻、户外和电影），总体的“营销传播”费用在6亿英镑到8亿英镑之间（House of Commons Health Committee, 2010）。

而对于酒品营销的全面审视已经超出了本章的范围，以下内容重点介绍了近期对酒品营销的一些批判性分析——由4P构成，这些分析显示，社会营销人员应当集中精力识别有问题的营销策略，并使这些问题引起政策制定者和整个社会的关注。

产　品

在当下，也许最被广泛讨论的酒品类别是“波普甜酒”（alcopop）或“即饮”（ready-to-drink, RTD）——它们用烈酒或葡萄酒做底料，混合非酒精饮料比如果汁或软饮（Gates et al., 2007）。在20世纪90年代中期，这类产品最初在澳大利亚被引入，随后进入欧洲、英国和美国（Jernigan, 2007）。这些产品因其甜美的口味、吸引人的设计和包装以及低廉的价格而受到批评，因为这对年轻人具有明显的吸引力（Mosher and Johnson, 2005）。在澳大利亚，2007年全国药品战略家庭调查（Australian Institute of Health and Welfare, 2008）发现，17岁及以下的女性最常饮用的三种饮料是瓶装RTD、罐装RTD和瓶装烈酒，选择这三种饮料的数量几乎是选择瓶装葡萄酒的四倍，是选择普通烈性啤酒、低度啤酒和桶装葡萄酒的五倍以上。在同龄男孩中，选择RTD、瓶装烈酒和普通烈性啤酒最为常见，受访者选择它们的数量是选择瓶装葡萄酒和桶装葡萄酒的三到四倍。年龄更大一些的群体对RTD偏好较低，在20—29岁的区间中，对47.3%的女性和26.4%的男性来说，瓶装RTD是一种“日常饮料”（usual drink）；37.1%的女性和47.6%男性则选择罐装RTD；这两种类型的人在40岁以上的男性和女性中都不到11%。

然而，特别有趣的是——不过还没有得到足够的研究——这类产品的种类越来越多。而这些产品最初的定位主要是颜色鲜亮、针对女性饮用者的味道甜美的饮料，并且通常在文献中被描述为“极甜的”、经过水果调味的、以水果或牛奶为底料的饮料。澳大利亚的市场被以波旁威士忌为底料的RTD产品主导，其中很多产品每份含有两标准杯以上的酒精量（Jones and Barrie, 2010）。之后，澳大利亚于2008年推出“波普甜酒税”，这是用来解决年轻人过量饮酒问题的一个策略，而媒体援引“行业消息来源”的话称，“预计高酒精含量的‘波普葡萄酒’将在数周内上市”（Daily Telegraph, June 17）。这实际上是一种新产品类别，专为避开对以烈酒为底料的RTD产品增加的征税，从而使得主要由年轻饮酒者消费的高酒精度、低成本产品得以持续生产[①]。

酒精能量饮料（alcohol energy drink，AED）是一种在学术研究中受到很少关注的产品类别，令人意外的是，政策制定者也对其不感兴趣。能量饮料在20世纪90年代末期首次进入市场，并迅速成为软饮料市场的主导者，尤其在12—24岁的人群中（Simmon and Mosher, 2007）更受欢迎。在推出后的两年内，能量饮料也成为烈酒（尤其是伏特加）常用的一种混合饮料。接着，在2000年预混合酒精能量饮料（pre-mixed alcohol energy drinks）（其包装和营销与非酒精能量饮料有着非常相似的风格）面市。

酒精能量饮料在酒精饮料中往往属于强度较高的类别，含有的纯酒精量比同样体积的即饮酒类产品要高。这些产品格外令人担忧，因为兴奋剂（能量饮料）和镇静剂（酒精）的组合可以掩盖酒精的感知效果，从而导致对产品的消费增加和对酒精消耗量的认识不足。来自健康研究人员的证据虽然不多但却在不断增加，这些证据显示，对酒精能量饮料这类产品的消费会导致以下两者：高水平的酒精消耗总量和持续增加的酒精引发的危害（O' Brien et al., 2008）。报纸上也有关于AED的消费所引起的攻击性增强（MacDonald, 2007）、黑蒙综合征（backouts）以及非自愿性行为（Gallagher, 2006; Weideman, 2006）的报道。例如，在佛罗里达州，研究人员调查了802名从一个大学酒吧区的七家饮酒场所离开的顾客，他们发现，饮用混合了酒精的能量饮料的顾客喝醉的概率会增加三倍，酒后驾车的概率会增加四倍。这一研究首先基于各种潜在干扰因素进行了相应的调整。

既有大量摄入咖啡因和瓜拉那（guarana）等兴奋剂对健康的影响，又有酒精的混合，人们对这些产品所提出的问题之一是，它们的包装方式往往很难使它们与软饮料区分开来（Andrews, 2007; Simmon and Mosher, 2007）。同样值得关注的是，酒精能量饮料的售价通常与非酒精能量饮料的价格类似。例如，加州的一项价格对比（Simmon and Mosher, 2007）发现，在便利店可以买到三个含酒精的品牌（Rockstar 21、Sparks和Tilt），其价格比三个不含酒精的品牌（Rockstar Juiced、Lost Energy和SoBe Adrenalin Rush）低25%。同样，在澳大利亚新南威尔士州的价格对比中发现，一系列含酒精和不含酒精的能量饮料可以以每种大约3美元的价格购买。与美国不同的是，这些饮料并不

---

① 考虑到许多其他工具在行业中的使用，征税策略的必要性可能被夸大了。例如，最近的一项研究得出的结论是，在澳大利亚，RTDs合装包（multi-pack）的定价在大多数年轻人的预算之内，而且这些产品实际上通过有效的低价刺激了消费的增长，例如，每包是6个而不是5个。

在同一个商店出售,但是却在同一条街上的一个酒行和一个加油站里出售。这是一个营销问题——然而,迄今为止,社会营销人员一直没有参与关于该产品类别的营销是否恰当(甚至可能存在)的争论。

价　格

三十年来的研究分析中有相当多的证据显示,酒品的价格与消费水平之间存在反比关系(Coate and Grossman, 1988; Levy and Sheflin, 1983; Osterberg, 1995),这种影响在年轻人中更加明显(Chaloupka and Weschler, 1996; Kenkel, 1993; Grossman et al., 1994; Sutton and Godfrey, 1995)。例如,早在20世纪70年代,美国的一项实验研究发现,在酗酒者和轻度饮酒者模拟的"快乐时光"中,其饮酒量增加了一倍以上(Babor et al., 1978)。

因此,令人担忧的是,最近的研究发现,基于价格的促销活动仍然普遍存在,并继续导致过量饮酒。这一发现并不奇怪。这种效应已被证明与店内消费和外卖酒品定价有关。与店内消费促销活动相关的是,一项针对校园社区中离开酒吧的291名顾客的研究显示,参与一次酒品特价活动(例如"买一送一"或者"女士免费")会使血液酒精浓度(blood alcohol concentration, BAC)大于每分升80mg的风险增加四倍(Thombs et al ., 2008);后续研究中,对离开校园酒吧的383名顾客的研究显示,"无限畅饮"(all-you-can-drink)的特价活动会明显导致较高的血液酒精浓度(Thombs et al., 2009)。相反,在随后的一项针对离开校园酒吧的804名顾客的研究中,这些研究人员发现,每克乙醇成本增加10%,顾客喝醉的风险就降低30%(O' mara et al., 2009)。

关于外卖酒品购买的研究文献是有限的,但已有文献显示了类似的效果。布雷等人(Bray et al., 2007)基于对美国64个销售区域超市扫描数据的分析,研究了店内促销与啤酒消费之间的关联关系,发现大容量的产品比小包装产品更容易进行推广。基于以往的市场研究证据,店内销售和促销可以大幅提高啤酒销量,而且购买大包装产品可能会增加总消费量。研究者得出结论,大容量啤酒包装促销的盛行可能导致啤酒消费量的增加。他们进行了后续研究(Bray et al., 2009),旨在确定这些促销活动是否导致了人们对品牌的转换而不是增加购买本身(这通常是业界观点——也就是说,酒品广告不刺激或增加需求,它只是让人们选择不同的品牌)。这项研究表明,消费者更倾向于购买他们惯用品牌的大容量包装啤酒,而不是更换品牌。作者得出的结论是,"基于容量的价格折扣诱使人们购买更大容量的啤酒，并可能导致整体啤酒消费增加”（Bray et al., 2009: 607）。

场 所

尽管各个国家有着不同的店内销售和外卖销售酒品的形式（比如美国允许在超市和便利店销售酒品），但各国之间一致的现象是，销售点的数量越多或者交易时间越长，酒精引发的危害就越大。最近有44项关于酒品销售密度的研究和15项关于交易时间的研究，对二者的系统性综述证实了上述现象。在店内销售的情况尤其如此（Popova et al., 2009），有大量证据表明，延长交易时间会导致更高的醉酒率和随后的危害。这些发现并不是某个国家的特例。斯托克韦尔和奇科特斯（Stockwell and Chikritzhs, 2009）在英国、美国、澳大利亚和新西兰的一项对照研究得出的结论是，“综合所有便于获得的国际文献中的可靠证据可以看出，延长深夜交易时间会导致消费和相关危害的增加”（Stockwell and Chikritzhs, 2009: 153）。一项关于禁酒令效果（指2002年7月巴西迪亚德马市晚上11点后禁酒）的研究分析了1995年至2005年的凶杀案数据，并发现新禁令的颁布使每月谋杀案的数量减少了九起。

对酒品饮品的分布（或“渠道”）的批判性分析还应包括以下思考：与酒精相关的信息的分布，以及在室内出现并指引饮酒者到达“销售点”的促销策略。在美国，帕施等人（Pasch et al., 2009）发现，学校附近广告牌上的酒品广告很常见，尤其是在较为贫穷的社区。澳大利亚新南威尔士州的研究人员在他们的发现中指出，小学周围250米范围内的广告牌上广告最多的产品是酒品，在每平方公里就有多达25个广告。对此，户外媒体协会进行了“回击”，称他们最近出台了一项政策，要求将户外媒体运营商的酒品广告限制在学校150米范围内的固定存货点（Lister, 2008）①。

在澳大利亚和新西兰的音乐和活动赞助包括如下几项：吉姆·贝阿恩（Jim Bearn）的巡回演唱会和校园乐队比赛；杰克·丹尼尔（Jack Daniels）音乐奖和夏季摇滚音乐节；澳大利亚悉尼Lion Nathan和阿德莱德音乐节、时装周和狂欢节（Big day out）（SHORE, 2006）。2007年，司木露（Smirnoff）花费150万美元举办了一场“独家”音乐活动，专为说服1500名“潮流达人”试用其RTD产品（Sinclair, 2007）。一些更为奇异的

① 有趣的是，他们选择在学校附近“限制”而不是禁止酒品广告；且该政策只适用于“固定存货点”（即不可移动的招牌）；同时，他们选择的半径只有150米。

酒品促销活动，展示了该行业在遵守法律的同时，也在开展令人震惊的营销活动，这些活动包括：2006年在墨尔本夜总会举办的“比基尼派对”（为穿比基尼的女性提供无限制的免费酒）；“一个赤裸着胸膛、戴着高帽的矮子在酒吧里走着，把免费的酒灌进顾客的喉咙”（news.com.au，2008）；以及Oldham英国夜总会推出的在周五晚上只需花5.99英镑就可以“无限畅饮”的“一月促销”活动（Chapman，2009）。

促 销

全球各国越来越多的证据表明了以下两者间的关联：

- 广告的喜爱与未成年饮酒（Austin and Nach-Ferguson，1995）。
- 对酒品信息的接触与对酒品的预期（如Grube，1995；Lipsitz et al.，1993）。
- 对酒品信息的接触与饮酒意图（如Austin and Meili，1994；Grube and Wallack，1994；Kelly and Edwards，1998）。
- 对酒品信息的接触与当下及未来的饮酒情形（Atkin，1990；Atkin et al.，1983，1984；Casswell and Zhang，1998；Connolly et al.，1994；Wyllie et al.，1998）。

这些研究结果中有很多都是业界争论的话题，正由于它们具有很大的横向研究性质，最近有几项纵向研究清楚地表明，接触酒品广告确实会增加青少年的饮酒行为。例如，斯奈德等人（Snyder et al.，2006）发现，年轻人看到的广告每增加一个（每月平均23次），他们就多喝1%的酒品；在当地市场，每多花一美元在酒品广告上，年轻人的饮酒量就会增加4%。斯泰西等人（2004）发现，在七年级时看到更多酒品广告的孩子在八年级时更有可能喝酒；埃里克森等人（Ellickson et al.，2005）发现，可根据七年级时孩子对杂志上的酒品广告的接触预测其九年级时的饮酒频率。

来自美国、英国和澳大利亚的大量研究表明，年轻人接触了太多的酒品广告。例如，最近美国国家有线电视对酒品广告的分析发现，青少年观众每增加一个百分点，啤酒广告就增加7%，烈酒广告增加15%，波普甜酒广告则增加22%（Chung et al.，2010）。在澳大利亚，金等人（King et al.，2005）发现，在13—17岁的青少年中，通过悉尼和墨尔本（两个最大的城市）的都市免费电视观看酒品广告的人数仅仅略低于18—29岁的青少年人数。类似的，最近美国杂志的酒品广告分析发现，未成年人消费最多的酒品

（啤酒、伏特加、朗姆酒和波普甜酒）更明显地频繁出现在拥有大量年轻读者的杂志上（King et al., 2009）。

关于酒品广告曝光量的争论往往忽视了广告内容的重要性。对于年轻人来说，能提高对广告的认知、回忆和喜爱程度的关键特征是音乐、卡通人物、动物、故事和幽默（Chen et al., 2005）。[①]然而，酒品广告的作用不仅在于其曝光量对饮酒行为的直接影响，还包含以下两个方面的问题：年轻人（我认为还有成年人）把饮酒作为一种规范行为的看法（如Casswell, 1995; Lieberman and Orlandi, 1987）；对性别和种族刻板印象的强化（如Alaniz and Wilkes, 1998）。

酒品广告和促销活动促进人们对酒的积极看法，并将饮酒与具有吸引力的符号和行为模式联系起来。例如，啤酒广告经常暗示该产品可以帮助饮用者更放松、更快乐、更成功；而烈酒、葡萄酒和"波普甜酒"（酒精柠檬水）的广告常常将产品的消费与社交、性和商业成功联系在一起（Jones et al., 2009）。

包括英国和澳大利亚在内的许多国家都有一个酒品广告的自我监管系统，在这个系统中，广告商决定广告守则的条款，并监督自身的合规情况。因此，一个关键的挑战是确保酒品广告客户遵守他们自己制定的规则（但在许多情况下，他们似乎不愿意或不能遵守）。许多关于酒品广告自我监管的研究已经得出结论，这些系统是无效的，并且缺乏严谨性。这些自我监管系统的问题在于它们的反应机制：要求消费者在采取行动之前投诉；社区对投诉系统的认识度极低；缺乏对违反规定的广告商的惩罚措施。

❖ 第三种工具：上行社会营销

减少酒精引发相关危害的最有效干预措施的证据是显而易见的。然而，这些策略——如降低营销信息接触、提高价格、规范或禁止广告和赞助——很少由政府实施。

澳大利亚政府对证据的回应

酒精与公共政策组织指出，对广告有着更强限制的国家，与酒精相关的问题更少。此外，他们得出的结论是，行业自我监管在很大程度上是无效的，有效的体系需要一个独立的机构，这一机构有权否决广告、对投诉做出裁决并实施制裁（International

① 请再次注意这与烟草营销的相似之处。

Centre for Alcohol Policies, 2001)。[①]

尽管对自我监管体系进行了反复审查，却持续发现它在防止年轻人接触有关酒精的不恰当信息方面是无效的（Jones and Donovan, 2002; Jones et al., 2008, 2009），政府拒绝对酒品广告的监管采取行动。2008年，参议员菲尔丁（一个独立议员）提出了《酒品税收削减法案》（Alcohol Toll Reduction Bill），并呼吁政府：所有的酒品都需要健康信息标签；将电视和电台的酒品广告限制在晚上9点到早上5点之间播放；要求所有酒品广告必须事先获得政府机构的批准，该机构由医疗专业人士、酒品及药物部门的专家、意外伤害部门及酒品行业的专家组成；禁止针对儿童的酒品广告，或禁止将饮酒与个人、商业、社交、体育、性或其他成功联系在一起的广告。

经过数月的书面陈述，数天的听证会，以及媒体对酒品营销监管发生根本性变化的预测，参议院委员会得出以下结论（Senate Standing Committee on Community Affairs, 2008）：

- 关于酒品的标签：对酒品标签的任何修改的恰当的方式，是通过澳大利亚新西兰食品标准（Food Standards Australia New Zealand, FSANZ）的评估。
- 关于酒品广告的监管：目前用于预先审查酒品广告和裁定投诉的ABAC方案，经调查后发现了这一方案的一些不足之处。然而，委员会也注意到，近年来有关酒品广告的公众投诉相对较少。但委员会并不认为由行业的“准监管”和政府监管构成的对酒品广告的双重监管体系是令人信服的……
- 关于在体育活动期间的酒品广告：委员会建议，药物战略部长理事会（Ministerial Council on Drugs Strategy）、酒品广告监测委员会、ABAC计划管理委员会三者应考虑额外的保障措施，以确保在体育报道期间的酒品广告，不会对儿童和年轻人产生不利影响。

代　驾

或许，美国最著名的社会营销干预之一是“代驾”：

---

① 其他产品类别也得出了类似的结论——例如，对于针对儿童的食品广告的反复研究发现，这些体系未能保护消费者，也未能规范行业惯例（如Dixon, 2007; Kunkel et al., 2009; Wilde, 2009）。

……是减少酒后驾驶的创新方法。在威斯康星州的几个乡村地区率先进行，代驾项目已经证明了这是一种流行和简单的方式，让饮酒者不酒后驾驶，同时保护社区居民免受那些喝得太多的司机的伤害。

这种新型的社会营销干预是为了解决乡村社区的酒后驾驶问题而设计的，基于形成性的研究（formative research）表明，居住在这些社区的年轻人之所以酒驾回家，是因为他们知道在晚上外出后无法由别人替他们开车回家。

对项目开展的最初两年进行了评估，得出结论是：有19,757例代驾行为（21—34岁的目标群体超过了一半）；酒品消费没有明显变化；15项事故被避免（Rothschild et al., 2006）。该方案后来拓展到六个县区，为36个社区服务。

❖ 那么，问题在哪里?

“代驾”项目看起来降低了酒后驾车的比率和车祸的数量，但它提出了一个重要的问题：谁来决定社会营销干预的“好处”。这一项目值得称赞，它没有采取“教育”的方式简单地告诉年轻人酒后驾驶不好，而是采取“社会营销”的方式，开展与目标受众有价值的互动。另一方面，有人可能会说，像“代驾”这样的项目强化了一种观念，即过量饮酒既是正常的，也是不可避免的①。对年轻女大学生的研究表明，开车去参加社交活动对那些想戒酒但仍想合群的年轻人来说是最有效的策略（Wiese and Jones, 2008）。这被认为是不喝酒的唯一“可接受的”理由，显著降低了不喝酒的人的同伴压力，同时也是年轻人想在不喝酒的情况下进行社交活动所经常使用的一种策略（而且不需要告诉他们的同伴他们不想喝酒）。类似地，在谷歌上搜索“不喝酒的理由”，可以搜到“告诉他们你在开车”，这是年轻人避免喝酒的主要应对策略。

这种认为饮酒既符合规范又不可避免的观念甚至在公共健康理念和社会营销活动中也很普遍。许多组织每年都会举办一场活动，在活动中，人们承诺一个月不喝酒（他们通常会选择时间最短的二月份）。这一潜在的有力观念——28天不喝酒是可能的——被“购买”一天假期的权利削弱了（这个月你需要多少次就买多少次）。例如，在

① 类似的批评针对的是“指定司机”的道路安全行为，这种行为可以解释为，只要有一个清醒的司机，其他所有人都可以过量饮酒。

澳大利亚的FebFast期间，“你不必错过特价活动!你可以花25美元购买一个附有时间的过期有效证明(date stamped Time Out Certificate)，来从FebFast期间获得一个免责日。或者，你的朋友也可以在这里为你购买。”类似的，“无酒七月”(Dry July)允许你购买一张“金票”(Golden Ticket)，因此你能够“不带内疚感地享用酒”。在美国，四月的第一个周末会是“无酒周末”，对明显不可能在没有酒精的情况下生活整整四周的情形，这也许是一个让步?

❖ 社会营销的角色是什么?

……而公共知识和教育项目在减少有害饮酒方面基本上是无效的，即无法带来个人行为的改变。有证据表明，这些项目(因此，如果做得好，社会营销也可以)可以提高公众和政界对解决酒精引发的危害的必要性的认识。(Anderson et al., 2009)

因此，我认为，社会营销的角色是持续地、协调地起作用，从而为我们的社会带来必要的变化，以解决当下的，以及不断增加的由酒精引发的危害。要做到这一点，就需要将以消费者为中心的(下行)的社会营销、批判营销和策略结合起来，以实现环境和政策变化，或者说上行社会营销的变化。

社会营销的议程设置作用尤其重要，因为有证据表明，公众对减少酒精引发的危害的干预已经形成共识。在有可用数据的国家中，有着最广泛的社区支持的政策似乎是那些证据显示无效的政策。例如，在芬兰四个地区对4000多人进行的调查(Holmila et al., 2009)发现，88%的人完全支持应当教育年轻人有关饮酒的危害，75%的人完全支持应当提供由酒精引发的危害的相关信息。而证据显示，上述两个策略是无效的，甚至会适得其反。然而，对于那些有着有力证据支持的干预措施，却缺乏公众的支持，包括以下几项：提高酒品的价格(有26%的人完全支持)；减少酒品的营业时间(有21%的人完全支持)；禁止酒品广告(有20%的人完全支持)①。同样，在澳大利亚，2007年全国药物战略家庭调查发现，13%的人强烈支持提高酒品价格；20%的人支持缩短酒

① 人们对禁止向儿童做快餐广告的支持程度很高，这类广告的危害已经被普通民众了解和接受。考虑到这一点，从很大程度上来说，这可能是因为人们还没有意识到酒品广告在鼓励未成年人和过量饮酒方面的效果。因此,社会营销活动需要提高人们对广告效果的认识。

吧和俱乐部的营业时长；26%的人支持提高合法饮酒年龄；40%的人支持把电视上的酒品广告限制在晚上9点半以后播出（AIHW, 2008）。

更令人担忧的是，随着时间的推移，随着对大多数基于证据的战略的支持减少，公众舆论出现了转变。

关键词

酒；酒品市场营销；酒品广告；法规；政策；行业；饮酒文化；社会规范。

要　点

- 社会营销已经对过量饮酒与持续增加的由酒精引发的危害加以关注，本章对社会营销的这一方面加以集中说明。
- 把酒精问题作为年轻人问题来谈论或许在政治上是“受欢迎的”，但现实是有害饮酒的问题需要通过整个社会来解决。我们需要把话题从“问题”饮酒者（比如年轻人）身上转移开，转而讨论我们的饮酒文化。
- 减少由酒精引发的危害的最有效策略是：提高酒品的价格，减少酒品的可获得性；禁止酒品广告；对酒驾采取干预措施；以及针对高危饮酒者的个别干预。然而，政府一直不愿对酒品行业进行监管。
- 如果没有社会和商业环境的同时变化，即使是最精心设计和实施的社会营销干预措施，也不太可能带来个人层面的行为变化。
- 社会营销的角色是持续地、协调地起作用，从而为我们的社会带来必要的变化，以解决当下的，以及不断增加的由酒精引发的危害。要做到这一点，就需要将以消费者为中心的（下行）的社会营销、批判营销和策略结合起来，以实现环境和政策变化，或者说上行社会营销的变化。

参考文献

Alaniz M.L. and Wilkes C.(1998) ‘Pro-drinking messages and message environments for young adults’, Journal of Public Health Policy, 19: 447–471.

Anderson P., Chisholm D. and Fuhr D.C. (2009) 'Effectiveness and cost-effectiveness of policies and programmes to reduce the harm caused by alcohol', Lancet, 373: 2234–2246.

Andrews N. (2007) 'Teens get alcohol in energy drinks', Daily Herald.

Atkin C.K. (1990) 'Effects of televised alcohol messages on teenage drinking patterns', Journal of Adolescent Health Care, 11: 10–24.

Atkin C.K., Neuendorf K. and McDermott S. (1983) 'The role of alcohol advertising in excessive and hazardous drinking', Journal of Drug Education, 13 (4) : 313–325.

Austin E.W. and Meili H.K. (1994) 'Effects of interpretations of televised alcohol portrayals on children's alcohol beliefs', Journal of Broadcasting and Electronic Media, 38: 417–435.

Austin E.W. and Nach-Ferguson B. (1995) 'Sources and influences of young school-age children's knowledge about alcohol', Health Communication, 7: 1–20.

Australian Institute of Health and Welfare (2008) 2007 National Drug Strategy Household Survey: Detailed Findings.Drug Statistics Series No.22.Cat.No.PHE 107.Canberra: AIHW.

Babor T.F., Mendelson J.H., Greenberg I. and Kuehnle J. (1978) 'Experimental analysis of the "happy hour": Effects of purchase price on alcohol consumption', Psycho pharmacology, 58: 35–41.

Babor T.F., Caetano R., Casswell S., et al. (2010) Alcohol: No Ordinary Commodity.Research and Public Policy.Oxford: Oxford University Press.

Bray J., Loomis W.B. and Engelen M. (2007) 'Correlates of in-store promotions for beer: Differential effects of market and product characteristics', Journal of Studies on Alcohol and Drugs, 68 (2) : 220.

Bray J., Loomis W.B. and Engelen M. (2009) 'You save money when you buy in bulk.Does volume-based pricing cause people to buy more beer? ', Health Economics, 18: 607–618.

Casswell S. (1995) Public discourse on alcohol: Implications for public policy, in H.Holder and G.Edwards (eds) , Alcohol and the Public: Evidence and Issues.Oxford: Oxford University Press, pp.190–211.

Casswell S. and Thamarangsi T. (2009) 'Reducing harm from alcohol: Call to action', Lancet, 373: 2247–2257.

Casswell S. and Zhang J.F. (1998) 'Impact of liking for advertising and brand allegiance on drinking and alcohol-related aggression: A longitudinal study', Addiction, 93: 1209–1217.

Center for Science in the Public Interest (2008a) Fact Sheet: Alcoholic-beverage advertising expenditures.Center for Science in the Public Interest.

Chaloupka F.J. and Weschler H. (1996) 'Binge drinking in college: The impact of price, availability, and alcohol control policies', Contemporary Economic Policy, 14 (4) : 112–124.

Chapman T. (2009) Club's £5.99 Booze Deal Slammed.Sky News, 28 January.Available at: http: //news.sky.com/skynews/Home/UK-News/Tokyo-Club-In-Oldham-599-Booze-Deal-Slammed-By-Alcohol-Concern-And-MP-Phil-Woolas/Article/200901415211778.

Chen M.J., Grube J.W., Bersamin M., Waiters E. and Keefe D.B. (2005) 'Alcohol advertising: What makes it attractive to youth? ', Journal of Health Communication, 10: 553–565.

Chikritzhs T.N., Dietze P.M., Allsop S.J., et al. (2009) 'The "alcopops" tax: Heading in the right direction', Medical ournal of Australia, 190 (6) : 294–295.

Chung P.J., Garfield C.F., Elliott M.N., et al. (2010) 'Association between adolescent viewership and alcohol advertising on cable television', American Journal of Public Health, 100 (3) : 555–562.

Coate D. and Grossman M. (1988) 'Effects of alcoholic beverage prices and legal drinking ages on youth alcohol use', Journal of Law and Economics, 31: 145–171.

Connolly G., Casswell S., Zhang J.F. and Silva P.A. (1994) 'Alcohol in the mass media and drinking by adolescents: A longitudinal study', Addiction, 89: 1255–1263.

Dixon P. (2007) 'The Network Advertising Initiative: Failing at Consumer Protection and at Self-Regulation', World Privacy Forum.

Doane D. (2005) 'Beyond corporate social responsibility: Minnows, mammoths and markets', Futures, 37 (2–3) : 215–229.

Doran C.M., Hall W.D., Shakeshaft A.P., Vos T. and Cobiac L.J. (2010) 'Alcohol policy reform in Australia: What can we learn from the evidence? ', Medical Journal of Australia, 192: 468–470.

Ellickson P.L., Collins R.L., Hambarsoomians K. and McCaffrey D.F. (2005) 'Does alcohol advertising promote adolescent drinking? Results from a longitudinal assessment', Addiction, 100 (2) : 235–246.

Gallagher C. (2006) 'On a date? Watch your cocktail', in Pretoria News Weekend, 1 edn.Vol.25 November.Tshwane.

Gates P., Copeland J., Stevenson R.J., Dillon P. (2007) 'The influence of product packaging on young people's palatability rating for RTDs and other alcoholic beverages', Alcohol and Alcoholism, 42 (2) : 138–142.

Grossman M., Chaloupka F.J., Saffer H., Laixuthai A. (1994) 'Effects of alcohol price policy on youth: A summary of economic research', Journal of Research on Adolescence, 4 (2) : 347–364.

Grube J. (1995) Television alcohol portrayals, alcohol advertising, and alcohol expectancies among children and adolescents, in S.E. Martin and P. Mail (eds) , Effects of the Mass Media on the

Use and Abuse of Alcohol.NIAAA Research Monograph No.28.Bethesda, MD: National Institute on Alcohol Abuse and Alcoholism, pp.105–121.

Grube J.W. and Stewart K. (2004) 'Preventing impaired driving using alcohol policy', Traffic Injury Prevention, 5 (3) : 199–207.

Grube J. and Wallack L. (1994) 'Television beer advertising and drinking knowledge, beliefs, and intentions among schoolchildren', American Journal of Public Health, 84 (2) : 254–260.

Hastings G.B. and Saren M. (2003) 'The critical contribution of social marketing: Theory and application', Marketing Theory, 3 (3) : 305–322.

Holmila M., Mustonen H., Österberg E. and Raitasalo K. (2009) 'Public opinion and community-based prevention of alcohol-related harms', Addiction Research and Theory, 17 (4) : 360–371.

House of Commons Health Committee (2010) Alcohol: First Report of Session 2009–10.London: The Stationery Office Limited.

International Centre for Alcohol Policies (2001) Self-regulation of beverage alcohol advertising. ICAP Reports.Washington, DC: ICAP.

Jernigan D. (2007) 'The need for restraint', Addiction, 102 (11) : 1747–1748.

Jones L., James M., Jefferson T., et al. (2007) A review of the effectiveness and cost-effectiveness of interventions delivered in primary and secondary schools to prevent and/or reduce alcohol use by young people under 18 years old.Alcohol and schools: Review of effectiveness and cost-effectiveness. NICE: main report (PHIAC 14.3a) , 2007.Available at: http: //www.nice.org.uk/nicemedia/pdf/ AlcoholSchools ConsReview.pdf.

Jones S.C. (2010) 'When does alcohol sponsorship of sport become sport sponsorship of alcohol? A case study of developments in sport in Australia', International Journal of Sports Marketing & Sponsorship, 11 (3) : 250–259.

Jones S.C. and Barrie L. (2010) 'RTDs in Australia: Expensive designer drinks or cheap rocket fuel? ', Drug and Alcohol Review (online ahead of print) .

Jones S.C. and Donovan R.J. (2002) 'Self-regulation of alcohol advertising: Is it working for Australia? ', Journal of Public Affairs, 2/3: 153–165.

Jones S.C. and Gregory P. (2009) 'The impact of more visible standard drink labelling on youth alcohol consumption: Helping young people drink (ir) responsibly? ', Drug and Alcohol Review, 28: 230–234.

Jones S.C., Hall D.V. and Munro G. (2008) 'How effective is the revised regulatory code for alcohol advertising in Australia? ', Drug and Alcohol Review, 27: 29–38.

Jones S.C., Gregory P. and Munro G. (2009) 'Adolescent and young adult perceptions of Australian alcohol advertisements', Journal of Substance Use, 14 (6) : 335–352.

Kelly K.J. and Edwards R.W. (1998) 'Image advertisements for alcohol products: Is their appeal associated with adolescents' intention to consume alcohol? ', Adolescence, 33: 47–59.

Kenkel D.S. (1993) 'Drinking, driving, and deterrence: The effectiveness and social costs of alternative policies', Journal of Law and Economics, 36 (2) : 877–913.

King C.III, Siegel M., Jernigan D.H., et al. (2009) 'Adolescent exposure to alcohol advertising in magazines: An evaluation of advertising placement in relation to underage youth readership', Journal of Adolescent Health, 45 (6) : 626–633.

King E., Barbir N., Ball J., Carroll T. and Sutton G. (2003) Evaluation of the Third Phase of the National Alcohol Campaign: June–September 2002.Sydney: Department of Health and Ageing.

King E., Taylor J. and Carroll T. (2005) Consumer Perceptions of Alcohol Advertising and the Revised Alcohol Beverages Advertising Code.Department of Health and Ageing, Sydney, Australia.

Kunkel D., McKinley C. and Wright P. (2009) The Impact of Industry Self-Regulation on the Nutritional Quality of Foods Advertised on Television to Children.Arizona: Children Now.

Levy D. and Sheflin N. (1983) 'New evidence on controlling alcohol use through price', Journal of Studies on Alcohol, 44: 929–937.

Lieberman L.R. and Orlandi M.A. (1987) 'Alcohol advertising and adolescent drinking', Alcohol Health and Research World, 12: 30–33.

Lipsitz A., Brake G., Vincent E.J. and Winters M. (1993) 'Another round for the brewers: Television ads and children's alcohol expectancies', Journal of Applied Social Psychology, 23: 439–450.

MacDonald B. (2007) Red Bull, alcohol and drugs 'can spark violence'.Irish Independent, 21 February.Dublin.

Michaels D. and Monforton C. (2005) 'Manufacturing Uncertainty: Contested Science and the Protection of the Public's Health and Environment', American Journal Public Health, 95 (S1) : S39–S58.

Mosher J.F. and Johnsson D. (2005) 'Flavored alcoholic beverages: An international marketing campaign that targets youth', Journal of Public Health Policy, 26 (3) : 326–342.

National Social Marketing Centre (2006) Social Marketing National Benchmark Criteria. Available at: http: //www.nsmcentre.org.uk/component/remository/Tools-and-Guides/Social-Marketing-Benchmark-Criteria-tool/.

News.com.au (2008) Protests over pub's topless 'spirit dwarf'.3 June.Available at: http: //www.news.com.au/protestsover-pubs-topless-spirit-dwarf/story-e6frfkp9-1111116524637.

OAA (2008) OAA Charter – Standard of Best Practice.Outdoor Advertising Association of Great Britain Limited.Available at: http: //www.oaa.org.uk/images/OAA%20Charter%20-%20Standard%20of%20Best%20Practice%20Nov%202008.pdf.

O'Brien M.C., McCoy T.P., Rhodes S.D., Wagoner A. and Wolfson M. (2008) 'Caffeinated cocktails: Energy drink consumption, high-risk drinking, and alcohol-related consequences among college students', Academic Emergency Medicine, 15 (5) : 453–460.

O'Mara R.J., Thombs D.L., Wagenaar A.C., et al. (2009) 'Alcohol price and intoxication in college bars', Alcoholism-Clinical Experimental Research, 33 (11) :1973–1980.

Osterberg E. (1995) Do alcohol prices affect consumption and related problems? In H Holder and G Edwards (eds) , Alcohol and Public Policy; Evidence and Issues.Oxford: Oxford University Press, pp.145–163.

Pasch K.E., Komro K.A., Perry C.L., Hearst M.O. and Farbakhsh K. (2009) 'Does outdoor alcohol advertising around elementary schools vary by the ethnicity of students in the school? ', Ethnicity and Health, 14 (2) : 225–236.

Popova S., Giesbrecht N., Bekmuradov D. and Patra J. (2009) 'Hours and days of sale and density of alcohol outlets: Impacts on alcohol consumption and damage: A systematic review', Alcohol and Alcoholism, 44 (5) : 500–516.

Rabet D. (2009) 'Human rights and globalization: The myth of corporate social responsibility? ', Journal of Alternative Perspectives in the Social Sciences, 1 (2) : 463–475.

Rehm J., Mathers C., Popova S., et al. (2009) 'Global burden of disease and injury and economic cost attributable to alcohol use and alcohol-use disorders', Lancet, 373: 2223–2233.

Rothschild M.L., Mastin B. and Miller T.W. (2006) 'Reducing alcohol-impaired driving crashes through the use of social marketing', Accident Analysis and Prevention, 38 (6) : 1218–1230.

Senate Standing Committee on Community Affairs (2008) Report: Alcohol Toll Reduction Bill 2007 [2008], Canberra: Commonwealth of Australia.Available at: http: //www.aph.gov.au/senate/committee/clac_ctte/alcohol_reduction/report/index.htm.

SHORE (2006) Alcohol Marketing in the Western Pacific Region, Wellington, New Zealand: SHORE.

Simmon M. and Mosher J. (2007) Alcohol, Energy Drinks, and Youth: A Dangerous Mix.Marin Institute.

Sinclair L. (2007) Experiential marketers get hands-on with customers through events.The Australian, 27 August, 34.

Sly D.F., Hopkins R.S., Trapido E. and Ray S. (2001) 'Influence of a counter-advertising media campaign on initiation of smoking: The Florida "Truth" campaign', American Journal of Public Health, 91: 233–238.

Smith S.W., Atkin C.K. and Roznowski J. (2006) 'Are "drink responsibly" alcohol campaigns strategically ambiguous? ', Health Communication, 20: 1–11.

Snyder L.B., Milici F.F., Slater M., Sun H. and Strizhakova Y. (2006) 'Effects of alcohol advertising exposure on drinking among youth', Archives of Pediatrics and Adolescent Medicine, 160: 18–24.

Stacy A.W., Zogg J.B., Unger J.B. and Dent C.W. (2004) 'Exposure to televised alcohol ads and subsequent adolescent alcohol use', American Journal of Health Behavior, 28 (6) : 498–509.

Stead M., Gordon R., Angus K. and Mc Dermott L. (2007) 'A systematic review of social marketing effectiveness', Health Education, 107: 126–191.

Stockwell T. and Chikritzhs T. (2009) 'Do relaxed trading hours for bars and clubs mean more relaxed drinking? A review of international research on the impacts of changes to permitted hours of drinking', Crime Prevention and Community Safety, 11 (3) : 153–171.

Thombs D.L., Dodd V., Pokorny S.B., et al. (2008) 'Drink specials and the intoxication levels of patrons exiting college bars', American Journal of Health Behavior, 32 (4) : 411–419.

Thombs D.L., O'Mara R.J., Dodd V., et al. (2009a) 'A field study of bar-sponsored drink specials and their associations with patron intoxication', Journal of Studies on Alcohol and Drugs, 70 (2) : 206–214.

Weideman P. (2006) Doctor warns about energy-booze rape mix.The Independent on Saturday, 3 edn.25 November.KwaZulu-Natal.

Wiese E. and Jones S.C. (2008) The role of avoidance and protective behavioural strategies in the university drinking environment.Paper presented at the World Social Marketing Conference, London.

Wilde P. (2009) 'Self-regulation and the response to concerns about food and beverage marketing to children in the United States', Nutrition Reviews, 67 (3) : 155–166.

Wyllie A., Zhang J.F. and Casswell S. (1998) 'Responses to televised alcohol advertisements associated with drinking behaviour of 10 to 17 year olds', Addiction, 93: 361–371.

第十八章

从社会营销到企业社会营销：

改变消费习惯，以便作为企业社会责任新疆域

圭多·帕拉佐

❖ 20世纪的企业责任与21世纪的结构转变

在一个自由社会中，公司的角色和责任是什么？在20世纪，这个问题的答案被新自由主义理论主导（Friedman, 1970）。在这种意识形态下，公司是私人行为者（private actors），必须实现利益最大化；而政府则是公共行为者（public actors），负责保证公民有追求自身利益的自由。企业通过基本的经济运作为公共利益作出贡献。除了自身利益活动间接产生的积极影响，企业对公共产品的生产和保护没有责任。政府，而非公司，必须关注商业运作的外部性（Sundaram and Inkpen, 2004）。

全球化正在挑战私营企业活动和公共政治活动之间被视为理所当然的劳动分工。政府对公司的监管权力正在削弱（Habermas, 2001; Kobrin, 2001; Scherer and Palazzo, 2007）。虽然企业在全球范围内扩大其活动，但监管仍主要是一种全国性的政治活动。认为各国政府能够建立一种可以有效管理全球企业的监管体制的设想是不现实的。

经济和政治力量的全球失衡造成了两个后果（Scherer and Palazzo, 2008）。首先，

全球化使监管的真空状态开始出现。与私有化生产和消费有关的最紧迫的一些社会和环境挑战具有跨国属性（如全球变暖、海洋过度捕捞、生物多样性丧失或腐败问题），这些特殊问题不能在孤立的国家中处理。其次，跨国公司的价值链在全球扩张，它们在孟加拉国、尼日利亚或哥伦比亚等经济落后或腐败问题严重的国家经营，或在苏丹或缅甸等局面混乱的国家经营。在这些情况下，不存在稳定和运作良好的管理框架，公司面临着侵犯人权或成为侵犯人权的帮凶的高风险。在公众话语中，有关全球价值链中此类社会和环境暴行的讨论，如雨后春笋般涌现，跨国公司（multinationally networked corporations）的观念受到强烈影响。他们被指控为各种社会问题的主要来源：如全球变暖（Le Menestrel et al ., 2002）、生态困境（Shrivastava, 1995）、腐败（Nesbit, 1998）、贫困（Jenkins, 2005）、侵犯人权（Banerjee, 2007），与专制政权合作（Taylor, 2004）和健康问题（Adams, 2005; Palazzo and Richter, 2005）。总之，全球化的商业活动威胁着国家社会公共产品的生产和完整性。

❖ 企业社会责任和社会营销：奇怪的盟友

正如我所指出的，在全球化、网络化企业的背景下，可以这样理解企业社会责任：那些旨在解决由价值链上的生产和产品所导致的负面的社会和环境影响的企业活动。原则上，我们可以辩称，企业社会责任和社会营销一起涵盖了外部性的两个维度——即生产和消费的外部性——因此它们应该是天然的盟友。然而，社会营销拥有反企业的根本特质，它可以被解释为对以下两种情形的公开攻击：私营商业营销活动和业内的企业意图（在二者对个人和社会产生负面影响时）。如果这些公司试图减少其产品引起的社会和环境外部性，同时在生产和保护公共产品方面发挥政治作用，结果会是什么？在公众的压力下（这一压力是由消费企业产品所引起的外部性导致的），快餐、烟草和酒类行业的公司开始投资项目以减少外部性。企业的这些活动成为其企业社会责任参与的关键元素。

很明显，以消费者为导向的企业社会责任将企业从那些敏感行业中暴露出来，面临着真正的双重约束。当他们的营销部门投入资金在那些会增加其产品消费的项目时，这些企业社会责任活动（在成功的情况下）将产生相反的效果。在投资者的压力以及金融市场的期望下，我们是否可以假设，处在敏感市场的公司已经准备好并能够将公众利益置于其利润动机之上？轶事证据（anecdotic evidence）、企业内部的经济压力和思维模式（mindest）往往过于强烈，其盈利动机很可能凌驾于促进共同利益的动机之上。有两个例子或许可以说明在社会营销人员的攻击下，企业社会责任活动的失败。在关于食物质量和营销活动的压力之下，麦当劳作出了反应：已经开始向顾客提供其产品的成分信息，这些信息可以在试行产品的背面找到。然而，这些信息并没有引起消费者的注意，反而被无数的营养细节淹没。麦当劳此次与消费者沟通的结果令人惊叹：这一活动并没有引发人们对快餐食品的健康风险的慎重考虑，同时还有一个明显的事实，即人们认为营养信息是食品质量的证明（Wansink and Huckabee, 2005）。如果认为这种效果只有研究人员才知道，而麦当劳的营销人员却不知道的话，那就太天真了。

烟草行业的青少年预防计划也有同样的反作用。美国46个州与烟草行业达成总和解协议之后（National Association of Attorneys General, 1998），抽烟对健康影响的责任从消费者转移到了企业界。菲利普莫里斯公司、英美烟草公司以及烟草业的其他参与者，正承受着来自投资青少年预防计划的法律和道德压力。成功的预防计划可能会导致烟草行业失去潜在客户，或者不得不投入更多的钱来获得新的（成人）客户。然而，吸烟要成为一种稳定且持久的习惯，就必须从小开始。也就是说，成功的青少年预防计划将损害烟草公司自身的商业利益。由烟草行业和他们的协会所发起和设计的青少年预防计划关注两个信息：吸烟是有风险的；吸烟是成年人的决定。有证据显示，这样的活动并没有减轻青少年的吸烟状况，只是改善了烟草公司的形象。“想要过一种有风险的生活，把成年人的行为作为榜样”，这正是青少年想要做的——行业也很清楚这一点（Hicks, 2001）。黑斯廷斯等人（1997: 439）指出，青少年吸烟“是为了归属，为了叛逆，为了表达自己的个性，为了显得更成熟、更酷而去冒险。”非烟草行业设计的活动，比如佛罗里达州的“真相运动”，则更有效。在这种情况下，有效的信息是建立在不负责任的烟草经理的商业决策之上的，这些决策具有操纵性和贪婪的特点。烟草经理们试图使自己和股东的利润最大化（Hicks, 2001）。同时，需再一次强调，如果认为那些设计预防计划的烟草经理们不知道他们的活动提升的是公司的形象而非阻止青少年吸烟，那就太天真了。

看起来，烟草公司和快餐公司的企业社会责任活动促进了企业的商业利益，而不是为整个社会带来福音。这甚至可能不是一个必要的前提条件，即这类行业的主管们自身“劣迹斑斑”（unscrupulous characters）。他们可能单纯地认为自己的行业是正常的，并采用和其他行业一样的商业模式。为了适应经济规律，同时在财务分析师的压力之下，这些公司的任务只是扩大市场和增加市场份额，并为股东提供体面的利润。然而，在他们的案例中，正常的商业模式带来了破坏性的社会副作用。就像烟草行业一样，快餐和酒类公司对社会营销人员来说也可能是不可靠的合作伙伴。如果社会营销人员将他们的活动与来自这些行业的公司的社会责任联系起来，他们可能会败坏自己的名声，而不是促进他们的目标。然而，目标行业的经验显示，尽管对企业社会责任领域中的消费外部性的整合是困难的，但是我们仍然有充分理由相信，社会营销将成为未来企业社会责任活动的一个重要领域。

正如我在下一节所讨论的，消费者已经成为企业社会责任的一个关键元素。虽然从历史上看，对企业有害行为的批评开始沿着供应链（朝着供应商方向）向上移动，但这些批评目前也在沿着供应链（朝着消费者方向）向下移动。这种发展有两个主要原因。第一，公司面临着承担以下两种情形的责任：他们的产品对消费者的影响，以及消费其产品对社会的影响。例如，汽车导致全球变暖；没有回收利用的电脑可能会在第三世界国家被烧毁，从而产生二噁英；所有的产品都有可能侵犯人权。第二，参与企业社会责任的企业依赖于消费者，即消费者认为企业的这些活动是一种附加价值，是他们消费决策的标准。企业社会责任活动的未来可能取决于鼓励消费者加入活动的共同努力。如果没有对主流消费产生更深层次的影响，企业的企业社会责任参与就可能是不可持续的。

❖ 改变消费习惯（1）：从实用功能到象征性干预

虽然消费者可能会了解与特定产品、消费形式或特定的生活方式相关的、对他们自己或他人产生的高风险，但这种理解似乎不足以改变有害的习惯。正如反对烟草、快餐或酗酒的运动所表明的那样，建立针对负面健康影响的社会营销活动，不足以产生行为上的改变。这种认知方法忽略了与各种行为相关的社会和文化力量（Piacentini and Banister, 2009）。罗斯等人（Rose et al., 2008: 74）的批评指出，“许多活动和项目在本质上仍然是由信息驱动的。”社会营销也常常被误解为“简单的社会广告”（Stead et al., 2007: 128）。

企业社会责任的提倡者同样对消费者产生了误解和失望，这些消费者接收了正确的信息，却继续做出错误的行为。一般来说，消费者调查得出的结论是，绝大多数消费者表示愿意在他们的决策中考虑伦理因素（例如，反对雇佣童工，或需要体面的工作条件）。在最近的一项欧洲调查中，75%的消费者表明了他们各自的动机（Vogel，2005）。然而，目前为止，这些消费者的实际购买行为并不与这些动机对应：同一项调查发现，只有3%的受访者消费决策中包含了道德标准。正如沃格尔总结地那样，"只有相对较少的消费者似乎愿意改变他们的购买习惯，对不直接影响他们的企业行为作出反应"（Vogel，2005：52）。在上述描述的政治意义上，管理供应链活动中的企业社会责任行为通常需要企业方面的大量投资：即必须建立团队分析其问题，创建标准，审计成千上万的供应链伙伴，培训员工以及在报告中发布与企业社会责任相关的信息。只要社会和环境标准对普通客户的决策没有足够的影响，在企业社会责任方面的投资就很难发挥根本作用。相反，在许多情况下，一个高度可见的企业社会责任契约——不管它是严谨的还是仅仅粉饰表面——可能不会带来更少而是更大的公众压力。一个公司越是通过参与活动和相关的传播活动而暴露于公众的监督之下，就越有可能发现更多未解决的问题，也就越有可能引发更多的不信任。因此，认为企业社会责任活动将自动对利润产生影响的想法是天真的。它并不会起到这样的作用。找到企业社会责任商业案例困难的主要原因之一是相对冷漠的消费者，继续将价格和质量（包括品牌声誉）作为购买运动鞋、T恤、鲜花、黄金、钻石或汽车的关键标准。

为什么很难把环境和社会标准内在化于消费者的决策之中？主要驱动力当然是在于，消费决策与上述标准的正负效应之间的时空距离（Osterhus，1997）。由于因果关系的抽象性，行动者很容易脱离不良后果，并切断能够引导行为的正常认知和动机过程（Bandura，2002）。此外，在分散化的责任环境中，行动可以被相互指责取代，因为总有其他的人是或至少看起来更负责任，应该首先行动（Young，2004）。最后，把消费者看作理性的行动者，即认为他们试图把自己的效益最大化，并因此应当接受理性的、基于效益的观点。这种看法是对消费者行为的一种不恰当的概念化（该批判性观点见：Caruana and Crane，2008）。这种理性消费者的假设，引发了对理性消费的市场潜能的误解。因为这种假设"导致了广泛的假定，即认为存在一个'独立在外'的理性消费者的细分市场，等待着被识别出来，并在企业的意图之下行动"（Caruana and Crane，2008：1497）。

社会营销者和企业的企业社会责任管理者都希望消费者表现出更理性的消费行

为。但是，他们可能都忽略了这样一个事实，即消费是一种带有象征意义的文化实践，而危害性消费决策的这种文化背景也必须改变。改变必须同时发生在个人和社会层面上（Hastings et al., 2000）。这种改变很少是通过诉诸理性引发的。挑战根深蒂固的消费行为需要文化变革，如过度饮酒（Piacentini and Banister, 2009）或不可持续的旅游活动（unsustainable traveling practices）（Caruana and Crane, 2008）。因为这些行为是社会习惯化和合法化的行为，并深深植根于消费者的个人特质之中（individual identity projects）。因此，理性消费者不会首先被"发现"，然后再被服务。他们必须通过特定的叙事得以建构，这种叙事足以给消费者提供另外一种替代性的社会身份（Caruana and Crane, 2008）。消费是一种表达个人和群体身份的方式。因此，产品和品牌往往让渡了其象征价值，消费者用这一价值来构建自己的身份和社会世界（Belk, 1988; Gabriel and Lang, 1995; Palazzo and Basu, 2007; Reed, 2004）。社会营销活动和企业社会责任政策必须考虑到这些消费习惯的象征价值，才能有效地发挥作用（Pavis et al., 1997; Piacentini and Banister, 2009）。

❖ 改变消费习惯（2）：从政府到社会网络

社会营销目前被认为主要是政府的责任（Grinstein and Nisan, 2009; Shiu et al., 2009）。政府处理关键性社会挑战的能力不断降低，企业的政治性参与行为正在兴起，鉴于先前对前者的分析以及对后者行为的描述，私营行为者或许必须在社会营销活动的发展和实施中发挥重要作用。可以假定，在生产活动方面，公司将对不断减弱的管制权力进行弥补，这反映在以下方面：各国政府无法充分控制消费活动的消极影响，公司则针对这一方面持续进行发力。

复杂的社交网络和强大的消费文化中出现了问题行为，因此，解决方案也必须在不同机构和组织之间的"深度协作系统"（Domegan, 2008: 137）中实现。两位皮蒂（2009；参见Lewis, 2007b）认为社会营销活动可以把各种行为主体的活动联系起来，如当局政府、非政府组织、媒体和公司。

朗等人（Long et al., 2008）最近描述了一项成功的社会营销活动，这一活动旨在提高女性对心脏病的认识。根据这些作者的观点，这样一个成功活动的关键要素之一，在于来自不同行业的公司之间的广泛的合作伙伴联盟。然而，正如同样的例子所显示的，企业主要是在纯粹的慈善基础上进行社会营销活动。因此，从大多数公司的角度来看，社会营销被认为是用于公司自身的公益营销活动的一种工具。公益营销是“一种旨在实现两个目标的营销活动——提高公司业绩和帮助有价值的事业。为实现这两个目标，需要将筹款与购买公司的产品和（或）服务联系起来。”（Varadarajan and Menon, 1988: 59）。这些公司希望能产生积极的声誉效应，而这种效应通常来自企业对公益事业的捐赠。从这个意义上说，商业营销和社会营销是重合的，仅是因为公司向社会营销活动捐款。然而，这些行为可以被批评为“刷绿（greenwashing）”（Crane, 2000），因为企业试图通过做好事来洗白自己的形象，同时将其自身活动与严重的社会和环境问题分离开来，而这些问题却与他们的供应链紧密相连。因此，企业对社会营销的这样一种运用引起的强烈反对，也就不足为奇了。例如，有证据显示，仅仅是这些策略性的活动就为企业带来了信誉问题（Van den Brink et al., 2006），因为消费者可能会怀疑公司对社会公益的真正利益（Forehand and Grier, 2003），或者将某个公司和某件事情之间的负面的一致性联系起来（Menon and Kahn, 2003）。森和巴哈塔查尔亚（2001）已经证明了消极的企业社会责任信息会对消费者产生影响，他们会开始认为公司是没有社会责任的。向幼儿园捐钱并不能弥补公司的行为缺失：即没有参与在其供应链中的反对雇佣童工活动。只要公司的社会活动与公司在其自身业务中所造成的（潜在的）伤害无关，非政府组织就可能会在这些明显的矛盾上建立起他们的反击，威胁公司品牌的声誉（Palazzo and Basu, 2007）。这些活动可能会导致一个“幽灵品牌形象”，即“一系列对品牌加以诋毁的形象和故事，这些形象和故事在流行文化中流传开来。这些形象和故事来自散乱的消费者以及反品牌的积极分子、博客作者以及新闻和娱乐媒体的意见领袖”（Thompson et al., 2006: 50）。

公益营销是营销人员对企业社会责任活动越来越高的相关性的误解。如果假设是真的，那么企业责任现在正转向系统地管理供应链上的社会和环境问题，未来社会营销与企业社会责任之间的界面将会有所不同：那些承受着投资无童工生产压力的公司，对那些偏爱无童工消费的消费者感兴趣。针对不同行为变化的社会营销活动，将把以下二者联系起来：上层的企业社会责任活动（朝着供应商方向）与下层的消费者行为的改变。这样的活动将需要社会营销者和企业之间更紧密的合作，而不是满足需要的简单的慈善活动，因为这一活动影响着企业的核心业务，同时也需要消费习惯的文化变革。

❖ 企业社会营销

这种消费习惯的文化变革将成为未来社会责任运动最重要的前沿之一，企业社会责任倡导者将不得不成为社会营销者。根据科特勒等人（2002）对社会营销的定义，我建议将企业社会营销定义为：试图影响目标受众自愿接受、拒绝、修改或放弃的某些行为，这些行为与企业在其供应链上共同创建的社会和环境问题相关。如上所述，重要的是不要将这一概念与传统的公益营销火热的参与形式搞混淆了。企业在经营活动中面临的二者（指社会和环境挑战、捐赠和社会活动）之间的脱节可能会影响企业的声誉，并不会被视为对公共利益的真正贡献。

正如文中理解的，企业社会营销活动旨在使消费者认识到生产和产品的副作用，并在他们的决策过程中纳入对社会和环境标准的考量。与传统的社会营销相比，企业的社会营销，与其说是关于对消费者自身及其当前环境的伤害的考虑，不如说是关于他们的消费决策对其他时空的人所造成的伤害的考虑。与其说是消费的直接副作用，不如说是生产的副作用，这些副作用与消费者相关，且消费者能对这些副作用产生影响。然而，就像传统的社会营销一样，企业的社会营销也与消费者行为的改变有关。如果下层的供应链中没有任何行为上的改变，就很难实现在上层的供应链中所不可接受的外部性转变。如果沃尔玛的顾客只是想买便宜货，那么（沃尔玛公司）就很难从供应商那里获得更低的价格，从而导致侵犯人权的风险越来越大。从这个意义上说，伤害不是由消费直接造成的，而是与消费的社会性相关（Young, 2004）。

基于对企业社会营销的理解和对路易斯（Lewis, 2007a）概念的扩展，我提出了社会营销政策的类型理论：消费与各种形式的危害行为有着社会性联系。

这些危害行为的形式包括：

1.对消费者自身的伤害（如酗酒、快餐）；

2.在消费者的直接环境中对特定的他人的伤害（如二手烟）；

3.对更广泛的消费群体的伤害（如由酗酒引发的车祸）；

4.对处在特定背景下的其他人的伤害（如奴隶劳动、雇佣童工）；

5.对世界和未来的其他人的伤害（如二氧化碳排放造成的全球变暖效应）。

虽然第一条到第三条的有害行为形式代表了传统社会营销关注的问题，但包括企业社会营销在内的更广泛的视角将倾向于关注后两种形式的伤害，即第四条和第五条。传统意义上的危害行为，正如所争论的，是一个领域。在这个领域中，与公司的合作不仅对所倡导的事业是有害的，而且对社会营销者的声誉也是有害的。相比之下，我在文中提出的企业社会营销领域，会提供各种各样的机会与公司合作，为公益事业而奋斗。

近年来，企业的企业社会责任活动已经超越了企业的边界、企业利益相关者及其自身面临的挑战。如前所述，企业开始参与多元利益相关者的活动，以对与企业相关的问题的整体的社会性解决做出贡献。企业社会营销活动必须遵循同样的逻辑：改变消费者的习惯是一种挑战，这种挑战不仅是特定企业、品牌或产品的消费者的转变，它更像是一种对新的制度逻辑的推广。如果企业社会营销活动被设计成一个单一公司的方案，并被看作“不过是另一个市场营销活动”，那么它们就会存在有效性和合法性问题。最近的奇基塔（Chiquita）的例子可能说明了这些风险。

自1990年初以来，奇基塔开始与非政府组织合作，以改善其香蕉种植园的社会和环境条件。与社会责任和雨林联盟（Social Accountability and the Rainforest Alliance）一起，他们开始实施高要求的外部标准，并通过独立的第三方审计监督和认证他们的运作。2005年，他们与雨林联盟一起，开始选出瑞典、瑞士和德国等欧洲国家的香蕉消费者，向他们传播其为企业社会责任活动所做的努力。香蕉上的Chiquita标志与雨林联盟的标志融合在一起，一个大型营销活动也随之将公司的努力传达给了顾客。其目的是在香蕉市场创造对奇基塔品牌的偏好，在这个市场上，顾客通常将价格作为他们的主要决策依据。而奇基塔所做的与企业社会责任相关的营销活动却为其带来了无数的攻击：在瑞典，环保人士认为奇基塔香蕉不够环保；在瑞士，公平贸易团体抨击该公司，认为他们的香蕉不够公平；在德国，他们因为与公关公司合作而受到批评。虽然奇基塔活动肯定与其核心业务有关，并且建立在多年的认真参与的基础上，但它还不能算作本章概念中的企业社会营销活动。这场活动传递的信息——就像其他许多案例一样——并不是要改变消费者的习惯，而是为了展示这家公司有多负责任。它旨在传达企业对社会责任的努力，而并不是要对消费者本身进行教化。

作为单位法人，企业必须与政府和公民社会活动合作，在行业内部和跨行业之间进行合作，继而拥有一种变革性的力量，以改变内心根深蒂固的习惯。有效和合法的企业社会营销活动的使命，不能仅仅是推广一个公司的可持续的产品。这些活动的意图应该是改变消费者，而不是展示一个公司在企业社会责任方面的努力（而不考虑这些努力的质量）。它们建立在广泛的合作之上。这些活动关注的是问题（如棉花生产中的童工、海洋中的塑料），而不是特定的公司或特定的品牌。它们为消费者提供了一个更广阔的参考框架来审视自己的决策，通过扩大选择范围，赋予意义，并提出替代性的方式，以通过理性的消费决策来构建个人和公共身份。

关键词

企业社会责任；全球化；企业社会营销；跨国公司；负责任的供应链管理；公益营销；消费习惯转变。

要　点

- 社会营销学者认为企业和他们的营销活动是问题的一部分，而不是解决方案的一部分。然而，在有害的生产实践的背景下——从童工到废水——积极参与企业社会责任（CSR）的企业和社会营销者都对改变消费者习惯感兴趣。
- 一些公司面临承受着投资无童工生产的压力，它们对那些偏爱无童工消费的消费者感兴趣。
- 理性消费者不会首先被“发现”，然后再被服务。他们是被对于理性的叙事共同培养出来的，这些理性的叙事会为消费者提供一些有意义的可替代的社会身份。
- 企业社会营销是指试图影响目标受众自愿接受、拒绝、修改或放弃某些行为，这些行为与企业在其供应链上共同创建的社会和环境问题相关。
- 正如文中理解的，企业社会营销活动旨在使消费者了解生产和产品的副作用，并将对社会和环境标准的考量纳入其决策过程。

参考文献

Adams, R. (2005) ‘Fast food, obesity, and tort reform: An examination of industry responsibility for public health’, Business and Society Review, 110 (3): 297–320.

Bandura, A. (2002) ‘Selective moral disengagement in the exercise of moral agency’, Journal of

Moral Education, 31: 101–119.

Banerjee, S.B. (2007) Corporate Social Responsibility: The Good, the Bad and the Ugly. Cheltenham: Edward Elgar.

Belk, R.W. (1988) 'Possession and the extended self', Journal of Consumer Research, 15: 139–168.

Caruana, R.and Crane, A. (2008) 'Constructing consumer responsibility: Exploring the role of corporate communications', Organization Studies, 29: 1495–1519.

Crane, A. (2000) 'Acing the backlash: Green marketing and strategic reorientation in the 1990s', Journal of Strategic Marketing, 8: 277–296.

Domegan, C.T. (2008) 'Social marketing: Implications for contemporary marketing practices classification schemes', Journal of Business and Industrial Marketing, 23: 135–141.

Forehand, M.R.and Grier, S. (2003) 'When is honesty the best policy? The effect of stated company intent on consumer skepticism', Journal of Consumer Psychology, 13: 349–356.

Friedman, M. (1970) 'The social responsibility of business is to increase its profit'.The New York Times Magazine, 13 September, reprint in Donaldson, T.and Werhane, P.H. (eds), Ethical Issues in Business: A Philosophical Approach.Englewood Cliffs, NJ: Prentice-Hall, pp.217–223.

Gabriel, Y.and Lang, T. (1995) The Unmanageable Consumer.Contemporary Consumption and its Fragmentation.London: Sage Publications.

Grinstein, A.and Nisan, U. (2009) 'Demarketing, minorities, and national attachment', Journal of Marketing, 73: 105–122.

Habermas, J. (2001) The Postnational Constellation.Cambridge, MA: MIT Press.

Hastings, G. (2006) 'Ten promises to Terry: Towards a social marketing manifesto', Health Education, 106: 5–8.

Hastings, G.and Saren, M. (2003) 'The critical contribution of social marketing: Theory and application', Marketing Theory, 3: 305–322.

Hastings, G., MacFadyen, L.and Anderson, S. (2000) 'Whose behaviour is it anyway? The broader potential of social marketing', Social Marketing Quarterly, 6: 46–58.

Hicks, J.J. (2001) 'The strategy behind Florida's Truth campaign', Social Marketing Quarterly, 10: 3–5.

Jenkins, R. (2005) Globalization, Production and Poverty.United Nations University: World Institute for Development Economics Research.Research Paper No.2005/40.

Kobrin, S.J. (2001) 'Sovereignty@bay: Globalization, multinational enterprise, and the international political system', in A.M.Rugman and T.L.Brewer (eds), The Oxford Handbook of International Business.New York: Oxford University Press, pp.181–205.

Kotler, P. (1988) Marketing Management, 6th edn.Englewood Cliffs, NJ: Prentice-Hall.

Kotler, P.and Levy, S. (1971) 'Demarketing, yes, demarketing', Harvard Business Review, 49: 74–80.

Kotler, P., Roberto, N.and Lee, N.R. (2002) Social Marketing.Improving the Quality of Life, 2nd edn.London: Sage Publications.

Le Menestrel, M., van den Hove, S.and de Bettignies, H.-C. (2002) 'Processes and consequences in business ethical dilemmas: The oil industry and climate change', Journal of Business Ethics, 41 (3): 251–266.

Lewis, M. (2007a) States of Reason: Freedom, Responsibility and the Governing of Behaviour Change.London: Institute for Public Policy Research.

Lewis, M. (2007b) 'Behaviour change and public policy', Consumer Policy Review, 17: 247–250.

Long, T., Taubenheim, A.M., Wayman, J., Temple, S.and Ruoff, B.A. (2008) 'The heart truth: Using the power of branding and social marketing to increase awareness of heart disease in women', Social Marketing Quarterly, 14: 3–29.

Menon, S.and Kahn, B.E. (2003) 'Corporate sponsorship of philanthropic activities: When do they impact perception of sponsor brand? ', Journal of Consumer Psychology, 13: 316–327.

National Association of Attorneys General (1998) Tobacco Master Settlement Agreement. Available at: http: //ag.ca.gov/tobacco/pdf/1msa.pdf.

Nesbit, J.B. (1998) 'Transnational bribery of foreign officials: A new threat for the future of democracy', Vanderbilt Journal of Transnational Law, 31: 1273.

Osterhus, T. (1997) 'Prosocial consumer influence strategies: When and how do they work? ', Journal of Marketing, 61: 1–18.

Palazzo, G.and Basu, K. (2007) 'The ethical backlash of corporate branding', Journal of Business Ethics, 73 (4): 333–346.

Palazzo, G.and Richter, U. (2005) 'CSR business as usual? The case of the tobacco industry', Journal of Business Ethics, 61 (4): 387–401.

Palazzo, G.and Scherer, A.G. (2006) 'Corporate legitimacy as deliberation.A communicative framework', Journal of Business Ethics, 66: 71–88.

Pavis, S., Cunningham-Burley, S.and Amos, A. (1997) 'Alcohol consumption and young people', Health Education Research, 12: 311–322.

Peattie, K.and Peattie, S. (2009) 'Social marketing: A pathway to consumption reduction? ' Journal of Business Research, 62: 260–268.

Piacentini, M.G.and Banister, E.N. (2009) 'Managing anticonsumption in an excessive drinking culture', Journal of Business Research, 62 (2) : 279–288.

Reed, A. (2004) 'Activating the self-importance of consumer selves: Exploring identity salience effects on judgements', Journal of Consumer Research, 31: 286–295.

Rose, C., Dade, P.and Scott, J. (2008) 'Climate change: Motivating consumers', Consumer Policy Review, 18: 74–78.

Scherer, A.G.and Palazzo, G. (2007) 'Toward a political conception of corporate responsibility: Business and society seen from a Habermasian perspective', Academy of Management Review 32 (4) : 1096–1120.

Scherer, A.G.and Palazzo, G. (2008) 'Globalization and corporate social responsibility', in A.Crane, A.McWilliams, D.Matten, J.Moon and D.Siegel (eds) , The Oxford Handbook of Corporate Social Responsibility.Oxford: Oxford University Press, pp.413–431.

Sen, S.and Bhattacharya, C.B. (2001) 'Does doing good always lead to doing better? Consumer reactions to corporate social responsibility', Journal of Marketing Research, 2: 225–243.

Shiu, E., Hassan, L.M.and Walsh, G. (2009) 'Demarketing tobacco through governmental policies – the 4 Ps revisited', Journal of Business Research, 62: 269–278.

Shrivastava, P. (1995) 'The role of corporations in achieving ecological sustainability', Academy of Management Review, 20: 936–960.

Stead, M., Hastings, G.and McDermott, L. (2007) 'The meaning, effectiveness and future of social marketing', Obesity Reviews, vol.8, no.1, pp.189–193.

Sundaram, A.K.and Inkpen, A.C. (2004) 'The corporate objective revisited', Organization Science, 15: 350–363.

Taylor, K.M. (2004) 'Thicker than blood: Holding Exxon Mobil liable for human rights violations committed abroad', Syracuse Journal of International Law and Commerce, 31 (2) : 274–297.

Thompson, C.J., Rindfleisch, A.and Arsel, Z. (2006) 'Emotional branding and the strategic value of the doppelgänger brand image', Journal of Marketing, 70: 50–64.

van den Brink, D., Odekerken-Schröder, G.and Pauwels, P. (2006) 'The effect of strategic and tactical cause-related marketing on consumers' brand loyalty', Journal of Consumer Marketing, 23: 15–25.

Vogel, D. (2005) The Market for Virtue.Washington, DC: Brookings Institution Press.

Wansink，B.and Huckabee，M.（2005）'De-marketing obesity'，California Management Review 47（4）：6–18.

Young，I.M.（2004）'Responsibility and global labor justice'，Journal of Political Philosophy 12（4）：365–388.

Young，I.M.（2006）'Responsibility and global justice：A social connection model'，Social Philosophy and Policy，23：102–130.

Young，I.M.（2008）'Responsibility and global justice：A social connection model'，in Scherer，A.G.and Palazzo，G.（eds），Handbook of Research on Global Corporate Citizenship.Cheltenham：Edward Elgar，pp.137–165.

第十九章

商业社会营销面临的伦理挑战

托马斯·博伊森·安克尔　克莱门斯·卡佩尔

❖ 商业社会营销中的伦理道德

商业营销的目的是建立一种市场交换（用钱交换商品或服务）。相比之下，社会营销的目标是建立一种更复杂、在道德上更有争议的福利交换（用无形或有形的利益交换行为的改变；Brenkert 2002：17；McDermott et al.，2005）。为了表明其规范性，社会营销已被应用于有争议的问题，例如：（a）对法官产生影响，以减少使用监禁作为惩罚手段（Hastings，2007：229–235）；（b）鼓励受过教育的家长多生孩子（Donovan and Henley，2003：173）；（c）鼓励人们登记成为器官捐赠者（Jeffreys，2008）；以及（d）征募青年入伍。与商业营销相比，社会营销更严重地干扰我们的生活，因为它试图鼓励目标人群做出可能从根本上影响他或她的生活的行为决定，例如，（a）职业行为（将罪犯转移到社会康复中心而非监狱）；（b）怀孕；（c）对近亲施加了情感痛苦（成为器官捐献者）；（d）甚至危及生命（成为职业军人）。

因此，社会营销通常是现代营销在伦理上有争议的一个分支。尽管社会营销伦理本身仍处于萌芽阶段，但该领域正在迅速发展（值得注意的贡献是：Andreasen，2001；Brenkert，2002；Callahan et al.，1999；Eagle，2009；Guttman and Salmon，2004；

Hastings et al., 2004; Laczniak et al., 1979)。然而，营利性社会营销大体上被忽视了，除了戴维森和诺韦利（Davidson and Novelli, 2001）曾对此有进行过探讨。本章是对商业社会营销（Commercial Social Marketing, CSM）特有的关键伦理问题的开创性探索。

家长主义和行为改变（标准1）

从本质上讲，一个人、一个组织或一个国家的行为在一定程度上是家长式的，它干涉一个人的生活，目的是让他或她过得更好，或防止他或她受到伤害，即使这违背了这个人的意愿（Buchanan, 2008; Dworkin, 2010）。家长式作风的问题在于，它违背了西方自由民主的核心——个人自治的价值（Kymlicka, 2002）。

社会营销往往倾向于家长式作风，因为它的关键目标是鼓励特定的行为和生活方式，这些行为和方式被定义为对目标消费者有利，而不管目标消费者是否赞同这种行为或生活方式（Brenkert, 2002: 22–23; Donovan and Henley, 2003: 170–172）。

例如，社会营销人员可能会鼓励怀孕的吸烟者戒烟，不管目标群体是否赞成不吸烟的生活方式。或者，社会营销人员可能会试图影响通勤者，当有公共交通工具的时候，对自己驾车去上班感到不舒服（miserable）。即使目标群体对汽车提供的自由和便利相当满意，同时也没有乘坐公共交通工具通勤的意愿。

然而，有些人可能会认为，社会营销毕竟不是一个家长式的事业，因为其核心目标是两个同样强大的派别之间的福利交换：（a）一个社会营销人员提供一个既定的利益（如更好的健康），以换取行为的改变（如戒烟或饮酒），以及（b）消费者可以自由决定接受或拒绝参与福利交换。

为了澄清问题，我们需要区分硬家长制和软家长制。诚然，社会营销并非硬家长制：即社会营销不能也不想强迫消费者改变行为。但社会营销通常属于软家长制：即社会营销鼓励和影响消费者参与福利交换（例如，为个人利益而改变行为）——无论他或她是否愿意被作为目标消费者。如果社会营销者不决定干涉消费者的生活，这一切就不会存在。

根据目标群体的世界观调整社会营销

可以合理地认为，对于任何给定的社会，什么才算是“社会目标”和“社会问题”是有条件的——不是那些涉及社会问题的人主观地把什么定义为问题，而是媒体、政策制定者、学者和公众所构想出来的社会问题（Brenkert，2002）。在这样的理解之下，我们可以继续论证，如果相关的目的明显被社会认可为有价值和有意义的，那么CSM可以证明将社会规范和价值观强加于其目标群体是合理的。但我们必须认识到，这种解决方案并没有减少市场干预的家长式作风，它只是将问题分散到了公众和政府层面。

对于一个真正的非家长式解决方案，我们的建议是只诱导行为改变的动机和强加目标群体所希望的社会价值。这一方案适用于CSM和标准的非营利性社会营销。一方面，一个目标群体可以被这样理解：群体会积极认同所讨论的价值观或社会目标，当有可能从群体中获得公开声明时，目标群体便会渴望一种以直接或有意识的方式给定的价值观或社会目标。这可以通过使用人类学营销研究方法来实现，比如焦点小组和个人深度访谈。另一方面，如果像参与者观察和跨学科文化分析的民族志研究方法一样提供合理的证据，证实群体积极认同所讨论的价值或社会目标，那么目标群体又可以被这样理解：渴望一种以间接或默认的方式给定的价值观或社会目标。这两种方法被谨慎地应用，为CSM活动提供了一个非家长式的起点。但是，当然，获得对价值观和社会目标的直接认同陈述的方法，为在CSM活动中使用这些价值观提供了一个强有力的伦理辩护。

多芬为非家长式的CSM提供了一个很好的例子。他们的消费者调查显示，在跨国范围内，目标群体的成员直接表示他们认为当代的审美理念是一个真正的问题，同时他们希望有更包容的审美理念。因此，多芬避免了家长式作风，根据目标群体的世界观调整自己的活动策略。

家长式作风和社会契约

关于职场社会营销，家长式管理问题显得尤为重要。让我们先来看看契约主义，它提供了一种可供选择的、相当有前途的论点，适用于那些希望为以下主张进行辩护的雇主：即认为将价值观强加于雇员，通常不是家长式作风。

契约主义是一种观点，其认为人类社会是建立在隐性的社会契约基础上的，而隐性的社会契约是人类交往的准则。唐纳森以及邓菲等人（Donaldson，1982，1989；Donaldson and Dunfee，1994，1995；Dunfee et al.，1999）已经总结出一种关于商业伦理的综合性社会契约方法（“综合社会契约理论”）。他们区分开两种社会契约：（a）假设的宏观社会契约和（b）实际的微观社会契约。假设的宏观社会契约规定了通过不成文的惯例、要求和期望来构建人类行为的隐性框架。实际的微观社会契约详细规定了在实际社会环境（如在社区和职场）中管理人类互动的特定规则。

当雇主向员工提供工作时，必须签署一份工作合同（一个实际的微观社会契约）。这类合同的一个共同点是需要员工支持公司价值观。关于这个微观社会契约，雇主可以辩称，在员工价值观与企业价值观一致的情况下，将价值观强加给员工并不是家长式的，员工们已经承诺通过自愿签署合同来支持企业价值观。

尽管从直觉上讲，这种契约论很有吸引力，但在我们看来，它是有缺陷的：一方面，员工自愿签署工作合同是正确的；另一方面，我们必须承认这样一个事实，尽管签署一份特定的工作合同的特定选择通常是不受约束的，但不签署任何工作合同的选择是高度约束的。在自由资本主义社会，几乎所有的个人都必须签一份工作合同，因为对我们大多数人来说，这是能够过上体面生活的条件。

问题的关键在于，尽管员工可以相对自由地选择是否签署一份具体的工作合同，但他们必须与一个或另一个雇主签订一份合同，才能过上体面的生活。因此，员工不能自由选择不遵守这种被称为“工作合同”的特定类型的微观社会契约。所以，雇员可以选择不签署一份特定的工作合同这一事实，并不能保证将价值观强加给雇员是非家长式的。因此，如上所述，实现非家长式职场社会营销干预的最佳方式，是确保目标群体公开支持被强加的价值观。如前所述，这可以通过定性的民族志方法来实现，例如个人访谈或焦点小组。

隐私与消费者研究（标准2）

所有在消费者研究领域工作的主要市场营销机构都有行为标准，这些标准制定管理消费者研究的主要道德准则。消费者研究的一个关键伦理原则是隐私或数据整体性。例如，市场研究协会（Marketing Research Association，MRA，2007：11，32）的《市场研究标准守则》从两个维度承认消费者的隐私权：控制不必要的信息（禁止不请自来的电子邮件、电话等）以及控制个人信息或交易（确保匿名性，未经书面同意，不得向第三方提供或交易个人信息）。

对于设计成功的职场社会营销干预来说，员工的需求和偏好调查是至关重要的。虽然MRA行为准则为消费者研究（指关于以消费者为导向的CSM的研究）提供了良好的指导，但以员工为导向的CSM可能会导致意想不到的与隐私相关的道德冲突。假设有这样一个组织，它将一个由来自不同部门的员工组成的健康团队放在一起。该团队的任务是在其工作场所开展一项社会营销健康活动。该活动包括广泛的健康检查，为了告知设计活动的过程，健康团队就个人健康状况、健康理念和健康生活的动机等问题采访了大量的员工。

通常，通过这样一个过程来收集信息是非常私人化和敏感的。如果是一个内部团队来收集信息，那么保护匿名性和尊重对信息的控制可能会变得相当困难。想象一下，一位高级经理需要了解员工的健康状况和健康生活的动机。在这种情况下，可能很难保护隐私权，因为经理确实有权影响他或她的工作条件。只有意志坚强的员工才会拒绝将同事的信息传递给要求访问这些信息的经理。

解决这个问题的一个方法是确保组织中的每个人都理解保护匿名和隐私的必要性。这种做法可以通过行为制裁（失去奖金、拒绝升职、被解雇）得到相当大的支持。另一种方法是聘请外部机构进行消费者研究。这既可以缓解管理层要求员工公开信息的潜在压力（否则就不需要做消费者调查了），又可以提高参与消费者调查的员工的完整性。

市场细分、冷门的社会问题和消极的认同（标准3）

“酷”的社会问题

市场细分和定位在社会营销中引发了一系列伦理问题（Andreasen, 1995; Bloom and Novelli, 1981; Brenkert, 2002）。最值得注意的是，社会营销人员可能会选择不把资源花在某些社会群体上——即使这些群体中的成员是社会上最贫穷的群体之一——因为他们的处境太过绝望或难以解决（Brenkert, 2002: 21）。需要社会支持的“非目标”群体的问题当然也适用于CSM，但它有一个特殊的重点。

CSM可能选择不针对某一细分市场，尽管（a）其成员是最穷的，（b）CSM干预很可能解决问题。原因是商业营销人员总有一个金钱底线。如果一个社会问题不符合一个公司想要的形象，公司就不太可能会进行一个针对这个特定问题的CSM运动。正如多诺万和亨利（2003: 174）指出的那样，乳腺癌可能非常适合企业形象，因为所有女性都与之相关，而肥胖可能会引发与欺凌、自卑和缺乏自控力相关的不良影响。企业只会与“酷”的社会问题作斗争，或者至少是能以一种“酷”的方式来解决的社会问题。因此，如果从这个意义上讲，即CSM活动可能会将不成比例的资源分配给予理想属性相关的特定社会问题，那么CSM可能是社会不平等的根源。而且可以肯定的是，用于对抗社会和健康问题的不成比例的资源分配不仅仅具有一种理论上的可能性：在英国，用于痴呆症的费用是用于癌症费用的5倍，获得的研究经费是癌症研究的10倍（Luengo-Fernandez et al.，2010）。我们最不需要的就是CSM将更多的资源分配给那些已经“资金过剩”的“酷”社会问题，从而加剧社会不平等问题，进一步扩大这种差距。

尽管如此，这种情况可能会被彻底扭转，并被积极主动地用来解决去除最坏情况的问题。如果CSM被证明是一个长久的趋势，并成为社会营销努力中的一部分，那么解决不平等问题的最简单方案就是提议分工，即在那些非营利的社会营销主要集中的、而公司不感兴趣的有争议的问题上进行分工。这样一种分工可能会使公共资源被免费分配给社会群体（否则这些群体就会被忽视），从而在以下方面作出积极贡献：更适当地分配资源以进行社会营销活动。

消极认同

消极认同是一种试图在与个人、社会群体或理想相联系的价值观对立的情况下形成自己的认同。定位的一个非常基本的问题是，一些细分市场或许会对自身和其他细分市场之间的关系持消极态度。因此，如果市场营销人员向一个特定的群体推广社会事业，比如特定的健康理念，有两个细分市场S（1）和S（2），S（1）对健康理念持否定态度，那么S（2）就有可能对S（1）的健康理念持否定态度。针对青少年对食品品牌和健康的态度的一系列焦点小组访谈的中期调查结果（ISM，2009）显示，“健康”作为一种社会价值有时被认为是“上流社会”和“势利”，这可能表明一些青少年对健康生活持消极态度。

消极认同问题既适用于非营利性的社会营销，也适用于营利性的社会营销。然而，在本章中需要解决一个问题，即潜在的差异。非营利性的社会营销人员并没有特别的兴趣去试图影响一些群体，以及去界定他们在特定目标群体中试图强化的、被目标群体消极认同的社会价值观。但以营利为目的的社会营销人员可能有理由取消某些细分市场。假设有这样一个商业营销活动，其目标是打造一个只吸引高端、富裕消费者的奢侈健康品牌。为了在目标群体的心目中建立一个“独特的”“有识别度的”品牌，将与产品相关的健康价值观严格地标榜为上流社会的价值观是很有诱惑力的（因为它被认为是有效的）。为此，“不受欢迎”的细分市场可能会被极力劝阻去认同其自身的价值观。

一般来说，劝阻不受欢迎的细分市场是歧视的一种表现形式，因此不应该被有意地应用于营销活动。然而，当一些独立于营销人员影响的社会群体倾向于消极地认同其他社会群体时，无意的劝阻就很难避免了。由于以消费者为导向的CSM在劝阻不理想的细分市场方面可能具有商业利益，而且它们正在处理具有重大社会意义的问题，因此它们特别需要评估负面认同的风险。

促销和刻板印象（标准4）

全面的社会营销活动通常会利用营销组合中的4P理论（产品、渠道、价格和促销）。对于CSM来说，促销可能会带来问题。在本节中，我们将展示为什么刻板印象在CSM中会产生一个特殊的问题。

刻板印象在一个或多个社会群体中普遍存在，是关于一个物质实体（如人、社会群体）或非物质实体（如理念、疾病）的片面表述。在市场营销方面，一个主要的刻板印象是片面地将女性美描述为苗条、高挑、年轻和白皙。同样，最近对健康生活的强烈关注，导致人们常常片面地认为健康就是苗条。例如，家乐氏（Kellogg）的早餐麦片品牌“特色K”（Special K），通过产品与健康之间频繁的显性和隐形联系，将自己塑造成一个健康品牌。有趣的是，与健康相关的核心象征价值观是苗条，因此，健康品牌呼应了美丽营销中这一众所周知的刻板印象。

刻板印象可以是功能性的，也可以是失衡的（De Mooij, 2005: 40）。功能性刻板印象的作用就像调节性的理念，引导人类的行为向更好的方向发展。例如，耐克的“想做就做（Just do it）”运动，将从事体育运动的人描绘成极度自信的人，如果这一活动能激励人们变得更加热爱运动，那么这就是一个功能性刻板印象的例子。相比之下，如果“特色K”——如上所述，它将健康与苗条联系在一起——会影响消费者感觉不健康，因为他们无法满足刻板化的和扭曲的健康图景，那么这就是一个功能失调的刻板印象的例子。

刻板印象的威胁在社会营销人员中是众所周知的，许多活动试图消除失衡的刻板印象（例如，消除如下这样的性别刻板印象：阻止女孩踢足球，或阻止男人去看自己的医生）。

然而，重要的是要意识到这样一个事实，营销、商业和社会，将永远是刻板印象的来源。原因是营销活动，比如品牌活动和广告是为了“吸引注意力和创造即时印象”（De Mooij, 2005: 40–41）而存在的，并通常尝试在出售物（包括产品、服务、行为交换）和具有吸引力的理念（美丽、性能、赋权、健康等）之间建立积极的联系。由于广告本质上是对现实的一种简化描述，它不得不依赖于使用刻板印象。

但是标准的社会营销和CSM有一个重要的区别。虽然CSM没有理由去制造功能失调的刻板印象，而且由于它的社会承诺，它会真正关心不要这样做。但CSM仍然可能不像非营利组织那样，倾向于彻底评估产生功能失调的刻板印象的风险。不评估的理由是这样：根据我们的基本假设，在CSM中，社会目标必须有利于企业目标，如果一个刻板印象在商业上是可行的（如强化品牌形象、创造产品需求等），而在社会中是失衡的（例如，它会扭曲消费者的健康观念），那么它就没那么重要。换句话说，CSM可以实现它的主要目标，尽管作为一种无意的副作用，它碰巧制造了一种失衡的社会刻板印象。相比之下，建立失衡的社会刻板印象将破坏非营利社会营销的核心目标，因为积极的社会变革是其内在目标。

不对称的权力关系和交换（标准5）

在“交换”概念方面，出现了权力失衡的问题。事实上，权力关系有时被强调为社会营销中的关键伦理问题（Donovan and Henley, 2003: 173–174; Laczniak et al., 1979）。有人认为，由于私营组织拥有更多的财政资源，CSM中的权力失衡可能会带来更多问题和不对称（Davidson and Novelli, 2001: 89–90）。的确，权力问题至关重要，但比戴维森和诺韦利所描述的还要更为复杂。与标准的社会营销相比，以消费者为导向的CSM的权力失衡可能没那么严重，而以员工为导向的CSM的权力失衡更严重，至少我们会这么认为。

消费者导向的CSM中的权力关系

为了说明为什么在以消费者为导向的CSM中，权力不平衡可能不是很重要，我们需要仔细研究权力的概念和消费者对公益营销的态度。

受到坎宁安（Cunningham, 2003）对阿伦特（Arendt, 1986）采用硬权力和软权力之间区别的阐释，我们让一个代理人A在一定程度上拥有对代理人B的硬权力，A可以强迫B执行给定的动作X。相反，A在一定程度上拥有对B的软权力，那么A就可以影响B执行X的意愿。在当前背景下，硬权力和软权力的主要区别在于，软权力总是让权力主体有选择性地去追求一种行为方式，这种行为方式不是当权者试图鼓励的行为方式。市场研究而言，软权力是非常重要的概念，因为营销的力量是“欲望的催化剂”：营销人员的真正力量是加强目标群体的现有欲望，以增加他们参与市场交易的意愿。尽管市场营销人员肯定会试图创造新的欲望，但如果认为他们有能力迫使人们违背自己的意愿，那就会引发争议。但可以肯定的是，营销人员确实利用了自己的软权力，创造了新的欲望并触发了现有欲望，以及加强了对他们自己的行动有利的欲望。

论证我们观点的下一个基础是，提供一个对消费者态度的简单描述，即消费者对有助于社会事业的非营利性和营利性的市场营销者的态度。市场研究表明，消费者普遍怀疑从事企业社会责任的公司是否仅仅是为了钱（Vanhamme and Grobben, 2008）。韦伯和莫尔（Webb and Mohr, 1998: 230）特别关注的是，他们发现消费者对营利性的相关公益营销比对非营利的相关公益营销更持怀疑态度。绝大多数人认为，那些追求社会目标的非营利组织，是真心想帮助别人的。同样，绝大多数人也认为追求社会目标的营利性组织并不是真心想帮助别人。

现在的问题是“对代理人动机的怀疑”与“软权力”之间的关系。假设大多数人在正常情况下不愿意受到一个他们怀疑或不相信的代理人的动机的影响，那么我们就有理由相信，大多数消费者不太愿意受到CSM的影响，而更愿意受到非营利的社会营销组织的影响，因为人们对企业做好事的动机普遍持怀疑态度。根据这一分析，非营利性社会营销人员对其目标群体的软权力可能高于营利性商业社会营销人员。因此，与标准的非营利性社会营销相比，面向消费者的CSM中，权力不平衡可能没那么重要。然而，这个论点需要实证检验。

在职场CSM中的权力关系

相比之下，职场CSM中的权力失衡可能比标准的社会营销更严重。这是为什么呢？

作为一个消费者，不参与CSM活动并没有明显的负面影响（除没有获得活动本来可能带来的好处之外）。但作为一名员工，对自己职场的社会营销活动持批评态度，可能会对同事和经理的社会认可、公司未来的职业机会产生损害，并最终带来面对被解雇的恐惧。

为了维护个人信誉，削弱软权力在工作场所社会营销活动中的影响力，CSM应该始终以自愿参与为基础。然而，雇主总是应该意识到，即使是遵循自愿参与的原则，员工也很可能感受到参与CSM活动的社会压力。因为对大多数员工来说，参与活动从管理的角度来看显然是一项积极的资产。因此，潜在的、结构上无法解决的危险是，看似基于自愿参与的工作场所CSM活动实际上并非是自愿的，因为潜在的社会压力迫使其加入。

虽然并不是说职场CSM本身就不受欢迎，但上述观察应该会使人们更清楚地认识到，一些社会营销活动可能不适合在职场使用。在职场社会营销中，没有一条通用的金科玉律可以预先分辨哪些因素是恰当的，因为"恰当"是相对于职场文化和员工的实际价值而言的。在有疑问的情况下，测试社会营销计划是否合适的最佳方法是进行一项匿名调查，让员工对提议的活动计划是否合适进行打分。

商业性与社会性竞争（标准6）

在社会营销中，竞争的概念通常指的是社会营销人员试图识别并克服阻碍关键行为改变的核心行为因素集合（Andreasen, 2002; Hastings, 2007: 160–177）。关于这一概念，我们认为，CSM有一个潜在的伤害性的理由，即试图战胜解决同样的社会问题的其他社会力量。

获得社会问题的所有权，增强竞争实力

一个试图通过社会营销方式解决社会问题的公司，一定有兴趣战胜其他旨在解决同样社会问题的力量。

举个例子，不论你是否能察觉到，多芬对获得其（与自尊相关的美丽理念）社会事业的独家所有权感兴趣，因为企业通常会把社会营销作为一种工具来创建一个强大的企业品牌，并增加产品品牌资产。这一论点背后的基本原理是："独特性"或"差异化"是品牌实力的象征（Aaker, 2002; Keller, 2008）。因此，开展CSM活动的公司可能会试图压制解决相同问题的其他力量，因为对该问题的所有权有助于实现企业品牌的独特性。

然而产生的伦理问题是，从社会角度来看，获得对社会问题的竞争性所有权可能会产生反作用。考虑一个公司选择对抗乳腺癌的案例。考虑到这种疾病的巨大规模和

严重影响，试图获得该问题的排他性所有权，并压制其他处理同一问题的力量，将是极不恰当的。所有对抗乳腺癌的努力都是非常需要的，因此，为了提高品牌价值和企业竞争力而试图阻碍任何这类努力的行为都是不道德的。

注意，有一个理由去实施一个行为并不一定意味着实施者基于那个理由行动。尽管CSM活动人士确实有理由获得他们所处理的社会事业的独家所有权，但他们并不一定会根据这个理由采取行动。这种可能性或许很低，但重要的是要弄清楚为什么公司会参与CSM。

获得社会问题所有权的问题是很难逃避的，因为竞争实力，即问题的根源，是一种生存基准。同样，企业不一定对解决社会问题有强烈兴趣。人们的主要兴趣是试图解决社会问题，而不是要真的解决这些问题。CSM带来的公司回报很可能来自这样一个事实，即消费者和利益相关者认为公司是在履行社会责任。换句话说，公司的回报很可能来自一种看法，即公司被看作一个积极的社会责任代理人。也就是说，公司在社会问题是否被察觉或是否被实际解决的情况下独立地出现。再次回想多芬，他们肯定没有解决当代西方社会扭曲的审美理念问题，但他们被认为是在解决问题，而的的确确，他们获得了回报。据报道，这次活动使产品销量增长了700%，同时多芬在英国的紧肤乳液市场份额从1%上升到了6%（CIM，2009：10）。

关键词

商业社会营销；伦理；家长作风；隐私；刻板印象；不平衡权力；社会竞争。

要　点

- 本章定义和说明商业社会营销，并解释其重要的特质。
- 深入分析商业社会营销中的核心伦理问题。
- 我们证明了伦理问题通常不是不可解决的，因此，商业社会营销为解决社会问题提供了真正的战略资源。

参考文献

Aaker, D.A.(2002) Building Strong Brands.London: Simon and Schuster.

Andreasen, A.R.(1995) Marketing Social Change: Changing Behavior to Promote Health, Social Development, and the Environment.San Francisco, CA: Jossey-Bass.

Andreasen, A.R.(ed.) (2001) Ethics in Social Marketing.Washington, DC: Georgetown University Press.

Andreasen, A.R.(2002) 'Marketing social marketing in the social change marketplace', Journal of Public Policy and Marketing, 21: 3–13.

Arendt, H.(1986) 'Communicative power', in S.Lukes(ed), Power.New York: New York University Press, pp.59–74.

Bloom, P.and Novelli, W.D.(1981) 'Problems and challenges in social marketing', Journal of Marketing, 45(2): 79–88.

Brenkert, G.(2002) 'Ethical challenges of social marketing', Journal of Public Policy and Marketing, 21: 14–25.

Buchanan, D.R.(2008) 'Autonomy, paternalism, and justice: Ethical priorities in public health', American Journal of Public Health, 98: 15–21.

Callahan, D., Koenig, B.and Minkler, M.(1999) 'Promoting health and preventing disease: Ethical demands and social challenges', International Quarterly of Community Health Education, 18(2): 163–180.

CIM – Chartered Institute of Marketing(2009) 'Less smoke, more fire: The benefits and impacts of social marketing', Shape the Agenda, 15.

Cunningham, A.(2003) 'Autonomous consumption: Buying into the ideology of capitalism', Journal of Business Ethics, 48(3): 229–236.

Davidson, D.K.and Novelli, W.D.(2001) 'Social marketing as business strategy: The ethical dimension', in A.R.Andreasen(ed), Ethics in Social Marketing.Washington, DC: Georgetown University Press, pp.70–94.

De Mooij, M.(2005) Global Marketing and Advertising: Understanding Cultural Paradoxes, 2nd edn.London: Sage Publications.

Donaldson, T.(1982) Corporations and Morality.Englewood Cliffs, NJ: Prentice-Hall.

Donaldson, T.(1989) The Ethics of International Business.New York: Oxford University Press.

Donaldson, T.and Dunfee, T.W.(1994) 'Towards a unified conception of business ethics:

Integrative social contracts theory', Academy of Management Review, 19 (2) : 252–284.

Donaldson, T.and Dunfee, T.W. (1995) 'Integrative social contracts theory: A communitarian conception of economic ethics', Economics and Philosophy, 11: 85–112.

Donovan, R.and Henley, N. (2003) Social Marketing: Principles and Practice.Melbourne: IP Communications.

Dunfee, T.W., Smith, C.and Ross, W.T. (1999) 'Social contracts and marketing ethics', Journal of Marketing, 63 (3) : 14–32.

Dworkin, G. (2010) 'Paternalism', in E.N.Zalta (ed) , Stanford Encyclopedia of Philosophy. Available at: http: //plato.stanford.edu/entries/paternalism/ (accessed 19 July 2011) .

Eagle, L. (2009) 'Social marketing ethics: Report prepared for the National Social Marketing Centre'.National Social Marketing Centre (UK) .

Hastings, G. (2007) Social Marketing: Why Should the Devil Have All the Best Tunes? Oxford: Butterworth-Heinemann.

Hastings, G., Stead, M.and Webb, J. (2004) 'Fear appeals in social marketing: Strategic and ethical reasons for concern', Psychology and Marketing, 21 (11) : 961–986.

ISM – Institute for Social Marketing (2009) 'Food Branding Survey'.A qualitative and quantitative survey of teenagers' attitudes to food branding and health carried out by M.Stead and A.MacKintosh.Reference to the study in this paper is based on the authors' access to interim findings.

Jeffreys, B. (2008) 'Ad prompts surge in organ donors', BBC Online.Available at: http: //news. bbc.co.uk/1/hi/health/7598278.stm (accessed 19 July 2011) .

Keller, K.L. (2008) Strategic Brand Management, 3rd edn.Upper Saddle River, NJ: Prentice-Hall.

Kymlicka, W. (2002) Contemporary Political Philosophy.Oxford: Oxford University Press.

Laczniak, G.R., Lusch, R.F.and Murphy, P. (1979) 'Social marketing: Its ethical dimensions', Journal of Marketing, 43: 29–36.

Luengo-Fernandez, R., Leal, J.and Gray, A. (2010) 'Dementia 2010 – The economic burden of dementia and associated research funding in the United Kingdom'.Alzheimer's Research Trust.

McDermott, L., Stead, M.and Hastings, G. (2005) 'What is and what is not social marketing: The challenge of reviewing the evidence', Journal of Marketing Management, 21 (5–6) : 545–553.

MRA – Marketing Research Association (2007) The Code of Marketing Research Standards. Available at: http: //www.mra-net.org/ (accessed 19 July 2011) .

Vanhamme, J.and Grobben, B. (2008) 'Too good to be true! The effectiveness of CSR history in countering negative publicity', Journal of Business Ethics (online first edition: volume, issue and page range not indicated).

Webb, D.J.and Mohr, L.A. (1998) 'A typology of consumer responses to cause-related marketing: From skeptics to socially concerned', Journal of Public Policy and Marketing, 17 (2) : 226–238.

第二十章

内部社会营销：

服务营销领域的经验

安妮·M.史密斯

❖ 行为结果与外部顾客：服务的作用

行为改变是社会营销的最终目标（Andreasen, 1995; Hastings, 2007）。预期的行为反应可能包括改变“消极”的行为，如吸烟；采取“积极”的行为，例如增加体育活动；或者保持积极的行为，比如良好的饮食习惯。此外，行为反应可能包括通过口耳相传或宣传等对他人的行为产生积极或消极的影响。许多研究都证明了服务对有效社会营销的关键作用。例如，菲利普森等人（Phillipson et al., 2009）强调了以下两者的重要性：服务地点和全科医生（GP）在鼓励年轻人关注心理健康问题中的作用。詹姆斯和斯金纳（James and Skinner, 2009）强调了“服务场景”（物理环境）和服务员工在改变无家可归的街头饮酒者行为方面的重要性。劳里等人（Lowry et al., 2004）描述了服务的影响，特别是医护专业人员的态度和行为对孕妇戒烟的影响。

卫生保健等服务在与目标受众的沟通和接触、提供分销手段和创造服务员工与顾客之间合作生产的环境方面发挥着重要作用。达格尔和斯威尼（Dagger and Sweeney,

2006）强调了与卫生保健、健身和减肥相关的服务。他们认为，在服务环境中，市场营销对社会效益的影响尤其具有相关性——在服务环境中，服务过程的交互性质也可能影响个人体验的质量。此外，市场营销的服务主导逻辑（service- dominant logic，S-D L）被描述为社会营销的潜在基础（Desai，2009；Vargo and Lusch，2008）。S-D L的三个要素——服务是交换的基本基础、服务是用于交换服务的、顾客总是价值的共同创造者——被描述为特别能与社会营销方法兼容。

在商业领域的研究显示了顾客满意度和服务质量感知如何直接与行为和股东价值（Anderson et al.，2004；Gruca and Rego，2005）相关。具体行为例如口碑推荐、顾客维系和顾客投诉（Fornell，1992；Gremler and Brown，1999；Zahorik and Rust，1992）。顾客在对健康服务的满意度与未来健康相关行为（如遵守医疗建议）之间建立了积极的关系（Hudak and Wright，2000；Laing et al.，2002；Woodside et al.，1989）。在消费者认为有其他选择的地方，例如计划生育服务，顾客对服务的不满意可能导致其更换服务提供者。另一种情况是，在没有可察觉的替代方案存在的情况下，这可能导致消极的行为改变和"意外"怀孕行为的潜在增加（Smith，2000）。对服务体验的其他行为反应被描述为"公民"（citizenship）行为和"功能失调"（dysfunctional）行为（Bettencourt，1997；Yi and Gong，2008）。前者包括与其他顾客分享积极的经验、帮助其他顾客，以愉快的方式对待服务员工，或提出改进服务的建议。后者包括批评、破坏或不合作等行为。

将消费者的服务评价与行为结果联系起来的一个问题是，许多研究都依赖于"行为意图"（而非实际行为）。消费者的行为意图，被作为服务评价的结果，通常被描述为一组多重（行为和非行为）反应。同时，研究者已经在努力尝试去弄清决定这种意图的因素（Cronin et al.，2000；Jang and Namkung，2009；Singh，1990；Zeithaml et al.，1996），包括在卫生保健方面（Choi et al.，2004；Dagger and Sweeney，2006，2007；Han et al.，2008）。然而，评价、预期行为和实际行为之间的关系是复杂且微弱的（Chandon et al.，2005；Morvitz，1997）。解释因素可能包括研究过程中的原因：例如，被调查者希望取悦研究者、表达理性观点或避免复杂的解释。许多被使用的测量方法都受到方法偏差的影响，这会扭曲结构之间的关系（Wirtz and Bateson，1995）。此外，预期的行为取决于未来的发展，如环境变化、替代方案的可用性和被调查者动机的变化。在行为预测中，情境因素的重要性被认为是行为意图和实际行为之间缺乏对应关系的原因之一（Costarelli and Colloca，2004；Eagly and Chaiken，1993）。然而，尽管存在这些局限性，研究人员关注的是如何更好地评估消费者的服务评价，从而强化观察到的评价与意图间的关系，以建立理论和测量的有效性。接下来的部分将讨论主要方法。

❖ 外部顾客的服务评价

研究人员试验了各种各样的方法（包括大量的关于卫生保健方面的研究），旨在概念化和衡量消费者的服务评价，以预测行为意图（或实际行为）。特别需要指出的是对顾客满意度与服务质量评价两者之间角色的对比。此外，消费者情感在服务接触中的作用也受到越来越多的关注。

顾客满意度及服务质量评估

营销学者强调了顾客满意度和顾客忠诚度之间的重要关系，这是上一节讨论的行为的原因（Hallowell, 1996; Han et al., 2008; Heskett et al., 1997; Oliver et al., 1997）。然而，定义“满意/不满意”的问题也很突出（Oliver, 1981）。早期定义（Anderson, 1973; Engel and Blackwell, 1982）关注的是认知评估，类似于后来服务质量研究者采用的评估方法。此外，医学或医疗文献中对患者满意度的早期概念通常不能区分满意度和态度（Hulka et al., 1970; Roberts and Tugwell, 1987）。然而，奥利弗（Oliver, 1981: 42）认为：“态度是消费者相对持久的情感取向……而满意度是在不确定体验之后的情绪反应，这种不确定体验作用于基本态度水平，并且是特定于消费的。态度是用对产品或商店更一般的术语来衡量的，而不是以情境为导向的。”

强调顾客满意的情感本质是顾客满意与服务质量评价的一个关键区别因素。此外，学者们开始强调，仅仅满足还不足以使顾客产生忠诚度。相反，组织应该以高满意度为目标（Heskett et al., 1994）或“取悦顾客”（Oliver et al., 1997）。

20世纪80年代，消费者服务评价研究开始关注服务质量。研究人员将其概念化为“缺口”，强调消费者将预期与感知进行比较的认知评估（Gronroos, 1984; Lewis and Booms, 1983; Parasuraman et al., 1988）。特别强调的是确定消费者评价的维度、特征或因素。两种截然不同的维度，即技术质量（服务结果）和功能质量（服务过程）被普遍认可（Dagger and Sweeney, 2006, 2007; Gronroos, 1984）。此外，由服务质量领域的学者提出的五维分类（Parasuraman et al., 1985, 1988, 1991, 1994）经常被引用：有形资产（物理设施、设备和人员的外貌）；可靠性（可靠和准确地执行所承诺的服务的能力）；响应能力（乐于帮助客户并提供及时的服务）；保证（员工的知识和礼貌，以及他们激发信任、信心的能力）；同理心（公司为客户提供的关怀、个性化的关注）。然而，与健康相关的服务质量研究得出了模棱两可的结论，表明影响因素更少也或许更多（Babakus and Boller, 1992; Babakus and Mangold, 1992; Bowers et al., 1994; Brady, 2001; Carman, 1990; Dagger and Sweeney, 2006, 2007; Headley and Miller, 1993; Peyrot et al., 1993; Reidenbach and Sandifer-Smallwood, 1990; Smith, 2000; Soliman, 1992; Sower et al., 2001; Vandamme and Leunis, 1993; Walbridge and Delene, 1993）。此外，来自患者满意度文献的证据证实了一些有意义的因素的可能性，这些因素和潜在的消费者对全科医生服务评价有关（Hall and Dornan, 1988; Hulka and Zyzanski, 1982; Hulka et al., 1970; Pascoe, 1983; Ware and Hays, 1988; Ware et al., 1978, 1983; Zyzanski et al., 1974），主要包括专业或技术能力、人际关系质量以及服务的便利性或可获得性。

其他学者强调了关系质量的重要性（Crosby et al., 1990），以及信任和承诺在提高顾客满意度和随之而来的行为中的作用（Aurier and N' Goala, 2009; Bansal et al., 2004; Jones et al., 2010; Morgan and Hunt, 1994）。服务可以分为离散的或连续的（Lovelock, 1983）。前者涉及消费者的“一次性”服务体验，而后者涉及多个服务体验。随着时间的推移，发展关系利益的潜力更大（Han et al., 2008）。当行为改变需要用反复来确保时，这一点尤其重要：例如，全科医生和诊所服务，以及商业服务，如健身房。艾维斯等人（Avis et al., 1997）已经描述了在专业人员与患者关系中，权力、控制和自主是如何必不可少的，而患者对这些体验的感知将会影响随后的评价。此外，“连续性护理”的作用也得到了强调（Smith, 2000; Ware et al., 1983; Woolley et al., 1978），同时，在许多研究中强调的“人际关系质量”的一个特别方面是医患交流或“协作”（Barry et al., 2001; Jun ct al., 1998; Woolley et al., 1978）（关于关系营销的完整讨论，请参阅本书第三章）。

从前因变量、因果关系和决定因素的性质来看，大量的研究都根据已有的模式，集中在区分“消费者感知服务质量”和“服务满意度”的结构上。一场争论的焦点是，感知到的服务质量是满意的先决条件，抑或二者相反。早期的概念化建立在奥利弗（1981）的“满意”和“态度”的区别之上。柏拉所罗门等人（Parasuraman et al., 1985,

1988）认为，服务质量是一种类似于态度的“全局视野”，而满意度是特定于交易的。然而，后来的研究将满意度描述为，在消费者意图形成过程中服务质量的极具参考力的超级坐标（Oliver, 1993; Taylor and Baker, 1994）。第二轮研究集中于感知价值在解释满意度和质量的关系中的作用（Bolton and Drew, 1991; Choi et al., 2004; Cronin et al., 2000; Han et al., 2008）。第三种方法是将服务质量的认知本质与满意度的情感本质进行对比（Liljander and Strandvik, 1997; Mano and Oliver, 1993; Oliver, 1993）。此外，尽管一些研究关注消费者对服务的整体评价（Cronin and Taylor, 1992, 1994; Parasuraman et al., 1994），但在确定与服务相关的行为时，越来越强调“服务接触”或“关键时刻”（Bettencourt and Gwinner, 1996; Yi and Gong, 2008）。

❖ 内部顾客：员工行为与服务评价

与大量研究外部顾客对服务评价的文献相比，关注内部顾客或员工的市场研究相对较少。然而，一些学者评估了员工行为对消费者服务评价的影响（Kelley and Hoffman, 1997; Menon and Dube, 2000; Yi and Gong, 2008），比较了员工和消费者对服务接触的评价（Bitner et al., 1994; Chung-Herrera et al., 2004; Mattila and Enz, 2002），并考察了服务人员对内部服务质量的主要要求（Hui et al., 2004; San Martin, 2008; Singh, 2000）。主要因素在下面进行了讨论。

员工服务行为

消费者可能会遇到各种各样的组织员工，因为他们试图采取或维持维护社会的行为。这些人员可能包括行政人员、卫生专业人员和其他人员。员工面向服务的角色和行为模式通常由专业标准以及组织规则和程序等外部机构决定，这些通常构成正式培训方案的基础。此外，组织公民行为（organisational citizenship behaviour, OCB）的重要性得到了强调，即对组织有益但不符合常规角色要求的行为（Podsakoff et al., 2000）。贝当古等人（Bettencourt et al., 2001）将面向服务的组织公民行为描述为典型的由顾客联系员工进行，并针对顾客的公民行为。这通常包括提供超出员工的正常角色期望的帮助或辅助。例如，拉发里等人（Rafaeli et al., 2008）描述了这些行为，包括预测顾客需求、提供解释或理由、教育顾客、提供情感支持和个性化信息。

研究者们在面向服务的组织公民行为和客户满意度/服务质量评价之间建立了直接联系(Kelley and Hoffman, 1997; Morrison, 1996; Rafaeli et al., 2008),如口碑和回购等行为(Netemeyer and Maxham III, 2007; Payne and Webber, 2006; Schneider et al., 2005; Yi and Gong, 2008),尽管在一些研究中未能发现直接的影响(Castro et al., 2004)。然而,在这两者之间——那些强调有必要规范和奖励(至少部分)遵循角色脚本和执行管理规范的指定行为的人(Van Dolen et al., 2004; Zeithaml et al., 1988),以及那些提倡对消费者的适应性需求做出反应,要求员工具有判断力和灵活性的人(Bettencourt and Gwinner, 1996; Kiely, 2005)——存在着一种矛盾。例如,比特纳等人(Bitner et al., 1990)发现了三种类型的员工行为,这些行为会给消费者留下难忘的、不满意的(或满意的)服务接触:对服务交付失败的反应;对客户需求和要求的响应;以及自发的和未经请求的行为。

另一种矛盾存在于那些强调员工行为"真实性"的积极方面的学者(Price et al., 1995; Winsted, 2000)和那些强调问题的学者之间。例如在回应顾客愤怒时(Menon and Dube, 2000),员工采取"模仿"而非"互补"的行为。韩国的两位教授易和巩(Yi and Gong, 2008)研究了"员工不良行为"(EDBs)的影响,即伤害组织和/或其成员的行为。这类行为包括员工故意工作缓慢或态度恶劣及粗鲁,这与顾客不满和顾客非正常行为(customer deviant behaviours, CDBs)直接相关。即使服务人员打算提供良好的服务,最终消费者可能也不会这么认为。吉里(Guiry, 1992)描述了过分热心的服务员工可能会扮演"支配者"的角色,在这种角色中,他们试图表现得友好或乐于助人的行为可能会被消费者认为具有侵略性以及是不恰当的。这种行为可能是由于性格特点、缺乏特定的角色意识或培训,以及缺乏对客户的了解而产生的。

内部顾客:服务评价

服务人员在洞察顾客的服务需求,以及调整服务以满足这些需求方面可能具有重要作用。然而,尽管一些研究发现顾客和员工对服务的看法高度一致(Chung and Schneider, 2002; Schneider and Bowen, 1985),也有学者发现了重大差异(Bitner et al., 1994; Mohr and Bitner, 1991)。这些差异包括健康专家和他们的病人之间的关系(Brown and Schwartz, 1989)。员工对自身绩效的评价可能与顾客的评价有显著差异(Mattil and Enz, 2002),而主管(而非员工)对服务接触的评价被证明更能预测随后的顾客行为（Netemeyer and Maxham III, 2007）。比特纳等人（1994）结合许多服务接触的常规性质，描述了角色和脚本理论是如何表明顾客和员工可能分享一个共同观点的。然而，当角色定义不那么明确、参与者对预期的行为不熟悉时，比如年轻人第一次去戒烟或性健康诊所，并且可能碰上没有经验的工作人员，那么这就会增加消极的服务接触的可能性。在消极服务的归因上也有差异，员工将无法满足顾客的原因归结为服务交付过程、组织政策和程序的约束，有时还归咎于顾客自身的不当行为。与此相反，令人满意的接触则被归因为员工自身的适应能力和意愿。然而，顾客却更有可能会责怪员工。

之前的研究已经建立了员工满意度和顾客服务满意度之间的积极关系（Crosby et al., 1990; Heskett et al., 1994, 1997; Homburg and Stock, 2004, 2005; Hui et al., 2004; Payne and Webber, 2006）。面对面的工作环境需要接触人员，他们的主要奖励可能是职业满意度，必须保持在一个高水平以保持他们的积极性（Chandon et al., 1997）。一线员工依靠从别人那里学来的服务技巧以及同事的协助，来提供高质量的服务。所罗门等人（Solomon et al., 1985）强调了角色和脚本理论是如何提出“戏剧隐喻”的，包括“前台”和“后台”的员工。内部顾客关系要求包括了管理职能，例如安排预约和提供准确的客户信息，信息中应包括医疗记录和近期的检测结果；及时准确的实验室处理服务和采购服务，例如信息传单和避孕用品。内部服务质量差会导致员工的不满、质量感知差、情绪消极，从而导致对外部顾客的消极态度和行为（Bettencourt and Brown, 2003），影响员工留存率。研究发现，影响员工信任、承诺和合作的关键因素有很多，并直接导致了服务绩效差距的扩大（Chenet et al., 1999）。这些因素包括角色冲突和模糊、自我效能和知觉控制。

❖ 内部营销的作用

内部营销（Internal Marketing, IM）在20世纪70年代被首次引入服务营销文献中（Berry et al., 1976），但是很少有研究将内部营销概念与外部顾客的服务满意度/感知服务质量直接挂钩。例外情况见贝尔等人（Bell et al., 2004），以及慕克吉和马尔霍特拉（Mukherjee and Malhotra, 2006）研究。更令人惊讶的是，人们很少关注内部营销对员工或内部顾客的影响（Ahmed et al., 2003; Bell et al., 2004; Mukherjee and

Malhotra, 2006; San Martin, 2008)。一些案例研究强调了在卫生保健环境中使用内部营销方法的潜力。例如，改进医疗专业人员之间的内部协作，从而改进对外部顾客的服务（Gombeski et al., 1992）；在对老年服务开展外部营销活动之前，为内部协调和沟通提供基础（Thomas et al., 1991）；李等人（1991）描述了一项内部营销项目，旨在鼓励卫生服务人员与外部顾客进行沟通，以提高服务的使用率。

在某个层面上，内部营销涉及将市场营销和人力资源管理方法与技术相结合（George, 1990; Gronroos, 1990），包括学习和能力建设（Chaston, 2000）。邓恩和巴诺（Dunne and Barnes, 2000）描述了内部营销项目应该如何创建四个高度相关的要素：员工激励、工作满意度、工作投入和组织承诺。莫里森（Morrison, 1996）将人力资源管理与提高服务质量联系起来，强调内部营销方法不仅关注一线员工和顾客之间的互动，而且还关注在提升组织公民行为后员工之间的互动。内部营销的一个主要目标是在组织内发展内部顾客服务导向。因此，“内部顾客”的概念和内部关系的发展至关重要。

内部顾客关系

研究者们强调了内部营销的相关因素（Ballantyne et al., 1995; Bell et al., 2004; Gilmore and Carson, 1995; San Martin, 2008）。古梅松指出（Gummesson, 2002: 189）：

内部顾客的概念为公司带来了顾客—供应商关系，它要求员工将其他员工视为接收产品、服务、文档、消息和决策交付的顾客……

内部关系质量对员工动机有正向影响（Bell et al., 2004）。重视团队合作、凝聚力和员工参与的组织能够获得更高水平的患者满意度（Gregory et al., 2009）。蔡特哈姆尔等人（Zeithaml et al., 1988）强调团队合作在缩小服务绩效差距中的作用。具体变量包括：员工将其他员工视为客户的程度；沟通人员是否认为高层管理者真正关心他们；沟通人员是否认为他们与组织中的其他人是合作关系（而不是竞争关系）；员工是否感觉自己参与和被委托。团队支持为困难的服务接触提供帮助，也是提供培训的重要手段。来自同事的合作和支持会使角色清晰，进而影响工作满意度和组织归属感（Mukherjee and Malhotra, 2006）。

信任是关系营销方法的一个关键要素，无论这些方法关注的是外部关系还是内部关系。学者们强调了信任在内部关系建立中的作用（Bowen and Lawler, 1992）、信任作为员工合作和承诺的重要前提(Chenet et al., 1999),以及参与组织公民行为倾向的决定因素(Morrison, 1996)。早前曾讨论过组织公民行为在建立内部关系和提高外部服务质量方面的作用,如"非正式的帮助"。团队、同事和经理之间可能建立广泛的垂直和水平关系。此外,许多健康服务是由合作机构的分支和伙伴关系提供的。方等人(Fang et al., 2008)描述了如何管理和建立多层次的信任对组织间营销合作成功的至关重要性。

领导的作用:格局与价值观

在建立信任关系和建立反映高水平服务质量承诺的组织文化及氛围方面,领导发挥的关键作用得到了广泛认可(Berry, 1995; Berry and Parasuraman, 1992; Berry et al., 1976; George, 1990; Gronroos, 1990; Schneider et al., 2005)。组织价值观在内部营销理论(Ahmed and Rafiq, 2002; Gummesson, 1987; Varey and Lewis, 1999)和实践(Foreman and Money, 1995)中发挥着核心作用,是文化的基础(Schein, 1985)。组织文化和氛围是组织向顾客提供优质服务和质量的关键性的决定因素(Gregory et al., 2009; Payne and Webber, 2006; Schneider et al., 1998, 2005)。

威斯克等人(Wieseke et al., 2009)认为,在构建组织标识(organisational identification, OI)的过程中,领导者(尤其是中层管理者)的角色为内部营销奠定了基础。组织标识既可以涉及顾客,也可以涉及员工,它指的是一种基于积极情绪、共同愿景和价值观的组织归属感。组织的支持和组织标识是鼓励超出正式角色要求的、以顾客为中心的行为的关键因素(Bell and Menguc, 2002)。领导者的重要角色还包括明确方向,从而减少角色冲突和歧义;通过提供培训和绩效反馈来增强员工的自我效能信念;通过提高工作自主性来增强员工的感知控制(Bowen and Lawler, 1992; Hartline et al., 2000; Morrison, 1996; Wieseke et al., 2009),员工感知控制的总体目标是提高内部和外部顾客对服务质量的感知。

沟 通

有效的服务领导者不断传达对高水平服务质量的承诺。信息收集、沟通和对员工反馈的响应是内部营销方法的关键要素(Lings and Greenley, 2005)。沟通和反馈对明确目标、期望和需要实现的绩效水平这三者来说至关重要(Mukherjee and Malhotra,

2006; Zeithaml et al., 1988)。早些时候，缺乏沟通被认为是员工不满的根源之一，而员工不满直接与服务质量差有关（Bitner et al., 2004)。除了需要将相关信息传递给顾客，沟通在建立员工（Rothenberg, 2003）和顾客（Crosby et al., 1990; Morgan and Hunt, 1994）之间的信任关系方面也起着至关重要的作用。

内部产品与服务

内部营销的核心是“内部产品和服务”的开发与散播，包括实践、计划、结构、愿景、使命和价值观（Thomson, 1990)，还包括新的性能措施、新的工作方式，以及服务和培训方式本身（Rafiq and Ahmed, 1993)。其中很多“产品”已经讨论过了。其他与服务质量相关的重点是奖励、绩效评估和培训。

服务环境向员工发出了服务质量行为得到奖励的信号（Schneider et al., 1998)，并确立了奖励在鼓励服务相关行为和减少角色冲突方面的作用（Chung and Schneider, 2002; Morrison, 1996)。对交换理论和公平理论的理解对了解服务绩效差距以及员工信任、承诺和合作之间的关系至关重要（Chenet et al., 1999)。奖励可能包括一系列能够激励员工的内在和外在因素。瓦雷和路易斯（Varey and Lewis, 1999）描述了内部营销方法对社会价值的关注是如何为更丰富的经济和非经济交流提供的。然而，奖励制度依赖于建立明确的绩效标准或指标，以便随后进行审查。这种制度应该被视为公平的，并提供对角色的澄清（Singh, 2000)。然而，前文已经强调过的一个挑战是，如何鼓励处于正式角色之外的组织公民行为，使其难以正式指定或奖励（Morrison, 1996; Yi and Gong, 2008)。

培训、发展和其他形式的知识创造和分享在减少角色模糊、增加自我效能、建立关系和减少对新行为的感知障碍方面起着关键作用（Schneider and Bowen, 1985)。

培训（包括发展和教育）在提供高质量服务方面履行了一些基本职能，通常是即时通讯方法的核心部分（Berry and Parasuraman, 1992; Foreman and Money, 1995; Gronroos, 1990)。首先，强调了员工理解客户的需求（Bitner et al., 2004; Mattila and Enz, 2002)。劳里等人（2004）举例说明了通过角色扮演参与培训是如何帮助卫生专业人员理解孕期吸烟者感受的。这些都与他们负面的服务经历有关，他们觉得卫生专业人员是在“唠叨”和“说教”，而不是提供支持，并且还和吸烟行为本身在目标受众生活中的意义有关。该方法得到了参与者的高度评价，并被证明在干预中是有效的。其次，需要进行培训，以提升提供优质服务所需的技能或能力（Ahmed et al., 2003; Bell and Menguc, 2002; Bettencourt and Gwinner, 1996; Payne and Webber, 2006）。例如，马蒂拉和恩茨河（Mattila and Enz, 2002）强调，需要对员工进行培训，识别消费者情绪并做出适当的行为反应，包括愤怒管理和情绪控制。再次，以客户为导向的培训有助于发展支持性的内部关系（Bell et al., 2004），并将提高领导者和追随者之间的社会互动水平（Wieseke et al., 2009）。最后，持续的培训和发展将有助于建立社会交换关系，从而为未来的组织公民行为奠定基础（Morrison, 1996）。最后一节将讨论服务设计在为内部和外部服务质量提供“先决条件”方面的作用。

服务设计

员工将导致内部和外部客户不满的负面服务接触归咎于设计不当的程序和系统（Bell et al., 2004; Bitner et al., 1994）。服务接触的质量被描述为服务设计质量的函数（Shostack, 1984; Zeithaml et al., 2006）。关于服务设计的文献提供了在内部营销讨论中很少提到的其他工具、技术和见解。设计过程创造了内部（前台和后台）和外部客户交互以共同生产服务的环境。

许多服务设计模型关注于服务接触。这些包括服务蓝图（FlieB and Kleinaltenkamp, 2004; Shostack, 1984）。其他微观模型包括质量功能部署（QFD）（Chan and Wu, 2002; Stuart and Tax, 1996），已被应用于包括卫生在内的一系列公共部门服务（Dijkstra and van der Bij, 2002; Katz, 2004; Lim and Tang, 2000）。质量功能部署建立了资源分配决策、客户满意度和竞争地位之间的关系，并在过程的所有阶段由“客户的声音”驱动。这些模型可以在促进协调和沟通、突出相互关系和创建共同的质量焦点方面发挥重要作用。大量信息的可视化显示可以帮助理解团队和职能之间的关系，并说明各种组织活动之间的联系，从而提供以客户（内部和外部）为中心的服务。

爱德沃森和奥尔森（Edvardsson and Olsson, 1996）描述了建立基本先决条件的必要性，包括客户洞察和客户界面的有效设计；员工需求、技能和知识，包括培训和发展要求；物理设施、技术、位置和系统、结构和过程，包括通信、奖励和绩效测量。这与即时通信有明显的相似之处。此外，他们还强调了在各级以及组织职能和团队之间进行有效领导的必要性（Johne and Harbone, 2003）。让服务员工参与服务的设计和开发可以确保更高水平的工作满意度和承诺（Zeithaml et al., 2006）；然而，事实往往并非如此。研究表明，外部或内部客户的作用有限（Martin and Horne, 1995; Smith and Fischbacher, 2002, 2005），许多服务组织缺乏正式的、系统化和结构化的流程（Kelly and Storey, 2000; Sundbo, 1997）。相反，人们强调了服务往往来自一个过程，该过程的特征是各种利益相关者的利益和期望相互冲突（Smith and Fischbacher, 2002, 2005），卫生保健等服务尤其如此。

关键词

服务质量；满意；情感；服务接触；员工行为；组织公民行为；内部营销；服务设计。

要　点

- 社会营销方案往往依靠服务和服务人员与目标受众进行沟通，分销“社会营销产品”，为共同创造价值提供先决条件。因此，服务质量将影响消费者的行为，尤其是与健康相关的行为。
- 服务营销文献强调了服务接触（或“关键时刻”）在消费者服务评估中的重要性。在这里，角色扮演者（消费者和员工）扮演一个“脚本”，而未能从一个共同的脚本中读取内容，就可能导致行为紊乱。服务人员的行为通过服务评价过程对消费者的行为产生显著的（负面的或正面的）影响，也可能包括情绪反应。
- 角色和脚本理论暗示了一种戏剧隐喻，即“前台”员工在与消费者（外部顾客）互动时扮演跨界角色。然而，“前台”（或面向顾客的）员工依赖于组织内的“后台”员工，以提供一定水平的内部服务质量，使他们能够为外部顾客服务。
- 内部营销的目标是为高水平的内部和外部服务质量提供先决条件。内部营销方法包括：建立有效的内部关系；通过有效的领导、共同愿景和价值观，创造服务氛围和文化；注重沟通；开发内部产品和服务，例如奖励和培训方案以及系统的服务设计方法。
- 一系列直接的因果（和相互的）影响得以建构，将消费者（外部顾客）的行为与组织的内部营销方法的活动联系起来。

参考文献

Ahmed, P.K.and Rafiq, M.(2002) Internal Marketing: Tools and Concepts for Customer-Focused Management.Oxford: Butterworth-Heinemann.

Ahmed, P.K., Rafiq, M.and Saad, N.M.(2003) 'Internal marketing and the mediating role of organizational competencies', European Journal of Marketing, 37(9): 1221–1241.

Anderson, R.E.(1973) 'Consumer dissatisfaction: The effect of disconfirmed expectancy on perceived product performance', Journal of Marketing Research, 10: 38–44.

Anderson, E.W., Fornell, C.and Mazvancheryl, S.K.(2004) 'Customer satisfaction and shareholder value', Journal of Marketing, 68(4): 172–185.

Andreasen, A.(1995) Marketing Social Change – Changing Behaviour to Promote Health, Social Development and the Environment.San Francisco, CA: Jossey-Bass.

Aurier, P.and N'Goala, G.(2009) 'The differing and mediating roles of trust and relationship commitment in service relationship maintenance and development', Journal of the Academy of Marketing Science, 38(3): 303–325.

Avis, M., Bond, M.and Arthur, A.(1997) 'Questioning patient satisfaction: An empirical investigation in two outpatient clinics', Social Science Medical, 44: 85–92.

Babakus, E.and Boller, G.W.(1992) 'An empirical assessment of the SERVQUAL scale', Journal of Business Research, 24: 253–268.

Babakus, E.and Mangold, W.G.(1992) 'Adapting the SERVQUAL scale to hospital services: An empirical investigation', Health Services Research, 26(6): 767–786.

Ballantyne, D.M., Christopher, M.and Payne, A.(1995) 'Improving the quality of services marketing: Service (re) design is the critical link', Journal of Marketing Management, 11: 7–24.

Bansal, H.S., Irving, P.G.and Taylor, S.F.(2004) 'A three component model of customer commitment to service providers', Journal of the Academy of Marketing Science, 32(2): 234–250

Barry, C.A.Stevenson, F.A., Britten, N., Barber, N.and Bradley, C.P.(2001) 'Giving voice to the lifeworld.More humane, more effective medical care? A qualitative study of doctor–patient communication in general practice', Social Science and Medicine, 53(4): 487–505.

Bell, S.J.and Menguc, B.(2002) 'The employee-organization relationship, organizational citizenship behaviors, and superior quality', Journal of Retailing, 78(2): 131-146.

Bell, S.J., Menguc, B.and Stefani, S.L.(2004) 'When customers disappoint: A model of relational internal marketing and customer complaints', Journal of the Academy of Marketing Science,

32 (2) : 112 - 126.

Berry, L.L. (1995) 'Relationship marketing of services: Growing interests, emerging perspectives', Journal of the Academy of Marketing Science, 23 (4) , 236 - 245.

Berry, L.L.and Bendapudi, N. (2007) 'Health care: A fertile field for service research', Journal of Service Research, 10 (2) : 111 - 122.

Berry, L.L.and Parasuraman, A. (1992) 'Services marketing starts from within', Marketing Management, 1: 24 - 34.

Berry, L.L., Hensel, J.S.and Burke, M.C. (1976) 'Improving retailer capability for effective consumerism response', Journal of Retailing, 52 (3) : 3 - 14.

Bettencourt, L.A. (1997) 'Customer voluntary performance: Customers as partners in service delivery', Journal of Retailing, 73: 383 - 406.

Bettencourt, L.A.and Brown, S.W. (2003) 'Role stressor and customer-oriented boundary spanning behaviors in service organizations', Journal of the Academy of Marketing Science, 31, 394 - 408.

Bettencourt, L.A.and Gwinner, K. (1996) 'Customisation of the service experience: The role of the frontline employee', International Journal of Service Industry Management, 7 (2) : 3 - 20.

Bettencourt, L.A., Gwinner, K.P.and Meuter, M.L. (2001) 'A comparison of attitude, personality, and knowledge predictors of service-oriented organizational citizenship behaviors', Journal of Applied Psychology, 86 (February) : 29 - 41.

Bitner, M.J., Booms, B.H.and Tetreault, M.S. (1990) 'The service encounter: Diagnosing favourable and unfavourable incidents', Journal of Marketing, 54: 71 - 84.

Bitner, M.J., Booms, B.H.and Mohr, L.A. (1994) 'Critical service encounters: The employee's viewpoint', Journal of Marketing, 58: 95 - 106.

Bolton, R.N.and Drew, J.H. (1991) 'A multistage model of customers' assessments of service quality and value', Journal of Consumer Research, March, 17 (4) : 375 - 384.

Bowen, D.E.and Lawler, E.E. (1992) 'The empowerment of service workers: What, why, how and when', Sloan Management Review, 33: 31 - 39.

Bowers, M.R., Swan, J.E.and Koehler, W.F. (1994) 'What attributes determine quality and satisfaction with health care delivery? ' Health Care Management Review, 19 (4) : 49 - 55.

Brady, M.K. (2001) 'Some new thoughts on conceptualizing perceived service quality: A hierarchical approach', Journal of Marketing, 65 (3) : 34 - 39.

Brown, S.W.and Schwartz, T.A. (1989) 'A gap analysis of professional service quality', Journal of

Marketing, 53 (2) : 92 - 98.

Carman, J.M. (1990) 'Consumer perceptions of service quality: An assessment of the SERVQUAL dimensions', Journal of Retailing, 66: 33 - 55.

Castro, C.B., Armario, E.M.and Ruiz, D.M. (2004) 'The influence of employee organizational citizenship behavior on customer loyalty', International Journal of Service Industry Management, 15: 27 - 53.

Chan, L.-K.and Wu, M.-L. (2002) 'Quality function deployment: A literature review', European Journal of Operational Research, 143: 463 - 497.

Chandon, J-L., Leo, P-Y.and Philippe, J. (1997) 'Service encounter dimensions - A dyadic perspective', International Journal of Service Industry Management, 8: 65 - 86.

Chandon, P., Morwitz, V.G.and Reinartz, W.J. (2005) 'Do intentions really predict behaviour? Self-generated validity effects in survey research', Journal of Marketing, 69 (2) : 1 - 14.

Chaston, I. (2000) 'Internal marketing in small manufacturing firms: Extending the concept to encompass organizational learning', in R.J.Varey and B.R.Lewis (eds) , Internal Marketing: Directions for Management.London: Routledge, pp.93 - 108.

Chenet, P., Tynan, C.and Money, A. (1999) 'Service performance gap: Re-evaluation and re-development', Journal of Business Research, 46 (2) : 133 - 147.

Choi K.S., Cho, W-H., Lee S., Lee, H.and Kim, C. (2004) 'The relationships among quality, value, satisfaction and behavioural intention in health care provider choice', Journal of Business Research, 57 (8) : 913 - 921.

Chung, B.G.and Schneider, B. (2002) 'Serving multiple masters: Role conflict experienced by service employees', Journal of Services Marketing, 16: 70 - 87.

Chung-Herrera B.G., Goldschmidt, N.and Hoffman, K.D. (2004) 'Customer and employee views of critical service incidents', Journal of Services Marketing, 18 (4) : 241 - 254.

Costarelli, S.and Colloca, P. (2004) 'The effects of attitudinal ambivalence on pro-environmental behavioural intentions', Journal of Environmental Psychology, 24: 279 - 288.

Cronin, J.Jr, Brady, M.K., Hult, G.and Tomas, M. (2000) 'Assessing the effects of quality, value and consumer satisfaction on consumer behavioural intentions in service environments', Journal of Retailing, 76 (2) : 193 - 216.

Crosby, L.A., Evans, K.R.and Cowles, D. (1990) 'Relationship quality in services selling: An interpersonal influence perspective', Journal of Marketing, 54 (3) : 68 - 81.

Dagger, T.S and Sweeney, J.C. (2006) 'The effect of service evaluations on behavioral intentions and quality of life', Journal of Service Research, 9: 3.

Dagger, T.S.and Sweeney, J.C. (2007) 'A hierarchical model of health service quality: Scale development and investigation of an integrated model', Journal of Service Research, 10 (2) : 123 - 142.

Desai, D. (2009) 'Role of relationship management and value co-creation in social marketing', Social Marketing Quarterly, 15 (4) : 112–125.

Dijkstra, L.and van der Bij, H. (2002) 'Quality function deployment in healthcare: Methods for meeting customer requirements in redesign and renewal', International Journal of Quality and Reliability Management, 19: 67 - 89.

Dunne, P.A.and Barnes, J.G. (2000) 'Internal marketing: A relationship and value creation view', in R.J.Varey and B.R.Lewis (eds) , Internal Marketing: Directions for Management, London: Routledge, pp.192 - 220.

Eagly, A.H.and Chaiken, S. (1993) The Psychology of Attitudes.Fort Worth, TX: Harcourt Brace Jovanovich.Edvardsson, B.and Olsson, J. (1996) 'Key concepts for new service development', The Service Industries Journal, 16 (2) : 140 - 164.

Engel, J.F.and Blackwell, R.D. (1982) Consumer Behaviour, 4th edn.New York: Dryden Press.

Foreman, S.K.and Money, A.H. (1995) 'Internal marketing: Concepts, measurement and application', Journal of Marketing Management, 11 (8) : 755 - 768.

Fornell, C. (1992) 'A national customer satisfaction barometer: The Swedish experience', Journal of Marketing, 56 (January) : 6 - 21.

George, W.R. (1990) 'Internal marketing and organizational behaviour: A partnership in developing customer-conscious employees at every level', Journal of Business Research, 20: 63 - 70.

Gilmore, A.and Carson, D. (1995) 'Managing and marketing to internal customers', in W.J.Glynn and J.G.Barnes (eds) , Understanding Services Management.Chichester: Wiley, pp.295 - 321.

Gombeski, W.R.Jr, Day, J.R., Fay, G.W.and Lowery, M.C. (1992) 'Physician peer review surveys: A management tool for improving quality of patient care', Journal of Health Care Marketing, 12 (2) : 52 - 59.

Gregory, B.T., Harris, S.G., Armenakis, A.A.and Shook, C.L. (2009) 'Organisational culture and effectiveness: A study of values, attitudes and organisational outcomes', Journal of Business Research, 62: 673 - 679.

Gremler, D.D.and Brown, S.W. (1999) 'The loyalty ripple effect - Appreciating the full-value of customers', International Journal of Service Industry Management, 10 (3) : 271 - 291.

Gruca, T.S.and Rego, L.L. (2005) 'Customer satisfaction, cash flow and shareholder value',

Journal of Marketing, 69(3): 115-130.

Guiry, M.(1992) 'Consumer and employee roles in service encounters', Advances in Consumer Research, 19: 666-672.

Gummesson, E.(1987) 'Using internal marketing to develop a new culture: The case of Ericsson quality', Journal of Business and Industrial Marketing, 2(3): 23-28.

Gummesson, E.(2002) Total Relationship Marketing, 2nd edn.Oxford, Butterworth-Heinemann (1st edn, 1999).

Hall, J.and Dornan, M.(1988) 'What patients like about their medical care and how often they are asked', Social Science Medical, 21: 935-939.

Hallowell, R.(1996) 'The relationships of customer satisfaction customer loyalty, and profitability: An empirical study', International Journal of Service Industry Management, 7(4): 27-42.

Han, X., Kwortnik, R.J.and Wang, C.(2008) 'Service loyalty: An integrative model and examination across service contexts', Journal of Service Research, 11: 2242.

Hartline, M.D., Maxham, J.G.and McKee, D.O.(2000) 'Corridors of influence in the dissemination of customeroriented strategy to consumer contact service employees', Journal of Marketing, 64(2): 35-50.

Hastings, G.(2007) Social Marketing: Why Should the Devil Have All the Best Tunes? Oxford: Butterworth-Heinemann.

Headley, D.E.and Miller, S.J.(1993) 'Measuring service quality and its relationship to future consumer behaviour', Journal of Health Care Marketing, 12(4): 32-41.

Heskett, J.L., Jones, T.O., Loveman, G.W., Sasser, W.E.Jr and Schlesinger, L.A.(1994) 'Putting the service-profit chain to work', Harvard Business Review, March/April: 164-170.

Heskett, J.L., Sasser, W.E.and Schlesinger, L.A(1997) The Service Profit Chain.New York: Free Press.

Homburg, C.and Stock, R.(2004) 'The link between sales people's job satisfaction and customer satisfaction in a business-to-business context: A dyadic analysis', Journal of the Academy of Marketing Science, 3: 144-158.

Homburg, C.and Stock, R.M.(2005) 'Exploring the conditions under which salesperson work satisfaction can lead to customer satisfaction', Psychology and Marketing, 22(5): 393-420.

Hudak, P.L.and Wright, J.G.(2000) 'The characteristics of patient satisfaction measures', Spine, 25(24): 3167-3177.

Hui, M.K., Au, K.and Fock, H.(2004)'Reactions of service employees to organisation-customer conflict: A crosscultural comparison', International Journal of Research in Marketing, 21(2): 107-121.

Hulka, B.S.and Zysanski, S.J.(1982)'Validation of a patient satisfaction scale: Theory, methods and practice', Medical Care, XX(6): 649-653.

Hulka, B.S., Zyzanski, S.J., Cassel, J.C.and Thompson, W.J.(1970)'Scale for the measurement of attitudes towards physicians and primary health care', Medical Care, 8: 429.

James, S.and Skinner, H.(2009)'The Shoreline Project for street drinkers: Designing and running a supported housing project for the"unhousable"', Social Marketing Quarterly, 15(3): 49–66.

Jang, S.and Namkung, Y.(2009)'Perceived quality, emotions and behavioural intentions: Application of an extended Mehrabian-Russell model to restaurants', Journal of Business Research, 62: 451-460.

Johne, A.and Harbone, P.(2003)'One leader is not enough for major new service development: Results of a consumer banking study', Service Industries Journal, 23(3): 22-39.

Jones, T., Fox, G.L., Taylor, S.F.and Fabrigar, L.R.(2010)'Service customer commitment and response', Journal of Services Marketing, 24: 16-28.

Jun, M., Peterson, R.T.and Zsidisin, G.A.(1998)'The identification and measurement of quality dimensions in health care: Focus group interview results', Health Care Management Review, 23(4): 81-96.

Katz, G.M.(2004)'Practitioner note: A response to Pullman's(2002)comparison of quality function deployment versus conjoint analysis', Journal of Product Innovation Management, 21: 61-63.

Kiely, J.A.(2005)'Emotions in business-to-business service relationships', The Service Industries Journal, 25(3): 373-390.

Kelley, S.W.and Hoffman, K.D.(1997)'An investigation of positive affect, prosocial behaviors and service quality', Journal of Retailing, 73(3), 407-427.

Kelly, D.and Storey, C.(2000)'New service development: Initiation strategies', International Journal of Service Industry Management, 11: 45-63.

Laing, A., Fischbacher, M., Hogg, G.and Smith, A.(2002)Managing and Marketing Health Services.London: Thomson.

Lee, P., Gombaski, W.R.Jr, and Doremus, H.(1991)'Effective internal marketing: The challenge of the 1990s', Journal of Health Care Marketing, 11(2): 58-62.

Lewis, R.C.and Booms, B.H.(1983)'The marketing aspects of service quality', in L.L.Berry,

G.L.Shostack and G.Upah (eds), Emerging Perspectives on Services Marketing.Chicago, IL: AMA, pp.99-104.

Liljander, U.and Strandvik, T. (1997) 'Emotions in service satisfaction', International Journal of Service Industry Management, 8 (2): 148-169.

Lim, P.C.and Tang, N.K.H. (2000) 'The development of a model for total quality healthcare', Managing Service Quality, 10 (2): 103-111.

Lings, I.N.and Greenley, G.E. (2005) 'Measuring internal marketing orientation', Journal of Service Research, 7 (3): 290-305.

Lowry, R.J., Hardy, S., Jordan, C.and Wayman, G. (2004) 'Using social marketing to increase recruitment of pregnant smokers to smoking cessation service: A success story', Public Health, 118: 239-243

Lovelock, C.H. (1983) 'Classifying services to gain strategic marketing insights', Journal of Marketing, 47 (3): 9-20.

Mano, H.and Oliver, R.L. (1993) 'Assessing the dimensionality and structure of consumption experience: Evaluation, feeling and satisfaction', Journal of Consumer Research, 20: 451-466.

Martin, C.R.Jr.and Horne, D.A. (1995) 'Level of success inputs for service innovations in the same firm', International Journal of Service Industry Management, 6 (4): 40-56.

Mattila, A.S.and Enz, C.A. (2002) 'The role of emotions in service encounters', Journal of Service Research, 4 (4): 268-277.

Menon, K.and Dubé, L. (2000) 'Ensuring greater satisfaction by engineering salesperson response to customer emotions', Journal of Retailing, 76 (3): 285-302.

Mohr, L.A.and Bitner, M.J. (1991) 'Mutual understanding between customers and employees in service ecounters', Advances in Consumer Research, 18: 611-617.

Morgan, R.M.and Hunt, S.D. (1994) 'The commitment-trust theory of relationship marketing', The Journal of Marketing, 58 (3): 20-38.

Morrison, E.W. (1996) 'Organizational citizenship behavior as a critical link between HRM practices and service quality', Human Resource Management, 3 (4): 493-512.

Morvitz, V.G. (1997) 'Why consumers don't always accurately predict their own future behaviour', Marketing Letters, 8: 57-70.

Mukherjee, A.and Malhotra, N. (2006) 'Does role clarity explain employee-perceived service quality? ', International Journal of Service Industry Management, 17 (5): 444-473.

Netemeyer, R.G.and Maxham III, J.G. (2007) 'Employee versus supervisor ratings of performance in the retail customer service sector: Differences in predictive validity for customer outcomes', Journal of Retailing, 83: 131-145.

Oliver, R.L. (1981) 'Measurement and evaluation of satisfaction processes in retail settings', Journal of Retailing, 57 (3) : 25-48.

Oliver, R.L. (1993) 'A conceptual model of service quality and service satisfaction: Compatible goals, different concepts', in T.A.Swartz, D.E.Bowen and S.W.Brown (eds), Advances in Services Marketing and Management, Vol.2, Greenwich, CT: JAI Press, pp.65-85.

Oliver, R.L., Rust, R.T.and Varki, S. (1997) 'Customer delight: Foundations, findings and managerial insight', Journal of Retailing, 73 (3) : 311-336.

Parasuraman, A., Zeithaml, V.A.and Berry, L.L. (1985) 'A conceptual model of service quality and its implications for future research', Journal of Marketing, 49 (4) : 41-50.

Parasuraman, A., Zeithaml, V.A.and Berry, L.L. (1988) 'SERVQUAL: A multiple-item scale for measuring consumer perceptions of service quality', Journal of Retailing, 64: 14-40.

Parasuraman, A., Berry, L.L.and Zeithaml, V.A. (1991) 'Refinement and reassessment of the SERVQUAL scale', Journal of Retailing, 67 (4) : 420-450.

Parasuraman, A., Zeithaml, V.A.and Berry, L.L. (1994) 'Alternative scales for measuring service quality: A comparative assessment based on psychometric and diagnostic criteria', Journal of Retailing, 70 (3) : 201-230.

Pascoe, G. (1983) 'Patient satisfaction in primary health care: A literature review and analysis', Evaluation and Program Planning, 6: 185-210.

Payne, S.C.and Webber, S.S. (2006) 'Effects of service provider attitudes and employment status on citizenship behaviors and customers' attitudes and loyalty behavior', Journal of Applied Psychology, 91 (2) : 365-378.

Peyrot, H., Cooper, P.D.and Schnapf, D. (1993) 'Consumer satisfaction and perceived quality of outpatient health services', Journal of Health Care Marketing, 13 (Winter) : 24-33.

Phillipson, L., Jones, S.C.and Wiese, E. (2009) 'Effective communication only part of the strategy needed to promote help-seeking of young people with mental health problems', Social Marketing Quarterly, 15 (2) : 50-62.

Podsakoff, P.M., MacKenzie, S.B., Paine, J.B.and Bachrach, D.G. (2000) 'Organizational citizenship behaviors: A critical review of the theoretical and empirical literature and suggestions for future research', Journal of Management, 26: 513-563.

Price, L.L., Arnould, E.J.and Deibler, S.L. (1995) 'Consumers' emotional responses to service encounters: The influence of the service provider', International Journal of the Service Industry Management, 6 (3) : 34 - 63.

Rafaeli, A., Ziklik, L.and Doucet, L. (2008) 'The impact of call center employees' customer orientation behaviors on service quality', Journal of Service Research, 10 (3) : 239 - 255.

Rafiq, M.and Ahmed, P.K. (1993) 'The scope of internal marketing: Defining the boundary between marketing and human resource management', Journal of Marketing Management, 9 (3) : 219 - 232

Reidenbach, R.E.and Sandifer-Smallwood, B. (1990) 'Exploring perceptions of hospital operations by a modified SERVQUAL approach', Journal of Health Care Marketing, 10 (4) : 47 - 55.

Roberts, J.G.and Tugwell, P. (1987) 'Comparison of questionnaires determining patient satisfaction with medical care', Health Services Research, 22: 637 - 654.

Rothenberg, S. (2003) 'Knowledge content and worker participation in environmental management at NUMMI', Journal of Management Studies 40 (7) : 1783 - 1802.

Schein, E.H. (1985) Organisational Culture and Leadership.San Francisco, CA: Jossey-Bass.

Schneider, B.and Bowen, D.E. (1985) 'Employee and customer perceptions of service in banks: Replication and extension', Journal of Applied Psychology, 70: 423–433.

Schneider, B., Parkington, J.J.and Buxton, V.M. (1980) 'Employee and customer perceptions of service in banks', Administrative Science Quarterly, 25: 252 - 267.

Schneider, B., White, S.and Paul, M. (1998) 'Linking service climate and customer perceptions of service quality: Test of a causal model', Journal of Applied Psychology, 83: 150–163.

Schneider, B., Ehrhart, M.G., Mayer, D.M.and Saltz, J.L. (2005) 'Understanding organisation - customer links in service settings', Academy of Management Journal, 48 (6) : 1017 - 1032.

Shostack, G.L. (1984) 'Designing services that deliver', Harvard Business Review, 62: 133 - 139.

Singh, J. (2000) 'Performance productivity and quality of frontline employees in service organisations', Journal of Marketing, 64 (2) : 15 - 34.

Smith, A.K.and Bolton, R.N. (1999) 'A model of customer satisfaction with service encounters involving failure and recovery', Journal of Marketing, 36 (3) : 356 - 372.

Smith, A.M. (2000) 'The dimensions of service quality: Lessons from the healthcare literature and some methodological effects', The Service Industries Journal, 20 (3) : 67 - 190.

Smith, A.M. (2006) 'A cross-cultural perspective on the role of emotion in negative service encounters', The Service Industries Journal, 26 (7) : 709 - 726.

Smith, A.M.and Fischbacher, M. (2002) 'Service design in the NHS: Collaboration or conflict? ',

Journal of Marketing Management, 18: 923-951.

Smith, A.M.and Fischbacher, M. (2005) 'New service development: A stakeholder perspective', European Journal of Marketing, 39 (9/10) : 1025-1048.

Smith, C.and Ellsworth, P. (1985) 'Patterns of cognitive appraisal in emotions', Journal of Personality and Social Psychology, 48: 813-838.

Soliman, A.A. (1992) 'Assessing the quality of health care: A consumerist approach', Health Marketing Quarterly, 10 (1/2) : 121-141.

Solomon, M.R., Surprenant, C., Czepiel, J.A.and Gutman, E.G. (1985) 'A role theory perspective on dyadic interactions: The service encounter', Journal of Marketing, 49: 99-111.

Sower, V., Duffy, J., Kilbourne, W., Kohers, G.and Jones, P. (2001) 'The dimensions of service quality for hospitals: Development and use of the KOCAH scale', Health Care Management Review, 26 (2) : 47-59.

Stuart, F.I.and Tax, S.S. (1996) 'Planning for service quality: An integrative approach', International Journal of Service Industry Management, 7 (4) : 58-77.

Sundbo, J. (1997) 'Management of innovation in services', The Service Industries Journal, 17 (3) : 432-455.

Taylor, S.A.and Baker, T.L. (1994) 'An assessment of the relationship between service quality and customer satisfaction in the formation of consumers' purchase intentions', Journal of Retailing, 70 (2) : 163-178.

Thomas, R.K., Farmer, E.and Wallace, B. (1991) 'The importance of internal marketing: The case of geriatric services', Journal of Health Care Marketing, 11: 55-58.

Thomson (1990) in Varey and Lewis (1999) op.cit.'A broadened conception of internal marketing', European Journal of Marketing, 33 (9/10) : 926-944.

Vandamme, R.and Leunis, J. (1993) 'Development of a multiple-item scale for measuring hospital service quality', International Journal of Service Industry Management, 4 (3) : 30-49.

Van Dolen, W., de Ruyter, K.and Lemmink, J. (2004) 'An empirical assessment of the influence of customer emotions and contact employee performance on encounter and relationship satisfaction', Journal of Business Research, 57 (4) : 437-444.

Varey, R.J.and Lewis, B.R. (1999) 'A broadened conception of internal marketing', European Journal of Marketing, 33 (9/10) : 926-944.

Vargo, S.L.and Lusch, R.F. (2008) 'Service dominant logic: Continuing the evolution', Journal of the Academy of Marketing Science, 36: 1-10.

Walbridge, S.W.and Delene, L.W. (1993) 'Measuring physician attitudes of service quality', Journal of Health Care Marketing, 13 (Winter) : 6-15.

Ware, J.E.Jr, Davies-Avery, A.and Stewart, A.L. (1978) 'The measurement and meaning of patient satisfaction: A review of the recent literature', Health and Medical Care Services Review, 1: 1-15.

Ware, J.E., Snyder, M.K., Wright, W.R.and Davies, A.R. (1983) 'Defining and measuring patient satisfaction with medical care', Evaluation and Program Planning, 6: 247-263.

Ware, J.E.and Hays, R.D. (1988) 'Methods for measuring patient satisfaction with specific medical encounters', Medical Care, 26: 393-402.

Wieseke, J., Ahearne, M., Lam, S.K.and van Dick, R. (2009) 'The role of leaders in internal marketing', Journal of Marketing, 73 (March) : 23-145.

Winsted, K.F. (2000) 'Service behaviours that lead to satisfied customers', European Journal of Marketing, 34 (3/4) : 399-417.

Wirtz, J.and Bateson, J.E.G. (1995) 'An experimental investigation of halo effects in satisfaction measures of service attributes', International Journal of Service Industry Management, 6 (3) : 84-102.

Woodside, A.G., Frey, L.L.and Daly, R.T. (1989) 'Linking service quality, customer satisfaction, and behavioural intention', Journal of Health Care Marketing, 9: 5-17.

Woolley, F., Kane, R., Hughes, C.and Wright, D. (1978) 'The effects of doctor-patient communication on satisfaction and outcome of care', Social Science and Medicine, 12: 123-128.

Yi, Y.and Gong, T. (2008) 'If employees"go the extra mile, "do customers reciprocate with similar behavior? ' Psychology and Marketing, 25 (10) : 961-986.

Zahorik, A.J.and Rust, R.T. (1992) 'Modelling the impact of service quality on profitability: A review', in T.A.Swartz, D.E.Bowen and S.W.Brown (eds), Advances in Services Marketing and Management, Vol 1.Greenwich, CT: JAI Press, pp.247-276.

Zeithaml, V.A., Berry, L.L.and Parasuraman, A. (1988) 'Communication and control processes in the delivery of service quality', Journal of Marketing, 52 (2) : 35-48.

Zeithaml, V.A., Berry, L.L.and Parasuraman, A. (1996) 'The behavioural consequences of service quality', Journal of Marketing, 60 (2) : 31-46.

Zeithaml, V.A., Bitner, M.J.and Gremler, D.D. (2006) Services Marketing: Integrating Customer Focus Across the Firm, 4th edn.New York: McGraw-Hill International Edition (1st edn, 1996).

Zyzanski, S.J., Hulka, B.S.and Cassel, J.C. (1974) 'Scale for the measurement of"satisfaction"with medical care: Modifications in content, format and scoring', Medical Care, 12 (7) : 611–620.

第五部分

上行社会营销与社会转变

第二十一章　贫困消费者和社会营销（罗纳德·保罗·希尔）

作者借助民族志资料，将西方世界的贫穷消费者区分出五种具体类型：无家可归人群、工作失落人群、担负儿童抚养或父母赡养重任者、犯罪者、缺乏照料的儿童。作者分析了贫穷消费者在物质世界中的体验与行为，试图基于此为社会营销提供一些启示。作者强调，社会营销活动的实施者的目标是推动更加健康的生活，但这种目标与贫穷消费者的目标与行为之间存在差距。这种差距必须得到明确的认知，必须得到弥合。

第二十二章　社会营销与国际发展（乔治娜·凯恩斯　布鲁斯·麦凯　劳拉·麦克唐纳）

发展中国家的经济体系中，社会营销有助于推动指向贫穷问题的观念、项目与活动。作者对比了经济欠发达国家与发达工业化国家社会营销的焦点与性质，显示两者同时得到了发展，但是在讯息散布与战略目标方面存在着明显差异。比如，在发展中国家，社会营销活动往往跟产品与服务的促销与易于接触方面直接相关，而不是跟概念与生活方式的转变有关。作者建议，发展中国家与发达国家都应当分享更多的习得与操作经验，以便降低社会营销研究与实践方面的这种不平衡。

第二十三章　为可持续环境服务的社会营销（休·皮蒂　肯·皮蒂）

作者说明，社会营销可以协助我们推动更加可持续发展的经济与社会，协助改变我们与物理环境之间的关系，避免我们对自然资源进行过度开发。社会营销的一大优点是，它不只可以让人们知晓并促成意愿，还可以实际导致人们的行为改变，并可以建立起协作关系。不过作者指出，维护环境的行为往往对个人缺乏直接的回报，所以健康相关的社会营销就缺失了激励因素，因为社会营销人员已经很明智地把环保活动直接诉求于个人。作者提出了对亲环境行为进行细分的一种方法，并描述了商业营销与社会营销两个领域如何协作，以便维护更好的环境。

第二十四章　不同寻常的业务：社会营销对政府决策和策略策划的贡献（杰夫·弗伦奇）

作者说明了社会营销对政府政策以及策略发展可以提供的贡献。作者强调，历史上政府机构误解了促成行为改变的营销，所以没有对营销加以充分应用。通过说明这一问题，作者说明社会营销应当得到重视的原因。作者描述了社会营销对政策发展过程与策略形成过程可以作出的贡献，之后作者还为社会营销人员提供了工具与技巧，以便促使政府采纳社会营销。作者建议政治领域以及政府领域的官员如果想为公众服务，就应当了解如何促使积极的生活方式成为人们便利且自然的生活方式，所以这些官员应当把社会营销作为政策与策略发展的核心方式，并把社会营销作为具体干预行为的有力工具。

第二十一章

贫困消费者和社会营销

罗纳德·保罗·希尔

❖ 贫困消费文化

笔者的几项调查全面考察了贫困消费者对西方物质文化的引领式发展。这些调查最初被设计用来测试以下群体的信仰、态度、情绪和生存策略：如无家可归者、福利妈妈、贫困的少年犯和农村贫民。为了总结结果，我们使用基于人种学数据的短篇故事完成了五个贫困亚群的组合，这些方法包括访谈、现场笔记、参与者观察和非参与者观察（Hill, 2001）。这项研究的结果被用来塑造焦点人物，他们与消费者文化互动的每个例子都是数据驱动的。

第一个故事源于希尔和斯塔米（Hill and Stamey, 1990），介绍了杰克（Jack）——一个最近成为无家可归的人的考验和苦难。他第一个无家可归的夜晚是在一个城市收容所度过的，但他发现这种经历让他感到恐惧和沮丧。于是他搬到外面，住在桥下，然后进入一个收容区，这个收容区就像大萧条时期的棚户区。他最后的住所是一栋废弃的建筑，和另外两个无家可归的人小心翼翼地合住在一起。第二个小故事基于希尔（1991）的研究，集中关注佐伊（Zoe）和她的家人无家可归的经历。在经历了一段艰难的童年后，佐伊怀上了她的第二个孩子，搬到了这个孩子的父亲身边。不幸的是，孩子父亲的雇主将他的工作身份降为兼职，而收入的下降使他们不得不离开他们简陋的家。佐伊和她的孩子们在亲戚家里住了一段时间后，被迫住进了收容所，许多原来的财产都丢失了，但也得到了一些新的东西。

希尔（1992）和奥赞等人（1998）讲述了第三个故事，故事关于生活在贫困社区的埃迪（Eddie）。随着时间的推移，他对物质财富的看法从快乐的期待，到冷漠，再到对相对贫困的愤怒。埃迪坠入"快速人群"（fast crowd），为了进入物质世界，他犯下了财产罪。在第四个故事中，安妮塔（Anita）和她的孩子们的消费生活主要来源于希尔和斯蒂芬斯（Hill and Stephens，1997）的研究。故事揭示了安妮塔作为一个福利儿童生活的挣扎，她发誓不再过那种生活。不幸的是，她的丈夫被解雇了，唯一的选择就是到外地去工作。他得到了这个职位，工作很努力，但在与老板发生肢体冲突后被解雇，而安妮塔也没有收入来源。她最终进入了福利名单，却发现得到的支持太少了。李等人（1999）讲述了农村贫困的第五个故事，故事围绕着塔米（Tammy）和她的母亲，以及她们以前在一个煤矿小镇的生活展开。塔米的妈妈生病了，他们很难在离家的合理距离内得到医疗救助。在他们获得另一种重视社会而非经济资本的分配系统之前，情况会恶化。接下来是自然出现的主题（参见Hill and Gaines，2007）。

对家庭之爱或友爱的缺失或缺乏

对亲密关系以及以他人为中心的爱的缺失或缺乏，对消费能力的影响是惊人的。在某些情况下，以他人为中心的蔑视或敌意会加剧这种影响。这些人、他们的家庭和他们的群体成员的生活质量会因此大大降低，从而引起各种消极的情绪反应和行为，同时在面对这种逆境时往往无法改善其处境。最好的例子来自佐伊的故事。她早期的家庭生活经历是非常积极的，与中产阶级对父母之爱的看法是一致的。然而，随着时间的推移，这种情况逐渐恶化，父母对孩子的爱变成了忽视。看看佐伊的故事：

她最早的记忆是在她的兄弟姐妹出生之前和父母一起度过的美好时光。在那些日子里，他们一家人做了很多事情——野餐，在附近的公园散步，在假日吃特别的晚餐。佐伊甚至还记得她第一次收到芭比娃娃的时候，她的父母似乎对她的兴奋感到非常高兴。不幸的是，他们的生活在接下来的几年里变得越来越糟。

十多年前，当她只有十岁的时候，家庭问题达到了临界点。她的父母经常吵架，佐伊的父亲待在家里的时间越来越少。有一天，在她父母之间的一场特别激烈的争吵中，她的父亲开始打她的母亲。看到这一幕，三个孩子都哭了起来，他们恳求父亲住手。又过了几分钟，邻居们开始敲门，威胁说要报警。她父亲突然停了下来，离开了，此后佐伊就再也没见过他。事实上，他甚至没有回来取衣服。

她父亲的离开使他们的家庭从一个团结的整体转变为一群各行其是的人。佐伊的母亲开始和她的朋友们在外面待到深夜，她偶尔会让陌生男人睡在她的卧室里。佐伊起初对这种古怪和不负责任的行为感到愤怒，但她学会了对自己的感觉保密。只要她把卧室的门锁上，把兄弟姐妹关在里面，她就会从母亲的越轨行为中得到某种程度的安慰和安全。

由于父母的忽视，佐伊和她的兄弟姐妹不再由母亲照顾，多年来被安置在几个寄养家庭。在这段时间里，她最初的焦虑发展成愤怒和沮丧，在他们重聚后，她没有听从母亲的警告。在学校里，佐伊混入了"快速人群"，她尝试用药物和性来缓解疼痛。她怀孕了，这段经历给她敲响了警钟，让她的生活渐渐好转。佐伊在她的孩子出生后不久就遇到并爱上了一个男人，但是他们的经济状况恶化了。不幸的是，在她的大家庭里，除了短期的物质补救，没有人能解决这个难题。考虑以下段落，包括她与丈夫的母亲以及她的祖母的互动（依次）：

当佐伊到丈夫的母亲家时，她立刻感到一阵寒意。佐伊见过她几次，总觉得那个女人不喜欢她。丈夫的母亲像许多母亲一样疼爱她的儿子，她觉得佐伊配不上他。虽然丈夫的母亲似乎欣赏她远方唯一的孙女，但她对照顾这个小孙女并不感兴趣。

当他们到达祖母的家门口时，这位女士正喝完她的早茶。她是一个相当冷漠的人，一生都在与自己内心的魔鬼作斗争。在过去，她的家人从来没有向她寻求过长期的支持，包括她自己的女儿（佐伊的母亲）被送进了精神病院。让佐伊宽慰的是，祖母听了她的烦恼，同意让她留下来过夜。然而，佐伊和女儿们第二天早上必须离开。这个地方太小，容纳不了四个人。

无助地陷入更严重的贫困

上述主人公们陷入贫困是无法控制的。虽然他们认为自己对自己的处境负有部分责任，但他们却陷入了由上一辈人带来的环境氛围中，即愈发的贫困以及失去宝贵财产。这种恶性循环的最好例子之一是无家可归的过程（Wasson and Hill, 1998）。通常情况下，一个人或几个人会从自给自足的住所（比如公寓）搬到和亲朋好友合住的地方，因为他们再也付不起房租。然而，一段时间后，他们逗留得太久，会被迫搬到政府控制的住房、公共或私人的无家可归者收容所，或者街头。一旦这种转变发生，他们发现很难改变他们的生活条件或控制他们的命运。在这方面，杰克和佐伊的经历很能说明问题。例如，杰克的故事开始于一个早晨，在一系列人际冲突后，结果他只能住在自己的车里。

杰克在他1981年的福特野马（Ford Mustang）后座醒来，这辆福特野马停在街道尽头附近的一个社区公园旁。他对前一天晚上发生的事情的记忆有点模糊。他和一个高中时就认识的朋友暂时住在一起。在去年，他失去了自己的公寓，大约十个月后，他的父母厌倦了他的“行为问题”，把他赶了出去。他的朋友蒂姆是他最后的希望。

杰克记得昨天下午蒂姆的妻子洗完澡后从浴室出来。他躺在他们的沙发上，喝完那天早些时候买的最后几瓶啤酒。杰克对她说了一些他认为很明智的话，但她的反应是转身把自己锁在浴室里。几分钟后蒂姆回到家，他告诉杰克是时候离开了。

接下来的一幕是他和老朋友待了三周的典型情景。他们又吵闹了大约30分钟，杰克说了一些关于他妻子的话——现在他后悔了。然而，与之前的争吵不同的是，以往他们最终和解并决定再试一次，而这次蒂姆坚持要他马上离开。

杰克意识到他不能在车里生活太久而引起不必要的注意，但他无法找到一个可以接受的替代方案。蒂姆是唯一一个愿意让他待上一段时间的朋友，他的哥哥和父母对他有一项禁止联系的限制令。他唯一的兄弟姐妹——一个姐姐，前段时间搬到了另一个州，却没有给他新的地址或电话号码。杰克回忆起上次和家人在一起的情景，他的母亲泪流满面地递给他一张纸，上面写着一家为无家可归者设立的公共收容所的名字和地址。当时杰克被这个举动侮辱了，但他开始意识到这可能是他唯一的住房选择，并勉强同意尝试一下。

佐伊也逐渐变得无家可归，尽管她和她的家人所走的道路也有自己的微妙之处。故事从她的转折开始：

六个月后，佐伊发现自己又怀孕了。她马上告诉了母亲，希望她的母亲对一个在真爱之下诞生的孩子感到兴奋。然而，佐伊的母亲却很生气，毫不含糊地告诉佐伊，他们拥挤的公寓里已经没有地方再容纳一个孩子了。此外，她再也负担不起佐伊的孩子们需要的额外食物和衣服，以及尿布和其他婴儿用品。

起初佐伊对她的回答感到沮丧，但她的新男友对她的消息有不同的反应。他对孩子的出生感到很兴奋，他邀请佐伊和她的女儿和他住在一起，等待孩子的出生。他的住处甚至比她母亲的更小，所以他们决定把他的迷你起居室改成托儿所。他们的家在一段时间内会很拥挤，但他们计划在他获得下次加薪和晋升到主管后搬去更大的住处。

不幸的是，事情没有按计划进行。她的丈夫从未得到晋升；相反，由于工厂的生产活动放缓，他只能做兼职。他现在挣的钱大约是他以前收入的三分之二，他们几乎无法支付账单。几个月后，房东通知他们说，这栋楼已经卖给了开发商，开发商计划将这些单元进行翻新，作为共管公寓出售。他们将有三个月的时间，在此期间，他们必须购买房屋或搬出房屋。考虑到目前的财政状况，他们被迫离开。

佐伊和她的丈夫被迫分手，因为他们无法找到一个负担得起的选择，或找到一个亲戚或朋友愿意为他们提供住房。起初，佐伊和她的孩子搬到她丈夫的母亲家里。然而，在一个酗酒的叔叔试图强奸她后，她搬到了自己的祖母家。正如前面提到的，她们只被允许停留一晚，佐伊带着她的孩子和微薄的财产只能到一个无家可归家庭的公共避难所。这个设施缺乏隐私，他们的大部分财产几乎在一夜之间就被偷走。他们再次搬家，这次是搬到一个环境更安全的私人庇护所，但在他们能够负担得起更稳定的住房之前，他们被要求离开。佐伊害怕他们最后会流落街头。

消费限制和微薄的财产

贫困的消费者面临着有限的消费选择，这限制了他们满足最基本需求的能力。因此，这些个人消费的商品和服务在一般情况下是中产阶级公民无法接受的。“二级消费者”这个词被用来描述他们的物质生活（Hill and Stamey, 1990），这个词提出了一长串清除和回收废品的清单。杰克对物质限制的经验很能说明问题。在离开收容所后，他遭受了恶劣的待遇，杰克决定卖掉他的汽车，并带着他的少数财产转移到一个僻静地区的桥下。他在那里过冬，并经历了在缺乏照明、取暖和烹饪方面的新的困难。由于夜间气温的下降和物资的短缺，杰克几乎冻僵了，最后他又重新奋斗，结果却面临着严重的消费限制，威胁到他的生存。

最后，他知道自己别无选择，只能暂时离开去寻找食物。他注意到，到目前为止还没有人打扰他，于是平静下来。杰克检查了他的钱包，发现他正好有28.33美元。他把钱放回钱包，然后把它安全地放在前面的口袋里。他爬上梯子，等待车辆通行，然后跳上高速公路。

他决定回到上次购物时光顾的超市。杰克在心里记下了他这次需要的东西。他还有足够的卫生纸和牙膏，这是他目前唯一能做的卫生活动。花生酱和果冻还不错，但面包随着时间的推移变得有点硬了。饮料够冷——也许还太冷了。一杯热咖啡或汤会很好，但那是不可能购买的。

杰克以轻快的步伐进入超市，抓起了一个手提篮子而不是购物车。如果他不能在商店里携带他的物品，就无法把这些东西运回家。他把注意力集中在单份包装的食物上。虽然它们可能更贵，但随着时间的推移，这些食品不太可能变质。收银员收了他23.50美元，杰克心里想，他还剩4.83美元，差不多和他卖车前一样多。

物质限制的一个结果是，个人被限制在一些实用的物品上，他们能够找到安全的存储空间，或者一直随身携带。虽然缺乏收入总是一个问题，但机制或后勤方面的限制也使物品的积累出现了问题（参见Hill, 1991）。随着时间的推移，这一点尤其明显，因为个人或家庭在寻求住宿时必须从一个地点搬到另一个地点。佐伊提供了一个生动的例子。父母离异后，她在悲惨的环境中长大，她的物质世界变得更糟。这种情况在成年初期有所改善，直到女儿的父亲因为雇主的裁员而减薪。佐伊搬进了一个为妇女和儿童设立的城市收容所，他们的处境相当严峻。

佐伊被安排住在45号生活区，她分到了两张床、三个枕头、一些毛巾，还有一小管牙膏和一把牙刷用于个人卫生。这名妇女告诉她，机构对她的财产的损失不负责任，并建议佐伊在任何时候随身携带这些东西。她的思绪转到了一个场景：她在淋浴间里给孩子们洗澡，她们的手提箱也莫名其妙地在旁边。这怎么可能呢？

当这位女士介绍完之后，佐伊问机构里是否有她女儿能吃的食物。这名妇女告诉她，生活区禁止吃喝，但附近有一大批快餐店接受城市餐券。然后她按规定给了佐伊12美元——她自己5美元，每个女儿3.5美元。

佐伊拖着家人和货物，沿着走廊走到生活区去找45号。当她走进房间时，房间的大小和混乱程度让她大吃一惊。有十排至少有五英尺深的封闭区域。佐伊花了几分钟才找到她的住所，因为生活区的顺序并不明显。她立即注意到她住所周围的四个位置都住满了人，她开始有了幽闭恐怖症的感觉。佐伊迅速用拿到的床单和毯子铺好了两张床。这些床单和毯子都很笨重，破旧不堪，床单好几处都很破旧。任务完成后，她给两个女儿换了衣服，并从行李箱中取出钱和身份证。

脆弱的现在/不确定的未来

即使穷人在他们的社区中充分利用资源，他们在物质上繁荣的能力也是值得怀疑的。事实上，资源是严重有限的，这表明创造性的利用和发展仍将使贫困社区成员无法满足基本需要。因此，从物质方面来说，证明穷人生存的能力是不太可能的，更不用说他们能繁荣兴旺了。由于当前消费者生活的脆弱本质，展望更积极未来的机会有限。往好了说，过上类似富裕家庭的生活的前景尚不明朗；在最坏的情况下，他们的未来就像过去一样受到限制，他们觉得自己可能会重新陷入自我挫败的行为。下面这几段关于塔米和处在"快速人群"中的埃迪的故事从长远的角度让我们看到了穷人物质生活的脆弱本质。塔米是一个极端，他的社区社会资本发展得很好，即使面对不确定的未来，他也能看到持续的力量。

当塔米拉着妈妈的手坐在床边时，她在想，如果没有这个女人作为家庭成员和社区倡导者的存在，生活会是什么样子。她的母亲是这个家族的女族长——她把每个人都聚集在一起，参加星期日的晚餐、节日以及其他特殊的场合。即使是在矿山关闭后的困难时期，她也能够集结集体的资源，以确保所有人都有食物、衣服、住所或交通工具。分享是他们之间的一种给予，这种互惠帮助他们真正地欣赏彼此。她母亲确保他们很好地吸取了这个重要的教训。

塔米意识到她的生活和她母亲的生活并没有太大的不同。虽然塔米的丈夫健康状况良好，但由于失业和经济状况不稳定，塔米不得不在可预见的将来从事卑微的工作以维持生计。她的女儿在第二次怀孕时遇到了困难，塔米计划在她母亲去世后尽可能多地帮助母亲的孩子。在大城市生活了几年之后，她的小儿子回到了家乡，塔米和她的丈夫正在帮助他在他们的小镇安置一个新的身份和职业生活。

当塔米低头看着妈妈的脸时，她忍不住笑了。火炬已经从母亲传递到女儿。塔米以为几年后她就能和她母亲一样在社区里享有同样的声誉。他们镇上的情况可能永远不会改善，但她的家人、朋友和邻居们会留下来，他们会竭尽全力改善自己的生活。在帮助别人方面，塔米的母亲是一位出色的老师。她希望自己的女儿能成为一名心甘情愿的学生，并在她的时代到来时在镇上发挥领导作用。

塔米对当前和未来环境的认识是她与母亲的疾病长期斗争的结果。最后，常规医疗系统的失败导致了以社区为基础的替代治疗和分配系统的出现。在这场危机中，她自己、她的母亲以及更大的社区的力量都显露了出来，而塔米也逐渐意识到社会结构及其对市民物质生活的意义。另一方面，埃迪生活在严格的限制下，不支持他日益增长的物质需求。在入狱后，埃迪最初在改革计划中难以适应生活。严格的制度和个人自由的丧失使他非常不安。他叛变了，但最终还是遵守了规则，避免了被解雇，并被转移到更严格的拘留所。随着埃迪越来越多地融入这个封闭的社区，他开始经历一些成功，这些成功增强了他的自我意识并释放了对自己在更大社会中的潜力的认识。不幸的是，他所在的社区资源不足，埃迪又回到了犯罪的生活。

随着时间的流逝，最初他对未来前景的乐观情绪消失了，取而代之的是阴郁的辞职。他希望就读的大多数学校都超出了他的经济能力范围，由于他被判犯有重罪，他获得贷款支付学费和费用的能力受到了严重限制。商场里服装店的经理们几乎都对他的文凭嗤之以鼻，把他当成了二等公民。当他的背景调查证明他是一名曾被判有罪的汽车窃贼时，那些仅有的向他提供工作机会的少数人也撤回了他们的邀请。

埃迪觉得自己正处于人生的低谷之一。在圣彼得（改革学校）的所有工作之后，他的生活并不比离开这个社区之前好多少。埃迪无法前进——在他被拘留的后半段时间里，他幻想的所有选择都不是可行的选择。他也不愿意倒退回去——他先前的生活很可能会导致真正的牢狱生活，而这要比他之前的牢狱生活艰难得多。

在这种不稳定的状态中生活了一段时间后，埃迪又回到了街上，通过重新建立与他最近抛弃的朋友的关系来寻求安慰。缺钱限制了他的行为，他只能依靠自己身边那些成功的罪犯的仁慈，他们在埃迪不在的时候取代了他的位置。他希望能避免重蹈覆辙，但他还能做些什么呢？无处可逃。

关键词

全球贫困问题；消费者行为；社会营销；消费限制；贫困文化。

要　点

- 尽管许多人都经历过全球贫困的艰难处境，但对于大多数贫困消费者来说，贫穷文化的神话并不适用，他们积极管理自己所拥有的微薄资源，以在物质世界中生存。
- 与极端贫困相关的负面影响因媒体而加剧。媒体常常将全球物质文化中丰富的商品和服务描绘成所有公民都能得到的样子，或者应该得到的样子。

- 对于社会营销者来说，最重要的任务是反对这一观念：自我价值和消费是相互关联的，这样穷人就能认识到他们作为人的真正价值并不依赖于超出他们目前经济能力的物质财富。

参考文献

Hill, R.P.(1991)'Homeless women, special possessions, and the meaning of"Home": An ethnographic case study', Journal of Consumer Research, 18(December): 298–310.

Hill, R.P.(1992)'Homeless children: Coping with material losses', Journal of Consumer Affairs, 26(Winter): 274–287.

Hill, R.P.(2001)'Surviving in a material world: Evidence from ethnographic consumer research on people in poverty', Journal of Contemporary Ethnography, 30(4): 364–391.

Hill, R.P.(2002b)'Stalking the poverty consumer: A retrospective examination of modern ethical dilemmas', Journal of Business Ethics, 37(May): 209–219.

Hill, R.P.and Bahram, A.(1999)'Global poverty and the United Nations', Journal of Public Policy & Marketing, 18(Fall): 135–146.

Hill, R.P.and Jeannie, G.(2007)'The consumer culture of poverty: Behavioral research findings and their implications in an ethnographic context', Journal of American Culture, 30(March): 81–95.

Hill, R.P.and Stamey, M.(1990)'The homeless in America: An examination of possessions and consumption behaviors', Journal of Consumer Research, 17(December): 303–321.

Hill, R.P.and Stephens, D.L.(1997)'Impoverished consumers and consumer behavior: The case of AFDC mothers', Journal of Macromarketing, 17(Fall): 32–48.

Lee, R.G., Ozanne, J.L.and Hill, R.P.(1999)'Improving service encounters through resource sensitivity: The case of health care delivery in Appalachia', Journal of Public Policy & Marketing, 18(Fall): 230–248.

Ozanne, J.L., Hill, R.P.and Wright, N.D.(1998)'Juvenile delinquents' use of consumption as cultural resistance: Implications for juvenile reform programs and public policy', Journal of Public Policy and Marketing, 17(Fall): 185 -196.

Wasson, R.R.and Hill, R.P.(1998)'The process of becoming homeless: An investigation of families in poverty', Journal of Consumer Affairs, 32(2): 320–332.

第二十二章

社会营销与国际发展

乔治娜·凯恩斯　布鲁斯·麦凯　劳拉·麦克唐纳

❖ 发展中国家的社会营销的基础

社会营销开始作为社会变革的一种手段的概念，还要追溯到1967年，在发展中国家，当时尼罗避孕套干预措施在印度启动。印度政府致力于计划生育，印度管理学院的来自印度和美国的专家与快速消费品公司合作，让其在自己的产品之外分发避孕套。这种大规模的、成功的干预使用了细分、大众媒介传播和战略分配方法来促进接受和参与计划生育（Chandy et al., 1965; Walsh et al., 1993）。

此后，社会营销的命名仪式在发达国家举行，科特勒和萨尔特曼（1971）用这个词来描述商业营销方法在实现社会变革方面的应用和潜在力量。五年后，布莱克和哈维发表了第一份关于非洲社会营销的报告（Black and Harvey, 1976）。

双边和多边捐赠组织的发展领域专家在20世纪80年代开始使用和报告社会营销方法的成果，势头缓慢增长。1995年1月，英国海外开发署（British Overseas Development Agency）在营销周刊上刊登广告，招聘能够就避孕社会营销提供咨询意见的顾问。本文作者之一便是通过这条路线进入了该部门。

英国国际发展部（DFID）、德国的开发银行（KfW）和美国国际开发署（USAID）

是使用社会营销方法支持其发展战略的一些双边机构。联合国各组织、人口基金和艾滋病规划署也积极主动地通过社会营销促进国际发展。一些大规模的非政府组织（NGOs），包括国际人口服务组织（PSI）、国际人口服务组织（DKT）、国际玛丽·斯特普斯国际组织和教育发展学院（AED），在其战略规划和业务执行方面专门使用社会营销方法。当地的非政府组织，如加纳社会营销基金会、巴基斯坦的绿星网络、尼日利亚家庭健康协会和孟加拉国的社会营销公司也使用社会营销方法。

2003年，英国国际发展部首次发布了对社会营销的综述报告（Meadley et al., 2003）。该报告估计，英国政府每年在社交营销上的支出为2000万至3000万英镑，占全球社交营销捐赠资金的10%—15%。

尽管捐助方和发展机构承诺在项目和计划中以营销为导向，投入了大量资金，但许多卫生与发展领域从业人员和规划人员才刚刚开始接受营销原则，比如4P理论和交换理论。十年前，他们会更加怀疑，甚至完全持怀疑态度。“你不能像卖油漆一样卖避孕药”，一位惊恐的国内顾问说，这位顾问的总公司给了一家公司一份价值700万美元的合同，这家公司归本文作者之一所有。但正如社会营销在发达国家得到越来越多的认可一样，它也成为促进发展中国家行为变得越来越流行的框架。艾滋病毒和艾滋病使得对于避孕套的社会营销永不过时。同样，以消费者为中心的推广蚊帐的方法、在分销中的实质性改善、计划生育产品的质量改善以及妇女对其的可获得性的改善，它们产生的剧烈的、引人注意的影响引起了人们对将营销技术应用于公共卫生挑战的兴趣。

❖ 发展中国家社会营销的独特特征

发展中国家的社会营销通常涉及促销推广和改善产品获得的接触点，而不是主要针对营销观念和生活方式的改变，例如避孕套和蚊帐等产品以及计划生育咨询和疟疾筛查等服务。因此，（发展中国家社会营销的）讯息策略是围绕一个关键产品或服务展开的。附加/辅助活动会巩固核心的行为利益，特别是以行为改变为目的的传播和品牌战略。用户高度重视的、典型的附加利益，是质量有保证的、可持续性的以及低价或免费的产品和服务。有些举措被称为社会营销，有些则不是。不管标签是什么，那些采用以用户为中心的方式进行策划、实施和评估的公司，利用交换理论的原则，借助洞察研究、竞争分析等营销工具来实现目标，显然有潜在的社会营销原则。

发展中国家社会营销的转变、实施和影响与发达工业化经济国家的社会营销做法稍有不同。我们建议最好使用5B来说明这一点，因此围绕这些标题组织了这一章。我们希望这有助于解释发展中国家的社会营销以何种方式以及为何发展出了独特的特点，同时保留自愿行为改变的核心原则，将其作为推动大规模社会公益变革的动力。

本章作者之一（该作者在发展中国家设计、管理和评估社会营销项目已经超过15年）对社会营销预算的典型阻碍进行了估计，说明了发展中国家的社会营销是如何围绕5B进行建构的。

一个典型的资助者（Benefactor）预算可能在3—5年的工作范围内，在50万—1000万美元之间。通常情况下，这将分解为大约25%的其他"B"，如下所示：

- 通过产品和服务的大规模采购和包装以达成积极的行为选择，从而实现效益（Benefits）；
- 解决接近路径的障碍（Barriers）——例如，通过建立或改善产品和服务的分布逻辑；
- 使用旨在改变行为的传播方式（Behavior Change Communications），最常见的是大众媒体渠道，以促进产品和服务的新的行为规范和恰当使用；
- 通过投资技术活动（如质量控制）和关系营销活动（如后续客户服务），以发展和维系品牌（Branding）。

虽然许多从事国际发展工作的个人关于市场营销的知识和经验仍然有限，但是与社会化营销在发达国家中变得越来越普遍的原因一致，他们也对使用市场营销开始感兴趣。他们会从自己身上或从同事那里了解到，社会营销产品和服务似乎很有效——或者，至少比通过政府主导的诊所或短期免费产品供应等替代方法更有效。例如，4P在计划生育中的应用证明了有效的沟通（推广）和细分（产品选择和有针对性的促销）技巧，是如何有效和安全地（价格）提供（地点）给他们的客户需要和想要的支持的。

发展领域的工作人员知道，政府主导的诊所的低薪员工往往被病人围满，没有时间为一位担心服用避孕药有副作用的女性提供咨询。他们可能还记得，在20世纪70年代和80年代，他们遇到了相反的问题，当时他们资助的许多专业计划生育诊所都有训练有素但却被大材小用的员工。此外，他们还意识到，市场营销可以在拓展宣传活动方面发挥高度有效的作用，从而实现大规模的服务触达。公共卫生专业人员知道，即使在最贫穷的国家，将药品商业性地分销给那些私人所有、往往未经许可的“药店”也很有效，而且公共部门的供应可能很不稳定。例如，以利润为导向的商业分销系统为数百万巴基斯坦妇女提供了渠道，她们希望使用现代避孕法，但除非有男性亲属陪同，否则无法去到比当地商店更远的地方。同样的，如果一个国家有四分之一的成年人携带艾滋病毒，那么确保一个男人能在5分钟内获得避孕套是有很大意义的，但是这意味着需要说服每一个小商店、售货亭和酒吧都要进货。

换句话说，发展中国家的社会营销与发达国家的社会营销基于同样的营销原则。然而，商业市场的动态、未得到满足的消费者需求和竞争因素，包括那些影响筹资决定的因素，对发展中国家的战略和社会营销活动的开展起着非常直接和明显的作用。下面几节将进一步解释如何以及为什么这样做。

资助者

外国援助是发展中国家社会营销干预最常见的资金来源。作为一个捐赠者必然是一个具有高度影响力的利益相关者。作为重要资源的把关人，资助者最终决定提供什么资助、提供多少资助、是财政支助还是其他形式的支助，例如专家意见或合作活动。

方法、优先事项、时间表和评价措施决策也由捐赠者决定。关于外国援助的决定将以捐赠者自己的国际发展支出理论与战略以及千年发展目标等共同的国际目标为指导。

例如，捐赠者通常非常重视财政的可持续性，并且/或者对项目的支持通常在固定的时间段。退出策略和/或自我融资模式的途径可能是指定的项目目标和对资助者成功的关键指标。发展中国家的地方政府官员也可能担心，如果没有持续的捐助资金，干预行动是不可持续的。社会营销的商品或服务，即使是得到大量补贴的产品或服务，在项目结束后，对“最贫穷的穷人”来说，可能也负担不起。他们可能还担心，只针对政府设施而不是店主、私人医生和当地的“治疗师”等人的国外资金对加强当地的卫生系统建设几乎没有帮助，后者实际上为大多数发展中国家提供了50%—90%的卫生保健（Mills et al., 2002）。

下面的这一案例是本章的一位作者对在计划社会营销项目的第一阶段中遇到的典型反应的观察，这些反应说明了资金来源的影响力究竟有多大。

此外，社会营销与私营部门合作伙伴在市场研究、推广、分销和质量改进方面的整合也显著影响战略、业务方法及其执行。

界定、判断和决定资助的级别和形式显然是一个复杂的、协商的过程，需要有特殊的计划、经验和政治敏锐性。那么，资金流动的驱动力是什么，以及支持社会营销而不是其他方法的决定是什么？

在发展中国家，与卫生部公务员会面时，预计讨论将集中在避孕套等避孕用品，或者蚊帐，或者口服补液盐或碘盐上。诸如计划生育、艾滋病毒/艾滋病、疟疾或儿童卫生部门等政府卫生服务部门可能有兴趣了解这些活动的市场研究、细分、促销、定价和渠道战略以及预算。然而，最先讨论的是谁是捐赠者，以及可能的可用预算。在一个外国资助者的办公室中，关于社会营销的讨论将关注同样的健康话题，并能集中于产品和服务，但也需要考虑到其本国政府对人类发展的偏好和优先事项。在乔治·布什政府的资助下，美国资助的艾滋病项目被要求包括推广ABC（禁欲、忠诚和避孕套，Abstinence，Being Faithful and Condoms）。另一方面，发展银行的资助者可能想要谈论的是穷人可以用来购买医疗服务的代金券，以及提供这些代金券的诊所的“社会特许经营”。其他捐赠者可能会寻求确认资金不会被用于流产服务，而其他人可能会想要讨论扩大可以提供安全流产服务的诊所网络。

发展领域工作人员直觉上喜欢这样的想法：人们肯定会用自己的钱为自己购买一种产品——没有人能确定政府诊所免费发放的所有避孕套会发生什么变化。发展领域工作人员喜欢印度人、尼日利亚人、柬埔寨人，以及美国人和总部的其他人的积极进取的态度和职业道德。这些人说，他们能做这种叫作“社会市场营销”的事情。他们的简历与更传统的健康专业人士有所不同，他们可能在快速消费品公司或广告公司工作过，拥有MPH（工商管理硕士）而不是MPH（公共卫生硕士）。他们使用的语言可能也有所不同，但他们的目标与来自更传统的国际发展或卫生部门背景的目标相同。此外，由于资助者需要有影响力的证据，销售数据会提供一些非常受欢迎的指标，这些指标可以帮助确保未来的支持，继续支持积极的行为改变。具体来说，销售数据提供了一些投资回报指标，以及如何将其转化为使用蚊帐避免的婴儿死亡的数量，或者衡量使用避孕措施的已婚夫妇数量以及这个数量与出生率变化之间的关系。

利　益

积极的行为改变在任何情况下都不容易开始和维持，在极端贫困的条件下所面临的挑战更是永无止境。发展中地区的社会营销部分是由于认识到营销和市场可能能够解决其中的一些挑战，并使穷人能够采取行动改善自己的福祉和生计。在发展援助方面的市场营销理论和实践的早期拥护者已经认识到了这种方法可能带来的各种好处。与商业市场的联系提供了更有效的分销网络以及商业运营商扩大规模的能力和动力。市场营销强调双向沟通，以关系为基础的交流为老式的精英式领导的公共信息服务提供了另一种框架。

然而，支撑这一切的是对质量保证和供应连续性的承诺和投资，这两个利益点迄今为止都难以捉摸但仍至关重要，且可能支持积极的行为选择。这从根本上是不公平的，甚至可能对某个想要买避孕产品进行避孕的女人产生生命威胁——她常用的避孕产品是缺货的，或者她买到的产品是不合格的甚至是假冒的①。安全可靠的产品或服务的持续可用性是做出和保持积极行为的根本必要条件。

使用社会营销技术还提供了其他好处，这些好处可能对改善产品可用性所带来的成功影响至关重要。如果屋子里只有男人睡在蚊帐里面，那么一顶旨在保护孕妇和五岁以下儿童的蚊帐补贴就没什么用了。同样，如果需要定期将蚊帐浸入杀虫剂中以保持其保护性，但（消费者）缺乏对此的理解或购买能力，则改善接触机会不会给最终使用者带来任何净利益。令人愉快和有趣的信息告知活动和实地支持帮助服务已被用来促进和维持蚊帐定期浸渍，并加强持续不断地使用蚊帐。

购买前的行为和行为决定因素对用于社会营销的产品的有效性也至关重要。例如，事实上，一对夫妇已经谈论过要限制他们的家庭规模，是采用避孕措施的最佳预测因素（Bandura，2002）。鼓励公开讨论、转变文化规范以及提高产品的获取性，能够提升这三种认知的传播可能通过创造一种赋能和赋权的社会氛围来产生非常大规模的社会变革。例如，在泰国的避孕套推广中，随着非政府组织人口发展协会（PDA）对避孕套的大规模分发和产品质量的改进，对减缓艾滋病毒和艾滋病感染率增长，以及降低出生率的国家战略的成功起到了巩固作用。从20世纪80年代末开始，把避孕套

---

① 对假药流行情况的估计难以证实，但据信占发展中国家所有药物的10%—300%。例如，请参阅威康信托基金与美国制药集团的《伪劣药品意见形成者大会：观点与行动》，伦敦：维康信托公司，2009年。

作为社会营销产品，以及泰国性产业通过PDA的限制性营销，使得艾滋病毒感染率和艾滋病的流行率大大低于预期。在商业性性行为中使用避孕套的比例从1989年的25%上升到1993年的94%，泰国征募军人的艾滋病毒感染率从1993年的4%下降到1996年的2%，这反映了国民意识的提高以及性行为趋势的变化（Nelson et al., 1996, 转引自D' Agnes, 2001: 350–351）。

尽管孟加拉国仍然是世界上最贫穷的国家之一，但现代避孕法的使用比例仍在迅速提高（读者可能已经意识到，总体而言，随着收入的增加，生育率往往会下降）。总体生育率从1970年每位妇女生育6.3个孩子下降到2008年的2.3个，而使用现代避孕法的妇女比例提高了6倍以上，即从70年代中期的8%提高到今天的50%（World Health Organization, 2010）。PSI在1975年开始对避孕套进行社会营销，其首任主任菲尔·哈维（Phil Harvey）称其为"来自美国国际开发署（USAID）的慷慨资助"。这演变成了现在的（孟加拉国）本土社会营销公司（SMC），并成为世界上最大的社会营销项目。这一营销项目为孟加拉国各地数以千计的非临床、商业网点以及挨家挨户的女销售员那里提供口服避孕药和避孕套。超过30%的口服避孕药使用者和70%的避孕套使用者购买的是社会营销中的品牌（Harvey, 1999）。

像PSI这样的社会营销组织已经将他们的活动扩展到服务产品，如三个月一次的避孕注射，以及医疗保健服务，如艾滋病毒咨询和检测。社会营销还成功地提高了对疫苗接种等公共卫生举措的需求和接受度（McKee, 1992）。

障　碍

信息缺乏、商业市场上的商品和服务质量不合格、公共部门卫生保健的不成熟、缺乏问责制和实践，这些都是贫困国家的穷人在人类发展进步方面公认的长期障碍。

个人和社区在获得以下机会（指自主改善生计与福祉，自主改善参与社会、政治和经济决策过程的自由）时存在障碍，确定和解决这些障碍是当代国际发展的关键目标。

能力方法（Capabilities Approach）在加强和改进人类发展进程的范例方面具有高度的影响力，因为这是一个扩大个人选择和支持人类能力和自由以追求自主目标的过程。能力方法的概念最初是由诺贝尔奖获得者，经济学家、哲学家阿马蒂亚·森（Amartya Sen, 1999）提出的，之后由森和其他人继续拓展。它为联合国的人类发展方法和人类发展指数，以及最近的多维贫困指数（Multidimensional Poverty Index, MPI）提供了资料，并对其产生了强有力的影响（UNDP, 2010）。

能力方法将贫困定义为一种剥夺，即对实现目标、愿望和个人能力潜力的“自由”的剥夺。这一方法强调穷人在确定问题、确定解决办法以及减少或减轻贫穷及其影响的最适当步骤方面的主权。虽然能力方法将贫穷视为比物质匮乏更广泛的经验，但它明确认识到收入不足是穷人自主和进步的主要障碍。例如，产品和服务的成本是许多穷人获得计划生育、保健和其他基本服务和商品的主要障碍。

能力方法将“实质性自由”作为减轻贫困的关键，即指让人们实现自己独特的潜力和自主目标。那些生活在赤贫之中的人往往得不到实质性的自由，例如有机会充分参与影响生活的民主和经济进程，有发言权，正常地活到老年，并利用这些自由追求自主的愿望。因此，穷人被社会及社会制度边缘化。能力方法把市场、民主、司法和媒体等社会机构作为容纳和消灭贫穷的中心。它突出了这些机构支持或阻止个人自由的力量。该方法强调选择自由的重要性、人类发展的异质性和多样性以及社会的强大机构在支持这两者方面的关键角色和责任。

在发达国家和中等收入国家，项目有时会失败，因为物流体系运行不正常，或一线人员未经培训，又或者由不适合这项任务的经理管理这个任务。在许多发展中国家，由于公共基础设施长期缺乏资金而产生的一系列额外问题可能使弱点更加严重。糟糕的路况和通信的缺乏使物流更为困难，高文盲率或者用非本地语言印刷的说明书，意味着即使产品或服务对最终用户可用，也可能不会带来任何好处。质量不合格和社会文化因素，例如对妇女行动自由的限制，也是发展中国家穷人所遭遇的一大障碍。因此，对产品和服务的需求可能会很大，但由于社会固有的障碍，需求仍未得到满足。

以下两者有许多共同之处：社会营销对自愿行为改变的结构性障碍的概念化、将贫穷概念化为制度中介的对实质自由的剥夺。以用户为中心的研究和旨在识别和解决障碍的竞争对手分析等社会营销工具是支持能力方法发展的实用工具。社会营销明确认识到结构性影响在约束或扩展个人选择集合方面的重要性。定性消费者研究的目的是确定并表达用户对优先利益和实现这些利益的障碍的看法，例如，（这些利益）可以作为将研究和理论转化为行动的支持工具。例如，只有60%的非洲人口能够获得安全的、经过处理的水。据估计，非洲农村妇女耗费26%的时间取水，每天步行数英里从未经处理和不规律的水源地取水（WaterAid, 2007）。从能力方法的角度来看，这显然是对妇女追求其他愿望和目标的自由的严重剥夺。尼日利亚的非洲农村用水发展项目采用了社会营销、与妇女团体合作、简单过滤技术投资和培训的结合，使以前因污染而无法使用的水源安全使用。这一倡议改变了妇女、她们的家庭和她们的社区的日常生活和未来前景。

安全、卫生设施和环境的有效性差的影响往往因直接成本而加剧，即使是最基本的服务和公共事业的直接成本。非常贫穷的人在满足基本食物、住所或卫生需要等方面经常面临困难。这不可避免地意味着，他们能得到的为数不多的资源被用来满足紧急的迫切需要，而很少或根本没有钱对能够带来长期利益的产品进行投资，例如抗疟疾的蚊帐或计划生育。相比之下，在发达国家，至少对所有公民的基本医疗和社会照顾的普遍获取原则被视为公共责任。例如，英国将8%的国内生产总值（GDP）用于卫生保健，超过80%的支出由政府支付。在尼日利亚和印度，大约4%的GDP花在了卫生保健上，但在这两个国家，政府只支付了25%，其余的直接来自人们的口袋。更糟糕的是，这些私人支出大部分都花在了非正规的、不受监管的服务和产品上，而这些服务和产品的有效性乃至安全性都无法确定（World Health Organization，2010）。

在社会营销中，以补贴价格销售安全可靠的产品和服务比免费销售更为普遍。造成这一现象的原因有很多，其中一个原因是，对产品和服务收费创造了利用私营部门销售链而不是低效的公共部门销售系统的机会。在这篇文章的写作期间，在津巴布韦市面上出售的避孕套每包三个，售价十美分，但PSI卖给渠道商的价格只有一美分。这确保了足够的利润，以激励通过商业分销链向当地商店的高效配送。市场研究可以帮助确定需求的价格弹性，并设定用户认为可以承受的价格。PSI的创始人菲尔·哈维建议，如果计划生育计划有效，一年的避孕费用不应该超过平均收入的1%（Harvey，1999：131）。

对这种补贴方式持批评态度的人表示，对于那些为整个社会提供福利的产品，向非常贫穷的人收取任何费用，在道德上是值得怀疑的，而且注定会失败。例如，萨克斯（Sachs，2005）倾向于通过大规模的外资援助来建设基础设施，以及通过大规模的补贴来促成群体性转变，而不是通过“消费者选择”来改变。对补贴产品干预措施持批评态度的人认为，免费分发是惠及最贫困个人和家庭的唯一途径。此外，接近100%人口饱和的策略可以提供集体利益，从而取代了依赖于个人行为选择的策略的逻辑和规则（Teklehaimanot et al.，2007）。科恩和杜帕斯（Cohen and Dupas，2007）在一项受控的准实验干预措施的报告中发现，补贴方式在降低疟疾感染率方面不如免费分发经杀虫剂处理的蚊帐有效。

反对这一观点的一个论点是，大规模干预与自上而下的规划有关，这种规划无法预测和应对这一现实，即发展中国家表现不佳的机构和基础设施。这种大规模干预的最终结果可能是依赖发展援助，并造成资源分配效率低下，最不利的人得到的利益最少，而权力和影响最大的人得到的利益最多。例如，科恩和伊斯特利（Cohen and Easterly，2009）认为，作为一项发展战略，以市场为基础的体系比大规模援助项目更有效。

目前，在发展中国家的社会营销中，既有补贴模式，也有免费产品和服务模式。与目标群体协商，分析各种选择，并根据具体情况从实践中学习，可用于确定哪一种方式最适合当前的需要和情况。

品牌建设

在发展中国家，有效的社会营销干预措施的一个关键成功因素是确定、设计和提供相关的消费者选择，使其符合一贯安全可靠的标准。

大多数贫穷国家的不少穷人通过用自己的钱换取药物、建议和服务来获得大部分的卫生保健，但传统上很少或根本没有“消费者权利”保障（Hanson and Berman，1998；Travis and Cassells，2006）。麦凯（Mackay，2008）描述了发展中国家的穷人在评估和管理医疗服务上存在的无形困难。私人医疗市场主要是非正规的、不受监管的，政府监管参差不齐，很少被要求承担责任。因此，贫穷的“消费者”的决策具有不确定性和风险的特点，这些不确定性和风险是由于缺乏信息、缺乏补救措施以及最终缺乏任何有意义的建议或选择。品牌以开发和交付有质量保证、始终“适合用途”的产品和服务为基础，在此基础上，品牌已被用于社会营销干预以减少不确定性和风险。因此，通过在一个环境中提供更大确定性的结果，品牌为消费者创造了参与有利益行为的机会。这一环境指的是信息共享和问责制一直是积极健康行为决定的重要障碍的环境。

社会营销品牌建设的两种模式是“制造商模式”和“自有品牌模式”。“制造商模式”涉及商业制造商和分销商，他们与开发组织合作，开发现成的产品。该产品或服务由开发组织进行社会营销，商业合作伙伴承诺通过补贴和/或降低利润率实现低成本的有效性。销售量的增加有助于抵消边际利润水平的下降，而社会营销组织的支持降低了商业经营者的风险。“自有品牌模式”是基于社会营销组织使用直接采购和定价的产品或服务。社会营销组织建立自己的品牌标识和相关的传播。通过利用现有的商业配送系统，仍然可以实现高效的配送。

一般而言，在最贫穷的和最小的国家，基于大量补贴甚至免费分销的自有品牌模式，似乎是提高消费者认知度的最有效方法（在下文中我们给出了一个例子）。对捐助者来说，不利的一面是，随着需求的增长，项目成本会上升。制造商的模式是产品和服务以折扣价提供，似乎适用于中低收入群体和中等收入国家，例如约旦或土耳其，这些地方的消费者愿意或能够为现代避孕用品支付更高的价格。在这两种模式中，企业都投资于促销，并在资助者支持的产品社会营销之下发展壮大。更大的销量抵消了降低的利润率，为降低价格和持续合作提供了动力。可以通过形势分析来确定财政可持续性和最大限度利用之间的最佳平衡。此外，考虑到消费者的支付能力，筹划和理解现有的基础设施和关系有助于提前确定哪种模型可能最合适。

专业的品牌战略，以对国际安全和质量标准的承诺和消费者权利为基础，帮助提高了服务质量和问责制的水平。品牌战略还通过关系管理和持续评估来弥补信息差距。

在20世纪90年代的巴基斯坦，制造商和自有品牌的模型在全国范围内部署，这为比较这两个模型提供了机会，从而能更好地了解它们的相对优势和劣势。未来集团（The Futures Group）效仿制造商的模式，给避孕药贴上标签（Nordette），并用一个新的名字“Chabbi”进行营销（在乌尔都语中，这个词的意思是“钥匙”）。一种已被广泛使用的激素避孕药也被贴上了标签。制造商承诺通过面对面的技术建议来支持他们的产品，这些技术建议被称为“详细设计”。未来集团利用捐赠资金培训了数千名私人医生、护理人员、女性保健员，以及被称为“化学家”的店主（尽管没有人接受过任何正规的药学培训）。每位女性保健员都要为她们所在社区的妇女提供十几次小型的教育和激励会议。捐助资金没有用于价格补贴。

PSI采用自有品牌模式。努力通过电视广告、培训医生、药剂师和健康访问者以及价格补贴来支持其现有的自有品牌（Nova）产品。“绿色之星”旗下的私人全科医生、药剂师和健康访客网络也得到了PSI的支持，他们可以在“绿色之星”品牌下提供计划生育咨询和服务，包括详细设计、物流供应、品牌材料和推广、公众教育和评估。为了协调和管理私人诊所和从业人员的活动和网络以及分销物流，还成立了一个非营利组织——巴基斯坦社会营销。

最终，这两个非政府组织的共同努力为消费者提供了更多的渠道、选择和更好的质量保证，但自有品牌模式在巴基斯坦已成为更主流的模式。到2008年，绿星公司已经成为巴基斯坦最大的现代避孕方法供应商，成功地满足了最难以触及群体的需求。未来集团则还继续向市场的其他（主要是更富裕的）行业提供服务（Gardiner et al., 2006）。

关键词

国际化营销；扶贫；外国援助；以行为改变为目的的传播；发展中国家；补贴避孕套营销；社会营销。

要　点

- 社会营销的实践起源于发展中国家。
- 它通常围绕产品的营销进行组织，经常利用分销系统和推广渠道等商业产品市场基础设施。
- 经常使用行为改变通信来提高产品和服务的访问和可用性。
- 社会营销原则越来越多地被用于提高基本医疗服务的可用性、可及性和可接受性。
- 发展中国家社会营销干预的主要资助者是双边和多边捐助者。这会影响范围、目标和评价标准。
- 产品和服务的社会营销被视为对市场失败的战略和运营反应。
- 产品和服务的社会营销被视为对公共部门服务供应不足和/或不足的战略和运营响应。

参考文献

Bandura, A. (2002) 'Environmental sustainability by sociocognitive deceleration of population growth', in P.Schmuch and W.Schultz (eds), The Psychology of Sustainable Development.Dordrecht, the Netherlands: Kluwer.

Black, T.R.L.and Harvey, P.D. (1976) 'Report on a contraceptive social marketing experiment in Kenya', Studies in Family Planning, 7 (4): 101–108.

Chandy, K.T., Balakrishman, T.R., Kantawalla, J.M., et al. (1965) 'Proposal for family planning promotion: A marketing plan', Studies in Family Planning, 1 (6): 7–12.

Cohen, J.and Dupas, P.(2007) Free Distribution or Cost-Sharing? Evidence from a Randomized Malaria Prevention Experiment.Washington, DC: The Brookings Institution.Available at: http: //www.brookings.edu/~/media/Files/rc/papers/2007/12_malaria_cohen/12_malaria_cohen.pdf (accessed 2 December 2010).

Cohen, J.and Easterly, W.(2009) What Works in Development? Thinking Big and Thinking Small.Washington, DC: The Brookings Institution.

D'Agnes, T.(2001) From Condoms to Cabbages.Bangkok: Post Books.

Gardiner, E., Schwanenflugel, D.and Grace, C.(2006) Market development approaches in Pakistan: A case study.Extracted from Market Development Approaches Scoping Report.Available at: http: //www.eldis.org/index.cfm? objectId=82A43EC1-0209-60B4 (accessed 24 January 2011).

Hanson, K.and Berman, P.(1998) 'Private health care provision in developing countries', Health Policy and Planning, 13(3): 195–211.

Harvey, P.(1999) Let Every Child be Wanted: How Social Marketing is Revolutionising Contraceptive Use Around the World.Westport, CT: Auburn House.

Kotler, P.and Zaltman, G.(1971) 'Social marketing: An approach to planned social change', Journal of Marketing, 35: 3–12.

Mackay, B.(2008) 'From life insurance to safer sex: Reflections of a marketing man', Social Science and Medicine, 66: 2168–2172.

McKee, N.(1992) Social Mobilization & Social Marketing: Lessons for Communicators.Penang, Malaysia: Southbound Press.

Meadley, J., Pollard, R.and Wheeler, M.(2003) Review of DFID Approach to Social Marketing. London: DFID Health Systems Resource Centre.

Mills, A., Brigha, R., Hansen, K.and McPake B.(2002) 'What can be done about the private health sector in low income countries? ' Bulletin of the World Health Organization, 80: 325–330.

Sachs, J.(2005) The End of Poverty: Economic Possibilities for Our Time.New York: Penguin Books.

Sen, A.(1999) Development as Freedom.Oxford: Oxford University Press.

Teklehaimanot, A., Sachs, J.D.and Curtis, C.(2007) 'Malaria control needs mass distribution of insecticidal bednets', Lancet, 369(9580): 2143–2146.

Travis, P.and Cassells, A.(2006) 'Safe in their hands? Engaging private providers in the quest for public health goals', Bulletin of the World Health Organization, 84(6): 427.

UNDP (2010) United Nations Development Report 2010.The Real Wealth of Nations: Pathways to

Development.New York：Palgrave Macmillan.Available at：http：//hdr.undp.org/en/media/HDR_2010_EN_Complete_reprint.pdf.

Walsh，D.C.，Rudd，R.E.，Moeykens，B.A.and Moloney，T.W.（1993）'Social marketing for public health'，Health Affairs，12（2）：104–119.

WaterAid（2007）Women and WaterAid Issues Sheet.Available at：http：//www.wateraid.org/documents/plugin_documents/women_and_wateraid_issue_sheet_1.pdf（accessed 2 December 2010）.

World Health Organization（2010）World Health Statistics 2010.Geneva：WHO Press.

第二十三章

为可持续环境服务的社会营销

休·皮蒂　肯·皮蒂

❖ 福祉的环境基础

社会营销人员追求的目标通常包括努力提高或保护个人或社会团体的福祉和生活质量。社会营销干预有四个主要的行为领域（Kotler and Lee, 2007）：

- 健康改善，包括健康饮食、体育活动、药物滥用、性行为和一系列与哮喘、糖尿病和抑郁症相关的特定行为，或与免疫、母乳喂养或口腔健康等健康行为相关的行为。
- 安全及伤害预防，包括道路安全、枪支安全、预防家庭暴力以及家庭中的意外事故预防。
- 社区参与，包括志愿服务、慈善捐赠、献血或器官捐赠、参与选举或参与教育。
- 环境保护，包括减少浪费、节约用水和能源、防止乱丢垃圾、保护野生动物栖息地、安全使用农药和预防野火。

虽然上述领域通常被视为不同的行为类别，但它们之间的界限是可以渗透的，有时甚至是可以跨越的：例如，志愿参加一个保护环境的社区计划。

在社会营销实践和学术研究中，对健康的行为研究往往占主导地位，但保护自然环境在我们的福祉、生活质量和健康方面起着重要作用。然而，对于生活在西方工业化经济体中的许多人来说，这并不总是立即显现出来。由于技术和相对富裕，西方工业化经济体中人们的生活方式在一定程度上与现实环境是绝缘的。

在人类福祉领域，环境的基础性作用被描述为“生态系统服务”的科学概念，指的是人类从维持生命的物质环境中享受福利（WRI, 2005）。这些服务包括我们的食物、水和燃料，以及我们从环境中获得的木材和纤维等材料，以提供住所、服装和药品等产品。生态系统还通过调节气候和温度、阻止疾病蔓延以及水质与污水管理来保护我们的福祉。它们也提供了无形的、但仍然重要的、娱乐的和精神上的好处，有助于我们的健康和福祉（Aron and Patz, 2001; Corvalan et al., 2005）。

20世纪见证了全球人口的空前增长和个人享受的平均物质生活水平的提高。在21世纪最后一个季度，以实际条件计算的人均国内生产总值（GDP），几乎翻了一番（World Bank, 2004）。然而，这并没有阻止以下情况的出现：在20世纪结束后，将近30亿人每天生活费不足两美元、估计每天有三万名儿童的死亡与贫穷直接相关（UNICEF, 2000）。经济增长也付出了巨大的环境代价。2005年，联合国为期四年的生态系统评估研究项目（WRI, 2005）得出结论，随着20世纪后半叶无与伦比的经济增长，60%的全球生态系统服务已经退化，这已经“导致了地球上相当大的、不可挽回的生物多样性的损失”以及“人类福祉和经济发展的成果……已经以许多生态系统服务退化的形式付出了越来越大的代价……一些群体的贫困加剧。如果这些问题得不到解决，将大大减少后代从生态系统中获得的好处”。

也许令人好奇的是，从社会角度来看，我们对促进健康的理解很大程度上与我们对环境健康的理解是分离的，而这两者在实践中却是密不可分的（Kelly and Doherty, 2003）。空气和水质是全球健康和福祉的两个关键性决定因素（Corvalan et al ., 2005），同时也包括环境问题，例如气候变化给健康带来挑战，因为它改变了许多病原体的生活条件和地理位置，比如传播疾病的蚊子（McMichael et al ., 1996）。促进和保护全球乃至未来的人类健康和福祉，在很大程度上取决于我们改善和保护地球健康以及我们所有人都赖以生存的生态系统的能力（Aron and Patz, 2001）。这是一项社会营销有潜力为之做出巨大贡献的任务（Maibach, 1993），然而对于这项潜力，我们现在才真正开始适当利用。

❖ 针对环境的可持续行为："两个世界"议程

可持续发展所面临的社会和环境挑战是全球性的，但各国的优先事项各不相同。部分原因在于工业化和经济增长的成本和收益分配不公平。总的来说，社会、政治、教育和经济体系相对成熟和稳定的富裕国家提供了支撑经济增长和工业化的大部分技术和资金。推动工业化和经济增长的许多人力资源，特别是自然资源，都来自相对贫穷的国家，它们的社会、政治、教育和经济体系不够成熟和稳定（这两套因素往往都与前几个世纪富裕国家的帝国主义战略历史有关）。工业化的经济利益不成比例地向较富裕国家累积，而社会成本，尤其是环境成本，不成比例地向较贫穷国家累积。

凯恩斯等人在第二十二章指出，国际发展议程为社会营销的发展提供了一些早期推动力。尽管社会营销实践的增长主要是通过在较富裕国家的应用而实现的，但在较贫穷国家中仍有许多成功的干预措施可以从中吸取有益的经验。两位霍拉基尔（Dholakia and Dholakia，2000）强调了社会营销对于解决许多较贫穷国家的社会、经济和生态危机的潜在价值，以及它在计划生育、提供小额信贷、预防疾病和提高识字率等问题上的成功应用。然而，具有讽刺意味的是，尽管许多较贫穷的国家可以从提供更好的环境保护、健康保健和减少贫困的进一步社会营销干预措施中获益良多，但它们往往缺乏稳定和有利的制度框架，这些框架是社会营销人员成功开展活动所依赖的（Dunhaime et al.，1985）。

无论一个国家的财富和发展水平如何，有许多问题都需要社会营销活动。抗击艾滋病毒/艾滋病的传播、应对酗酒、提倡戒烟、减少碳排放或应对水资源短缺等，这些只是社会营销人员跨越贫富差距所应对的生活质量挑战中的一部分。其他行为的改变和社会营销的优先事项反映了生活在这一鸿沟两边的差异，与贫穷和富裕相关的行为都在环境退化中扮演着潜在的角色（Leiserowitz et al.，2005）。富裕国家的社会营销干预措施经常处理与富裕有关的生活质量和福利问题，包括肥胖、久坐不动的生活方式以及与过度工作、压力和追求物质生活方式有关的精神健康问题（通常被统称为"富贵病"，James，2008）。

在较贫穷的国家，社会营销优先事项经常反映贫穷的现实和争取获得基本福利手段的斗争，例如充足的营养食品、干净的水、教育和基本保健。相比之下，富裕国家的大多数人通常认为这些事情是理所当然的。在消费经济中，保护环境的社会营销侧重于减少个人间接影响环境的活动：例如，促进回收或减少家庭能源使用（Barr et al., 2006）。在较贫穷的国家，环境保护往往涉及改变对环境更直接的影响的行为，例如阻止偷猎或过度开发野生食物来源、过度砍伐用于燃料和木炭的木材资源、或导致土壤侵蚀的农业做法（Corvalan et al., 2007; Regmi and Weber, 2000）。

对于那些在富裕国家从事保健工作的人来说，可能很容易认为可持续发展和环境保护不是社会营销人员的优先事项。所需要变革的规模和性质，似乎更需要强有力的监管，需要提供替代资源和能源的新技术，需要更好的贸易和援助政策来解决全球贫困问题，而不是进行营销活动。现实情况是，社会营销人员在环境保护方面可能发挥至关重要的作用，因为人类与地球之间不可持续的互动反映了人类的一系列行为（Leiserowitz et al., 2005）。

❖ 可持续性环境的关键行为领域

在富国和穷国，究竟哪些与环境有关的行为能够而且应该成为社会营销干预的重点是一个重要问题。可持续发展议程的性质使问题变得复杂，这意味着某一特定行为的含义和动机可能会明显纠缠在一起。一个简单的行为改变，比如从开车到骑自行车，是社会营销人员一直在努力推广的（James, 2002），它为个人提供了健康利益，通过减少碳排放带来环境利益，以及通过减少交通流量带来社区利益，但对于一个人来说，它的动机可能纯粹是为了省钱，甚至（对于那些生活在交通拥堵地区的人来说）节省时间。因此，骑车是否构成一种环境行为，取决于你是否根据动机（在这种情况下，它可能是，也可能不是）或后果（在这种情况下，它是，但只是在其他方面）来定义这种行为。

在最广泛的层面上，两位埃尔利希（Ehrlich and Ehrlich, 1990）提出的IPAT公式指出了关键行为，即人类对环境的影响是人口、财富（人们享受的平均物质生活标准）和提供这些生活标准所涉及的技术的作用。这在宏观层面上产生了几个关键的行为领域，这几个领域对环境的可持续性具有重大影响。

生殖行为

1930至2000年期间，全球人口大约增加了两倍，超过了60亿人（UNPF, 2007），这一进程大大加剧了《千年生态系统评估报告》所揭示的日益严重的生态压力。取得可持续性进展的一个被广泛同意的办法是控制人口增长率，特别是在相对贫穷但人口众多的国家。这是一个传统上社会营销很活跃的领域（通常与以避孕套为基础的、对抗艾滋病毒/艾滋病的策略相结合）。社会营销的应用范围和有效性使得哈维（1999）将其描述为：这是在世界范围内关于避孕产品使用的革命。这是行为改变的成功案例的一个重要部分，在2000年，全世界62%的处于生育年龄的已婚妇女使用避孕措施（UNPD，2001）。

移民行为

影响环境和人类生活质量的不仅是绝对人口数字，人口的空间分布也很重要。自2000年以来，这种平衡发生了变化，历史上首次有更多的人生活在城市而不是村庄（UNPF，2007）。如果人口出生率和移居模式的最新趋势继续下去，到2030年将有20亿人生活在城市贫民窟，这将极大地挑战在较贫穷国家工作的社会营销人员改善健康和减轻贫困的能力。人口超过1000万的"特大城市"（到2000年有18个）的增长也将为这些城市的内陆地区带来严重挑战，这些地区需要提供必要的水和食物，并承载人们产生的垃圾。这突出了管理未来移民行为的重要性，特别是贫穷国家从农村到城市的移民。社会营销是否能够有效地阻止或扭转人口从农村社区流入城市贫民窟的流动，可能成为今后的一个重要问题。

消费行为

我们享受的是与总体富裕水平相关的行为，尤其在西方工业化的消费经济体中，如果我们要建立有可持续环境的经济和社会，这可能需要巨大的改变。这并不是说，改变消费行为完全是发达国家的议程。较贫穷国家生活水平的提高导致了"营养变迁"效应，即人口从以谷物、根茎和块茎作物为基础的传统食品消费转向不断增长的对肉类和乳制品、精加工食品以及糖、油和脂肪的消费（Popkin，2002）。例如，从1986年到2007年，发展中国家对肉类的需求翻了一番。对这一转变的关注通常集中在与饮食有关的健康问题上，但它也对环境产生重大影响（Lang，2002）。对环境的影响体现在，与通过谷物和蔬菜为人类提供类似水平的营养相比，肉类和奶制品的相对能量和用水密度以及对温室气体的贡献往往存在显著差异（Carlsson-Kanyama and

Gonzalez, 2009)。

人们普遍认为，消费模式是社会不平等和环境恶化的重要驱动因素（Burgess et al., 2003）。然而，大多数政策举措都聚焦于试图改变生产技术和方法，而不是试图解决消费的社会驱动因素，或远离工业化经济体中强烈的唯物主义文化（Mont and Plepys, 2008）。在向可持续性发展的过程中，最具挑战性的可能是改变一种文化，在这种文化中，经济增长和消费增长在很大程度上代表着不受挑战的期望和社会规范。杰克逊（Jackson, 2009）在他的专著《没有增长的繁荣》中，详细而令人信服地论证了全球向目标性增长转变，将其作为追求可持续发展的机制。这只涉及将经济增长的战略目标对准贫穷国家，因为贫穷是对福利和可持续性的主要威胁。对于已经富裕起来的国家来说，重点是控制经济萎缩，追求不依赖于经济增长的生活质量改善。无论有多少环境科学和经济证据支持这种需要，在公共政策、社会规范和期望方面的这种根本性变革显然将面临一场争取人们接受它的艰苦战斗。要降低对已经富裕的国家经济和消费增长的预期，就需要相当大的上下行社会营销，才能有机会把这种理念作为一种战略选择而不是通过环境、社会或经济需要来采用（甚至作为一种可行的替代方案加以讨论）。

在某些情况下，技术修正可以成功地绕过顽固的行为。例如，让大型电器处于待机状态会消耗大量的能源，而带来的便利却相对较少。2000年，一个典型日本家庭的年待机用电量估计为398千瓦时，约占家庭用电量的9.4%（Sasako, 2001）。制造商因此寻求降低电器的待机功耗。就索尼（Sony）新一代的生态感知电视而言，他们绕过了改变消费者行为的需要：待机功耗接近于零，还有一个“状态传感器”（presence sensor），如果人们离开房间，它就会关闭电视。

技术进步无法克服所有形式的环境影响，经常被其他类型的变化所抵消。如果我们拥有更多的节油型汽车但将它们开得更远，那么拥有更多的节油型汽车并不意味着进步。在已经采取措施改变消费者行为以减少环境影响的地方，他们主要集中在消费者更换产品或增加废弃产品和包装的回收率方面，这些方面相对来说不具有挑战性的变化（Belz and Peattie, 2009）。要在消费经济中实现转型变革，从而实现可持续发展，就需要进行更具挑战性的变革。正如杰克逊（2005: 105）在其广泛的以消费者行为为重点的文献综述中指出，实现行为改变正“迅速成为可持续发展政策的‘圣杯’”。

种植行为

虽然IPAT公式中的“技术”一词可能意味着工业过程和“高科技”解决方案，但它更广泛地指我们生产和消费产品的方式。根据这个宽泛的定义，对环境影响最大的技术之一是农业。这意味着农村农业社区和经济中的行为将在决定环境质量是否得到保护或破坏方面发挥重要作用（Regmi and Webber, 2000）。超过三分之一的地球表面已经被用于农业，在不破坏其他有价值的环境资源（如森林或泥炭沼泽）的情况下，扩大这一领域几乎没有什么前景（WRI, 2005）。农业已经使用了全球70%的可用淡水，并且占温室气体排放的14%（另外18%与土地使用的变化有关，主要是由农业用地的转换引起的）（Steinfeld et al., 2006）。改进农业活动有可能减少能源使用和温室气体排放，保护生物多样性，保护水资源和避免污染。

具有讽刺意味的是，在科特勒和萨尔特曼1971年发表的一篇开创性文章中，改变由来已久的农业实践被当作是对市场营销者的严峻行为挑战的一个例子。社会营销对于促进可持续农业土地管理的潜在价值已得到认可（Duxbury, 2003），并鼓励农民采取以下做法：

- 阻止由于过度使用化肥和杀虫剂而导致的土壤侵蚀或枯竭，或通过沥滤对水资源造成污染。
- 避免单一栽培，采用有机方法，保护自然野生动物保护区，例如建造篱笆墙，通过这些方法来保护生物多样性。

然而，与健康干预措施相比，这种应用相对少见，尽管确实存在一些例子（Jacobson et al., 2003）。在实践中，农场的社会营销干预通常集中于农场工人的健康和安全、消费者的食品安全或影响人类健康的水质保护，而不是通过农业实践保护环境质量。

技术采用行为

我们使用的技术是环境影响的一个重要决定因素，但这通常被认为是监管部门或那些关注社会责任商业战略的部门的职责，而不是社会营销人员的职责。无论如何，社会营销在采用更环保的技术中扮演着重要角色，因为成功的技术创新具有很强的行为成分。例如，在英国等国家，我们看到了鼓励采用更节能的家用锅炉的公共运动，包括通过报废计划提供财政奖励，以补充制造商的商业营销努力。

如果不解决诸如抗拒改变、感知风险、易用性、美观和时尚等行为问题，新的绿色技术就无法在市场上取得成功。能够显著提高环境可持续性的技术可能会挑战现有的消费者习惯和惯例，并可能要求人们重新考虑其价值和优先事项。这正是最可能引发消费者抵制的创新类型（Garcia et al., 2007），然而消费者对绿色创新的抵制仍然是一个未得到充分研究和理解的问题。

可持续发展需要不同的战略，以鼓励不同类型的经济采用创新和技术，以反映其发展阶段和富裕水平。塔可（Tukker, 2005）概述了三种经济类型的策略：

1. 工业化的消费经济需要在保持经济活动水平的同时，大幅度降低消费资源强度。可持续发展至少需要“因素4”（Factor 4），这将使四分之一的物质和能源资源获得同等水平的经济效益。

2. 中国、印度和南美主要经济体等新兴工业大国需要避免踏上富裕国家曾走过的不可持续的发展道路，而是应“跨越”到更可持续的技术和生产消费模式。

3. 非洲和亚洲部分地区的“金字塔底层”经济受到鼓励，发展和采用创新的、专门的技术和解决方案，提高个人和社区的生活质量，但不会显著增加资源消耗。

在这个宏观层面上，社会营销人员可以寻求解决的行为通常涉及重大的、有意识的决策过程，而不是基于生活方式的习惯性行为。从一个农村社区迁移到一个小镇，改变农场的种植计划，“减速”到一个低消费的生活方式，安装一个低能锅炉、生孩子都可能是决策过程的产物，社会营销人员可以寻求影响（但需要说明的是，基于生活方式的习惯性行为可能是根本没有决定的结果，而是反映了习惯或机会）。其他行为，特别是与消费的累积影响有关的行为，可能更多地与低参与度的“日常”行为有关。这些行为可能很少涉及有意识的选择，而且通常更多地受历史、习俗、环境和习惯的支配（Push and Warde, 2002）。社会营销人员最难以影响的行为类型是一个值得讨论的有趣问题，但重要的是要认识到他们可能需要不同类型的方法。

❖ 激励支持环保的行为

在个人行为层面上，对支持环境行为（pro-environmental behaviour, PEB）的大多数学术研究可以大致分为两类，以反映个人所扮演的两种截然不同的角色。第一个关注是我们作为消费者的行为，包括我们改变所购买的产品的意愿，产品是如何被使用和消费的，以及我们如何处理由此产生的任何二手产品或浪费（Jackson, 2005）。第二个关注是我们作为公民的行为，包括我们通过政治行动、慈善捐款和对我们生活的社区的环境质量的直接自愿捐款来为公共利益做出贡献的意愿（Turaga et al., 2010）。虽然这些研究在最初很大程度上是分开的，也反映了不同的学科，但随着"公民消费者"（citizen consumer）和消费者行动主义等概念的兴起，这些研究正日益交织在一起（Turaga et al ., 2010）。

社会营销与采用这两种形式的支持环境行为有关，因为它可以影响在许多不同角色中工作的个人的行为。许多运动针对的是个人消费和生活方式背景下的行为，但另一些运动针对的是他们作为父母或公民的角色（例如鼓励投票的运动），而"上行"运动可能侧重于个人作为组织中有影响力的成员的角色（Andreasen, 2006）。

研究数据表明，在这两种形式的消费行为中，消费导向行为在世界范围内比公民/政治行为更普遍（Leiserowitz et al., 2005）。可以说，它们对环境的直接影响更大。关于消费价格指数的主要贡献来自管理和营销，在管理和营销中，非常强调消费者购买有机食品、可再生能源和低能耗电器等产品。消费者支付价格溢价的意愿是研究的主要焦点，特别是与能源消费相关的（Banfi et al., 2008）。其中一些研究从更广泛的角度看待消费，包括满足消费者需求的替代策略（如产品到服务的分部门或公共产品共享）、产品使用阶段的行为以及家庭废物管理和产品处理策略。生态经济学和工业生态学等学科也采用了这种更广泛的消费观点，并将重点放在产品的物质影响和经济影响上。

人们很自然地认为，商业营销的目标受众是消费者，而社会营销的目标受众则是其他角色（如父母或公民），然而现实要复杂得多。个人健康和环境健康都受到我们购买和消费行为的影响，特别是在食品和运输等领域。因此，政策制定者对促进消费者行为的改变很感兴趣，无论是通过他们自己的运动，还是通过影响商业的政策，比如食品标签规定或汽车税。类似地，这些关注可以促使公司积极参与营销活动，以追求与更好的个人和环境健康相关的社会目标。这些策略可以代表企业社会责任和基本价值观的表达，或者仅仅反映与在环境敏感市场运营相关的机会或感知威胁（Belz and Peattie, 2009）。例如，在20世纪70年代初的石油危机期间，鼓励国内的节能行为始于“关掉它”的公共信息宣传活动，此后成为社会营销活动的主题，它也成为许多能源使用（和节约）产品的能源供应商和制造商的商业营销策略的一个关键方面。

健康行为领域是社会营销发展的主要领域，在这一领域与支持环境行为之间也存在有趣的相似之处。过去，由于过分强调信息和知识在驾驶行为中的作用，两个领域都遭受了损失。社会营销的出现在一定程度上反映了早期基于健康信念模型的干预方法的弱点，以及基于信息不足的方法，以鼓励人们采取更健康的行为（Janz and Becker, 1984）。这与可持续消费领域非常相似。在可持续消费领域，诸如理性行为理论或计划行为理论的消费者行为模型，也同样过分强调了对信息赤字的应对和对人们信仰和态度的关注（Jackson, 2005）。关于支持环境行为的研究文献的一个关键特征是态度和知识与实际行为之间的弱关系（通常是显著的差距）（Peattie, 2010）。这也是为什么社会营销的应用在激励支持环境行为方面具有如此潜在的价值，因为它能够让人们超越意识，从而实现行为改变。

❖ 为有利于环境的行为设定优先次序

追求更可持续的消费者行为的另一个重要方面，是确定通过社会营销干预影响哪些行为的优先次序。这可能很困难，因为作为消费者，我们对环境的总体影响反映了构成我们生活方式的一系列复杂、多样和相互关联的行为的总和。它反映了我们生活中的重大决定，比如我们住在哪里，我们选择住在哪里，我们和多少人一起生活。它也反映了我们每天采用的无数习惯行为。某一特定行为对环境的影响也会随着时间、空间和环境的变化而发生显著的变化。英国人吃冷藏的英国苹果或海运的新西兰苹果，其能源和气候变化的相对平衡会随着季节的变化而变化。在英国具有重要意义的节能行为，对挪威这样一个几乎完全依赖可再生水力发电的主要产油国来说，意义要小得多。

在某些情况下，试图以“点滴帮助”为主题，鼓励有利于环境的行为，却促进了影响相对较小的行为，这往往会模糊而非理清行为的优先事项。麦凯（2008：68）分析了不同行为对能源使用的影响，并评论了普遍的消费者建议的相对价值，即在不使用手机时关掉充电器。麦凯指出，“关掉一天的充电器所节省的能量，在开车的一秒钟内就会用完……关掉充电器一年所节省的能量相当于一个热水澡的能量。”风险在于，通过鼓励消费者改变某些贡献相对较小的行为，他们仍然会觉得自己在实现可持续生活方式方面取得了重大进展。这相当于一个肥胖者觉得他们吃得很合理，因为他们在饮食中添加了一些沙拉。

在工业化经济体中，个人消费对环境的影响主要是由相对较少的产品类别造成的。这有助于将社会营销努力集中在那些影响最大的行为上。欧洲产品环境影响（European Environmental Impact of Products，EIPRO）项目（Tukker et al.，2005）严格分析了基于家庭消费产品环境影响的证据。它评估了255种国内产品，以应对各种各样的环境影响，得出的结论是，欧洲消费者生活方式的总影响中，70%—80%只与以下三个消费领域有关：

- 食物和饮料；
- 住房（包括家庭能源）；
- 交通（包括通勤、休闲、度假）。

这些消费领域被转化为潜在的行为组合，作为英国政府环境、食品和农村事务部（UK government's Department for Environment，Food and Rural Affairs）的社会营销方法促进可持续行为研究的一部分（Defra，2007）。随后，绿色联盟举办的消费者研讨会被用于识别一些行为，这些行为将重大的环境影响与公众可能接受的程度相结合，有可能成为未来变革的催化剂。这个过程产生的简短清单包括下列行为，其中许多已经成为社会营销活动的主题：

1.进行家庭环境审计。这是在澳大利亚开展的“生态智慧”（EcoSmart）社会营销项目的一个关键组成部分。

2.处理家居能源效益。包括：安装微型家具；隔离；购买节能电器；安装智能电能表。

家庭能源效益一直是社会营销干预的一个流行目标，比如加拿大的社区住宅能效项目（Kennedy, 2001）。由于它的目标是提供财政和环境利益的行为，因此活动往往侧重于促进行为改变，例如，为家庭隔离提供财政补贴。

3.处理家居用水效率，包括安装水表。在世界上许多水资源压力比英国大得多的地区，这甚至是行为优先考虑的问题，也是麦肯齐-莫尔（2000）倡导的成功的基于社区的社会营销活动的重点。另外，请参阅第十章。

4.寻找短途旅行（少于三英里）的替代交通工具。这是澳大利亚非常成功的“智慧出行”（TravelSmart）社交营销活动的一个基本目标（James, 2002）。值得注意的是，交通行为往往非常复杂，受地点、当地基础设施和生活方式的影响更大，而非具体的选择。这使得交通行为对社会营销人员产生的影响变得尤其困难和复杂（Cao and Mokhtarian, 2005）。

5.使用低碳汽车。尽管从逻辑上看，这可能是一个商业营销领域，但由于消费者缺乏清洁汽车的技术知识，以及对加油、可靠性、服务和保险的担忧，有许多行为问题会阻碍他们转向选择低碳汽车。因此，社会营销方法被视为鼓励使用低碳汽车的战略（Kurani and Turrentine, 2002）。

6.减少短途的国内和地区（欧盟内部）航班。到目前为止，减少短途航班市场的尝试是非政府组织活动的焦点，而不是具体的社会营销活动。然而，在益普索-莫里调查机构（Ipsos MORI）的报告《引爆点或转折点：社会营销与气候变化》（Downing and Ballantyne, 2007）中，这被强调为行为改变运动的潜在可行目标，因为存在可行的替代方案，可以鼓励消费者使用。

7.购买当地的和季节性的食物（如果可能的话，选具有认证的）。这也与商业营销有关，特别是零售商的农产品营销策略。然而，也有一些社会营销活动来推广这种消费行为，比如威斯康星州马奎特大学的校园“慢食”运动。

8.减少食物浪费。在英国的“热爱食物，杜绝浪费”（Love Food, Hate Waste）社会营销活动中，通过鼓励特定行为，例如，提前计划膳食以减少原料浪费，并展示如何从剩菜中创造出美味的膳食，试图鼓励居民减少英国的80亿英镑的食物浪费账单（Smithers, 2007）。

9.减少对动物蛋白的依赖。减少饮食中以动物为基础的蛋白质水平一直是社会营销活动的重点，这一重点是减少肥胖和心脏病，但它也有可能大大减少温室气体排放（Downing and Ballantyne, 2007）。

减少短途航班的使用或减少动物蛋白的消耗等行为变化，突出了以下二者的区别：社会可持续性营销，以及针对更可持续的产品和服务的传统商业方法。要在可持续性方面取得真正进展，就需要“去营销”某些产品、技术和消费者行为形式。应用社会营销来促进一种行为，如减少消费，将使社会营销人员进入一个领域，在这个领域中从商业营销中吸取的潜在教训相对较少（Peattie and Peattie, 2009）。这也是基于“社会主张”概念的社会营销组合（参见第十章）比将消费更少的产品称为“产品”更有意义的地方。最终，寻求促进消费减少的社会营销人员的关键经验可能来自其他社会营销应用项目的经验，如戒烟或解决肥胖问题。从本质上讲，挑战在于克服工业化经济体对过度消费的社会依赖，而从解决其他形式的依赖中吸取的教训可能很有价值。

强调减少消费也可能使商业和社会营销人员走上某种冲突的道路。尽管许多关键部门的商业营销人员都在寻求降低其产品对环境的影响，但商业组织（和社会）仍然强调增长，这使得减少消费成为生产者和消费者难以接受的社会目标。这可能会在以下二者之间产生冲突：与可持续性挑战（如航空旅行）相关的产品的商业营销人员，以及试图减少或改变消费活动（如防止破坏性的气候变化）的社会营销人员。同样，从现有的社会营销努力中吸取的教训，包括“关键的社会营销”，以抵消商业营销人员的影响（参见第六章和第十六章），例如，涉及烟草公司，将是一个重要的洞察力来源。

❖ 支持环境行为的伙伴关系

试图促进更可持续的生活方式和消费行为的过程，创造了一个有趣的模糊社会营销和商业营销（和营销人员）界限的过程。这一过程最终的目标主要是社会的，然而消费行为的关键背景基本上（或者至少传统上）是商业的。

社会营销通常涉及将商业营销人员的微营销理念、工具和技术运用到社会语境中，以达到宏观营销的社会目标。在追求环境可持续性的过程中，影响消费者的行为通常有一个互惠的方面，即采取社会营销人员的社会目标，并在商业消费环境中应用这些目标。

随着企业寻求采取企业社会责任和可持续的营销策略，商业和社会营销人员在消费者中鼓励支持环境行为的区别就变得不那么明显了。这就创造了一种新的情况，即寻求追求更可持续的营销策略的商业营销人员可以从社会营销人员那里学到有价值的经验（Belz and Peattie, 2009）。虽然减少消费的议程可以使社会营销和商业营销者反对，但整体的可持续性议程也可以鼓励他们联合起来，推广采用一种环境优越的技术、产品或消费行为。

社会企业（主要通过商业手段追求社会目标的组织）的营销策略和涉及商业和社会伙伴的、与环境原因相关的营销策略，只是使社会营销和商业营销世界变得更加交织的两个领域。边界模糊过程的另一个例子来自影响国内行为的商业活动。例如，宝洁（洗涤剂的制造商）（Proctor & Gamble, Ariel）和玛莎百货（Marks & Spencer）等公司发起了一系列活动，鼓励消费者在30摄氏度时用机器清洗衣服，这是一种简单的行为改变，可使洗衣节能41%左右。IPC在2007年的绿色问题研究表明，88%的人在30摄氏度时改变了自己的行为习惯，他们受到了影响。宝洁公司在鼓励这种改变上有商业上的既得利益，因为这与他们的产品在低温下的高效洗涤性能有关。对于玛莎百货来说，这一活动与产品无关，但它是其“企业可持续发展战略计划”的一部分，该战略旨在改善其业务各个方面的社会和环境绩效，包括客户行为。关于30摄氏度时清洗对环境（和省钱）的好处的信息来自制造商、零售商和政府宣传活动，接收到这一信息的消费者对什么是商业和什么是社会营销并没有明确的界定。

模糊过程的最后一个例子是公平贸易。在这个过程中，通过赞助一个为咖啡或糖等商品确定最低价格的品牌，以较贫穷国家的生产者和生产者社区所获得的社会和环境利益为基础，将这一咖啡推销给（主要是）工业化国家的消费者。这样做的标准中，也包含基于生物多样性的环境保护因素。这是一种商业运作，在这种运作中，营销商既促进了消费者的利益（这通常结合了对产品质量的重视以及对生产者和环境的更广泛的社会利益）。虽然背景可能是传统的商业营销，但在向消费者推销一种社会主张时，心态更接近于社会营销，这与选择和购买某种特定类型的产品有关（Golding and Peattie, 2005）。

这些模糊的界限表明，商业、公共和第三部门组织之间有相当多的机会开展伙伴活动，在人们的消费行为和生活方式中促进社会公平。这对社会营销有一定的影响，因为它已经证明了自己是一个有效的机制，可以发展合作伙伴关系，并将这些部门的努力结合起来（Andreasen, 2006）。

关键词

可持续发展；环境保护；生态系统服务；环保行为；消费削减。

要　点

- 可持续发展是一种平衡经济发展与社会福利和环境保护的办法，目的是改善和维持目前的利益相关者和后代的生活质量。社会营销有潜力在可持续发展议程范围内对解决贫困、健康不平等和环境保护等广泛问题作出贡献。要解决的两个重要但有争议的行为领域是穷国的人口控制和减少富国的过度消费和低效使用资源。
- 人类健康和环境健康议程传统上是分开考虑的，但环境挑战，如气候变化对健康的影响，表明环境质量对人类健康和生活质量有非常直接的影响。
- 一系列行为问题是环境保护的关键。利于环境的行为与我们作为消费者和公民的角色有关，但这些角色正在开始融合。关键行为可能包括重大的生活变化，如生孩子或搬迁，以及与家庭消费和日常生活有关的“日常”行为。许多环境影响与我们的家庭运行，我们吃的食物，我们的交通和旅行行为有关。
- 随着社会营销从关注特定行为或个人发展，到考虑生活方式和社会环境（尤其是社区的影响）的更全面的方法，它越来越适合于影响环境行为。

参考文献

Andreasen, A.R.(2006) Social Marketing in the 21st Century.Thousand Oaks, CA: Sage Publications.

Aron, J.L.and Patz, J.A.(2001) Ecosystem Change and Public Health: A Global Perspective. Baltimore, MD: Johns Hopkins Press.

Banfi, S., Mehdi, F., Massimo, F.and Martin, J.(2008) ‘Willingness to pay for energy-saving measures in residential buildings’, Energy Economics, 30 (2): 503–516.

Barr, S., Gilg, A.and Shaw, G.(2006) Promoting Sustainable Lifestyles: A Social Marketing Approach.London: Department for Environment, Food and Rural Affairs.

Belz, F.-M.and Peattie, K.(2009) Sustainability Marketing: A Global Perspective.London: Wiley.

Burgess, J., Bedford, T., Hobson, K., Davies, G.and Harrison, C.(2003)'(Un) sustainable consumption', in F.Berkhout, M.Leach and I.Scoones (eds), Negotiating Environmental Change: New Perspectives from Social Science.Cheltenham: Edward Elgar, pp.261–291.

Cao, X.and Mokhtarian, P.L.(2005) 'How do individuals adapt their personal travel? A conceptual exploration of the consideration of travel-related strategies', Transport Policy, 12 (3): 199–206.

Carlsson-Kanyama, A.and González, A.D.(2009) 'Potential contributions of food consumption patterns to climate change', American Journal of Clinical Nutrition, 89 (5 Suppl): S1704–S1709.

Defra (2007) Survey of Public Attitudes and Behaviours toward the Environment.London: Department for Environment, Food and Rural Affairs.

Dholakia, R.R.and Dholakia, N.(2000) 'Social marketing and development', in P.N.Bloom and G.Gundlach (eds), Handbook of Marketing and Society.Thousand Oaks, CA: Sage Publications.

Downing, P.and Ballantyne, J.(2007) Tipping Point of Turning Point: Social Marketing & Climate Change.London: Ipsos MORI.

Dunhaime, C.P., McTavish, R.and Ross, C.A.(1985) 'Social marketing: An approach to Third-World development', Journal of Macromarketing, 5: 3–13.

Duxbury, L.(2003) 'Communication and its role in bringing about sustainable land management', Environmental Health, 3 (2): 85–94.

Ehrlich, P.R.and Ehrlich, A.H.(1990) The Population Explosion.New York: Simon and Schuster, pp.58–59.

Garcia, R., Bardhi, F.and Friedrich, C.(2007) 'Overcoming consumer resistance to innovation', MIT Sloan Management Review, 48 (4): 82–88.

Golding, K.and Peattie, K.(2005) 'In search of a golden blend: Perspectives on the marketing of fair trade coffee', Sustainable Development, 13 (3): 154–165.

Harvey, P.D.(1999) Let Every Child be Wanted: How Social Marketing is Revolutionizing Contraceptive Use around the World.Westport, CT: Greenwood.

Jacobson, S.K., Sieving, K.E., Jones, G.A.and Van Doorn, A.(2003) 'Assessment of farmer attitudes and behavioural intentions towards bird conservation on organic and conventional Florida farms', Conservation Biology, 17 (2): 595–606.

Jackson, T.(2005) Motivating Sustainable Consumption: A Review of Evidence on Consumer Behaviour and Behavioural Change.London: Policy Studies Institute.

Jackson, T.(2009) Prosperity without Growth.London: Sustainable Development Commission.

James, B. (2002) 'TravelSmart, large-scale cost-effective mobility management: Experiences from Perth, WA', Municipal Engineer, 1: 39–48.

James, O. (2008) The Selfish Capitalist.London: Vermillion.Janz, N.K.and Becker, M.H. (1984) 'The health belief model: A decade later', Health Education Quarterly, 11: 1 -47.

Kelly, G.and Doherty, M. (2003) 'Healthy, wealthy and wise: A systematic approach to environmental and social health', Environmental Health, 3 (20) : 11–25.

Kennedy, R.D. (2001) 'Social marketing of the Residential Energy Efficiency Project: Effective community implementation of a national program', Environments, 28 (3) : 57–72.

Kotler, P.and Lee, N.R. (eds) (2007) Social Marketing: Influencing Behaviors for Good. Thousand Oaks, CA: Sage Publications.

Kurani, K.S.and Turrentine, T.S. (2002) Marketing Clean and Efficient Vehicles: A Review of Social Marketing and Social Science Approaches.Davis, CA: Institute of Transportation Studies, University of California.

Lang, T. (2002) 'Can the challenges of poverty, sustainable consumption and good health governance be addressed in an era of globalization? ' in B.Caballero and B.M.Popkin (eds) , The Nutrition Transition: Diet and Disease in the Developing World.London: Academic Press, pp.51 -70.

Leiserowitz, A.A., Kates, R.W.and Parris, T.M. (2005) 'Do global attitudes and behaviors support sustainable development? ', Environment, 47 (9) : 22 -38.

Mackay, D. (2008) , Sustainable Energy – Without the Hot Air.Cambridge: UIT.

McKenzie-Mohr, D. (2000) 'Promoting sustainable behavior: An introduction to community-based social marketing', Journal of Social Issues, 56 (4) : 543–554.

McMichael, A.J., Haines, A., Slooff, R.and Kovats, S. (1996) Climate Change and Human Health.Geneva: World Health Organization.

Maibach, E. (1993) 'Social marketing for the environment: Using information campaigns to promote environmental awareness and behavior change', Health Promotion International, 8 (3) : 209–224.

Mont, O.and Plepys, A. (2008) 'Sustainable consumption progress: Should we be proud or alarmed? ' Journal of Cleaner Production, 16 (4) : 531–537.

Peattie, K. (2010) 'Green consumption: Behavior and norms', Annual Review of Environment and Resources, 35: 195–228.

Peattie, K.and Peattie, S. (2009) , 'Social marketing: A pathway to consumption reduction? ' Journal of Business Research, 62 (2) : 260–268.

Popkin, B.M. (2002) 'An overview on the nutrition transition and its health implications: The Bellagio meeting', Public Health and Nutrition, 5: 93–103.

Regmi, P.P.and Weber, K.E. (2000) 'Problems to agricultural sustainability in developing countries and a potential solution: Diversity', International Journal of Social Economics, 27 (7–10) : 788–801.

Sasako, M. (2001) Standby power consumption of household electrical appliances in Japan.Third International Workshop on Standby Power, Tokyo, 7–8 February.

Smithers, R. (2007) Campaign Launched to Reduce UK's £8bn Food Waste Mountain.Available at: www.politics.guardian.co.uk, November 2.

Steinfeld, H., Gerber, P., Wassenaar, T., et al. (2006) Livestock's Long Shadow – Environmental Issues and Option, Rome: FAO.

Taylor, D.W.and Muller, T.E. (1992) 'Eco-literacy and environmental citizenship: A social marketing challenge for public sector management', Optimum, 23 (3) : 6–16.

Tukker, A. (2005) 'Leapfrogging into the future: Developing for sustainability', International Journal of Innovation and Sustainable Development, 1 (1/2) : 65–84.

Tukker, A., Huppes, G., Guinée, J., et al. (2005) Environmental Impact of Products (EIPRO) 2005: Analysis of the Life Cycle Environmental Impacts Related to the Total Final Consumption of the EU25.Brussels: European Commission Joint Research Centre.

Turaga, R.M.R., Howarth, R.B.and Borsuki, M.E. (2010) 'Proenvironmental behaviour: Rational choice meets moral motivation', Annals of the New York Academy of Sciences, 1185 (1 Ecological Economics Reviews) : 211–224.

UNICEF (2000) Progress of Nations Report.Paris: UNICEF.

UNPD (2001) Majority of World's Couples are Using Contraception.New York: United Nations Population Division.

UNPF (2007) State of the World's Population 2007.New York: United Nations Population Fund.

World Bank (2004) World Development Indicators.Washington, DC: International Bank for Reconstruction and Development.

WRI (2005) Ecosystems and Human Well-being: Synthesis Report (Millennium Ecosystem Assessment).Washington, DC: World Resources Institute/Island Press.

第二十四章

不同寻常的业务：
社会营销对政府决策和策略策划的贡献

杰夫·弗伦奇

❖ 为什么政府应该使用社会营销?

迄今为止，社会营销一直是为数不多的专业学者和实践者的领域。然而，我们现在看到许多公共部门组织、机构和政府缓慢而稳定地采用社会营销。为什么现在会发生这种情况?

许多驱动因素聚集在一起，让大家对将社会营销应用于政府的关键政策和行为挑战产生了更多兴趣。从字面意义上重复地讲，人类行为是公共部门所有政治和随后的政策制定、战略制定和业务执行的核心。由于日益强大的人口权力，想要继续掌权的政府或寻求力量的政党今后将更多地关注发展政策和干预措施，这些政策和措施不仅要得到选民的支持，而且也要日益受到公民的界定、参与和公民需求的满足。

社会营销强调把人作为发展干预的起点，同时社会营销是一个功能强大的工具，需要被更加系统地应用——政客们通常很容易理解这一点，因为政治过程本身越来越受到营销的影响，政客们也越来越需要成为营销专家。最近的一份报告明确指出，迄今为止，为帮助人们改变行为所做的许多工作，并没有像在应用社会营销和利用地理人口统计方面采取更有系统的方法那样有效。社会营销能够做到（Boyce et al., 2008: vii）："让重要官员洞察不同人群的需求和行为。应在PCT（初级保健信托）工作人员中发展这些技能，并改进他们在工作中使用的关于当地公共卫生需求的数据的质量和数量。了解如何使用社会营销工具，并拥有关于当地需求的可靠数据，是找到解决方案的关键第一步。"

公民日益获得权力，这一事实对国家支持的旨在让世界变得更美好的干预措施具有重大意义。这意味着，人们的目光越来越多的关注于让人们为自己和他人做正确的事情，这是前进道路的关键部分。这意味着服务和干预是由满足公民需求的愿望驱动的，而不仅仅是由专家或政治家定义的需求。

另一个推动因素是与主要政策领域相关的行为挑战日益提升的重要性。例如，人们逐步认识到卫生是一项基本人权，也是许多政府成功的标志。良好的卫生状况也将经济优势传递给各州，并促进一个更有效和可持续的卫生保健系统。目前的证据表明，应对慢性疾病需要一个兼顾临床干预和初级预防的平衡方案，重点是行为改变。卫生资源分配和社会包容也日益成为大多数政府面临的挑战——最需要服务的人，往往风险最大，最需要支持行为改变的人，最不可能获得服务来支持他们。我们也知道，长期成本和可持续性是关键问题。大多数政府都在经历这样的增长：卫生保健预算占国内生产总值（GDP）的比例越来越大。从长期来看，这种趋势可能是不可持续的，对所有国家来说都是一项重大挑战。然而，有充分的证据表明，经过周密计划和执行的行为改变方案具有很高的成本效益，并可减少对卫生保健系统和费用的需求：

综述表明，改善10%的预防效果和社会营销可以为家庭节省70亿英镑，减少30亿英镑的公共支出，减少15亿英镑的雇主成本，产生的社会价值超过80亿英镑（Lister et al., 2006: 11）。

在英国，有五分之四的75岁以下人群的死亡是可以避免的。现有的公共卫生运动目前并没有惠及那些继续吸烟、缺乏锻炼、饮食不良和酗酒的人。与我们的经济稳定和国际安全并驾齐驱的是可预防的疾病造成的财政损失。我们的经济分析估计，该国的可预防疾病的年度总成本至少1870亿英镑。相对而言，这相当于英国GDP的19%（NSMC, 2006: 3）。

预防比治疗更具成本效益。特别是针对高风险群体，预防可以大大提高成本效益（Belot, 2006: 19）。

有证据表明，加拿大约25%—30%的疾病可归因于以下四个风险因素：

吸烟；

缺乏身体活动；

不健康的饮食模式；

过度饮酒（Ministry of Health Planning，2003：9）。

市场营销在政府政策和战略发展中的应用不足和误读以及如何应对

许多试图改变行为的政府政策都是无效的，或者评价很差，很难判断它们是否有效（French and Mayo，2006；Hills，2004）。然而，近年来，关于在行为改变领域中什么起作用、什么没起作用，以及如何规划和实施此类干预措施的知识有了显著增长，但这些知识通常并不总是用于塑造国家干预措施或地方社区干预措施。更糟糕的是，一些政府实施以媒体为基础的宣传计划，他们知道，除了制造一种政府正在采取行动的感觉之外，这些计划几乎不会产生什么效果。在这种情况下，政府及其官员和与他们合作的机构似乎陷入了这样一种境地：它们都知道，所交付的东西几乎没有成功的机会，但它们仍在这方面投入时间和精力。在应对行为挑战和迅速采取行动方面，常常存在政治和政策方面的压力。这通常意味着，广告和其他媒体营销活动被视为表明正在采取行动的一种快速方式。这种情况可以被描述为“消极挫败的阴谋”。

这种阴谋的动机不是希望项目失败，也不是想愚弄公众说解决方案是已知的，而是更积极、更容易理解的动机，比如想要做某件事并迅速完成，或者相信人们需要鼓励和信息。通常也有一个非常真实的政治需要，就是要让人们相信有些事情是可以做到的，政府也显然可以做到，媒体促销、广告和其他形式的大众传播是社交营销人员想要使用的极为强大的工具，在适当的情况下，作为适当的营销和政策组合的一部分，可以发挥主要作用（Hornick，2002；Lannon，2008）。然而，关键是它们应该作为计划和协调营销策略的一部分使用，而不是作为默认的解决方案。

在支持政策制定和战略制定的过程中，市场营销的六个错误应用进一步困扰着政府的沟通和营销。这些问题涉及：

1.单一工作模式。

2.短期规划和预算编制，以及在范围和发展方面的投资不足。

3.缺乏基于效果的预算。

4.糟糕的或不一致的评估。

5.缺乏社会焦点战略。

6.表述不清的目的和目标。

单一工作模式问题源自不同的政府部门和机构负责不同的政策领域，例如减少吸烟、交通安全、回收利用、能源使用等。通常，即使在单一部门或机构，相关的行为问题由不同的政策、通信和营销团队处理，如非法药物滥用、酒精滥用或性健康。这种在公共部门进行营销的方法导致了友方竞争和潜在低效的情形。人们经常发现，政府机构为了吸引公民的注意力或影响同一目标群体之间的行为变化而相互竞争。这种情况经常发生，即使从公民的角度来看，安全饮酒和安全性行为等问题是可以有效解决的，但这两个问题在实际决策和随后的行为中往往密切相关。

人们往往认为需要迅速采取行动，这不仅是由于政治原因，而且是由于与年度预算编制方案有关的部门压力。许多公共部门经理都知道"要么动用预算，要么失去预算"这句话。预算剩余鼓励人们迅速支出资金，尤其是在财政年度接近尾声时，以确保他们的预算不会在下一年被削减。广告业众所周知，在短时间内花费大量资金的为数不多的方式之一是用在大众媒体广告上，公共服务支出的最后一个季度通常是一个广告大丰收的时期。这些压力导致媒体、甚至是营销项目的效率降低，如果有足够的时间，效果就不会是这样。

缺乏注重效果的预算是许多公共部门传播和营销方案未能成功的另一个原因。基于效果的预算包括采用三步制预算方法。首先，在全面确定范围阶段，去寻求预算，以收集研究、数据和证据，并对可能的干预形式提出初步假设。预算分配的第二阶段是构建开发阶段预算，以对可能的干预形式进行预测试、细化和评估。这一阶段的高潮是开发一个完整的业务案例和应用建议预算的时间尺度，这些预算将需要在指定的目标群体中交付可衡量的结果。许多公共部门的"项目"不是以效果为基础的预算编制形式，而是从分配一笔固定的资金开始的。因此，公共部门的营销人员和沟通人员面临的问题不是"我们需要在多长时间内投资多少才能实现我们希望实现的目标"，而是未来三个月内，你能用这么多钱做什么？

要使社会营销得到更严肃的重视并吸引足够规模和持续时间的资金，最有效的策略之一是建议并采取上述以效果为中心的预算编制的三步法。

在公共部门的传播和营销中，糟糕的评估也很常见。当一个项目的真正考验是行为的改变时，评估往往侧重于意识或知识的提高。制定更全面的评估战略是说服政府采取社会营销干预措施的另一个关键策略。评估策略应包括过程、影响和结果评估要素。过程评价应跟踪方案的效率，就是说，它是否达到了预期成本的人数。影响评估应该捕捉到社会营销计划的直接或短期影响，也就是说，更多的人在呼叫帮助热线（热线是该计划一部分）。结果评估应该关注并提供证据证明人们确实在改变他们的行为，比如说，现在有多少人的垃圾回收达到了预期的水平？

行为改变方案还需要一套明确的、可衡量和可实现的行为目标，可在指定的时间范围内实现。许多政府方案往往不切实际，或者在相反的极端情况下，没有明确的目标。

根据美国退休人员协会的比尔·诺韦利的说法，选择错误的目标是非营利组织重复最多的错误之一。很多时候，人们会围绕错误的前提或错误的目标制定一个精致的计划。皮尤慈善信托基金会（Pew Charitable Trusts）的芭芭拉·贝克（Barbara Beck）说，一个成功的项目，无论我们如何定义，都必须从非常清晰、现实、可衡量的目标开始（Fenton Communications，2009：4）。

❖ 社会营销对政府政策和策略制订的贡献

社会营销中的第5个P指的是政策（Policy）。各国政府面临的许多挑战反映在跨国和全球趋势中。人民、政府和更广泛的全球经济之间的联系正在迅速改变，反映出政策发展面临的新挑战。

应用社会营销方法意味着要认识到，在任何给定的情况下，都存在着对政策的一系列影响，以及一系列可能的干预选择，可以用于不同人群实现特定的目标。有证据表明，单一干预措施通常不如多级干预措施有效；重点是对所选择的干预措施之间的相对平衡或整合作出合理的判断。这样做是在战略层面上它可以被描述为“战略性干预组合”，这是不同的社会营销组合4P。

通常被称为4P的营销组合，包括价格、地点、产品和促销，对于开发和提供社会营销干预的一些关键原则来说，这是一个有用的助记符号。“战略干预组合”指的是政府可以用来改善人民生活的五种主要公共部门政策工具的组合。所有的自由民主社会都使用这五种工具和它们的组合，为公民提供更好的生活体验（见图24.1）。

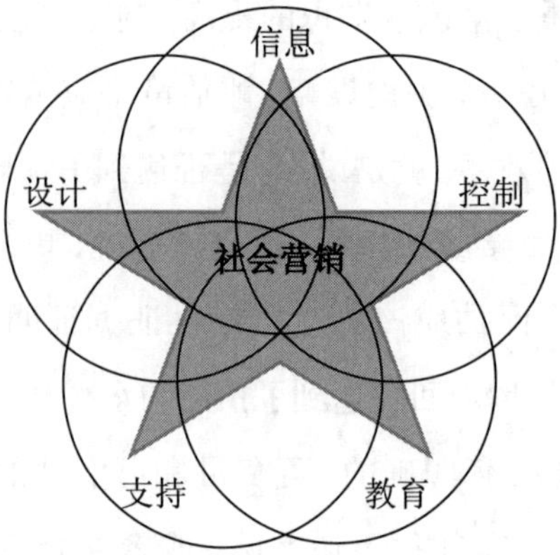

图 24.1　策略性干预组合

这些工具可以这样理解：

1.控制。利用法律和法规的力量作为一套规则体系，并对个人、组织和市场的行为进行激励和惩罚，以达到社会公益目的。

2.信息和说服。告知和沟通事实和态度，并可能寻求说服和建议的行为。

3.教育。通知和授权关键的决策，建立对利益的认识，培养改变和个人发展的技能。

4.设计。创造支持自我和社区发展以及安全的环境和程序。

5.支持。国家和其他集体供资的货物和服务，以支助双方商定的社会优先事项。

每一种工具都有自己的优点和缺点，但五种工具都需要被用来构建一个综合的社会改进策略。英国的全国烟草控制运动就是一个很好的例子。“2000无烟行动”（Go Smoke Free 2000）采用了持续的方法和广泛的干预措施来减少吸烟（www.gosmokefree.co.uk）。这些措施包括，戒烟服务与国家公共场所禁烟相辅相成，教育项目和对购买烟草制品的税收优惠相结合。无烟行动还利用了营销组合，在不同的“地点”（网络、电话、初级保健设施）提供不同的“产品”，以合适的“价格”（降低成本和牺牲，以及节约），适当地（通过综合营销和媒体项目）进行推广。正如下面一节所述，社会营销可以对所有这些干预形式的开发和应用作出重大贡献。

❖ 政策协调与整合

重要的是，还应规划和执行跨部门的行为改变方案。各国政府面临的大多数行为挑战，将需要与私营部门组织和非政府组织建立合作伙伴关系，以确保在一段持续的时间内，能够在这个问题上投入足够的努力和资源。一个多层面的方法，即政府部门和利益相关方合作伙伴的若干部门结合他们想要达到的目标的共同愿景，比在单一工作模式中制定的单一计划更有可能成功。确保政策一致性始终至关重要，然而有许多跨政府的方案具有相互矛盾的目的和目标。

从这里提出的证据来看，没有单一的干预措施，也没有简单的补救措施，可以减轻慢性病的负担。正如我们从烟草方面的经验中学到的那样，它需要在多环境、多因素、多战略方法中长期投入技能和资源（Ministry of Health Planning, 2003: 10）。

在降低吸烟率方面，最成功的干预措施包括多种政策组合，包括价格上涨、广告限制、吸烟场所限制、消费者教育和戒烟疗法（Goodman and Anise, 2006: 12）。

所有成功的行为方案都利用政府/非政府组织/利益相关方的综合战略来实现变革。这种方法的一部分是发展利益相关者联盟。“任何行为改变计划都应该与利益相关者组织合作制定，这一点至关重要”（NICE, 2007: 20）。与外部利益相关者合作可以提供：

- 对消费者行为的有用洞察。例如，英国肥胖社会营销战略的发展涉及许多零售组织，他们对消费者/目标群体的关键群体的行为贡献了有价值的洞察。
- 在更广泛的政治环境中提供战略建议和支持。利益相关者通过与部长们的直接接触，经常绕过政府的层级流程。
- 接近目标群体的组织——提供“主要信息提供者”。例如，慈善机构发起的英国烟草运动，旨在避免人们对“戒烟”的坏印象。
- 在荷兰，一场与超市和其他私营部门盟友合作的“肥胖观察”运动带来了饱和脂肪消费的有利变化。

政府不能单独行动，应使公民和私营部门都积极参与（Department of Work and Pensions, 2009: 36）。

良好的政策制订和社会营销

我们知道，在政策的任何领域，只要有强大的知识库，并就应该做什么达成广泛共识，高度的中央政策规范就可以发挥作用——只要它关注几个关键的优先事项。在对什么有效的认识较少的地方，通过制定广泛的政策目标进行管理更有可能取得成功，使一线管理人员和工作人员有更多的自由来开发和测试新的方法（The Prime Minister's Strategy Unit, 2006）。我们还知道，让政策制定者参与决策，并确保他们的知识在政策过程的早期得到使用，可以提高效率。这两个政策理解领域都有助于社会营销的应用，以帮助制定商定的行为目标，并使人民和提供服务的工作人员参与制定行动方案。我们还知道，当开发水平型网络以帮助获取和共享最佳实践时，有效的决策就会产生效果（The Prime Minister's Strategy Unit, 2006）。实质上，有效的政策制定应该包括以下部分（Bullock et al., 2001; Mulgan and Lee, 2001）：

1.围绕效果制定政策。

2.政策应该由最终用户的欲望和需求来决定。

3.政策应当是包容和公平的。

4.政策应当以证据为基础。

5.政策应避免给传播机构或其他部门带来不必要的负担。

6.所有相关的利益相关者都应该参与决策。

7.政策制定应该向前看，向外看。

8.政策应该形成体系，以从经验中学习。

核心决策过程本质上是关于理解问题，即理解背景情况以及利益相关者（包括受到问题影响的利益相关者和可能是解决方案的一部分的利益相关者），然后在深入了解现有证据和经验的基础上开发解决方案。决策过程的下一个阶段是根据商定的标准和风险，制定和测试可能的干预措施和组合。接下来，遵循策略的选择，达成可实现的目标，以及如何衡量这些目标。如上所述，可以战略性地使用社会营销概念和原则，以确保强大的客户焦点直接影响到识别和选择适当的干预措施。

制定能够对政府面临的许多重大行为挑战产生影响的政策，至少需要同时具备短期、中期和长期战略思维。

我们可以战略性地使用社会营销，以确保对目标受众行为的理解直接影响到对适当政策和干预措施的识别和选择。

没有公众广泛支持的政策和不能满足其目标受众需要的战略，不太可能取得成功。因此，有必要使政策的受益者或受影响社区以及正在制定、执行和监测政策进展的人对旨在改善公共卫生的政策产生一种主人翁意识。不能或不愿执行的政策只会适得其反，因为它只会分散人们的注意力，制造冷嘲热讽。公共政策的制定是官员的责任，这些官员由专业人士支持，他们能够就为政策提供信息的证据和组织问题提供建议。公共政策应制定一个明确的目标，以实现这一目标，并以同样明确的、以证据为基础的政策基础及其干预措施为支持。

如果要建立所有权，如果要用所有可用的专门知识来指导战略的制定，制订政策实施战略就需要涉及尽可能广泛的利益联盟。社会营销在支持政策和战略发展的信息方面可以发挥作用，并在此过程中创造一种所有权意识和购买政策。社会营销还可以帮助政客和政府官员测试该政策，并通过目标受众参与的过程加以完善。利用焦点小组、调查、访问、观察研究和其他收集公民意见的形式，可以成为有力的工具，以确保制定政策和战略的方式，使其得到旨在提供帮助的人的支持和采纳。政府和政党越来越多地使用这种以公民为中心的方法来发展和测试政策和战略，以帮助它们制定具有广泛支持的宣言。

❖ 开发社会营销的战略方法

战略是组织为实现其目标战略而协调运用的所有资源，与经营性社会营销策划不同，它涉及战略分析、战略选择和战略实施，这三个任务本质上是迭代的。战略既关注组织、服务或部门的结构和运作方式，也关注其如何制定具体计划并运用其资源实现具体目标。战略的制定包括以下七个步骤：

1.明确确定和编纂当前的任务目标。

2.同意选择新战略的标准。

3.描述当前的战略并评估其优缺点。

4.评估当前和未来的外部机会和威胁。

5.总结分析结果和结论。

6.根据内部和外部分析的结果和结论，生成新的选项，并对每个选项进行分析。

7.选择一个新的战略。

公共部门战略将制定明确的目标、时间框架和用于执行战略的资源。该战略将通过一系列行动和干预方案执行，其中将有具体项目。如果要使政策有机会实现其目标，就必须确保充分理解这一简单的管理过程。在政策—实践连续体中，所有这些要素之间需要有内在的一致性。在制定公共政策时，往往有一个短期的政治推动力直接从制定政策跳到建立若干试验项目，甚至是全面的干预方案，而没有充分制订一项长期战略，其中包括一项能够同时取得过程和结果数据的完善的评价战略。制定有效的政策需要系统地处理每一个规划阶段。还需要确保政策制定和执行之间保持一致，并最大限度地利用所有的学习机会，以确保未来的战略和政策发展能随时间越来越有效，让过去的错误不会重演。

关键词

5P政策；政府对营销的误解；基于效果的预算；社会营销规划；社会营销战略；政策一致性和整体性；消极挫败的阴谋。

要　点

- 当你想要影响政治家和高级政府官员或者说服他们应用社会营销方法时，有必要运用社会营销原则来彰显：你会影响和激励他们对事物的理解，你能提供什么帮助他们实现他们的优先级和承诺。
- 各国政府还面临着关键的挑战，即不仅要更好地响应人民的需求，而且要确保公共资金的每一分钱都得到妥善使用，并产生可衡量的公共利益。社会营销系统的规划过程和对可衡量结果的关注也使其成为那些负责制定和实施社会变革方案的人的自然选择。

参考文献

Belot, M.(2006) Prevention in the Curative Sector.CPB Memorandum.The Hague: CPB Netherlands Bureau for Economic Policy Analysis.

Boyce, T., Robertson, R.and Dixon, A.(2008) Commissioning and Behaviour Change: Kicking

Bad Habits Final Report.London: The King's Fund.

Bullock, H., Mountford, J.and Stanley, R.(2001) Better Policy Making.London: Centre for Management and Policy Studies.

Department of Work and Pensions (2009) Communicating with Customers.London: Department of Work and Pensions.

Fenton Communications (2009) Now Hear This.The 9 Laws of Successful Advocacy Communications.Washington, DC: Fenton Communications.

French, J.and Mayo, E.(2006) It's Our Health! London: National Consumer Council.

Goodman, C.and Anise, A.(2006).What is Known about the Effectiveness of Economic Instruments to Reduce Consumption of Foods High in Saturated Fats and Other Energy-Dense Foods for Preventing and Treating Obesity? Copenhagen: WHO Regional Office for Europe.Online: http: // www.euro.who.int/document/e88909.pdf

Hills, D.(2004) Evaluation of Community-Level Interventions for Health Improvement: A Review of Experience in the UK.London: Health Development Agency.

Hornick, R.C.(ed) (2002) Public Health Communication Evidence for Behavior Change.New Jersey: LEA.

Lannon, J.(2008) How Public Service Advertising Works.Henley-on-Thames: COI, IPA WARC.

Lister, G., Fordham, R., Mugford, M., et al.(2006) The Societal Costs of Potentially Preventable Illnesses: A Rapid Review.Healthy Futures 2.Cambridge: Palgrave.

Ministry of Health Planning (2003) Prevention that Works: A Review of the Evidence Regarding the Causation and Prevention of Chronic Disease.(Consultation Draft).Chronic Disease Prevention Initiative: Paper #2.Victoria, BC: Prevention and Wellness Planning, Population Health and Wellness, Ministry of Health Planning.

Mulgan, G.and Lee, A.(2001) Better Policy Delivery and Design.A discussion paper.London: Performance and Innovation Unit, Cabinet Office.

NICE (2007) 'Behaviour change at population, community and individual levels', NICE Public Health Guidance 6.London: National Institute for Health and Clinical Excellence.

The Prime Minister's Strategy Unit (2006) The UK Government's Approach to Public Service Reform.London: Cabinet Office.

第六部分

社会营销实践

第二十五章 社会营销与宣导（威廉·D.诺韦利 博·沃克曼）

这一章说明公共政策宣导与社会营销的整合。两位作者拥有在美国退休者协会（AARP）工作的经验，因此讨论了整合两类社会转变策略的协同优点。AARP是美国一家拥有五十多年历史的会员制非营利组织，帮助50岁及以上老年人提升生活质量。这一章详细说明两个案例：（1）“等到了解了候选人态度时，你再投票”活动（Don't Vote….until you know where the candidates stand on the issues）；（2）通过公民宣导，促成医疗保险处方药物覆盖范围D部分药物计划的发展与制订。这一章说明整合社会营销与宣导来影响上行因素（upstream factors）并改变社会规范与法律的效果，同时也讨论了将这种协同方式应用到社会转变时面临的挑战。

第二十六章 社会营销与烟草控制（蒂莫西·杜赫斯特 洪永·贝丝·李）

在高收入国家，吸烟是健康状况不佳与过早死亡问题的最高风险因素。因为吸烟是可以预防的风险行为，两位作者分析了控烟领域中的社会营销实践。他们描述了要干预的目标市场已经按照一定的维度进行了细分，这与预防吸烟与戒烟方式相似；他们还描述了营销组合因素是如何协同发展起来的。为了显示有效项目策划的基本原则，两位作者分析了反规范化讯息生产（de-normalization messaging）、恐惧诉求、社会与文化规范的影响程度。作者们强调了新媒介以及Web 2.0技术的应用、控烟社会营销项目的持续评估的重要性。

第二十七章 社会营销与健康教导（罗伯特·J.麦克德莫特 凯利·R.麦科马克·布朗 罗斯玛丽·撒克里）

社会转变与行为改变领域中的健康教导与健康促进活动已经有四十多年的历史了。与之相比，社会营销是比较新的概念。作者指出，虽然全球范围内的社会营销社区项目与活动已经获得了明显成功，但健康教导者在应用社会营销时，仍持续存在挑战。这些挑战包括：缺乏理解，对立的价值观念，竞争、受众细分与目标确定方面的困难。高等教育机构必须创造社会营销的学历教育项目，并总结促成并维持行为改变的方式。作者们还认为，应当创建社会营销与健康教导人员的全球专业组织。

第二十五章

社会营销与宣导

威廉·D.诺韦利　博·沃克曼

❖ 社会营销与社会变革简史

营销可以在想法、问题和事业中应用的观点已经存在很长时间了。1969年，菲利普·科特勒和西德尼·利维认为，“营销是一种无处不在的社会活动，远远超出了牙膏、肥皂和钢材的销售。”从那时起，社会营销已发展成为能够有效实现社会变革的学科，赛奇出版社决定委托编写这本手册，以及卫生与公众服务部（the Department of Health and Human Services）将增加社会营销的使用作为其“2020年健康人群”（Healthy People 2020）目标的一部分，就证明了这一点。

社会营销的概念由科特勒和萨尔特曼在1971年定义，并在1989年受到了科特勒和罗伯托（Roberto）的重新确认：

> 一种社会变革管理技术，涉及项目的设计、实施和控制，旨在提高单个或多个目标采用者群体中社会观念或实践的可接受性。它使用了市场细分、消费者研究、产品概念开发和测试、定向沟通、促进、激励和交换理论等思想，以使目标采用者的反应最大化（Kotler and Roberto 1989：24）。

最初，社会营销实践与参与社会变革的营销产品密切相关——例如，避孕药和控制婴儿腹泻的口服补液盐。之后，1994年发生了一个重大转变，当艾伦·安德烈亚森认为社会营销不是一种理论或一套独特的技术，而是一个社会变革项目的过程，它以私营部门的营销过程为模型（Andreasen, 1994）。他还说，“增加社会观念或实践的可接受性”不应成为社会营销的目标。社会营销的最终目标应该是行为的改变，他给出的定义如下：

社会营销是将商业营销的概念和工具应用在项目中，这些项目旨在影响目标受众的自愿行为，其主要目标是改善目标受众和/或他们所属社会的福利（Andreasen, 1994）。

他后来指出，社会营销可以由非营利组织和公共部门组织进行（Andreasen, 2002），但他也提醒说，借鉴布鲁姆和诺韦利（1981）以及福克斯和科特勒（Fox and Kotler, 1980）的研究成果，非营利组织和营利性组织在许多重要方面存在差异。非营利性部门在应用营利性工具时，必须考虑到这些差异。

安德烈亚森的社会营销观被广泛接受，并在本质上确立了社会营销的根本目标不仅是对观念的营销，而是对行为的影响。

- 让人们开始并维持积极的行为，例如体育活动；
- 说服人们停止或不开始一种消极行为，例如吸烟。

随着行为改变被确立为社会营销的最终目标，学者和实践人员开始定义社会营销如何适应其他的社会变革方法。安德烈亚森（2002）建立了六个社会营销基准，现已被国家社会营销中心（National Social Marketing Centre）（Blair-Stevens, Slater, and French, 2006）及其他人（如《社会营销季刊》）改编为实践标准，并且也将其作为将社会营销与其他社会变革干预和社会变革计划区分开来的标准：

1.行为改变了底线。

2.坚持使用受众调查。

3.细分目标受众。

4.与目标受众建立有吸引力和激励性的交流。

5.试图使用所有的“4P”（产品、价格、场所和促销）策略。

6.注意期望行为所面临的竞争。

与社会变革有关的文献中有一种共同的观点，确定了社会干预的三个层次，有助于实现有效的社会变革（Stokols, 1996; McLeroy et al., 1988）。

第一级干预在个人层面。这种方法的基础是，为了解决重大的社会问题，个人最终必须采取不同的行为。因此，这些干预措施的重点是让个人改变行为。由于社会营销关注的是个人行为的改变，所以这是它的主要市场。

第二级干预是在社区级别。这种方法的支持者认为，通过改变社区中可接受行为的标准，而不是关注个人，可以更有效地实现社会变革。他们认为，当社区的规范和价值观发生变化时，个人也会改变他们的行为，而且这种变化将更加可持续。

第三级干预发生在结构层面。这里的观点是个人和社区的改变能力受到社会结构的限制，即法律、公共政策、机构、技术的可用性等。这种方法的支持者倾向于关注媒体宣传、公共政策宣传以及实现社会变革的法律和立法手段（Wiener and Doescher, 1991）。

在这些干预层面，罗斯柴尔德（1999）确定了三种干预工具：教育、营销和法律。

教育是指“试图告知和/或说服目标以特定方式自愿行事，但不提供任何形式的直接和/或即时的奖励或惩罚信息”（Rothschild, 1999）。

营销是指“在鼓励自愿交流的环境中，通过强化激励和/或后果来管理行为的尝试”（Rothschild, 1999）。与教育不同的是，市场营销为人们所期望的行为提供了一种直接而及时的交流。

教育和营销涉及自愿的行为，而法律涉及使用强制手段以非自愿的方式让行为发生。有时候自由市场机制的发展可能会催生不理想的交易，法律也被用来“提高或降低这种概率”（Rothschild, 1999）。

对于那些参与领导社会变革的人来说，这个框架为项目的开发提供了一个有用的范例。从业者必须首先确定适当的干预水平，以及确定重点应该放在个人、社区层面，还是结构性的变化上。然后，他们必须确定社会变革目标是否可以通过自愿的个人行为改变来实现，或者改变法律是否更合适。如果自愿的行为改变被认为是最合适的，他们必须决定是通过教育实现最好，还是通过建立基于公认准则的社会营销计划实现更好。

我们在美国退休者协会的经验告诉我们，成功领导社会变革往往需要将这些方法结合起来。某些行为——也可能不是行为——比其他行为更难以改变。目标通常是让大规模的个人（和组织）改变他们的行为，从而导致积极的社会变革，并使个人和整个社会受益。

经验使我们得出以下结论：当结合使用其他促进变革的方法时，社会营销是最有效的。安德烈亚森也提出了同样的观点，他发现“社会营销与社区和结构途径也可以被看作是补充关系，而非竞争关系。如果后两种途径需要个人（例如社区活动家或政治家）的某些行为，社会营销可以提供帮助”（Andreasen，2002）。

❖ 美国退休者协会：一个社会变革的平台

为了找到一个背景来理解社会营销实践和政策宣传是如何相互补充的，进而帮助美国退休者协会领导积极的社会变革，一个很有用的方法是了解美国退休者协会的历史、结构、使命和我们所处的环境。

在美国退休者协会，我们处于现代历史上最大的社会变革之一——美国和世界各地的人口老龄化的最前沿。这是一个悖论。一方面，寿命的延长和活力的增加是了不起的成就。越来越多的人活得更久，而且总体上比以往任何时候都更健康。另一方面，寿命的延长，加上婴儿潮一代年龄分布的根本性变化，正给我们的社会结构、制度和计划带来越来越大的压力，引发了人们对他们的负担能力和长期生存能力的质疑。

它也让我们意识到，衰老不会只发生在老年人身上。这是一个从出生就开始的过程。随着年龄的增长，我们表现出来的行为和做出的决定对我们的生活质量有着巨大的影响。因此，为了改善人们随年龄增长的生活，我们不能只关注影响老年人的行为和政策。我们必须在整个生命周期内解决这些问题。例如，骨质疏松症被称为具有老年后果的儿科疾病。如果个体在青少年时不建立骨量——尤其是女性——他们可能会在年龄较大时患上这种疾病。同样，建立足够的退休储蓄金需要一生的储蓄。一个人不能在60岁才开始储蓄，还希望有足够的钱来度过退休生活。为退休存钱的行为必须更早开始。

这是一个激动人心的时期，有机会成为人口老龄化大戏中影响事件和社会变革的一部分，这场人口老龄化大戏不仅在美国上演，也在全世界上演。

艾伦·安德烈亚森在他的著作《21世纪的社会营销》中写道:“社会营销就是让世界变得更美好……”(Andreasen, 2006)从本质上讲,这是美国退休者协会的使命,即“提高所有人随年龄增长的生活质量”。我们通过信息、宣传和服务引领积极的社会变革,并为会员创造价值。因此,我们既关注对个人行为的影响,也关注大规模的社会(环境)变化——创造一个社会,让所有人都能独立、有尊严、有目标地变老。

我们社会变革的根源可以追溯到我们的创始人埃塞尔·珀西·安德勒斯(Ethel Percy Andrus)博士。她是一位真正的社会创新者。在她从洛杉矶林肯高中校长的职位退休后,她意识到许多教师在奉献一生之后依然负担不起医疗保险,所获得的养老金也几乎不能让他们有尊严地生活。因此,1947年,安德勒斯博士成立了国家退休教师协会(National Retired Teachers Association)作为退休教师在立法和社会问题上的发言人,这一协会倡导养老金改革、税收优惠、住房改善和医疗保险,并继续支持教育。

她解决的最直接和最关键的问题之一是65岁以上的人缺乏集体的医疗和意外保险。经过多年的不懈努力,她终于找到了一家愿意冒险为老年人开展医疗保险试点项目的公司,由此国家退休教师协会开始向其成员提供低成本的医疗和意外保险。

安德勒斯博士认识到,各行各业数百万的美国老年人一直生活在恐惧之中,他们害怕毁灭性疾病或事故带来的经济灾难,他们也需要同样的福利。因此,1958年,她将美国退休者协会作为社会变革的载体。她认为美国退休者协会的工作不仅仅是养老金改革和提供集体健康保险。这是她传播自己理念的一种方式,即退休应该被视为一个新的成长和融入社会的机会,而不是退出生活的时间。

她的愿景是,美国老年人可以通过承诺服务来认识自己的个人价值,从而维护自己的人格尊严,并继续发挥社会作用。她给美国退休者协会的座右铭是“服务,而不是被服务”,这句话至今仍在为我们的组织提供指导。

如今,美国退休者协会有超过4000万50岁及以上的会员。我们致力于让人们随着年龄的增长生活得更好,并且支持我们的成员和每一代人的未来。而且,我们通过信息、宣传、产品和服务引领积极的社会变革,并为我们的会员创造价值。我们通过关注每一代人共同的核心需求来实现这一目标:对健康和财务安全的需要;感受到与家庭和社区的联系的需要;回报的需要;简单地享受生活的需要。

随着年龄的增长,满足这些需求并确保所有人的生活质量是一项不小的任务。需要一个独特的、由三部分组成的组织:

1.母公司美国退休者协会是一个强大的、非营利的、无党派的消费者权益倡导者，通过出版物、选民教育、研究、电视和广播节目，提供可信赖的信息，其中包含我们会员最关心的问题。除了华盛顿特区的国家办事处之外，我们还在每个州、哥伦比亚特区、波多黎各和美属维尔京群岛设有办事处。

2.美国退休者协会基金会是我们的慈善机构。它为成员和非成员提供服务——特别是那些社会中最脆弱的人。我们的基金会提供直接服务，例如由志愿者管理的全国最大的免费税务援助项目，以及支持全国老年人权利的法律宣传工作。

3.美国退休者协会服务股份有限公司（ASI）认可50岁以上的消费者（否则其中很多人可能会被排除在市场之外），并为他们提供专为他们设计的产品和服务。我们与领先企业合作，识别并应对美国人随着年龄增长而不断变化的需求。这些关系不仅有助于塑造市场，还能带来收入，帮助我们实现领导积极的社会变革和为会员提供价值的使命。我们将此称为“三重底线”：社会影响、会员价值和用于企业再投资的收入。

为了实现社会影响，我们致力于通过影响公共政策、市场、企业、社会和个人的实践和行为，来实现变革。我们关注金融安全、医疗保健、支持服务和宜居社区。我们也明白，我们可以从其他国家的经验中学到很多，因此我们已经成为全球老龄化问题的主要力量。我们还希望确保我们的会员每年所支付的16.50美元会费是有价值的。会员价值主要有两种形式：经济价值和社会价值。

经济价值包括产品和服务，其中又涵盖了旅行折扣、保险产品和处方药折扣、金融产品和独立财务咨询、如何以及在哪里退休的信息、社区参与和志愿服务的机会、教育和有趣的活动，如“美国退休者协会的50+生活全国博览会”，以及与50岁后如何充分生活有关的信息。

美国退休者协会还将我们领导社会变革的工作视为一种成员价值，因为这为他们提供了一个做出改变的机会，让社会变得比他们发现的更好，这是我们很多成员非常看重的。

我们使用六种工具来实现我们的社会影响和会员价值目标：

1.产品和服务。

2.战略联盟。

3.宣导。

4.信息和研究。

5.慈善事业。

6.志愿者。

其中的一些——产品和服务、战略联盟以及我们的一些信息——是由我们应纳税的子公司ASI和它自己的子公司AARP金融管理的。我们的AARP基金会负责管理我们的慈善事业，以及主要由志愿者组成的国家社区服务项目。

母公司美国退休者协会负责监督我们的宣传、计划和研究工作。我们认为研究工作对于实现我们的三重底线至关重要，我们在这方面进行了投资。其中很大一部分是基础的消费者研究，以便更好地了解市场，了解和细分我们的目标受众，并学习如何吸引人们。我们参与竞争分析是因为我们希望能一直领先于竞争对手。我们还尽可能多地进行基准测试来评估进展。

我们通过一系列定期测量的属性来跟踪我们的品牌和形象，以了解我们是怎样被看待的。我们进行跟踪研究，以衡量人们对美国退休者协会的信任程度，以及他们对相关性的看法、加入和续签会员的意愿。

我们还与其他组织合作，因为我们意识到我们不能独自成功。我们能够利用资源，通过这些战略联盟扩大我们的影响力。

当然，我们必须有资源来资助所有的活动。我们的收入来源多种多样，包括会员费、产品和服务的特许使用权费、出版物中的广告、美国退休者协会基金会的赠款和其他赞助，以及与我们的国家活动和博览会以及其他事件、活动和关系相关的排他性费用。

我们的商业模式使我们有点像一个混合体。与非营利性部门的许多其他机构不同，我们有运作良好的营利性部门。但与营利性部门不同的是，这些利润不是为了向所有者支付股息，而是为了获得资金来资助社会变革和我们的社会使命。很重要的一点是，我们需要意识到，这种社会使命是我们所有事务的驱动力量。当年安德勒斯博士向50多岁的美国退休者协会成员提供低成本团体健康保险与邮购药品服务的行为，就说明了这一点。

我们通过ASI提供的许多产品和服务是市场上一支与众不同的力量。它们希望是对消费者友好的，提高市场标准，提供高质量的替代品——其中一些在市场的其他地方找不到——并为公司带来影响，让公司为会员提供新的、更好的选择，以帮助满足他们的需求并以他们想要的方式生活。换句话说，我们努力满足社会和个人的需要，改变个人行为，扩大公共利益。

这种结构和三重底线的商业模式为美国退休者协会提供了一个强大的平台，可以在更大范围内领导积极的社会变革。如下面的例子所示，我们经常使用安德烈亚森的六个社会营销基准。我们在个人、社区和结构的层面进行干预。而且，我们以政策倡导的形式使用教育、营销和法律来实现我们的社会变革目标。我们还在法庭上使用法律宣传来实现社会变革，但我们不在此讨论，因为它超出了本章的范围。

现在让我们探讨AARP如何在三重底线的商业模式中运用社会营销实践和政策倡导实现社会变革。下面描述的每个例子的目标都是影响目标受众的个体行为并改变环境（包括社会规范），以使想实现的行为成为预期的行为，并让改变持续发生。

❖ 美国退休者协会2006年的“不投票”运动

在《社会营销：带着积极意图去影响行为》的第三版中，作者菲利普·科特勒和南茜·李认识到社会营销人员往往在改善个人行为的社会问题上负担过重，他们应该将一些精力放在直接影响上游因素上（Kotler and Lee, 2008）。安德烈亚森表示同意，并指出“诱使曼谷或彼得格勒12岁的孩子得到巨无霸，以及诱使印度尼西亚的看护人使用口服脱水药的解决方案来治疗腹泻的基本原则，也可以用来影响那些需要采取行动来实现广泛、持久、积极的社会变革的人”（Andreasen, 2006）。由于美国退休者协会的主张和社会变革模式严重依赖公民的参与，我们做了大量工作来影响上游因素。我们2006年的“不投票”运动（菲利普·科特勒和南茜·李在2008年有更详细的记录）就是这样的一个例子。

情 境

美国退休者协会是一个非营利性、无党派的组织，既不支持也不资助任何公职候选人。我们与政治领域的民选官员合作，解决50岁以上人群及其家人的重要问题。我们还就这些问题教育候选人和选民，让他们成为选举辩论的一部分，以使选民能够选出最能代表他们的候选人。我们不支持或反对候选人本身。

我们多年来一直在这样做，我们的重点始终如一：在重要的公共问题上教育我们的4000万会员和其他所有人，并确保我们的会员了解候选人的立场。同样，我们努力确保候选人能够解决对我们的成员及其家庭而言至关重要的问题，例如社会保障的长期实力和偿付能力，以及让所有美国人都负担得起医疗保健等。

年龄大于等于55岁的选民在登记投票和实际投票的选民中所占比例均领先于其他所有年龄组。在2004年11月的选举中，55—64岁的选民中有近70%参加了投票，65—74岁的选民中也有超过70%参加了投票。因此，我们认为2006年的联邦和州选举是绝佳的机会，来鼓励我们的成员（以及其他50多岁的人）投票，并帮助他们根据候选人的立场作出明智的投票决定，以推进我们的议题日程。

目标受众

我们的目标受众是美国退休者协会的成员和其他所有50岁以上的人。我们的计划目标之一是让候选人接受我们的立场，并据此开展竞选活动，从而把我们的问题放在优先位置。此外，我们希望这个过程透明可见，这样候选人就很难从他们曾经采纳的立场上退缩。所以从这个意义上说，我们也是针对候选人的。

行为目标

我们活动的主要行为目标是让我们的成员和50岁以上的人在2006年的联邦和州选举中投票。我们的目标是让他们根据对这些问题的了解和候选人对这些问题的立场做出明智的投票决定。我们还希望选民把美国退休者协会看作是一个为他们争取变革的组织。

我们对候选人的目标是让他们更清楚地看到我们的问题。我们也想直接影响候选人，把我们的问题放在台面上，并清楚地表明他们对我们问题的立场。

策　略

我们的2006年的选举策略旨在以清晰的架构在候选人之间建立真正的区别，并充分利用我们在公众心目中的信誉。我们通过扩大基层活动、使用付费免费媒体（包括传统媒体和非传统媒体）的多渠道传播计划来实现这一目标，以确保美国退休者协会的问题成为选民选择候选人的决定性因素。

“不投票”广告活动被认为是一种新的、侵入性的方式，来传达美国退休者协会常年的选举信息，即候选人的选择应当基于他们在问题上的立场，而不是个性。在这种情况下，它的意思是：在你知道候选人对问题的立场之前不要投票。这是此次活动的主题，也是我们参与其中的核心原因。我们在报纸上刊登整版广告，让一辆广告卡车在华盛顿特区的街道行驶（主要是为了让国会知道我们要做什么），并在电视上做广告告诉人们："在你了解候选人在问题上的立场之前，不要投票……"我们最有效的电视广告是我们的"唱歌跳舞"（Song 'n Dance）广告，它主要的特征是广告中一位魅力十足的候选人，在社区活动中演唱选民应该投票给他的原因。在列举了一连串肤浅的理由之后，他说，"你可以放心地投票给我，但不要问社保的问题。"这种方式不仅有效地表达了我们的观点，还打破了政治广告的混乱局面，吸引了人们的注意。

我们所做的一切都是为了让选民关注对他们来说最重要的问题，帮助他们了解候选人在这些问题上的立场。我们的选举网站向全国各地的选民提供了他们在本州和选区进行投票所需的信息和资源，包括美国退休者协会的选民指南、候选人网站链接和投票信息。

竞选活动经过了全面的测试，以确保年龄在40至75岁之间、家庭收入从2.5万美元到超过10万美元、不同种族群体的登记选民都能理解这一信息。我们几乎测试了我们所有的广告，当然，这些广告收到了一些我们收到过的最积极的回应。所有人都清楚地了解该活动的信息，受访者认识到该活动的目的是鼓励他们做出明智的选择并投票。

我们在各州、哥伦比亚特区、维尔京群岛和波多黎各都设有办事机构，努力教育各自社区的选民，让他们知道候选人在他们所关心的问题上的立场。与此同时，2006年，我们试图在少数种族中开展更高水平的外展活动。因此，我们启动了"领跑者竞选（Frontrunner Race）"策略，以找到新方法来解决摆在候选人和选民面前的，我们的成员关心的问题。

我们选择了六场竞选来测试我们的领跑者竞选策略——两场州长竞选（阿肯色州和科罗拉多州）和四场联邦竞选（科罗拉多州第七选区、艾奥瓦州第一选区、俄亥俄州第六选区和田纳西州参议院竞选）。在这些竞选中，我们测试了我们的新策略，在选举中提高美国退休者协会问题的地位，为未来的立法运动打下基础，提高美国退休者协会和50多名选民的声望。这些竞选是根据一系列标准选出的，包括这些竞选的竞争程度，它们在摇摆州和地区的空缺席位，以及这些州是否有两党合作的历史。

结　果

在2006年的全国大选中，约52%的选民年龄大于等于50岁，其中约25%的选民是美国退休者协会成员。对该运动的分析结果如下：

- 在六场竞选中的五场，与美国退休者协会在选民指南中政策立场最接近的候选人当选。
- 尽管伊拉克问题主导了大部分辩论，但是美国退休者协会的议题仍然是六场竞选辩论中五场的核心。
- 美国退休者协会的竞选活动鼓励选民在做出候选人决定时关注问题，而不是个性。选举前和选举后的调查显示，在竞选过程中，将候选人的议题立场视为关键的投票决定因素的议员比例从29%上升到了42%。
- 在竞选过程中，向美国退休者协会寻求信息以帮助他们做出投票决定的美国退休者协会成员的比例从9%上升到了16%。
- 将美国退休者协会视为最值得信赖的投票决策信息来源的成员百分比从6%增加到13%，使之成为最可靠的投票信息来源，比包括教堂或其他宗教组织、工会、兄弟组织、大学或校友会、专业组织和政党在内的所有其他来源都更可靠。
- 大多数成员认为，美国退休者协会提供的有关政治候选人的信息很重要，能够帮助他们了解候选人在他们所感兴趣的问题上的立场。他们还说，美国退休者协会的信息对于帮助他们区分政治候选人的立场很重要。
- 在竞选过程中，美国退休者协会成员对选民指南的意识提高了21个百分点，从30%上升到51%。
- 电视广告（61%）、报纸广告（54%）和选民指南（51%）产生了最高的认知度。
- 三个最具信息性的策略——候选人论坛（62%）、汽车巡游（59%）和选民指南（54%）——也是最有帮助的三个（分别为56%、47%和42%）。
- 选民指南具有良好的覆盖面（通过意识来衡量），并提供了有用的信息。电视和报纸广告的影响力更大，因为它们的覆盖面相对较广，而不是因为信息更丰富、内容更有益。与报纸和电视广告相比，《问题》手册和《会员国更新》提供的内容更好，但覆盖面较小。

媒体追踪显示，在2006年7月1日至12月1日的五个测试州中，与领跑者竞选策略相关的媒体约占所有美国退休者协会相关媒体的20%。然而，这些报道的性质与美国退休者协会传统上受到的媒体关注有很大不同，因为它更关注国家。与领跑者竞选策略相关的文章涉及州调查结果、与州选举和高级投票有关的美国退休者协会宣传活动，以及美国退休者协会选民指南所规定的各种候选人的立场。

关键词

美国退休者协会；社会变革；政策宣传；个体行为；环境；医疗保险现代化法案；社会影响；老龄化；处方药覆盖；“不投票”运动；三重底线；疾病预防。

要　点

- 社会营销和公共政策宣传是相辅相成的，如果结合起来，可以创造一种协同的方法来实现积极的社会变革。
- 大规模实施社会变革需要使用所有的工具。这意味着影响环境，包括社会规范，使期望的行为成为预期的行为。社会营销实践和公共政策倡导都可以在这方面发挥作用。它们不应被视为在社会变革方法的层级结构中争夺优势的竞争关系，而应被视为互补的关系，每一种方法都有自己的优势和适当的用途。
- 当社会营销和政策倡导结合起来使用时，可以比单独使用任何一种方式更有效地实现更大的社会变革，特别是当社会变革还需要影响上游因素以及改变社会规范和法律时。

参考文献

Andreasen, A.R. (1994) ‘Social marketing: Definition and domain’, Journal of Marketing and Public Policy, Spring: 108–114.

Andreasen, A.R. (2006) Social Marketing in the 21st Century.Thousand Oaks, CA: Sage Publications.

Andreasen, A.R. (2002) ‘Marketing social marketing in the social change marketplace’, Journal of Public Policy and Marketing, 21 (March) : 3–13.

Bloom, P.N.and Novelli, W.D. (1981) ‘Problems and challenges of social marketing’, Journal of Marketing, 45 (Spring), 79–88.

Fox, K.F.A.and Kotler, P. (1980) ‘The marketing of social causes: The first ten years’, Journal of

Marketing, 44 (Fall), 24–33.

Kotler, P.and Lee, N.R. (2008) Social Marketing: Influencing Behaviors for Good, 3rd edn. Thousand Oaks, CA: Sage Pulications.

Kotler, P.and Levy, S.J. (1969) 'Broadening the concept of marketing', Journal of Marketing, 33 (January): 10–15.

Kotler, P.and Roberto, E. (1989) Social Marketing: Strategies for Changing Public Behavior.New York: The Free Press.

McLeroy, K.R., Bibeau, D., Steckler, A.and Glanz, K. (1988) 'An ecological perspective on health promotion programs', Health Education Quarterly, 15, 351–377.

Rothschild, M.L. (1999) 'Carrots, sticks, and promises: A conceptual framework for the management of public health and social issue behaviors', Journal of Marketing, 63 (October): 24–37.

Stokols, D. (1996) 'Translating social ecological theory into guidelines for community health promotion', American Journal of Health Promotion, 10, 282–298.

Wiener, J.L.and Doescher, T.A. (1991) 'A framework for promotion of cooperation', Journal of Marketing, 55 (April): 38–47.

第二十六章

社会营销与烟草控制

蒂莫西·杜赫斯特　洪永·贝丝·李

❖ 市场细分和核心目标群体

营销策略始于明确的目标市场，细分是一种常用的方法，其基于人口统计学、地理、心理和行为等变量对大众市场进行划分以识别特定受众（Kotler et al., 2005）。营销策略师通常认识到了他们试图影响的消费人群的多样性，而促销往往指向明确界定的细分市场。在识别消费者的各个部分时，社会营销项目和促销显然可以更好地针对目标群体的特定需求、欲望和愿望。与针对大众市场“普通”成员的单一无差别努力相比，社会营销项目通过识别和理解已识别目标的特性、态度和兴趣，更有可能引起有利的消费者反应。

人口统计细分考虑了年龄、性别、种族、教育程度、社会经济地位、职业、宗教以及家庭生命周期阶段等因素。就年龄而言，青少年通常被识别为预防性的大众媒体活动的目标市场，这反映出在许多国家，吸烟通常开始在13—14岁左右。例如，美国遗产基金会的“真相”活动针对的就是12—17岁的青少年。在加拿大，年龄在20—24岁之间的“年轻人”是另一个可能受到广泛关注的年龄段，因为他们在所有年龄群中的吸烟率最高（Health Canada, 2002）。

地理细分考虑了市场密度、国内或国际市场的区域差异等因素，因此这可能在促销策略的制定中发挥作用。在许多司法管辖区，多语言反吸烟项目是一种常见的考虑因素。由于加拿大是一个双语国家，全国性的禁烟运动可能需要同时准备法语和英语两种语言，建议避免推出只从一种语言翻译成另一种语言的广告文案。马来西亚首个全国性反吸烟媒体活动“Tak Nak”（意为“Say No”），就是用英语和马来语两个语言版本推出的。

一个来自某国家的成功社会营销项目可能会适用于其他国家或地区。被称为“Aorta”的澳大利亚电视广告就是反吸烟、恐惧诉求促销的一个例子，其已适用于挪威、波兰、泰国和美国马萨诸塞州（Hastings et al., 2004; Hill et al., 1998）。与“Aorta”一样，在向新兴的、其他的司法管辖区推广活动时，社交营销人员在决定该方法将在多大程度上被采用时，面临着具有挑战性的决定，因此需要考虑特定国家的独特文化品位、偏好和价值观。

心理细分，即生活方式分析，是另一种常用的细分方法，其考虑了目标市场的个性、活动、兴趣和观点。青少年吸烟者的个性归因可能包括反叛、不服从和冒险（Dewhirst and Sparks, 2003）。因此，可以开展相关的社会营销项目以试图抵消这些品质与香烟的关联（如烟草促销中常见的那样）。围绕烟草业不当行为和营销实践主题设计的社会营销信息，正如诉讼期间发布的内部公司文件所揭示的那样，我们可以利用年轻人反叛的倾向，引导他们对烟草业的反叛倾向。例如，美国遗产基金会的“真相”活动中的一项称为“装尸袋”的举措，涉及在一家大型烟草公司（即纽约的菲利普莫里斯）总部前面的人行道上拍摄年轻人堆放尸袋的内容，以此来象征着在美国每天有1200人死于烟草相关疾病（Lavack, 2004）。

行为细分与对使用情况和使用程度的考量有关。因此，社会营销者可以从烟草制品出发，将消费者分类为不抽烟的人、以前抽过烟的人、可能会抽烟的人、刚开始抽烟的人、抽烟频次很低的人和抽烟频次很高的人。社会营销项目比较感兴趣的目标群体可能被确定为“社交型吸烟者”，他们通常可根据吸烟的背景情况来定义：非每日吸烟、主要是年轻人与其他吸烟的人（不是单独出现，主要发生在酒吧、夜总会或派对上）（Gilpin et al., 2005; Moran et al., 2004）。通常，社交型吸烟者并不认为自己是吸烟者（Luoto et al., 2000）。社交型吸烟者可能不太愿意从事将健康风险降到最低的适应性行为。因此，针对社交型吸烟者的社会营销信息可以提高他们的意识，即由于没有安全吸烟的标准，他们无法避免偶尔吸烟的危险。

❖ 预防吸烟与戒烟的方法

为了减少吸烟现象的流行，许多大众媒体已开展了反吸烟活动。传统上，这些反吸烟运动大致分为以预防或防止为重点的两类。在以预防为主的广告宣传活动中，一般强调吸烟对健康或社会的危害。然而，关于向青少年提供关于吸烟对个人和身体健康影响的信息的有效性存在相当大的争议。比耶内和泰勒（Biener, 2002; Biener and Taylor, 2002）认为，以情绪唤起的方式描述烟草使用严重后果的反烟草广告是非常有效的，他们将马萨诸塞州烟草控制项目开展的促销活动作为一个例子。其他研究人员得出结论，反吸烟健康信息对青少年目标市场有效（Henley and Donovan, 2003; Smith and Stutts, 2003; White et al., 2003）。然而，对反吸烟广告活动的其他评价得出的结论是，强调吸烟对青少年的长期个人健康影响通常影响不大（Goldman and Glantz, 1998; Pechmann et al., 2003; USDHHS, 2000）。根据20世纪80年代早期加拿大最大的烟草公司帝国烟草有限公司（ITL）编写的市场调查来看，开始吸烟的青少年相信吸烟对健康有影响，但他们几乎普遍认为这些风险是不适用的，因为他们并不觉得自己会上瘾（Kwechansky Marketing Research Inc., 1982）。因此，可以想象许多健康信息在很大程度上被忽视了，因为青少年"实验者"从长远来看并不认为自己一直会成为坚定的吸烟者。

虽然以预防为导向的广告活动可能在年龄细分方面具有明确的目标群体（即青少年），但在采取戒烟方法时确定优先目标群体相对更具挑战性。以戒烟为导向的广告活动可能与广泛的现有吸烟者有关。例如，成瘾在青少年吸烟者中很明显（Moffat and Johnson, 2001）。另外，麦克维等人（McVea et al., 2009）研究发现，对于正在尝试戒烟的青少年来说，"不可避免的戒烟理由"和"情感上令人信服的"信息才是真正的激励因素。显然，要想做到这一点，需要不同的信息和举措来吸引青少年，而不是40多岁或50多岁的既定吸烟者。

性别和家庭生命周期的阶段是常用于细分目的的其他人口统计特征，吸烟已被确定为多个司法管辖区和背景下的"性别化"实践（Amos, 1996; Chollat-Traquet, 1992; National Cancer Institute, 2008; USDHHS, 2001; Waldron, 1991; Waldron et al.,

1988)。一般市场研究结果表明，与男性相比，女性更经常吸烟以放松和缓解压力，而且她们更频繁地将吸烟作为一种控制体重的策略。因此，针对女性吸烟者的社会营销项目需要考虑潜在的体重增加问题，这是戒烟的一个更占主导的威慑因素。该项目还可能提供替代活动，以试图放松和缓解压力。在家庭生命周期方法方面，戒烟方法可能针对怀孕时的女性吸烟者，去宣传吸烟对准妈妈和未出生婴儿都有害。同时，针对新手父亲的戒烟信息，约翰逊等人（Johnson, et al., 2009）警告说，许多新父亲继续吸烟，并忽视戒烟信息，试图保持属于特定年龄的“男人理想”。

关于以戒烟为导向的方法，有一个潜在话题是关于二手烟有害健康的后果。值得注意的是，公众对二手烟有害的认识在20世纪80年代中期之前并没有普遍显现，当时美国外科医生发布了一份具有里程碑意义的报告，将二手烟与成人肺癌和儿童呼吸系统疾病联系起来。社会营销项目的出现，宣传了与二手烟有关积累的证据，对烟草使用的社会可接受性产生了影响，因为人们更好地了解了烟草燃烧产生的烟雾以及吸烟者呼出的烟雾也会对非吸烟者产生不良影响。吸烟不再仅仅被视为个人权利或个人选择，非吸烟者开始发挥更积极的作用，争取他们关于烟草相关问题的利益。

❖ 去规范化活动

支持烟草和反对烟草的宣传可以被看作是相互对立的沟通，这有助于判断吸烟是否被普遍视为“普通”行为。“规范”的定义为（Edgar and Sedgwick, 1999: 261–262）：

> 指管理社会行为模式的规则……一方面，规范可以将通常的行为包含在社会中（因此在统计正常行为的意义上是一种规范）。另一方面，规范是一种期望或规定的行为模式，无论实际行为是否符合这一理想。

然而，重要的是要考虑背景，因为规范在文化上、地理上或人口统计上都需要具体情况具体分析。例如，在加拿大，成为非吸烟者是正常的，但在韩国等许多亚洲市场，大约有三分之二的男性吸烟。因此，对于特定的韩国人群来说，吸烟者仍然是正常行为（Mackay and Eriksen, 2002）。

规范的定义还指出，规范可能是优先或有利的行为，考虑到烟草使用的健康后果，这是适用于吸烟的。使行为规范化是指影响消费者遵守规范的努力。与此同时，“de”前缀指的是相反的努力，试图扭转某一特定行为（或行业，例如吸烟）是否被视为正常。

历史上预防烟草推广的一个重要目标是重申吸烟的社会可接受性，这可能导致消费者过高估计在特定社会中吸烟的人口比例。例如，根据ITL内部的文件，该公司旗下的每个烟草品牌都将保持生活方式的形象，相应的广告也将继续（Chacra，1980：1）：

> 反映该品牌在年轻人中的受欢迎程度，以展示这些品牌在目标消费者同龄群体中的社会可接受性，并将产品置于场景中，邀请目标消费者轻松地将公司的品牌与他将确定的愉快的生活方式联系起来。

然而，与烟草去正常化有关的宣传努力通常没有得到充分的重视，以强调吸烟在加拿大社会不是正常或主流的行为（事实上，2005年，大约20%的15岁及以上的加拿大人被认为是目前的吸烟者；因此，非吸烟者显然占大多数）。宣传努力也没有强调这一点：已经观察到的烟草使用下降趋势是值得高兴的（Health Canada，2005；Lavack，1999）。

一些去规范化活动的重点是吸烟者和吸烟行为。因此，它们似乎看起来像在“责怪受害者”来说服吸烟者改变他们的行为。加拿大人口最多的省——安大略省政府支持的“愚蠢活动”似乎就是这样一个例子，尽管该项目的网站声称其目的是证明烟草业操纵青年，以及说明烟草使用的潜在后果。该项目也被认为是关于吸烟抉择的社会评论，并不意味着对吸烟者的侮辱或传达吸烟者是愚蠢的。尽管如此，正如“鼠毒”宣传广告指出：“砷已被禁用于鼠毒中，但它仍然在一些香烟中，好在老鼠很聪明，不会去吸烟。”一些研究人员警告说，不要采用一种指责受害者的方法，因为自尊心的丧失可能在上瘾的弱势群体中非常明显。他们质疑公共卫生干预措施的有效性，因为这些措施可能使吸烟者蒙羞（Bayer and Stuber，2006；Poland et al.，2006）。这种信息传递可能会使不吸烟者与吸烟者对立——产生一种“我们与他们”的心态。这同时让我们观察到，在许多情况下，控烟人员没有很好地理解吸烟者，或者并没有与吸烟者建立起恰当的关系（Poland et al.，2006）。即便如此，“愚蠢活动”在一些圈子中受到称赞，因为他们认识到年轻人是一个独特的目标市场（即用他们自己的语言说话），并强调吸烟的潜在社会风险（即显得不酷或愚蠢）（George, 2005）。

针对烟草业的诉讼促进了公司内部文件的公布，从而引发了其他的反烟草广告，这些广告在美国通常被称为烟草业调控活动，在加拿大被称为烟草业去规范化运动（Lavack, 2004）。根据加拿大非吸烟者权利协会（2004年）的说法，烟草业去规范化（TID）是一项公共卫生战略，旨在告知消费者来自烟草公司企业的欺诈和疏忽：烟草公司未能充分警告吸烟者吸烟的危险，以及烟草公司针对青年人口开展营销工作的过程。TID活动的重点是利用社会营销和社会活动来提高消费者对烟草业营销策略和业务的认识。对烟草业内部公司文件的审查揭示了不道德和操纵性的营销策略，包括明显针对青少年（Carter, 2003; Cummings et al., 2002; Dewhirst, 2004, 2008; Hastings and MacFadyen, 2000; National Cancer Institute, 2008; Pollay, 2000; Pollay and Lavack, 1993），有误导性和欺骗性的产品主张或广告（Hammond et al., 2006; Pollay and Dewhirst, 2003），以及公共关系和游说活动——以阻碍公共场所的无烟规章制度（Drope and Glantz, 2003; Landman, 2000）。

TID成立的前提是，了解烟草业的事实和真相，会改变消费者对吸烟的态度，进而改变他们的吸烟行为或防止他们开始吸烟。TID活动在人群吸烟预防项目中越来越受欢迎的一个原因是，该方法似乎可有效改变青少年人群中与吸烟相关的态度和行为（Bauer et al., 2000; Farrelly et al., 2002, 2005; Hersey et al., 2005b; Sly et al., 2001a; Thrasher and Jackson, 2006; Thrasher et al., 2006）。美国遗产基金会的“真相活动”体现了一项TID举措，该举措采用前卫而有力的电视和印刷媒体广告、促销品（如T恤）、社交活动和网站来定位年轻人并向他们介绍关于烟草和烟草业营销实践的事实。

“真相活动”的评估表明，该项目有效地改变了青年对烟草业的看法以及青年吸烟的打算（Farrelly et al., 2005; Healton, 2001; Hersey et al., 2005a; Sly et al., 2001b; Thrasher et al., 2004）。

总体而言，关于TID反营销方法有效性的调查结果是混乱的。高德曼和格兰茨（Goldman and Glantz, 1998）认为，最成功的TID活动都围绕烟草业不当行为和营销行为设计主题。这种方法似乎提供了好处，帮助吸烟者将吸烟的罪恶感转化为对被操纵的想法的愤怒（Lavack, 2004）。此外，该方法似乎有效地增加了青少年的反烟态度和信念（Bauer et al., 2000; Farrelly et al., 2002, 2005; Sly et al., 2001a）。然而，要使

TID活动保持有效，必须考虑天花板效应的可能性，即现有的信息会随着时间的推移而失去影响（Pechmann and Reibling, 2006）。这种现象要求项目规划者定期更改TID信息以保持新颖，并与青年的需求同步（Farrelly et al., 2003），以及用其他方法补充TID活动。佩奇曼和雷布陵（Pechmann and Reibling, 2006）认为，仅使用TID策略的反吸烟项目是不够的，还需要包括与负面情绪或社会规范相关的其他主题。

❖ 恐惧诉求的使用

恐惧诉求通常用于反吸烟活动中，但对于在大众传播中使用的恐惧诉求的最佳程度存在相当大的争议。恐惧诉求消息通常使用“先后果，再建议”的模式。这些信息表现出不健康、危险行为对身体健康的影响，并寻求提高受众的意识水平以及激励他们寻求解决方案。在描述可能的健康后果之后，以图解的方式，紧接着提供推荐的策略，这旨在通过提供解决方案来减少受众引起的恐惧（Keller, 1999）。当人们经历威胁时，通常会感到恐惧并且产生动力去避免恐惧。莫朗和穆林斯（ Morand and Mullins, 1998）发现，戒烟者对吸烟可能带来的“可怕”健康后果的担忧是戒烟的主要动机。

恐惧诉求文献的一般结论是，中等程度的恐惧诉求倾向于增加行为意图，而低级别的恐惧诉求不太可能改变行为意图，而高等级的恐惧诉求可能不会产生影响（Keller and Lehmann, 2008）。总体而言，恐惧调节了态度变化和与健康相关的期望行为（Leventhal et al., 2003）。

1997年，在澳大利亚发起的大众媒体反吸烟活动就是有效使用恐惧诉求的一个例子（Hill et al., 1998）。该活动被描述为“一切恐惧活动的源头”和“主动脉（Aorta）”，三个电视广告中的一个，显示脂肪沉积物被外科医生的手从吸烟者的主动脉中挤压出来。赫尔利和马修斯（Hurley and Matthew, 2008）评估了该活动的成本效益，他们得出结论认为，该活动防止了相当数量因吸烟导致的死亡，并节省了相当大的医疗费用。

然而，研究人员对恐惧诉求在烟草控制中明显占主导地位表示担忧（参见Pechmann and Slater, 2005,《可能引致不良影响的社会推广讯息概览》）。根据特定信息的语气，以青少年为目标的高度威胁“健康和恐惧”导向的信息可能是不明智的，而且会对烟草控制倡导团体的既定目标产生适得其反的效果，其概念性解释包括“反效果”或“抗拒效应”。布雷姆（Brehm, 1966）的反应理论认为，当个人认为他们的行动自由受到不公平的威胁时，他们很可能会经历一种抗拒状态，在这种情况下，有更高的动力来应对受威胁的行为，并重申他们的自由。比如说，菲什拜因等人（2002）建议美国电视禁毒公共服务公告应该解释吸毒行为的负面健康后果，而不是仅仅关注标语的本质，“直接说不”。亨里克森等人（Henriksen et al., 2006）测试了烟草业赞助的反吸烟广告（即菲利普莫里斯和罗瑞拉德提出的青少年吸烟预防促销）的反效果，虽然没有证明这种效果，他们的确得出结论，在心理反应测验中得分高的青少年表达了最强烈的吸烟意图，并且在任何来源的反吸烟广告中反应都是最差的（包括来自美国遗产基金会的广告）。

黑斯廷斯和麦克法迪（ Hastings and MacFadyen, 2002）认为，在烟草控制中使用恐惧诉求已被证明不如最初的想法有效。他们认为，许多发达经济体的公众已经在很大程度上知道吸烟是危险的。因此，当消费者接收到与他们的行为（即，我仍然吸烟）不一致的信息（即吸烟是危险的）时，他们被激励去推理进而反对这些信息，并通过质疑他们的易感性以及后果的严重性来为他们的行为辩护（Keller, 1999）。因此，相对于那些已经被信息说服的人（例如戒烟者），反吸烟运动中的恐惧诉求可能不再对目标人群有效（例如吸烟者）。

黑斯廷斯和他的同事们也指出了使用恐惧诉求的道德含义（Hastings and MacFadyen, 2002; Hastings et al., 2004）。当人们经历恐惧时，他们可以表现出适应不良反应以避免恐惧（Hill et al., 1998）。事实上，吸烟者已经通过合理化他们的吸烟行为表现出适应不良反应（Lee et al., 2009）。当吸烟者接触到传达恐惧诉求的信息时，他们可能会更有动力使他们的吸烟行为合理化，因此可能不会采取适应性行为来最大限度地降低他们的风险。

比耶内和泰勒（Biener and Taylor, 2002）认为，恐惧只是吸烟者与吸烟有关的许多不同情绪中的一种（例如还包括后悔、悲伤、对烟草公司的愤怒以及对吸烟者的同情）。了解吸烟者对吸烟的情绪反应的多样性对创建有效的干预措施非常重要。例如，李等人（2009）发现，对吸烟感到后悔的吸烟者更有可能在六个月内戒烟。因此，建议反吸烟运动重点关注吸烟对于未来可能产生的后果而感到后悔的情绪，这可能与那些仅仅关注吸烟者为什么要戒烟的合理理由一样有效。

虽然在反吸烟运动中使用恐惧诉求是有争议的，但唤起吸烟者情绪的主题仍然很重要。在美国的马萨诸塞州，引起强烈负面情绪的反烟草电视广告被那些在竞选期间戒烟的人们认为是最有效的，其次是更愿意戒烟的烟民和不太愿意戒烟的烟民。（Biener et al., 2000）。此外，媒体通过关注患有严重与烟草有关的疾病的年轻受害者来引起厌恶，这一类讯息貌似可以通过强化反对烟草行业的动机和减少吸烟的意图来有效地聚焦年轻人（Pechmann and Reibling, 2006）。

❖ 社会文化规范的重要性

一些研究人员认为，针对青少年的最有效广告应该涉及提高青少年的社会规范（Pechmann and Reibling, 2006; Pechmann et al., 2003）。例如，佩奇曼等人（2003）进行了一项大规模的研究，其中青年被随机分配到美国、加拿大和澳大利亚观看反吸烟广告或与吸烟无关的广告。研究发现，传达吸烟带来健康风险的广告，以及TID广告，会影响青少年对吸烟风险严重性的认知，并有助于增加他们对吸烟的认识。然而，这些广告被发现对行为意图几乎没有影响。相反，正是这些广告传达了社会反对吸烟的风险，增强了年轻人不吸烟的意愿。

使用社会规范的一个原因可能是，其针对青少年的有效反吸烟运动至关重要，因为与成年人相比，青少年对社会规范的整合压力更加敏感，并更需要适应（Gibbons et al., 1995）。这种推理与最近对各种健康传播的分析结果一致，这表明强调社会后果比强调青少年的健康后果的信息更有效（Keller and Lehmann, 2008）。

总体而言，大众媒体活动在美国、加拿大、澳大利亚、英国和西欧已成为社区烟草控制的有用工具（Logan and Longo, 1999）。然而，举例而言，大多数关于广告恐惧诉求的研究都是在美国进行的，因此对于文化背景下恐惧诉求可能有效性的任何差异知之甚少（LaTour, 2006）。烟草控制中的社会营销研究也主要限于吸烟的个体决定因素，尽管许多公共卫生问题源于环境和社会结构因素（Grier and Bryant, 2005; Wallack, 2002）。尽管吸烟是普遍的，但它发生在具体的社会和文化背景下，社会规范和文化价值观塑造了人们与吸烟有关的态度、信念和行为（Nichter, 2003; Unger et al., 2003）。

黑斯廷斯和麦克法迪（2002）敦促社会营销人员考虑烟草控制的范式转变，除个体决定因素之外，文化决定因素（即象征主义和文化意义对消费的重要性）也被认可。此外，考虑到许多发展中国家和非西方国家的国家反吸烟运动仍然相对新兴，因此需要了解文化对活动有效与否的影响。事实上，跨文化研究已经表明，不同的广告诉求通常在不同文化中被采用，特定促销有效性也往往因文化而异（Han and Shavitt, 1994; Kim and Markus, 1999）。个人主义广告诉求，关注个人利益、偏好、个人成功、自由以及独立，可能会在美国得到更大程度的利用，而集体利益诉求则集中在群体内的利益、联系、和谐、家庭，在中国、日本和韩国等国家可能会被更频繁地使用。

关键词

社会营销；烟草；抽烟；预防吸烟；戒烟；市场细分；营销组合；去规范化；社会规范；恐惧诉求。

要　点

- 营销策略涉及清楚地识别目标市场并建立相应的营销组合（即，与产品、价格、渠道和促销相关的策略）。当烟草控制工作首次引入特定辖区时，通常会采用大众市场方法，同时应采用市场细分，并考虑与人口统计、地理、心理特征和行为方面相关的相关变量。
- 传统上，烟草控制工作被广泛地分类为以预防为导向或以戒烟为导向两种类型。而在20世纪80年代，一些管辖区出现了强调“二手烟有害健康”的项目。随着烟草业因为诉讼而公开内部文件，烟草业的去规范化活动开始出现。
- 人们采用了各种方法、传播内容和基调，包括使用恐惧诉求和增强可感知的社会规范。尽管可能对哪种方法最有效存在争议，但有必要考虑目标受众以及社会营销工作开展的特定社会和文化背景。

参考文献

Amos, A.(1996) 'Women and smoking', British Medical Bulletin, 52: 74–89.

Bauer, U.E., Johnson, T.M., Hopkins, R.S.and Brooks, R.G.(2000) 'Changes in youth cigarette use and intentions following implementation of a tobacco control program: Findings from the Florida Youth Tobacco Survey, 1998–2000', Journal of the American Medical Association, 284(6): 723–728.

Bayer, R.and Stuber, J.(2006) 'Tobacco control, stigma, and public health: Rethinking the relations', American Journal of Public Health, 96: 47–50.

Biener, L. (2002) 'Anti-tobacco advertisements by Massachusetts and Philip Morris: What teenagers think', Tobacco Control, 11 (Suppl 2) : ii43–ii46.

Biener, L.and Taylor, T.M. (2002) 'The continuing importance of emotion in tobacco control media campaigns: A response to Hastings and MacFadyen', Tobacco Control, 11: 75–77.

Biener, L., McCallum-Keeler, G.and Nyman, A.L. (2000) 'Adults' response to Massachusetts anti-tobacco television advertisements: Impact of viewer and advertisement char- acteristics', Tobacco Control, 9 (4) : 401–407.

Brehm, J.W. (1966) A Theory of Psychological Reactance.New York: Academic Press.

Carter, S.M. (2003) 'From legitimate consumers to public relations pawns: The tobacco industry and young Australians', Tobacco Control, 12 (Suppl III) : iii71–iii78.

Chacra, A. (1980) 'Player's trademark F'81 advertising'.Prepared for Imperial Tobacco Ltd. Exhibit AG-35, RJRMacdonald Inc.v.Canada (Attorney General) (May 5).

Chollat-Traquet, C. (1992) Women and Tobacco.Geneva: World Health Organization.

Cummings, K.M., Morley, C.P., Horan, J.K., Steger, C.and Leavell, N-R. (2002) 'Marketing to America's youth: Evidence from corporate documents', Tobacco Control, 11 (Suppl I) : i5–i17.

Dewhirst, T. (2004) 'Smoke and ashes: Tobacco sponsorship of sports and regulatory issues in Canada', in L.R.Kahle and C.Riley (eds) , Sports Marketing and the Psychology of Marketing Communication.Mahwah, NJ: Lawrence Erlbaum Associates, pp.327–352.

Dewhirst, T. (2008) 'Tobacco portrayals in U.S.advertising and entertainment media', in P.E.Jamieson and D.Romer (eds) , The Changing Portrayal of Adolescents in the Media since 1950.New York: Oxford University Press, pp.250–283.

Dewhirst, T.and Sparks, R. (2003) 'Intertextuality, tobacco sponsorship of sports, and adolescent male smoking culture: A selective review of tobacco industry documents', Journal of Sport and Social Issues, 27 (4) : 372–398.

Drope, J.and Glantz, S. (2003) 'British Columbia capital regional district 100% smokefree bylaw: A successful public health campaign despite industry opposition', Tobacco Control, 12 (3) : 264–268.

Edgar, A.and Sedgwick, P. (1999) Key Concepts in Cultural Theory.New York: Routledge.

Farrelly, M.C., Healton, C.G., Davis, K.C., et al. (2002) 'Getting to the truth: Evaluating national tobacco counter- marketing campaigns', American Journal of Public Health, 92 (6) : 901–907.

Farrelly, M.C., Niederdeppe, J.and Yarsevich, J. (2003) 'Youth tobacco prevention mass media campaigns: Past, present, and future directions', Tobacco Control, 12 (Suppl 1) : i35–i47.

Farrelly, M.C., Davis, K.C., Haviland, M.L., Messeri, P.and Healton, C.G. (2005) 'Evidence of a dose–response relationship between"truth"antismoking ads and youth smoking prevalence', American Journal of Public Health, 95 (3) : 425–431.

Fishbein, M., Hall-Jamieson, K., Zimmer, E., von Haeften, I.and Nabi, R. (2002) 'Avoiding the boomerang: Testing the relative effectiveness of antidrug public service announcements before a national campaign', American Journal of Public Health, 92 (2) : 238–245.

George, L. (2005) 'Light (en) ing up: Anti-smoking lobbyists have suddenly developed a sense of humour in their fight to get kids to butt out', Maclean's (August 22) : 38–39.

Gibbons, F.X., Helweg-Larsen, M.and Gerrard, M. (1995) 'Prevalence estimates and adolescent risk behavior: Cross- cultural differences in social influence', Journal of Applied Psychology, 80: 107–121.

Gilpin, E.A., White, V.M.and Pierce, J.P. (2005) 'How effective are tobacco industry bar and club marketing efforts in reaching young adults? ' Tobacco Control, 14 (3) : 186–192.

Goldman, L.K.and Glantz, S.A. (1998) 'Evaluation of antismoking advertising campaigns', Journal of the American Medical Association, 279 (10) : 772–777.

Grier, S.and Bryant, C.A. (2005) 'Social marketing in public health', Annual Review of Public Health, 26: 319–339.

Hammond, D., Collishaw, N.E.and Callard, C. (2006) 'Secret science: Tobacco industry research on smoking behaviour and cigarette toxicity', Lancet, 367 (9512) : 781–787.

Han, S.-P.and Shavitt, S. (1994) 'Persuasion and culture: Advertising appeals in individualist and collectivistic societies', Journal of Experimental Social Psychology, 30 (4) : 326–350.

Hastings, G.and MacFadyen, L. (2000) 'A day in the life of an advertising man: Review of internal documents from the UK tobacco industry's principal advertising agencies', British Medical Journal, 321 (7257) : 366–371.

Hastings, G.and MacFadyen, L. (2002) 'The limitation of fear messages', Tobacco Control, 11: 73–75.

Hastings, G., Stead, M.and Webb, J. (2004) 'Fear appeals in social marketing: Strategic and ethical reasons for concern', Psychology and Marketing, 21 (11) : 961–986.

Health Canada (2002) Canadian Tobacco Use Monitoring Survey (CTUMS) .Available at: http: // www.hc-sc.gc.ca/ hc-ps/tobactabac/research-recherche/stat/_ctums-esutc_ fs-if/2002_overview-apercu-eng.php. Health Canada (2005) Long-Term Trends in the Prevalence of Current Smokers.Canadian

Tobacco Use Monitoring Survey.Ottawa, ON.

Healton, C. (2001) 'Who's afraid of the truth? ' American Journal of Public Health, 91 (4) : 554–558.

Henley, N.and Donovan, R.J. (2003) 'Young people's response to death threat appeals: Do they really feel immortal? ' Health Education Research, 18: 1–14.

Henriksen, L., Dauphinee, A.L., Wang, Y.and Fortmann, S.P. (2006) 'Industry sponsored anti-smoking ads and adolescent reactance: Test of a boomerang effect', Tobacco Control, 15 (February) : 13–18.

Hersey, J.C., Niederdeppe, J., Evans, W.D., et al. (2005a) 'The theory of"truth": How counterindustry media campaigns affect smoking behavior among teens', Health Psychology, 24: 22–31.

Hersey, J.C., Niederdeppe, J., Ng, S.W., et al. (2005b) 'How state counter-industry campaigns help prime perceptions of tobacco industry practices to promote reductions in youth smoking', Tobacco Control, 14 (6) : 377–383.

Hill, D., Chapman, S.and Donovan, R. (1998) 'The return of scare tactics', Tobacco Control, 7: 5–8.

Hurley, S.F.and Matthews, J.P. (2008) 'Costeffectiveness of the Australian National Tobacco Campaign', Tobacco Control, 17 (6) : 379–384.

Johnson, J.L., Oliffe, J.L., Kelly, M.T., Bottorff, J.L.and LeBeau, K. (2009) 'The readings of smoking fathers: A reception analysis of tobacco cessation images', Health Communication, 24 (6) : 532–547.

Keller, P.A. (1999) 'Converting the unconverted: The effect of inclination and opportunity to discount health related fear appeals', Journal of Applied Psychology, 84 (3) : 403–415.

Keller, P.A.and Lehmann, D.R. (2008) 'Designing effective health communications: A meta-analysis', Journal of Public Policy and Marketing, 27 (2) : 117–130.

Kim, H.and Markus, H.R. (1999) 'Deviance or uniqueness, harmony or conformity? A cultural analysis', Journal of Personality and Social Psychology, 77 (4) : 785–800.

Kotler, P., Armstrong, G.and Cunningham, P.H. (2005) Principles of Marketing, 6th Canadian edn.Toronto, ON: Pearson Prentice-Hall.

Kwechansky Marketing Research Inc. (1982) 'Project plus/ minus'.Prepared for Imperial Tobacco Ltd.Exhibit AG-217, RJR-Macdonald Inc.v.Canada (Attorney General) (May 7).

Landman, A. (2000) 'Push or be punished: Tobacco industry documents reveal aggression against businesses that dis- courage tobacco use', Tobacco Control, 9 (3) : 339–346.

LaTour, M.S. (2006) 'Retrospective and prospective views of"fear arousal"in"fear appeals"', International Journal of Advertising, 25 (3) : 409–416.

Lavack, A.M. (1999) Tobacco Industry Denormalization Campaigns: A Review and Evaluation. Prepared for Health Canada.Available at: http: //www.nsra-adnf.ca/ DOCUMENTS/PDFs/lavackpaper.pdf (March 10).

Lavack, A.M. (2004) 'Ads that attack the tobacco industry: A review and recommendations', Journal of Nonprofit and Public Sector Marketing, 12: 51–71.

Lee, W.B., Fong, G.T., Zanna, M.P., et al. (2009) 'Regret and rationalization among smokers in Thailand and Malaysia: Findings from the International Tobacco Control Southeast Asia Survey', Health Psychology, 28 (4) : 457–464.

Leventhal, H., Brissette, I.and Leventhal, E.A. (2003) 'The common-sense model of self-regulation of health and ill- ness', in L.D.Cameron and H.Leventhal (eds), The Self- Regulation of Health and Illness Behavior.New York: Routledge, pp.42–65.

Logan, R.A.and Longo, D.R. (1999) 'Rethinking antismoking media campaigns: Two generations of research and issues for the next', Journal of Health Care Finance, 25 (4) : 77–90.

Luoto, R., Uutela, A.and Puska, P. (2000) 'Occasional smoking increases total and cardiovascular mortality among men', Nicotine & Tobacco Research, 2 (2) : 133–139.

Mackay, J.and Eriksen, M. (2002) The Tobacco Atlas.Geneva: World Health Organization.

McVea, K.L.S.P., Miller, D.L., Creswell, J.W., McEntarrfer, R.and Coleman, M.J. (2009) 'How adolescents experience smoking cessation', Qualitative Health Research, 19 (5) : 580–592.

Moffat, B.M.and Johnson, J.L. (2001) 'Through the haze of cigarettes: Teenage girls' stories about cigarette addiction', Qualitative Health Research, 11 (5) : 668–681.

Moran, S., Wechsler, H.and Pigotti, N.A. (2004) 'Social smoking among US college students', Pediatrics, 114 (4) : 1028–1034.

Morand, M.and Mullins, R. (1998) Evaluation of the Excuses Campaign: Results of a Telephone Survey Conducted Immediately After the 1996 Media Campaign.No.9.Melbourne: Victorian Smoking and Health Program.

National Cancer Institute (2008) The Role of the Media in Promoting and Reducing Tobacco Use. Tobacco Control Monograph No.19.Bethesda, MD: US Department of Health and Human Services, National Institutes of Health, National Cancer Institute.

Nichter, M. (2003) 'Smoking: What does culture have to do with it? ' Addiction, 98 (Suppl 1) :

139–145.

Pechmann, C.and Reibling, E.T. (2006) 'Antismoking advertisements for youths: An independent evaluation of health, counter-industry, and industry approaches', American Journal of Public Health, 96 (5) : 906–913.

Pechmann, C.and Slater, M.D. (2005) 'Social marketing messages that may motivate irresponsible consumption behavior', in S.Ratneshwar and D.G.Mick (eds), Inside Consumption: Consumer Motives, Goals, and Desires.New York: Routledge.

Pechmann, C., Zhao, G., Goldberg, M.E.and Reibling, E.T. (2003) 'What to convey in antismoking advertisements for adolescents: The use of protection motivation theory to identify effective message themes', Journal of Marketing, 67 (2) : 1–18.

Poland, B., Frohlich, K., Haines, R.J., et al. (2006) 'The social context of smoking: The next frontier in tobacco control? ' Tobacco Control, 15: 59–63.

Pollay, R.W. (2000) 'Targeting youth and concerned smokers: Evidence from Canadian tobacco industry documents', Tobacco Control, 9 (2) : 136–147.

Pollay, R.W.and Dewhirst, T. (2003) 'A Premiere example of the illusion of harm reduction cigarettes in the 1990s', Tobacco Control, 12 (3) : 322–332.

Pollay, R.W.and Lavack, A.M. (1993) 'The targeting of youths by cigarette marketers: Archival evidence on trial', Advances in Consumer Research, 20: 266–271.

Sly, D.F., Heald, G.R.and Ray, S. (2001a) 'The Florida"truth"anti-tobacco media evaluation: Design, first year results, and implications for planning future state media evaluations', Tobacco Control, 10 (Spring) : 9–15.

Sly, D.F., Hopkins, R.S., Trapido, E.and Ray, S. (2001b) 'Influence of a counteradvertising media campaign on initiation of smoking: The Florida"truth"campaign', American Journal of Public Health, 91 (2) : 233–238.

Smith, K.H.and Stutts, M.A. (2003) 'Effects of shortterm cosmetic versus long-term health fear appeals in anti-smoking advertisements on the smoking behaviour of adolescents', Journal of Consumer Behaviour, 3 (2) : 157–177.

Thrasher, J.F.and Jackson, C. (2006) 'Mistrusting companies, mistrusting the tobacco industry: Clarifying the context of tobacco prevention efforts that focus on the tobacco industry', Journal of Health and Social Behavior, 47 (4) : 406–422.

Thrasher, J.F., Niederdeppe, J., Farrelly, M.C., et al. (2004) 'The impact of anti-tobacco industry prevention messages in tobacco producing regions: Evidence from the US truth® campaign', Tobacco

Control, 13 (3) : 283–288.

Thrasher, J.F., Niederdeppe, J.D., Jackson, C.and Farrelly, M.C. (2006) 'Using anti-tobacco industry messages to prevent smoking among high risk adolescents', Health Education Research, 21 (3) : 325–337.

Unger, J.B., Cruz, T., Shakib, S., et al. (2003) 'Exploring the cultural context of tobacco use: A transdisciplinary framework', Nicotine and Tobacco Research, 5 (Suppl 1) : S101–S117.

Waldron, I. (1991) 'Patterns and causes of gender differences in smoking', Social Science and Medicine, 32 (9) : 989–1005.

Waldron, I., Bratelli, G., Carriker, L., et al. (1988) 'Gender differences in tobacco use in Africa, Asia, the Pacific, and Latin America', Social Science and Medicine, 27 (11) : 1269–1275.

Wallack, L. (2002) 'Public health, social change, and media advocacy', Social Marketing Quarterly, 8 (2) : 12–31.

White, V., Tan, N., Wakefield, M.and Hill, D. (2003) 'Do adult focused anti-smoking campaigns have an impact on adolescents? The case of the Australian National Tobacco Campaign', Tobacco Control, 12 (Suppl 2) : ii23–ii29.

第二十七章
社会营销与健康教导

罗伯特·J.麦克德莫特　凯利·R.麦科马克·布朗　罗斯玛丽·撒克里

❖ 健康教育者应用社会营销面临的挑战

有那么多可以影响健康行为的机遇，为什么社会营销仍旧没有获得健康教育者的广泛认可？社会营销也有可能继续遭遇浅薄理解，其系统解读消费者行为的方式以及响应性干预方式仍被误解。健康教育者可能会将社会营销仅仅视为是劝服、行为修正或通过不同的社会影响的体系对环境进行改造。这一部分健康教育者自然会错过社会营销的精细复杂维度。与之类似，还有的健康教育者只把社会营销简单视为社会广告、媒体宣导或是对有吸引力的健康讯息的设计与散播。这一部分健康教育者会错过作为产品、价格、场所与促销组合的基础的研究所具有的丰富性。

阻碍健康教育者更深入参与到社会营销活动中的因素，部分具有意识形态色彩。对于那些通过专业训练准备成为支持健康生活方式的专家来说，推广那些核心或基本观念不一定“健康”的消费者行为改变，会在这些人心中引发不和谐心理状态，在表现上跟传统的健康教育者的观念不符甚至矛盾。如果对营销的如下特征加以描述的话，这种不和谐会更加明显（McDermott，2002）：

- 营销教给人们谁开展竞争以及竞争是什么，以及竞争带给人们什么吸引力。
- 营销教授认可并采纳消费者导向的重要性。
- 营销认为人们是由自我利益驱动的。驱动健康行为的是对愉悦与满足的追求，这跟购买行为一致。
- 营销认为消极的健康行为在本性上不比其他的健康行为更高级或更低级，只是在市场中竞争的参与者。
- 营销首先聚焦于最容易实现的目标，不会聚焦所有人，也不会试图同时或拿出同等的精力去解决所有问题与所有受众群体。相反，营销总是聚焦最容易作出转变的对象，争取提高投入回报率。因为公共卫生的资源有限，所以这种策略几乎是很有说服力的。

关于这些项目，实际上，与健康从业人员能够“提供”的相比，“竞争”更有吸引力。比如，在一天的劳累工作之后，回到家的一位女士或先生，还需要照顾孩子，需要准备饭菜，还有其他家务事要做。这个时候，她或他可以选择在之后的一小时散步或慢跑，以便满足“健康目标”，或者躺在躺椅上，抬起双脚打个盹儿。假如人们无法理解这一过程中的竞争要素，那么行为协商或妥协就不可能。消费者对放松的价值感知当然在健康方面具有价值，但实际上，不健康的价值或许更有诱惑力，即使这种诱惑力没有前者那么大。假如让这些疲倦的人在轻松的散步与打个盹儿之间，优先选择前者的话，那就需要理解其他选项可以为其提供的价值，比如：清理一些思绪，在工作需求与家人需求之间提供某种社会性的平衡，改造一下环境，或者给精神进行再充电。营销者可以促使人们选择轻松的散步，而不是打个盹儿。但是，营销者这样做的方式，不一定是强调通过散步，可以降低如下疾病的风险：中风、糖尿病、心血管疾病、骨质疏松症。跟健康教育者不同，营销者不一定遵守健康准则。假如带有好意的健康教育者仅仅试图给人们推广“好的”，而不考虑人们行为的调节因素的话，健康讯息与目标行为很可能会在斗争过程中失败。

对于美国的VERB™项目（Bretthauer-Mueller et al., 2008; Wong et al., 2004）及VERB™夏季积分卡项目（Bryant et al., 2007, 2010; McDermott et al., 2010）而言，健康教育者与社会营销人员基于广泛的文献综述以及其他的形成性研究，对干预活动进行策划设计，以便提升青年人对体育活动的参与程度。这些干预项目在目标对象热衷的几项因素之间进行了平衡，这些目标对象即“十几岁”（9—13岁）的孩子，这些因素包括：归属于或适应朋友圈的需求、对影响力与自主的渴望、通过尝试新事物获取新技能的意愿以及获取快乐的首要目标（Marketing VOX：The Voice of Online Marketing, 2010）。更中肯的说法是，市场（形成性）研究发现，十几岁的群体对运动活动的健康价值几乎不予以关注（SpencerHall, 2003）。所以，在VERB™夏季积分卡项目过程中，虽然实际产品是“体育活动”，但核心产品却是“获得快乐”“跟朋友待在一起”“尝试新事物”等。其焦点是不通过强调健康来实际推广健康。在社会营销的视野中，运动活动被定位为一种跟朋友待在一起并获取新技能的方式。同时，首要对象是十几岁的群体，这一群体具有适度积极的特点，即既没有参与到众多其他活动中的经历（所以不需要干预），也不完全排斥运动活动，既缺乏支持系统，也缺乏参与的资源。

健康教育者与其他公共卫生主管们往往会排斥上述的细分策略（即有所选择，而不是关注到所有人）。最严重的后果，就是耗尽了所有的资源，但却没有实现行为的一点点改动。细分技巧与仔细认真的目标对象确定，会基于已有的资源，促使回报率最大化（即：可能接受行为改变的潜在目标对象的比例）。更难以触达的群体并不是被忽略，而是作为下一步的首要对象，但却可能通过完全不同的营销策略系统。

❖ 在健康教育者中推动社会营销的当前努力

CDCynergy是一项为健康传播服务的交互决策支持工具，最初由罗伯特·伍德·约翰逊基金会的转折点倡议（Robert Wood Johnson Foundation Turning Point Initiative）、美国疾病控制与预防中心的全国健康营销中心、橡树岭科学与教育研究所设计。设计的初衷，是帮助美国疾病控制与预防中心的员工对基于公共卫生的健康传播干预项目进行策划。

2007年3月份，设计者们发布了社会营销版的CDCynergy，这一版本与健康传播版本相似。这一工具帮助健康教育从业人员按照步骤对社会营销干预项目进行策划，具体方式是：在策划过程中，询问一系列的问题。这就为社会营销计划提供了一种框架与提纲。另外，CDCynergy社会营销版还包含众多的案例、案例研究以及视频，用以对社会营销的各个阶段进行解释。

至少有三份适用于健康教育者的学术期刊对社会营销给予了明显关注。其中最早创刊的是《社会营销季刊》。这份期刊创立于1994年，最初是一份时事通讯，由“社会营销最佳启动”公司（Best Start Social Marketing，美国佛罗里达的坦帕市）开办。几年后这份时事通讯转为一份内容丰富的出版物。这份期刊在全球范围内发行，是一份学术期刊，关注与社会营销者相关的理论、研究与实践话题。除了聚焦社会营销者，这份期刊还面向健康教育者、公共卫生从业人员、传播人员、营销人员以及社会转变从业人员。其内容包括：原创研究、理论应用、案例研究、会议通告、短文、评论、访谈、书评以及其他全球范围内与社会营销相关的新闻。其综合的内容定位，促使其成为从业人员、学者、项目策划者与公共政策制订者的宝贵资源库。

2005年10月，《健康推广实践》添加了一个持续的专栏，聚焦社会营销话题。这份期刊由公共卫生教育协会资助（Society for Public Health Education，SOPHE）。从那时开始，这一专栏持续为健康教育者提供社会营销的相关话题，同时也对如下话题进行关注：交换理论、消费者导向、竞争、受众细分、形成性研究、产品界定、价格与投放策略、物料预测试以及其他相关的话题。

最后，2010年12月份，英国翡翠出版集团有限公司创办了《社会营销学刊》。其栏目包括：实证研究、文献综述与概念文章。

1989年，美国开始对健康教育专业从业人员颁发认证证书。《基于能力的健康教育人员研究生教育框架》（Competency-Based Framework for Graduate-Level Health Educators）对入门级的健康教育者总体的职责进行了描述（National Commission for Health Education Credentialing, Inc., 1999）。这一框架把社会营销放在健康教育项目之下，将其视为是一种次级能力。这一框架特别说明：“将社会营销原则与技巧用于实现项目的目标。”

2004年的“能力升级计划”（Competency Update Project）对上述的入门级健康教育者职责进行了修正（Gilmore et al., 2005）。不幸的是，在《健康教育者的职责与能力》（Responsibilities and Competencies of Health Educators）的升级目录中，并不包含社会营销相关内容（National Commission for Health Education Credentialing, Inc., n.d）。不过，其第二区域说明健康教育策略、干预与项目的策划问题，其中的能力A是“吸引人们与组织参与到项目策划中”，其次级能力包括：（1）为健康教育项目识别出目标对象；（2）由影响到项目或受到项目影响的人那里获取投入；（3）从所有将要参与进来的个体那里获取承诺；（4）制订在拥有共同利益的健康机构与组织之间推进协作的计划。所以，在完成上述这些职责与拥有上述能力的过程中，社会营销的强项因素还是有用武之地。

❖ 课程与培训需求

当前，世界范围内，几乎没有社会营销学位。一些大学提供社会营销的课程或专门训练。其他一些大学会提供学士后的证书。不同的大学，社会营销课程的具体情形有所不同。在公共卫生院系，社会营销被作为社会与行为科学课程中的一员；在商业院系，社会营销被作为非营利营销课程；在传播院系（也可能在公共政策或环保科学院系），社会营销可能被作为健康传播课程。在不同国家甚至同一国家中的不同大学里，社会营销课程的情形会明显不同，这一点都不奇怪。根据推测与观察，在其成员有意将社会营销作为一种改变行为的系统方式的学术部门中，社会营销最易于被讲授，往往被用于如下课程：公共卫生、健康教育与行为、营销、传播、环保科学及其他。讲授社会营销的人员会遭遇挑战，因为他们缺乏正式的（或有形的）"社会营销能力"或得到明确界定的社会营销技能。他们需要这些东西来引导社会营销课程体系与课程内容，尤其是需要满足健康教育者的需求时更是如此。

对于大部分的技能与能力来说，一门社会营销课程根本不足以培养社会营销人员。对深入培训的需求，正是高等教育机构需要为人们开设课程与项目，以便这些人有更多机会学习社会营销，并学习如何使用社会营销来对行为产生影响，并维持行为的转变（McKenzie-Mohr and Smith, 1999）。德什潘德和拉加尔德（Deshpande and Lagarde, 2008）在33个国家的477名社会事务从业人员那里发现了社会营销培训的需求，并发现了23项感兴趣的话题（见表27.1）。从这一目录我们可以获知，单一的一门社会营销课程不能为成功实施社会营销提供所需的足够宽泛与深入的知识与技能。

表27.1　培训活动中首选的社会营销话题

受众分析
确保转变的可持续性
研究方法的评估
社会营销的"产品"
竞争分析
社会营销的"价格"
基于有限自愿开展社会营销

续表

形成性研究方法
在社区层面应用社会营销
利益关系人管理
定位与品牌建构
社会营销的“促销”
目标市场的识别
交换过程的理解
受众细分
新技术的使用
社会营销人员面临的伦理事务
社会营销项目的预算
社会营销项目的募资
社会营销的“场所”
宣导活动
使用社会营销的时间
社会营销基本点回顾

来源：Deshpande and Lagarde（2008）。

所以，高阶（学士后）社会营销课程体系或辅修课程，应该是什么样的？合适的课程体系应当包括：一门社会营销简介，一两门包含受众分析与细分的消费者行为研究课程，一门战略策划课程，一门包含新媒介（比如社交媒介）使用以及个人与小组访谈的数据收集方法课程，一门说明在社区层面应用社会营销的课程，一门关于项目评估的课程，一门允许参与者将知识与技能付诸实践的顶点课程。最后一门课程很关键，它可以在与个人和群体协作时，对营销与社会科学理论加以考虑，并在实践中加以应用。

虽然已经拥有了先进的技术，也更好地理解了如何将这些技术应用到教学与培训中去，但世界上的首席社会营销专家仍旧不可能提供社会营销方面的课程。这个世界不再被困于有形的束缚之中，最重要的，只是如何将营销与社会科学理论更有效地应用到社会营销实践之中。随着大学越来越国际化，随着经济越来越基于知识（Wildavsky, 2010），来自不同国家的大学有可能联合协作，为社会部门工作人员以及类似的社区工作人员提供必要的知识与技巧。最终，项目策划各个层面的健康教育人员及其他公共卫生人员，都会透彻理解社会营销技巧如何对期望的可持续的行为改变产生影响。

关键词

阶段变化模型；危险行为；防御行为；健康导向的意识形态；竞争；消费者导向；实际产品；核心产品；受众细分；投入回报；社会营销能力。

要　点

- 健康教育与健康推广领域对社会营销的使用历史，不超过25年。
- 20世纪90年代以及21世纪初的几项里程碑，促进了健康推广领域社会营销的发展。
- 社会营销一直被批评为并不新鲜，并不比其他的健康行为改变方式更好，并不符合伦理规则。
- 健康教育专业的课程项目一直没有将社会营销作为附属专业，这很令人费解。这是因为，传统的疾病预防方式一直没有在青年人与成年人那里获得成效。
- 一些健康教育者对社会营销存在着很糟糕的理解。
- 一些健康教育者会鄙视社会营销，部分原因竟然是社会营销方式不一定将“健康”作为基本主题。
- 21世纪的第一个十年间，英国与美国的政府机构已经开始资助各种机构，促进社会营销的应用，以便促进健康行为的转变。
- 面向社会营销人员的专业组织的创建，会促进社会营销在公共卫生领域的应用。

参考文献

Bryant, C.A., Courtney, A., Baldwin, J.A., et al.(2007) 'The VERBTM summer scorecard', in G.Hastings (ed), Social Marketing – Why Should the Devil have All the Best Tunes? Oxford, UK: Butterworth-Heinemann, pp.272–278.

Bryant, C.A., Courtney, A.H., McDermott, R.J., et al.(2010) 'Promoting physical activity among youth through community-based prevention marketing', Journal of School Health, 80 (5): 214–224.

Deshpande, S.and Lagarde, F.(2008) 'International survey on advanced-level social marketing training events', Social Marketing Quarterly, 14 (2): 50–66.

Gilmore, G.D., Olsen, L.K., Taub, A.and Connell, D.(2005)'Overview of the national health educator competencies update project, 1998–2004', Health Education and Behavior, 32(6): 725–737.

McDermott, R.J.(2002)'Our proud heritage in school health', Journal of School Health, 72(10): 429–431.

McDermott, R.J., Davis, J.L., Bryant, C.A., Courtney, A.H.and Alfonso, M.L.(2010)'Increasing physical activity levels in children 8 to 12 years old: Experiences with VERBTM Summer Scorecard', Perceptual and Motor Skills, 111: 1–9.

McKenzie-Mohr, D.and Smith, W.(1999) Fostering sustainable behavior – an introduction to community-based social marketing.Gabriola Island, BC: New Society.

Marketing VOX: The Voice of Online Marketing(2010) How-to: Tips for Targeting Tweens. Retrieved 20 December 2010 from: http: //www.marketingvox.com/how-to-tips-for-targeting-tweens-040147/.

National Commission for Health Education Credentialing, Inc.(1999) A Competency-based Framework for Graduate-level Health Educators.Allentown, PA: NCHEC.

National Commission for Health Education Credentialing, Inc.(n.d.) Responsibilities and Competencies of Health Educators.Retrieved 22 December 2010 from: www.nchec.org/credentialing/responsibilities/.

SpencerHall(2003) Inspiring Children's Physical Activity – Exploratory Research with Parents.Retrieved 20 December 2010 from: http: //www.cdc.gov/youthcampaign/research/ PDF/InspiringPhysicalActivity.pdf.

Wildavsky, B.(2010) The Great Brain Race: How Global Universities are Reshaping the World. Princeton, NJ: Princeton University Press.

Wong, F., Huhman, M., Asbury, L., et al.(2004)'VERB™ – A social marketing campaign to increase physical activity among youth', Preventing Chronic Disease, 1(3), 1–7.Retrieved 20 December 2010 from: http: //www.cdc.gov/ pcd/issues/2004/jul/pdf/04_0043.pdf.

后 记

社会营销：根植于过去的未来

威廉·史密斯

这本指南要以这篇后记作为结束。这篇后记要展望并询问社会营销领域未来的发展。史密斯指出，我们需要基于最基本的知识展望一下未来。这篇后记首先对社会营销的一些已经获得认可的成就进行说明，之后进一步探索究竟是什么促成了这些成就。对这一疑问的回答，是这篇后记的核心困扰。很多人认为，营销应当聚焦于自身的独特性以及跟传播与管理的差异，但史密斯却持相反态度。他认为，社会营销如果要发展，应当整合管理、教育等。他使用承包商作为比喻，在整个过程中，专门事务与管理事务是整合在一起的。他强调，正是因为营销的深度及其从其他领域汲取经验的能力，才导致营销的独特性。他最后提出了四个步骤，认为营销如果要争取实现更大愿景，就应该走好这四个步骤。他把社会营销的未来放在亚当·斯密手里，因为亚当·斯密最先教导我们：生产者的需求，只能基于对消费者需求的满足来确定。

社会营销：植根于过去的未来[1]

威廉·史密斯

❖ 成 就

我与来自世界各地的社会营销团队协作开展工作，已有三十多年的时间了。在亚洲、拉丁美洲和非洲，我跟同时代的其他很多社会营销人员一起，用了很多年，试图理解如下现象：为什么母亲给腹泻的儿童喂灌肠剂？为什么男子不允许妻子服用避孕药？为什么在免疫小组到达时，村子里的人们都消失在山丘中？有时很难相信，我们已经完成了那么多。中国的赤脚医生，是当年的一个标签。成千上万的村民接受公共健康培训，成为替代性的健康医疗人员，因为农村地区没有公共健康系统。这种情况下，"行为"这个词无法适用。很难想象成千上万的农村文盲母亲可以完成给儿童补水（rehydrating）的复杂过程。与此同时，在印度、孟加拉国和泰国，计划生育政策开始实施。人们需要对家庭规模加以规划，这个概念跟传统习俗冲突。与之相对应，大量的避孕用品的营销，成为强制绝育与安全避孕的可行且重要的方式。随着艾滋病的泛滥，"行为改变"与社会营销成为对抗被认为丑陋且谋害人命的疾病的通行工具。

在过去的三十多年中，社会营销已经有效降低了生育率，在男同性恋群体中有效推广了避孕套的使用，挽救了成千上万的儿童免于脱水，提高了免疫服务的质量，有效降低了吸烟率，促进了女童教育，促使人们进一步保护能源、保护生物多样性、拯救地球。

---

① 在跟迈克尔·罗斯柴尔德和南希·李在2010年底进行了令人兴奋的长达四个多月的交流之后，这一章立即被撰写了出来。我们试图将社会营销与其他跟其竞争社会转变解决方法的事务区分开来。最终我们完成了两页的公告以及一份关于社会营销的声明。这份声明应该会在这本书出版之前就发表。我们没有就所有事务都取得一致，但交流过程相当令人兴奋。我很难说，这次交流没有对这份后记发挥明显的影响。所以我需要感谢他们对我的帮助，感谢他们对我的观念提出挑战，并给我启示，感谢他们的友谊和耐心，能够忍耐我复杂的思考过程。如果没有他们，我不会走到这一步。

❖ 困　境

但是，到底是什么原因促成了这些成就呢？到底什么是社会营销？这应该是迄今为止最难回答的问题，这本手册中的作者们表达出了多种观点。一些作者认为，社会营销是人们为了改变其他人作出的所有事务。所以，社会营销不指一次飓风、一种新疾病、一次战争或一次额叶切除手术，而明显是一种新的法律、一条来自政府的讯息、一条来自朋友的推文，或者一种新的避孕用品。诺维利等（第二十五章）通过说明这个世界上最伟大的游说组织之一的机构整合使用社会营销与游说方式，对这一问题进行了巧妙的说明。

其他研究者从动机角度来界定社会营销，而不是从效果角度。所以，安克尔和卡佩尔（第十九章）说明了当商业营销人员来实施社会营销时的样子，当首要目标是企业利益时，就会出现混乱。两位作者出于谨慎，没有对商业性的社会营销（commercial social marketing）进行批评。商用产品与服务（比如汽车、医药、住房、互联网）的研发与营销，会对人们的生活产生相当正面的影响，这种影响要超越社会营销人员认为的状态。有不少研究者提示我们，商业营销在众多公共健康问题的产生过程中，存在着共谋关系。这些研究者包括：杜赫斯特和李（第二十六章）、赫克（第十六章）、琼斯（第十七章）。但是，即使商业营销人员的目标是谋利，这种认知并没有试图要彻底否定商业营销人员。

还有第三种观点，不在营销与其他事务之间进行区分，只强调其特征：交易、市场区隔、竞争、消费者焦点（consumer focus）等。这种做法很有启示，但不是定义，因为很多其他的领域都同样这样做。

也许对社会营销最清晰的界定，来自四位研究者，他们一直关注如下问题："社会营销有什么独特之处？"他们很确定地指出，如果对社会营销进行很宽泛的界定，会明显削弱社会营销对社会转变所具有的独特影响力。罗斯柴尔德（1999）把营销描述为是三种干预策略中的一种，三种干预策略分别是："教育""管理""促进"。他认为，营销的独特贡献是"促进"（facilitation），促进人们更加容易地发生转变。与之不同，教育的角色是提供信息，管理的角色是实施社会控制。他指出，三者都很重要，但是如果要发展自己的专业，我们必须要明确我们的贡献，而不是被归入传播者或管理者的角色中。

当我们回顾我们取得成就的历史时，我们会发现，烟草战争被教育与管理策略围绕着，对另外的选项的建构与推动，处于次要位置。实际上，几乎在我们所有声称在社会营销领域取得的成就，都使用了教育与管理策略。甚至对补贴避孕用品的营销，都不得不应付进口关税、区域广告、分销渠道。对补贴避孕用品的营销，最接近罗特希尔德的预期。

坦诚地讲，当营销离开教室步入现实世界时，会变得更加散乱复杂。无论商业营销还是社会营销，无不如此。大规模企业都很关注管理和政策，这些企业都进行教育与游说，同时也进行营销。对于小规模企业而言，“营销”可能意味着“销售”，但是对于宝洁或耐克来说，营销是一种哲学，贯穿着整个企业。

然后又会怎样呢?

❖ 认识社会营销过程的新视角

我认为这是我们的新使命。我将对社会营销进行如下界定：

我们最富有经验的管理系统，试图在管理、教育与促进策略的应用之间进行平衡与整合，以便满足随着时间推移不断转变的大规模人群的意愿。

这是一种途径，这一途径强调人们应当基于自己的视野开展行动。人们遵守规则，喜欢容易的事情。但是，没有任何一种策略足以应对我们正面对的复杂的社会问题。社会营销已经教导我们，如果我们倾听人们的心声，我们可以更好地规划我们的项目，我们也可以成为促进者，促进并最大化人们行为改变带来的效益。

在营销圈里，这并不是一种流行观点。营销学者们有资格担心，如果我们把营销界定得太宽泛，那么营销将会一无是处。他们认为，营销应当局限于促进策略，虽然教育与管理同样有效果，但属于明显不同的类型。社会营销从业者中有一种很普遍的观点，认为我们需要管理、教育与促进。但实际的项目往往过于单独地使用管理或教育策略。

我相信，通过把营销界定为一种管理系统，而不是一种行为改变的松散策略，我们就已经能够正视正在发生的事情，我们也为重要的改进打好了基础。基于我在社会营销领域30年的经验，我认为社会营销是且应当是建构有效的行为改变干预项目的总承包者，这些项目同时服务于社会与个人。

社会转变就像建一座房屋或建构一处社区。我们需要诸如木匠、电工与泥瓦匠之类的专业人员，我们也需要建筑师、一份计划、一位房屋居住者、一位总承包者（或工程监理）。这就是我的比喻，用来描述我的观点：现在我们必须超越促进转变的机制。

在这一比喻中，建筑师代表着资助机构，房屋主人就代表着将要从建筑受益的人群。我提到这是一处公共住房了吗？是的，房屋居住者不会真正付费。贫穷导致他们十分被动。专业人员包括倡导者、传播者、研究者、设计者以及其他众多的专业人员。建筑师往往在跟总承包商签订合同之前，就已经做好了计划，这种计划往往不能满足房屋居住者的需求。同时，建筑商会缺乏资金，还需要支付更多资金，来协助“售卖”这些房屋。

有效的社会营销者就是一位总承包商。总承包商理解行业需求，理解什么时候需要，成本如何，并需要作出选择，提升销量节省成本。最重要的是，总承包商需要同时理解并取悦建筑师与房屋居住者。

给社会营销进行界定的很多问题，都来自如下事实：很多年以来，扮演总承包商角色的，一直是电工或木匠。电工花费大量时间讨论电力问题，倡导者讨论主张见解，传播者讨论传播，设计者讨论一种新的避孕套或新的约会服务的设计。总之，几乎没有某一种专业人员承担总承包商的角色。

❖ 我们要走向何处?

我认为我们将来面临的最大挑战，是要实现这一诺言。现在被我们称为“社会营销”的很多，都充斥着广告、传播与讯息。我们中的很多自称是社会营销人员的人们，都很缺乏我们这个专业的基础，或者根本没有。我们的政治系统不像经济系统那样，所以政策制定者很难理解我们的术语。一些人尝试重新改造政府，或者促使我们的政府服务更加企业化，这些尝试显示出了成功的可能，但都没能促成广泛的改变。

这一使命，至少需要我们在四个基本方面做出调整。

聚焦于社会变化的管理者

回到我的比喻，社会营销就像公共住房行业。社会营销过程的部分投资不是来自消费者，而是其他部门。商业营销领域不大可能出现这种情况，所以这导致复杂的困境。因为有了第三方的资助者，社会营销人员有了两类拥有明显不同特征的雇主：出资资助方，需要服务的消费者或公众。

实际的过程更加复杂。我们的社会营销“住房”项目，有四方（而不是两方）关键执行者：社会营销专业人员（总承包商）、捐助者、具体执行事务的专业人员、房屋住户。每一方面的人员对社会营销过程都有不同程度的理解、不同的体验与偏见，不同的影响力。

对复杂困境的误解，就是对社会营销成功或失败的误解。社会营销的成功，在于研究的质量、预算的规模、广告的精细程度或服务的设计状态。成功还基于团队成员利益竞争得到有效管理的状态。弗伦奇（第二十四章）有效说明了政府应当重视社会营销，同时说明了有效管理这些因素之间关系的方式。

我建议，未来我们应当扩大视野，不再局限于消费者，而是把更多的注意力放到捐赠者身上，因为捐赠者控制着社会营销的过程。我们必须在促进策略之外，面对捐赠者提供更多的策略，因为捐赠者需要一种组织系统，而不是仅仅一种策略。

用四项竞争力单元代替4P理论

我已经相当认真地说过，4P理论是我们专业的基础。我现在仍然还这样认为，但是在一种更宽泛的视野中，我们需要一种更广阔的平台。我们使用围绕在竞争力（competitiveness）概念周围的四种替代性策略，会怎样呢？比如：

提高期望行为的回报	让吸烟变得更加不被社会接受
降低期望行为的阻力	发展戒烟技术
提高竞争行为的阻力	对烟草纳税，限制销售渠道
降低竞争壁垒的回报	关闭吸烟酒吧

这里没有任何原创内容。竞争力是我们对社会转变过程带来的最大贡献之一。但是，通过某种方式对其进行重新聚焦，也许会强化并重新活化我们获得竞争力的多种途径。

充分尊重我们的专家

当今的社会营销允许更多的专业人员承担起总承包商的角色。我们很依赖我们专业的专门化，我们需要一种组织结构来反映这种依赖。专门化的含义是，如果你是一名研究者，一名创意人员，一名广告人员，一名媒体购买人员，或一名设计师，某种程度上，你就不是一名完全含义上的社会营销者。同时，我们需要培训一群总承包商，与监管一名广告人员相比，总承包商更应该监管一名木匠。这需要时间，但是如果我们开始在我们之中建构起专业人员利益小组，我们就可以开始发现我们专业的重要性。

招募新从业人员进一步激活我们的领域

当今我们的专业中，到处都是传播人员与倡导人员。因为历史原因与使命使然，这些专业人员都被吸引到社会营销领域中。在我们之外，还存在着一个明显发展且影响力很大的设计群体。也有一群社会企业家，有效提升了我们理解并管理社会转变的能力。如果我们能够积极地接触这些人群，跟他们联合或整合，就能明显改进我们项目中的不平衡，而这些不平衡让我们很多人都为之忧虑。

参考文献

Rothschild, M. (1999) 'Carrots, sticks and promises: A conceptual framework for the management of public health and social issue behaviors', Journal of Marketing, 63 (4): 24–37.

关于作者

达纳·L.奥尔登于1990年在奥斯汀的得克萨斯大学获得博士学位，然后加入夏威夷大学的营销系。他的研究兴趣集中在国际品牌、消费文化的全球化、医疗卫生营销。2007年，达纳获得了美国营销协会颁发的“全球市场研究优秀奖”。他对医患协作决策与病人决策帮助问题开展研究。他的研究发表在顶级期刊，包括《社会科学与医学》《营销学刊》《国际商业研究学刊》《健康传播》。奥尔登博士现在是“小威廉·R.约翰逊特聘教授”。

凯瑟琳·安格斯十几年前加入斯特灵大学的社会营销研究所（该研究所前身是斯特拉斯克莱德大学的社会营销研究中心）。她的研究兴趣包括：商业营销对人们健康与行为的影响、社会营销的有效性、系统性文献综述方法与文献搜索策略。最近，安格斯博士与同事联合在如下期刊发表了论文：《英国医学杂志》《社会营销学刊》《酒精与酒精中毒》《健康教育》。

托马斯·博伊森·安克尔是格拉斯哥大学商学系的营销学讲师。他在哥本哈根大学获得哲学学士与硕士学位，还获得营销伦理领域的博士学位。他曾经在斯特灵大学的社会营销研究所做了两年访问学者。他的社会营销研究主要包括两大方面：批判性社会营销（比如酒水营销的社会影响）与社会营销伦理（比如社会营销在企业与商业应用过程中面临的伦理挑战）。安克尔博士在哥本哈根大学讲授过社会营销，也与从事公共健康推广工作的地方议会工作人员一起开展过多次工作坊。

德布拉·Z.巴兹尔是莱斯布里奇大学社会负责性营销研究中心的营销学副教授与联合创始人。她刚刚从该中心获颁大学优秀学者奖。她的研究兴趣包括：善因营销与社会营销中恐惧诉求的使用。她与其他作者联合主编了《社会营销研究与理论前沿》。最近发表的论文包括：《应用社会营销以鼓励毛巾再利用》（《商业研究学刊》）、《企业对员工志愿活动的支持：加拿大全国企业调查》（《商业伦理学刊》）、《内疚与赠予：过程模式》（《心理与营销》）。

迈克尔·D.巴兹尔是莱斯布里奇大学的营销学教授。他在1992年于斯坦福大学获得传播学博士学位，研究问题是讯息处理，尤其是健康传播领域的讯息处理。当他和波特·诺韦利（Porter Novelli）协作，与美国疾病预防控制中心联合开展工作时，他意识到，当传播者更加理解受众面对的行为阻力时，传播会更加有效，因此他试图要减少这些阻力，并开始对社会营销感兴趣。巴兹尔教授的研究领域集中于健康传播、营销、心理与公共健康。

杰伊·M.伯恩哈特是佛罗里达大学健康教育与行为专业的教授，并担任系主任，同时也是数字健康中心主任。伯恩哈特博士还是数字健康影响机构（Digital Health Impact, Inc.）的创始人与总裁。从2005年到2010年，他担任美国疾病控制与预防中心全国健康营销中心的主管。再之前，伯恩哈特博士在艾莫利大学担任行为科学与健康教育专业助理教授，在佐治亚大学担任健康促进与行为专业助理教授。他是《健康教育与行为》的三位编委之一以及副主编。

卡罗尔·A.布莱恩特是南佛罗里达大学公共健康学院佛罗里达预防研究中心联合主管与“南佛罗里达大学特聘健康教授”。在过去二十多年里，她指导了众多公共健康项目的社会影响研究。她与佛罗里达预防研究中心的同事一起，发展并评估了一项创新框架，即基于社区的预防营销框架，意图对行为改变干预项目进行设计与调整。在研究之外，布莱恩特教授还面向研究生教授各种社会营销课程，并协调年度的社会营销与公共健康大会。布莱恩特教授还是《社会营销季刊》的创始主编，也是《文化盛宴：食物与社会导言》（The Cultural Feast: An Introduction to Food and Society）的资深作者。

乔治娜·凯恩斯是斯特灵大学社会营销研究所与开放大学的高级讲师。她主导设计并在2012年开设了社会营销项目的硕士学位。乔治娜的主要研究兴趣是：营销、公共政策、食物与饮酒行为和文化如何整合在一起并相互互动，并且是如何影响到健康与幸福的。乔治娜对社会营销的专业兴趣集中于发展中国家，因为她曾经多年在亚洲作为食品与健康能力建设组织的主管，并多年担任顾问。

罗伯特·B.恰尔迪尼是亚利桑那州立大学心理与营销专业评议教授，还被任命为“特聘研究生研究教授”。他还曾经担任人格与社会心理学会的主席。恰尔迪尼教授已经获得如下奖项：消费心理协会的杰出科学成就奖、社会心理学杰出贡献“唐纳德·T.坎贝尔”奖、社会影响科学杰出贡献“皮托”奖。

萨米尔·德什潘德早年生活在印度，之后移居北美，在威斯康星大学麦迪逊分校获得博士学位。现在他是莱斯布里奇大学社会负责性营销中心的研究人员与管理学院的营销学副教授。德什潘德博士的研究兴趣是把社会营销思路应用到更多的公共健康话题中。他还开设了社会营销工作坊，并为非营利组织与政府机构提供咨询。德什潘德是《社会营销学刊》的编委成员。

蒂莫西·杜赫斯特是加拿大圭尔夫大学营销与消费者研究系的副教授。他的研究兴趣包括：烟草营销与公共政策、品牌建构与品牌管理、基于赞助的营销与社会营销。他一直担任加利福尼亚州总检察长办公室、加拿大卫生局、加拿大无烟倡导医生联合会、世界卫生组织的邀请顾问，在担任顾问的期间，他负责为跨国广告、促销与赞助（与烟草控制框架公约相关）起草模板草稿。杜赫斯特教授还为烟草诉讼原告律师担任顾问。另外，他是《烟草控制》的副主编。

克里斯蒂娜·多梅甘是位于戈尔韦的爱尔兰国立大学营销专业的高级讲师。多梅甘博士通过多专业视角，教授社会营销及其在价值共创、公共政策、战略协作中的运用以及营销理论。她最近的研究包括：资源再利用、男性健康、正向老化、健康信息素养与科学。她在爱尔兰与英国教授本科与研究生层次的社会营销，还指导博士项目。她最近的社会营销论文，部分发表在如下期刊：《非营利组织与公共部门营销学刊》《商业与工业营销学刊》《爱尔兰管理学刊》。

罗布·多诺万是澳大利亚科廷大学健康科学学院行为研究专业的教授，也是营销系社会营销专业的兼职教授，还是西澳大利亚心理健康“Act-Belong-Commit”项目的主管。20世纪90年代初，经过一段时间的商业营销生涯之后，他重回学术。他的兴趣很广泛，包括：酒精、烟草与毒品、虐待儿童现象、家庭暴力、种族歧视、心理健康。他是西澳大利亚预防自杀部长理事会的副主席，西澳大利亚关系委员会副主席，曾代表澳大利亚政府参加世界反兴奋剂机构的教育委员会。

杰夫·弗伦奇拥有丰富的国际、国内、区域与地方层面的行为改变项目、社会营销项目的策划、指导与评估经验，也有传播策略的策划经验。因为在政府、公共机构、私有组织与非政府机构之间的互动有三十多年的工作经验，杰夫对国家与国际层面的健康与社会发展事务有着广泛的实践与理论理解。他在行为改变、社会营销、社区发展、健康促进与传播领域已经发表了80多篇文章。杰夫是伦敦布鲁内尔大学和布莱顿大学的访问教授，是伦敦国王学院的职员，在英国四所大学任教。2000年到2005年期间，杰夫担任健康发展机构（Health Development Agency）的传播与政策主管。从2005年3月到2009年7月，杰夫设立并管理英格兰全国社会营销研究中心。2009年8月，杰夫担任策略性社会营销公司的董事长。他是《社会营销学刊》佛罗里达编委会成员，是世界社会营销大会的组织者，是全球社会营销协会执行委员会成员。

菲奥娜·J.哈里斯是开放大学商学系管理学讲师，也是社会营销研究所开放项目的副主管。她长期在斯特灵的社会营销研究所与同事一起，就控烟与酒品营销的影响展开研究。哈里斯博士曾有过应用心理学的经验，当前研究兴趣包括：社会营销、可持续时尚、营销伦理。

杰勒德·黑斯廷斯是英国第一位社会营销专业教授，也是斯特灵社会营销研究所与控烟研究中心以及开放大学的创立者与主管。他关注把诸如消费者导向、品牌建构与策略规划之类的营销原则应用到健康与社会问题的解决方案中。他也对潜在有害营销（如酒精、烟草与快餐促销）的影响开展批判性营销研究。

罗纳德·保罗·希尔在马里兰大学帕克分校获得企业管理方向的博士学位，是维拉诺瓦商学院高级副院长。他已经就众多话题发表了150多篇期刊论文、著作章节与学术会议论文，这些领域包括：受限消费者行为、营销伦理、企业社会责任、公共政策。他的研究成果发表在《营销研究学刊》《消费者研究学刊》《商业与社会》《营销研究国际学刊》《人权季刊》《营销科学学会学刊》《哈佛商业评论》《公共政策与营销学刊》等期刊上。他曾在2006年7月1日至2012年6月30日期间，担任《公共政策与营销学刊》的主编。

珍妮特·赫克是新西兰奥塔哥大学营销系教授。她对营销与公共政策的关系（尤其是烟草控制与食品营销）持续感兴趣。她曾经担任多家政府机构的顾问，向政府提供专业咨询。她的研究成果发表在《烟草控制》《广告研究学刊》《商业研究学刊》《世界卫生组织公报》《营销与公共政策学刊》等刊物上。

桑德拉·C.琼斯是澳大利亚伍伦贡大学健康活动研究中心主管，也是健康与行为科学学院教授。她的研究兴趣包括：媒体与健康关系、广告对健康行为的影响、社会营销用于促进人口健康等。她已经广泛研究了烟草广告与营销的性质与效应，并已经对健康相关的社会营销干预进行了策划、执行与评估，尤其是在癌症预防与慢性病管理方面。

克莱门斯·卡佩尔是哥本哈根大学媒体、认知与传播研究所哲学系哲学专业副教授，当前研究兴趣包括：社会认知论、一般认知论、应用哲学、伦理、生物伦理学、政治哲学。

帕特里克·肯尼是爱尔兰都柏林理工学院营销系营销专业讲师，正在斯特灵大学的社会营销研究所攻读博士学位，研究问题聚焦于酒品营销与社会规范对年轻人的影响。他长期在爱尔兰媒体上对酒品政策进行评论，也在法庭作为鉴定证人为广告管理与伦理问题提供证词。肯尼博士已经在欧洲多所院校就营销策略问题担任客座讲师，也向中小企业管理人员提供营销与策略方面的培训。

菲利普·科特勒是美国西北大学凯洛格商学院的S.C.约翰逊国际营销学专业的特聘教授，其所著《营销管理》（第13版）是全球主要营销教材之一。科特勒已经出版了50多部著作，也在主要期刊上发表了150多篇文章。他的研究兴趣包括：策略营销、消费者营销、企业营销、服务营销、社会营销。他曾经担任IBM、美国银行、默克公司、通用电气、霍尼韦尔公司的顾问。他在12所主流大学获得荣誉博士学位。他还策划过环境、健康、教育与社区事务等领域的社会营销项目。

洪永·贝丝·李是加拿大西安大略大学消费者行为专业的助理教授，她的研究兴趣集中在社会影响（比如：文化与规范）与态度，尤其是消费者与健康行为领域。她的研究成果发表在《健康心理学》《烟草控制》《人格与社会心理学公报》等。

南希·R.李拥有MBA学位，并有着25年的营销专业工作经验，尤其熟悉社会营销领域。她是华盛顿大学与南佛罗里达大学的兼职教授，并在西雅图拥有一家小型咨询公司，名叫社会营销服务公司。她就社会营销与营销话题开设论坛与工作坊，并参与策划了100多项社会营销活动。她曾经担任南非开普敦大学、澳大利亚墨尔本的维多利亚大学、戈尔韦的爱尔兰国立大学、耶鲁大学与牛津大学的客座教授，曾是新加坡健康促进委员会成员。她曾面向2000多名公共领域的工作人员开设社会营销工作坊，最近参与者包括美国国际开发署与世界银行的工作人员。她曾经在区域与国际会议中担任主旨发言人，这些会议关注的话题包括：公共健康、损害预防、环境保护、减缓贫穷等。她已经和菲利普·科特勒合作了八本著作，最近的一部是第四版的《社会营销：促使行为好转》（SAGE，2012）。

R.克莱格·勒菲弗是南佛罗里达大学公共健康学院研究教授，也是美国三角国际研究中心的首席设计师。勒菲弗已经发表了100多篇文章，文章主题涵盖了社区健康传播、社会营销、社交媒介与移动媒介、公共健康与服务。他还担任着《社会营销学刊》与《社会营销季刊》的编委成员。他最近的工作整合了设计思维、社交与移动科技、社会转变项目的营销等。勒菲弗还开设博客，关注社会营销与社会转变话题，并开通了推特账户。

琳内·多纳·洛滕贝格是哈格夏普（Hager Sharp）的副总裁、策划规划与研究员。她的研究兴趣包括：营销与传播活动的策划与评估技巧，试图对社会转变进行协调，并提升公共健康。洛滕贝格是《社会营销季刊》的联合主编，是《公共健康营销：促成社会转变的策略》的主编。

凯利·R.麦科马克·布朗拥有博士学位，是专业认证的卫生教育师，也是佛罗里达大学健康教育与行为专业的教授。麦科马克·布朗教授一直能够把健康教育与促进的经验和基于社区的预防营销（community-based prevention marketing，CBPM）相结合，并通过这些努力，撰写了大量的同行评议论文，主题主要聚焦于健康教育与社区如何有效使用社会营销来策划行为改变的干预项目。

罗伯特·J.麦克德莫特已经从事高等教育35年。1998年，美国疾病控制与预防中心的预防研究中心嘉奖专家团队的成员，之后他继续担任预防中心的联合主管。佛罗里达预防研究中心已经建构出了一种新的健康行为改变的模式：基于社区的预防营销模式，并对这种模式进行了测试。麦克德莫特博士一直担任美国疾病控制与预防中心的界定“21世纪健康教育”的专家、威斯康星大学与德国科隆大学客座教授、美国疾病控制与预防中心青少年与学校卫生司顾问，他与俄罗斯联邦有过合作，还曾是欧盟顾问，与“家庭照顾者健康促进机构”合作“阿尔茨海默病及相关精神障碍项目”（1997）、“艾滋病传播项目”（1994）。他完成了250多篇专业论文，还完成了50多篇著作章节，同时出版了三本著作。麦克德莫特博士是美国学校健康协会、美国健康行为学会、皇家公共卫生学会、美国健康教育联合会、皇家健康促进协会的成员。2004年，麦克德莫特为佛罗里达公共健康工作人员创办了一份全新的电子期刊《佛罗里达公共健康评论》。2011年，他成为《学校健康学刊》的主编。

劳拉·麦克唐纳是斯特灵大学社会营销研究所的助理研究员。2009年，她从伦敦卫生与热带医学院毕业，获得传染病控制方向的硕士学位。劳拉对基于证据的健康传播很感兴趣，尤其是对传染病的预防与控制感兴趣。

布鲁斯·麦凯来自伦敦咨询公司HLSP。他在肯尼亚获得计划生育方向的博士学位，在英国从事贷款、保险与软件营销事务15年。1995年开始，他一直从事社会营销事务，工作领域包括：口服避孕药、使用避孕套、预防艾滋病的行为改变。他的主要兴趣集中于贫穷国家人口在未得到监管的医疗市场中的行为，以及大部分政府与援助者都声称这些市场根本不存在的原因。

苏珊娜·马奎斯拥有博士学位，英国内政部设计并资助的“蓝图评估”（Evaluation of Blueprint）项目的参与者与研究人员。这一项目试图分析药物教育的多成分方式的有效性。她于2008年在苏格兰的斯特灵大学获得博士学位，自2009年9月起，她成为葡萄牙波尔图的行政管理高级研究所的协调教授，也成为葡萄牙米尼奥大学营销与策略研究机构iMARKE的一员。她的主要研究兴趣包括社会营销、关系营销与批判性营销。

达伦·梅斯是乔治敦大学医学中心肿瘤科研究讲师，也是隆巴迪综合癌症中心联合成员。他的研究兴趣聚焦于儿科的癌症行为预防，尤其关注将基于传播技术的方式应用于健康行为改变介入的方式。再之前，他在疾病控制与预防中心的健康调查与质量机构工作，并在埃默里大学罗林斯公共健康学院行为科学与健康教育系完成博士学习。

加里·诺布尔是澳大利亚伍伦贡大学社会营销中心的联合主任与主管。他的研究兴趣包括：社会营销在支持环保的行为改变领域中的角色与应用、非营利营销、企业社会责任。诺布尔博士曾经担任众多政府机构与非营利组织的顾问，为其策划社会营销干预项目。他的研究成果已经在众多学术期刊上发表。

威廉·D.诺韦利是乔治敦大学麦克多诺商学院的教授。他教授商业与公共政策、非营利企业领导人素养与管理、企业社会责任等课程，并在商学院主管“全球社会企业计划”。再之前，他担任美国退休者协会的CEO以及联合创始人，这一协会包括四千万年龄在50岁及以上的成员，最初这一协会只是一家社会营销企业，现在成了一家全球化的公共关系机构。

圭多·帕拉佐是瑞士洛桑大学商业伦理专业的教授，他的研究兴趣是企业社会责任与符合（违背）伦理规则的决策。他是《商业伦理季刊》《欧洲管理评论》的副主编，还是《管理学会评论》《管理研究学刊》《商业与社会》的编委会成员。帕拉佐教授的研究成果已经发表于如下期刊：《管理学会评论》《管理研究学刊》《商业伦理季刊》《商业伦理学刊》。

肯·皮蒂，卡迪夫商学院营销与策略专业教授，且是“商业关系、义务责任、可持续与社会研究中心”（Business Relationships, Accountability, Sustainability and Society, BRASS）的主管，这一中心由“经济和社会研究委员会”（Economic and Social Research Council, ESRC）资助成立。肯恩的主要研究兴趣聚焦于：可持续营销与社会营销、企业与公共部门如何推广健康与可持续行为及生活方式。他已经出版了三本著作，并发表了大量的章节，还在知名期刊发表了大量论文。最近的著作是《可持续营销：全球视野》，联合作者是弗兰克-马丁·贝尔兹（Frank-Martin Belz）。这本著作在2010年被德国商业研究协会评为“2010年度商业著作”。

休·皮蒂是卡迪夫商学院营销专业的讲师，也是卡迪夫大学“商业关系、义务责任、可持续与社会研究中心”的助理。她已经教授并开展社会营销相关研究长达二十多年，且经常向国家与国际项目提供建议与专业指导。最近她一直与南威尔士消防与救援服务局合作开展“伯尼项目”（Project Bernie），这是一项创新性的高度成功的项目，试图在威尔士降低人为火灾的数量。这一过程中，她对策划、实施与评估提供批判性的引导与指导。

佩蒂亚·K.彼得罗娃是达特茅斯大学塔克商学院成员，在知名心理学与商学期刊发表了众多论文，经常在国家级与国际会议上发表演讲。彼得罗娃博士是劝服专家，曾经为众多政府机构与企业组织提供顾问服务。彼得罗娃博士关注劝服抵制，并因此获得了美国国家卫生研究院颁发的“个体研究服务奖”。

西蒙娜·佩蒂格鲁是西澳大利亚大学商学院营销专业的教授。她的首要研究兴趣是消费者教育与赋权，尤其关注健康促进。她当前的研究项目关注如下话题：儿童肥胖、酒精消费、老龄化、心理健康。她是《消费者研究学刊》的创始人与主编，也是首本《转型消费者研究》手册的联合主编。佩蒂格鲁教授的研究成果主要发表于如下期刊：《公共政策与营销学刊》《国际肥胖学刊》《营销管理学刊》《消费》《市场与文化》《定性市场研究》。

米歇尔·罗伯茨是西澳大利亚大学商学院营销专业的副教授，她的主要研究兴趣包括消费行为与广告，尤其关注社会营销。罗伯茨博士当前的研究尤其关注食品营销对儿童健康饮食行为的影响。

迈克尔·萨伦是莱斯特大学营销专业的教授。萨伦教授在过去三十多年中，已经开展过众多关于营销、技术与消费者创新等话题的研究项目，他当前的研究聚焦于营销理论的发展，尤其是营销知识、文化与关系的发展。他曾在1999年到2011年期间，担任批判性管理研究研讨会中营销专业人员的召集人，也是2001年创刊的《营销理论》的创始主编。萨伦教授是《营销再思考》(Rethinking Marketing)与《批判营销：领域界定》(Critical Marketing: Defining the Field)的联合主编，还是《营销涂鸦：街头视角》(Marketing Graffiti: The View from the Street)的作者。

卡罗尔·谢克特是阿伯特联合会(Abt Associates)的副总裁。她在健康传播、行为科学与社会营销领域拥有三十多年的工作经验。她在密歇根大学获得了经济学学士学位与健康策划公共卫生学硕士学位。

安妮·M.史密斯是开放大学商学院营销专业的讲师。她为本科生以及在线与开放课程设计社会营销课程。她的主要研究兴趣聚焦于服务领域，尤其是健康领域。她的研究分析了消费者如何对服务进行评估、服务设计的方式、服务品质对服务评估与相关行为的影响以及文化之间的差异。史密斯博士进一步的研究关注对环境负责的行为的性质与决定因素，以及内部营销发挥影响的方式。史密斯博士的研究成果已在众多国际期刊上发表。

威廉·史密斯是教育发展学院的执行副总裁、高级研究员、健康知识专家。

马蒂娜·斯特德是斯特灵大学与开放大学社会营销研究所的副主管。这一研究所成立于1979年，是英国社会营销学术研究的顶级中心。马蒂娜的研究兴趣包括：社会营销行为改变干预项目的策划与评估、社会营销的有效性、现实环境中干预项目实施的过程。斯特德博士也为众多非政府组织、公共部门与社区项目担任社会营销顾问。

约翰·斯特兰德是美国“家庭健康国际”的“社会营销与行为改变研究中心”的副总裁与主管。在过去25年间，斯特兰德始终争取把营销与传播策略应用到美国、非洲与亚洲的社会转变项目中。他最近的研究兴趣包括：故事讲述与政策促进框架、系统与环境转变。斯特兰德在哥伦比亚大学的师范学院获得国际教育专业教育学硕士，他也是《社会营销季刊》编委会成员。

罗斯玛丽·撒克里博士是美国犹他州杨百翰大学健康科学系的助理教授。她的研究兴趣包括社会营销与健康传播。她面向高年级本科生开设了社会营销课程。她曾担任《健康促进实践》的助理副主编，负责社会营销主题。她还拥有公共卫生学硕士学位。在加入杨百翰大学之前，撒克里博士在犹他州卫生部工作。在一次假期中，撒克里博士曾经为疾病控制与预防中心以及国家健康营销中心工作。

詹姆斯·B.韦弗三世是美国卫生与公众服务部疾病控制与预防中心传播助理主管办公室的高级健康传播专家。他曾在弗吉尼亚理工学院与州立大学担任传播学教授。他还是众多会议研究论文、图书章节与一本著作的联合作者或联合主编。最近，他的论文发表在《美国医学信息学会期刊》《美国预防医学学刊》《美国公共健康学刊》。他当前的研究项目关注健康信息差距导致的公共健康问题。

博·沃克曼博士是美国退休者协会（AARP）CEO以及沟通高级主管。他关注老龄化、公共政策与社会话题长达25年。沃克曼博士与比尔·诺韦利（Bill Novelli）合著了《50+：为你生命中最好时光赋予含义与意图》，主编了《老龄化国家的声音：贺拉斯·B.迪茨演讲选》和《社会转变的声音：比尔·诺韦利演讲选》，都由美国退休者协会出版。